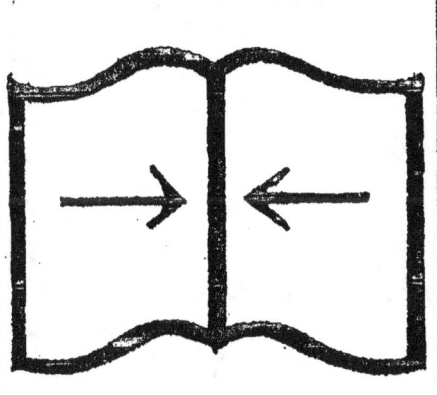

RELIURE SERREE
Absence de marges
intérieures

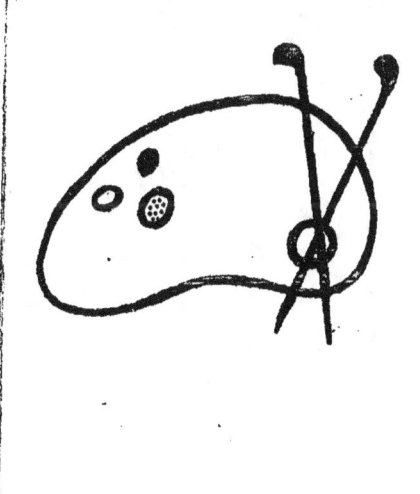

Début d'une série de documents
en couleur

LABLE POUR TOUT OU PARTIE DU
CUMENT REPRODUIT

F. Fleuriot-Kerinou

Zénaïde Fleuriot

Sa vie

Ses œuvres, sa correspondance

> Celui qui écrit de bons livres fait plus
> de bien que s'il rendait la vue aux aveugles
> et la vie aux morts.
> — Grégoire VII

PRIX 4.00

PARIS
LIBRAIRIE HACHETTE ET Cⁱᵉ
79, BOULEVARD SAINT-GERMAIN, 79

Coulommiers. — Imprimerie PAUL BRODARD. — 7-97.

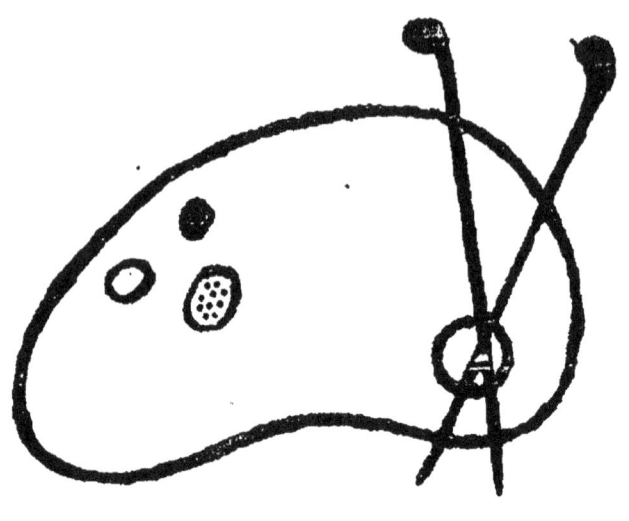

Fin d'une série de documents
en couleur

ZÉNAÏDE FLEURIOT

COULOMMIERS
Imprimerie PAUL BRODARD.

ZÉNAÏDE FLEURIOT

en 1880

F. FLEURIOT-KERINOU

ZÉNAÏDE FLEURIOT

SA VIE

SES ŒUVRES, SA CORRESPONDANCE

> Celui qui écrit de bons livres fait plus de bien que s'il rendait la vue aux aveugles et la vie aux morts.
>
> GRÉGOIRE VII.

PARIS
LIBRAIRIE HACHETTE ET Cⁱᵉ
79, BOULEVARD SAINT-GERMAIN, 79

1897

Droits de traduction et de reproduction réservés.

INTRODUCTION

Depuis trois ans déjà, celle dont j'entreprends de faire connaître la noble existence souffrait de la maladie de cœur qui devait l'enlever, lorsque, non sans émotion, je me hasardai à lui suggérer d'écrire ses mémoires. Et comme je lui disais qu'il pourrait arriver, dans l'avenir, que quelque admirateur de son talent s'avisât de parler d'elle au public, et, faute de documents authentiques, se trouvât réduit à mêler le roman à l'histoire :

« Je le sais bien, me répondit-elle, car personne n'a connu le fond, le fin fond, le drame intime, les douleurs de ma vie; tout ce que je désire, c'est qu'on n'écrive jamais rien sur moi après ma mort; qu'on laisse parler mes pauvres ouvrages, petits grains qui n'auront empoisonné personne, mais, au contraire, fait germer de bonnes pensées et de bons sentiments en plusieurs. »

Je retrouvai cependant sur son bureau un cahier commencé onze jours avant sa mort, sur lequel je lus :

« MON ENFANCE

« Paris, 8 décembre 1890.

« Je n'ai pas échappé à la loi générale ; à mesure que je vieillis, mes souvenirs d'enfance me reviennent si nets et si précis à la mémoire, que je prends le plaisir de me les raconter à moi-même.

« C'est la maison paternelle, la rue où elle s'élevait, qui m'ont tout d'abord intéressée comme objets extérieurs. Je les vois : la maison très large de façade, un étage surplombant et se terminant par un pignon très aigu. » . . . .

. . . .

Elle n'alla pas plus loin ; mais, en lisant ces lignes, et en réfléchissant qu'une telle publication pourrait avoir de l'intérêt et de l'utilité, j'ai essayé de reprendre le récit interrompu.

Ne sera-ce pas encore jeter cette semence « qui fait germer de bonnes pensées et de bons sentiments », entrer dans les vues et continuer l'œuvre de celle qui s'était donné une si belle mission?

Réunissant les documents que lui avait légués sa sœur et qu'elle m'avait fait promettre de recueillir pieusement, j'ai pu y ajouter une partie de sa volumineuse correspondance, grâce à la parfaite obligeance de ses intimes, avec lesquels ses rapports épistolaires étaient très suivis : ses bons amis de Keréver, sa famille, la princesse de Sayn-Wittgenstein et la religieuse que la Providence avait placée sur son chemin dans une heure douloureuse et décisive.

Ces lettres, si diverses, révéleront dans Zénaïde Fleuriot un talent épistolaire qui ne le cède en rien à son talent de conteuse. Sa plume y court avec une spontanéité pleine de charme, dévoilant, à propos des sujets les plus variés, toute la beauté de son âme.

En tournant les pages de ce livre, on pourra suivre sa vie écrite par elle-même d'une façon plus animée et plus fidèle que dans les souvenirs qu'elle eût évoqués de longue date.

Nous avons donc lieu de croire que cet ouvrage sera bien accueilli, non seulement du nombreux et sympathique public qu'elle a charmé durant tant d'années, mais encore par tout lecteur capable d'apprécier un aimable talent littéraire, une imagination pure et élevée, un esprit juste et pénétrant, un grand caractère de chrétienne, un noble cœur toujours oublieux de lui-même, contraste consolant qui repose de cet égoïsme, de cette soif insatiable de jouissance, qui caractérisent la fin de ce siècle dont elle fut la contemporaine.

Paris, 19 mars 1897.

ZÉNAÏDE FLEURIOT

CHAPITRE I

Famille de Zénaïde Fleuriot. — Manuscrit de son père.

Zénaïde Fleuriot naquit le 28 octobre 1829 à Saint-Brieuc, la vieille cité bretonne. Elle-même nous parle ainsi de sa ville natale, dans l'un de ses ouvrages de prédilection [1] :

« Lecteurs, jetez avec moi, je vous prie, un regard vers le passé; que ce regard de l'esprit plonge dans les ténèbres de treize siècles! Voyez-vous s'avancer, sur les flots de la mer qui baigne les côtes de l'Armorique, un navire monté par une centaine d'hommes au visage austère, au regard inspiré, au costume étrange?

« Ils abordent.... Ces hommes sont des apôtres; en eux et par eux, le christianisme pose le pied sur la Bretagne, terre encore païenne, et qui plus tard méritera le nom de catholique. Ces moines ne res-

---

1. *Les Prévalonnais*, Hachette et Cie, éditeurs.

semblent pas à ces vainqueurs du sabre qui n'enfoncent leurs griffes dans le sol étranger que pour en faire leur proie; ce sont des missionnaires de paix, qui dans le sol de granit vont planter la croix à une telle profondeur, qu'après les siècles écoulés qui auront tout renversé, tout changé, tout détruit, tout réédifié autour d'elle, cette croix se dressera debout, sacrée, triomphante, indestructible.

« Les apôtres étaient conduits par Brieuc. Ce saint, dont il est intéressant de lire la vie racontée dans le style naïf des vieux conteurs, venait de la Grande-Bretagne.

« Tout avait été miraculeux dans son enfance et sa jeunesse. Ses parents étaient païens; mais un ange, avant sa naissance, les avertit de quitter le culte des faux dieux, et fit connaître à Eldruda, sa mère, que le fils qu'elle portait dans son sein éclairerait son pays de la foi de Jésus-Christ. Il leur dit de l'appeler Brieuc, qui, d'après la racine hébraïque, signifie « Béni de Dieu ».

« Après avoir évangélisé la Grande-Bretagne, le saint eut une vision : Dieu lui commanda d'aller convertir la Bretagne Armorique. Prenant avec lui vingt-quatre de ses moines, il se mit en mer; et suivant la côte de l'occident à l'orient, il s'arrêta à l'embouchure de la rivière du sang : « le Goüet ». Ils débarquent tous et s'avancent dans l'intérieur d'une forêt appartenant au comte Rigwal. Brieuc convertit ce païen, qui lui abandonna son manoir et ses appartenances; la forêt fut abattue; et la ville de Brieuc commença à s'élever.

« Aujourd'hui, Saint-Brieuc n'a pas l'aspect sombre

et sévère d'une ville ancienne, ni l'aspect jeune, riant, régulier d'une ville nouvelle. En parcourant le réseau embrouillé de ses rues, en voyant de loin, côte à côte, la tour à mâchicoulis, la longue flèche en ardoises de sa vieille cathédrale et les blanches façades de ses édifices nouveaux, les pignons pointus de ses maisons moyen âge et les cheminées plates des habitations modernes, on se rappelle involontairement le vieil ouvrier laboureur qu'on a rencontré sur son chemin et qui, sur l'antique veste de drap violet ternie, usée, mais encore richement brodée sur toutes les coutures, a fait attacher de simples manches de toile.

« Si de l'aspect général de la ville de Saint-Brieuc il ressort qu'elle n'est ni réellement attrayante pour l'archéologue et l'artiste, ni suffisamment coquette et jolie aux yeux du touriste moderne, il en ressort aussi, et cela fait le légitime orgueil de ceux de ses enfants qui ne craignent pas de voir la part de Dieu trop grande dans les cités, qu'elle est éminemment religieuse. La croix se dresse de toutes parts au-dessus de ses toits, et la croix ne surmonte que les édifices sacrés, les temples où Dieu réside et les établissements pieux créés par la foi, unie à la charité.

« Telle était la ville dans le passé, ainsi est-elle dans le présent; et les auteurs des savantes études sur les anciens évêchés de Bretagne ont été bien inspirés quand ils ont donné pour épigraphe à leur livre, où Saint-Brieuc tient une si grande place, ces paroles de saint Jean Chrysostome : « Ce n'est ni le titre de « métropole, ni l'étendue, ni la magnificence des édi- « fices, ni le nombre des colonnes; mais c'est le cou-

« rage et la piété des habitants qui font la valeur, la
« gloire et la sauvegarde de la cité.... »

La maison dont parle Zénaïde Fleuriot, dans l'unique page de ses mémoires, était celle de son père Jean-Marie Fleuriot, avocat distingué et homme de bien. Il était né en 1780, à Plougonver, dans l'arrondissement de Guingamp, de François-Marie Fleuriot, nous disent les actes civils, et de Marie-Anne Rolland.

Très amateur de généalogie, il avait pris soin d'écrire de sa propre main tout ce qui se rattachait à la sienne et de classer minutieusement les illisibles parchemins au sceau des États de Bretagne, transmis de père en fils, depuis le xvie siècle, tant du côté des Fleuriot que de celui des Rolland.

Ces actes nous apprennent que les deux familles étaient de vieille souche bretonne, tout imprégnées de la foi ardente de leurs ancêtres. Le sacerdoce y semblait un privilège acquis ; et d'oncle en neveu, on comptait toujours un élu du Seigneur à chaque nouvelle génération ; c'est ainsi que Vincent Fleuriot, grand-oncle paternel de Jean-Marie Fleuriot, exerçait la prêtrise en même temps que son grand-oncle maternel, Jacques-Étienne Rolland, était recteur de Saint-Coislit, près de Châteaulin (1733-1761).

La plupart des actes de famille réglant des partages après succession, ou des questions litigieuses entre propriétaires et fermiers, laissent supposer que les familles Fleuriot et Rolland possédaient, l'une et l'autre, une fortune territoriale assez considérable pour la province.

J.-M. Fleuriot descendait, quant à la branche paternelle, des Fleuriot de Plusquellec, et avait pour aïeul un certain René Fleuriot, magistrat, qui vivait à Plusquellec en 1716.

Mais il avait tenu à remonter plus avant dans cette généalogie « pour connaître, disait-il, la véritable origine de la famille, et non par orgueil ni vanité, car tous les noms sont bons, beaux même, quand on les porte avec honneur et avec dignité. Si l'on pouvait rechercher jusqu'en 1530 ou 1540, on trouverait sans doute que tous les Fleuriot descendent du même auteur ; il est probable néanmoins que les aînés de la race ont dételé le matin et les cadets l'après-dînée, car, ainsi que le dit plaisamment Philippe de Coulanges dans les vers qu'il adressait à sa cousine, la marquise de Sévigné :

> « D'Adam nous sommes tous enfants,
> La preuve en est connue
> Et que tous nos premiers parents
> Ont mené la charrue ;
> Mais, las de cultiver enfin
> La terre labourée,
> L'un a dételé le matin,
> L'autre l'après-dînée. »

Par sa mère Marie-Anne Rolland, dont la bisaïeule Françoise Royou épousa Claude Rolland en 1687, Jean-Marie Fleuriot était parent de l'abbé Thomas-Marie Royou, le célèbre prêtre et journaliste, né à Quimper en 1741, qui après avoir professé la théologie avec succès chez les jésuites au collège Louis-le-Grand, s'attacha à la rédaction de l'*Année littéraire*, journal hebdomadaire dirigé par son beau-frère Fréron. Critique à l'esprit acerbe et brillant, l'abbé Royou ne ménagea pas les épigrammes à Voltaire, et il acquit, sous la Révolution, une très grande réputation dans le monde des lettres, grâce à ses ouvrages [1] nombreux et estimés. Nous ne parlerons pas ici de son inébranlable fidélité à la cause de la monarchie expirante, qu'il défendit même au péril de sa vie; nous avons tenu seulement à rappeler cette parenté, parce que c'est à elle que l'on a attribué les goûts littéraires, les sentiments chevaleresques et aussi l'esprit vif et mordant qui caractérisaient J.-M. Fleuriot et sa fille Zénaïde.

Les archives de la famille nous apprennent que Marie-Anne Rolland avait trois frères et une sœur : l'aîné, Allain Rolland, exerça les fonctions de magistrat; le second, Jacques-Tugdwal Rolland, fut prêtre et mourut en 1772 recteur de Landrevarzec (près de Quimper); le troisième, Jean-Sébastien Rolland, qui éleva le père de Zénaïde, était prêtre aussi et recteur de Locarn en Duault. Il fut fusillé par ordre du tribunal révolutionnaire de Brest, le 25 floréal an II (mai 1793). Quant à la plus jeune sœur, Jacquette Rolland, elle vit son mari arrêté et jugé en même temps que l'abbé Jean-Sébastien Rolland, coupable, disait l'arrêt, d'avoir donné asile à son beau-frère; il fut condamné à la peine de la déportation et, en réalité, embarqué et noyé sur un des bateaux à soupape de l'infâme Carrier. Comme on le voit, la famille

---

1. On a de lui : *Le Monde de verre réduit en poudre* ou *Analyse et réfutation des Époques de la Nature par Buffon* (1780); *Mémoire pour Madame de Valory* : cette dame, plaidant contre un avocat, n'avait pu trouver de défenseur; l'abbé Royou s'offrit et lui fit gagner son procès (1783); *Étrennes aux beaux esprits*. L'abbé Royou avait un frère, Jacques-Corentin Royou, qui fut auteur dramatique et historien, et dont un des fils devint assez bon écrivain.

Rolland paya un ample tribut aux sanglantes horreurs de 1793.

Nous avons dit que J.-M. Fleuriot avait été élevé par le prêtre martyr; voici par quel concours de circonstances : l'enfant eut le malheur de perdre sa mère quelques jours après sa naissance; l'abbé Rolland, le recteur de Locarn en Duault, accourut pour assister sa sœur mourante; et lorsqu'il l'eut accompagnée à sa dernière demeure, il demanda à son beau-frère de lui confier le nouveau-né, lui promettant de l'élever et de le chérir comme son propre enfant.

Après de longues hésitations de la part du père, l'abbé Rolland partit à cheval, nous dit la lettre d'une parente, emportant, dans un pan de sa soutane, le petit Jean-Marie, auquel il fit boire du vin le long de la route. En arrivant, il le confia à une vieille servante toute dévouée. Le père de Zénaïde fut donc élevé au presbytère, et son oncle l'abbé lui portait une si vive tendresse qu'il n'épargna rien pour former son âme et développer les heureuses qualités dont la nature l'avait doué. Il poussait si loin la sollicitude qu'il composa pour lui des livres d'étude; et l'on conserve encore pieusement dans la famille une histoire sainte, écrite de sa main, où se montrent, à côté d'une foi ardente, une grande élévation d'esprit et une érudition peu commune.

Les premières années de Jean-Marie furent des années bénies; mais l'orage révolutionnaire commençait à gronder; il allait éclater, balayant toute justice, déchaînant les plus grands excès, et bouleversant la vie jusqu'alors si calme du pauvre enfant.

L'abbé Jean-Sébastien Rolland, ayant refusé le serment imposé aux prêtres par la Convention, était devenu suspect, et fut bientôt contraint de fuir. Mais, avant de songer à sa propre sûreté, il pensa à celle de son neveu tant aimé, et lui enjoignit de retourner à la maison paternelle. Il ne se faisait aucune illusion sur le sort qui lui était réservé à lui-même. La veille de la séparation, il voulut encourager l'enfant et lui donner ses derniers avis. J.-M. Fleuriot avait conservé dans son cœur ces paroles suprêmes, et il les a relatées dans un touchant mémoire, où il raconte les terribles événements auxquels il fut mêlé à cette époque. Il avait à peine douze ans.

Comme tous ceux qui ont traversé la tourmente révolutionnaire, il avait gardé de ces scènes tragiques une impression d'horreur ineffaçable.

La première page de son récit manque malheureusement. Sur la seconde, en haut du papier jauni, couvert de caractères à demi effacés, se lit tracé par Zénaïde :

« *Manuscrit précieux, écrit en entier de la main de mon père, à conserver pour mes Mémoires.* »

Nous reproduisons donc entièrement ce document original, sans y vouloir rien changer ni retrancher, certain que nous sommes d'obéir aux dernières volontés de Zénaïde Fleuriot et d'intéresser nos lecteurs.

« Si l'orage qui commence à gronder vient à se
« dissiper, me dit mon oncle bien-aimé, vous me trou-
« verez toujours disposé à vous être utile. L'Angle-
« terre, je le sais, m'offrirait un refuge contre les per-
« sécutions du moment ; mais, quel que soit mon sort,

« je préfère rester au milieu du troupeau confié à ma
« garde, et le désir de vous conserver le peu de for-
« tune que je tiens de la Providence a aussi contribué
« à ma résolution. Votre âge, votre peu d'expérience,
« ne me permettent pas de vous en dire davantage. »

« Lorsqu'il eut fini de parler, je me retirai dans ma chambre pour y passer une bien triste nuit : je ne pus dormir, tant j'avais l'esprit occupé des paroles que je venais d'entendre.

« Dès que l'aurore parut, je me rendis dans la chambre de mon oncle, je ne l'y trouvai pas. A peine étais-je descendu, le domestique vint m'avertir que le cheval était prêt pour mon départ, et la servante voulut m'obliger à déjeuner. Pour toute réponse, je priai celle-ci, les larmes aux yeux, de me dire où était son maître : elle me répliqua tristement qu'il était parti à la pointe du jour.

« Après avoir parcouru tous les appartements du presbytère, je me rendis désespéré au jardin; mais comme il était vaste et qu'il avait des coins masqués par différents massifs, je ne pus découvrir l'endroit où mon bienfaiteur s'était retiré pour éviter les adieux.

« Mes sanglots l'avertirent enfin qu'il devenait inutile de me fuir; il vint me trouver, m'embrassa tendrement sans pouvoir proférer un seul mot. Dans ma joie de l'avoir revu, je lui promis d'obéir à l'ordre qu'il m'avait donné la veille, et disant adieu à la fidèle servante qui s'était montrée si dévouée pour moi, je quittai ce séjour de bonheur, pour me rendre à la maison paternelle....

« Mon père avait servi dix ans dans les gardes françaises; il avait vu de près les nombreux passe-droits accordés en ce temps à la noblesse; et cela avait beaucoup contribué à le rendre admirateur de la Révolution, bien qu'il n'en approuvât pas les cruels excès. Il s'était retiré dans ses pénates, et y vivait paisiblement, s'occupant des fonctions de juge de paix.

« Il me reçut à bras ouverts; mais bientôt, s'étant aperçu de la mélancolie qui me consumait, de notre divergence d'opinions politiques, et de mon éloignement pour tous les divertissements ordinaires aux enfants de mon âge, ses témoignages de tendresse se changèrent en reproches et en menaces; ce qui me détermina à retourner chez mon saint protecteur, voulant savoir par moi-même ce qu'il était devenu.

« Je mis bientôt mon projet à exécution. Arrivé au bourg, je frappe à la porte du presbytère, personne ne vient m'ouvrir; désespéré et ne sachant où me retirer pour passer la nuit (car elle était arrivée), — je m'assieds près de la maison, fondant en larmes.

« Peu de moments après, vint à passer un habitant du pays qui, me reconnaissant, m'apprit que le presbytère était vide. Sans lui donner le temps d'en dire davantage, je lui demandai : « Mon oncle, mon cher « oncle, qu'est-il devenu ? » Cet homme, touché de mon désespoir, me dit que l'on ne savait où il était; mais que son mobilier avait été transporté dans une maison qu'il m'indiqua, pour le soustraire au séquestre national; cette maison était justement celle d'un parent qui avait épousé la sœur de ma mère : tous deux étaient venus demeurer là, à la sollicitation de leur frère, le recteur.

« Après avoir remercié ce brave homme, je me dirigeai vers la maison dont il m'avait parlé. Je frappe ; on demande : « Qui est là ? — C'est moi », répondis-je, en me nommant. La porte s'ouvre, et je m'empresse d'entrer. Mais je m'arrête interdit, en apercevant un personnage, vêtu comme les paysans du pays, qui, assis auprès du feu, semble éviter mes regards et paraît craindre d'être reconnu sous ce costume d'emprunt. Mon parent et sa femme firent tout leur possible pour me consoler, mais ils ne me donnaient aucune nouvelle, et se plaçaient toujours entre l'inconnu et moi. Poussé par une curiosité irrésistible, je voulus examiner ses traits et je sentis en m'approchant de lui tout mon cœur tressaillir : c'était bien, en effet, mon oncle tant aimé ! Tout tremblant, je me jette à son cou, et je lui demande la permission de partager son infortune : « Je vois bien, me dit-il, que
« vous m'êtes sincèrement attaché, et qu'il est presque
« impossible de pouvoir vous échapper ; mais, mon
« cher neveu, vous êtes encore dans l'enfance ; et
« avec toute la bonne volonté possible, vous pourriez
« m'être plus nuisible qu'utile ; vous ne savez pas
« qu'aujourd'hui l'inhumanité est telle que votre jeu-
« nesse ne vous sauverait pas de la mort, si vous
« étiez pris avec moi. Je préfère que vous restiez ici,
« puisque la maison paternelle n'a pas d'attraits pour
« vous ; aimez et respectez votre oncle et votre tante
« qui désormais vous serviront de protecteurs ; aidez-
« les de tout votre pouvoir, obéissez-leur surtout, et
« sachez qu'ils ont comme moi votre intérêt à cœur,
« en vous conservant leur propre fortune, puisque
« vous êtes le seul héritier de la famille. Adonnez-

« vous au travail dont vous êtes capable ; et n'oubliez
« pas de sacrifier à l'étude tous vos moments de
« loisir : on pourra vous enlever votre fortune, mais
« votre éducation vous servira dans les revers, s'il
« arrive que vous soyez réduit à cette unique res-
« source. Je vous recommande enfin de ne pas oublier
« que Dieu est le souverain arbitre de la destinée des
« hommes, et qu'on ne doit jamais murmurer contre
« les décrets de sa providence. »

« Malgré l'extrême réserve dont on usait envers moi, je n'ignorais pas que mon oncle venait quelquefois à la maison, mais toujours au milieu de la nuit. L'empressement seul que l'on mettait à me congédier après le souper m'avertissait de sa venue prochaine ; et grâce à mon oreille qui n'était pas paresseuse, j'étais bientôt convaincu que je ne me trompais pas. J'entendais d'abord frapper tout doucement à une croisée qui était peu éloignée de ma chambre, la porte s'ouvrait après le signal, et le plus parfait silence régnait ensuite. Je me livrais alors aux plus tristes réflexions. Tantôt je voulais m'habiller et paraître ; tantôt craignant une correction peu méritée, j'abandonnais ce projet, et m'enveloppant dans mes draps, je pleurais amèrement. Enfin, ne pouvant plus commander à mon chagrin, je résolus de vaincre toutes les menaces pour revoir encore une fois celui qui causait mes angoisses. Entendant, au milieu de la nuit, la porte s'ouvrir après le signal convenu, je me lève précipitamment et m'habille en grande hâte. O bonheur ! je suis dans les bras de mon cher oncle ; il reçoit mes embrassements, me témoigne son affection, oublie son sort pour ne songer qu'au mien, et excuse la désobéissance que la tendresse seule m'a fait commettre.

« Après cette trop courte entrevue, je continuais à me consumer de crainte et de tristesse, lorsqu'un jour je vis arriver un ami de la maison; sa figure sombre annonçait qu'il n'était pas messager de bonheur. Au moment où il entra dans le vestibule, je me préparais à sortir (c'était une habitude que l'on m'avait fait contracter); mais j'avais à peine franchi le seuil de la porte, que j'entendis des sanglots; je rentre alors le désespoir dans l'âme, en m'écriant : « Ne me cachez pas ce qui cause vos larmes; mon « oncle, mon cher oncle est-il donc arrêté? »

« Mon oncle et ma tante m'avouèrent alors que le bruit de son arrestation courait dans le pays et les environs.

« Aussitôt, rien ne peut me retenir, je pars pour m'informer de la vérité et je me dirige vers la ville où on le disait emprisonné. En une heure, je fis deux grandes lieues de pays, trois bonnes lieues de poste, la surexcitation de mon esprit me laissant insensible à la fatigue de mon corps; arrivé enfin, j'entrai chez un brave homme que je connaissais un peu, espérant apprendre de lui quelque chose. Aussitôt qu'il me vit ainsi défait et tout en sueur, il se douta du but de mon voyage et, sans me donner le temps de parler, il me dit : « Jeune homme, j'ai une mauvaise nouvelle « à vous annoncer; mais de grâce, promettez-moi de « ne pas aller plus loin : votre perte serait certaine! » Je le suppliai de tout me dire.

« Le recteur de Locarn, ajouta-t-il alors, a été « incarcéré cette nuit; il avait eu l'imprudence de se

« rendre ici, à la sollicitation d'un misérable qui vou-
« lait recevoir la bénédiction nuptiale d'un prêtre non
« assermenté. Ce traître avait eu l'adresse de cacher
« son premier mariage, pour épouser une demoiselle
« trop confiante, dont il convoitait la dot, s'introdui-
« sant ainsi dans une famille riche et distinguée. Non
« content d'avoir commis ce premier crime, il a livré
« avec une lâcheté peu commune le ministre de
« Dieu qu'il avait trompé par son hypocrisie; des
« gendarmes, apostés sur ses indications, ont arrêté
« votre oncle, aussitôt que la cérémonie religieuse a
« été terminée.

« Les honnêtes gens ont été indignés d'une action
« aussi abominable, mais la terreur règne à ce point
« que personne n'ose rien dire; tout le monde tremble,
« et avec raison, en présence de pareils faits. — Pre-
« nez courage, mon cher enfant, et soyez persuadé
« que la Providence ne vous abandonnera pas. Retour-
« nez chez vos parents; et dites-leur ce que je viens
« de vous apprendre. Partez immédiatement et n'aug-
« mentez pas les peines de la noble victime, en vous
« faisant mettre en prison; vous n'auriez pas, du
« reste, la triste consolation de le voir, puisqu'il est
« au secret; vous seriez plutôt confondu avec les
« criminels, et tout ce que la société a de plus malfai-
« sant et de plus méprisable. »

« On peut aisément s'imaginer l'effet que ce discours
fit sur moi. J'étais désespéré. Partir sans voir encore
une fois mon oncle bien-aimé, m'en séparer peut-
être à jamais, cette idée me paraissait aussi terrible
que la séparation de l'âme d'avec le corps; et cependant, cédant aux instances du brave homme et com-

prenant bien qu'une imprudence, qu'en tout autre temps on aurait qualifiée d'héroïsme, ne pouvait que nuire au cher prisonnier, craignant aussi d'être jeté au milieu de gens de la pire espèce, je me décidai à reprendre le chemin de la maison.

« En arrivant, je racontai à mon oncle et à ma tante tout ce que j'avais appris dans mon fatal voyage; ils mêlèrent leurs larmes aux miennes; notre douleur tenait du désespoir; nous ne savions que résoudre; l'abattement où nous étions serait difficile à dépeindre.

« La nuit arriva, et nous nous séparâmes pour prendre le repos dont nous avions tant besoin.

« Un gros chien que mon oncle avait élevé faisait la garde dans la cour; vers onze heures et demie, il aboya avec une telle violence que nous pressentîmes quelque chose d'insolite. Bientôt plusieurs cavaliers entrèrent dans la cour; la fureur du brave animal redoubla; et comme il défendait toujours l'entrée de la maison, l'un d'eux lui tira un coup de pistolet qui l'étendit raide mort.

« Nous ne doutâmes plus que nous n'allions recevoir une visite redoutable. En effet, on frappa à la porte; mon oncle se leva, vint ouvrir, et une douzaine de cavaliers armés entrèrent, malgré l'obscurité. Aussitôt que la chandelle fut allumée, l'un de ces brigands lui demanda s'il n'avait pas d'aristocrate caché chez lui : sur sa réponse négative, il tira son sabre et lui en donna brutalement quelques coups du plat.

« Nous venons, lui dit un autre, t'apporter une « lettre de la part de ton beau-frère qui est en prison, « où tu ne tarderas pas à aller le rejoindre. En atten-

« dant, rends-nous l'argent qu'il t'a déposé; il y a
« 1500 francs dans la muraille, fournis-les tout de
« suite, ou il y va de la mort pour toi.

« — Je ne sais rien de ce que vous me dites, citoyen,
répondit mon oncle.

« — Comment, coquin, lui répliqua un autre for-
« cené, comment, tu ne sais rien! tiens, lis cette
« feuille, et tu verras que tu n'es qu'un imposteur. »

« Mon oncle prit le papier, et se trouva tout surpris
de voir l'écriture de son beau-frère et ses dernières
dispositions, entre les mains de ces bandits.

« Lorsqu'il eut pris connaissance de la lettre, il
leur dit :

« J'ignore le lieu où est l'argent, cherchez, fouillez
« partout, je ne m'y oppose pas.

« — Eh! bien, voyons, dit l'un des bandits, et con-
« fondons ce mauvais patriote. »

« Ils arrivent dans ma chambre : je finissais de
m'habiller, ils me poussent dehors; et bien que mon
oncle leur fît observer que je n'étais qu'un enfant,
ils m'accablaient de quolibets grossiers.

« Il est bien jeune, il n'a pas le cou assez long,
disait l'un.

« — Es-tu aristocrate? criait l'autre.

« — Veux-tu te faire calotin? ajoutait un troisième.

« — Je ne comprends pas vos expressions, répondis-je.

« — Attends un peu, nous allons te les faire com-
« prendre », repartit un autre, en me secouant rude-
ment, et en me faisant néanmoins plus de peur que
de mal.

« Les portes de la maison étaient gardées par des

dragons ; on leur recommanda de m'empêcher de sortir et les perquisitions continuèrent. Ils arrivèrent bientôt dans la chambre où les fonds étaient cachés, et ils ne tardèrent pas à les trouver, à l'aide des indications écrites sur la lettre qu'ils possédaient.

« Voici ce qui s'était passé : dès que mon oncle eut été incarcéré, il avait demandé une plume et de l'encre que le geôlier lui procura aussitôt ; il écrivit alors à son beau-frère une lettre où il énonçait ses dispositions dernières, l'emploi des fonds cachés qu'il avait, et sa volonté formelle de me faire continuer mes études dès que la tranquillité serait rétablie, soin dont il chargeait mes dévoués protecteurs. Il finissait en nous annonçant sa mort comme certaine, inévitable, et en nous faisant ses adieux avec le calme et le courage que la foi et l'innocence seules peuvent donner. Il avait confié sa lettre à un prisonnier libéré, qu'il nous chargeait de récompenser par un louis ; mais ce misérable eut la lâcheté de la faire passer aux membres du district. C'est alors que ceux-ci avaient envoyé leurs satellites dans notre maison pour y commettre des rapines et des voies de fait.

« Lorsqu'ils eurent mis la main sur les quinze cents francs, ils descendirent en continuant à nous invectiver ; les armoires du rez-de-chaussée furent ouvertes ; comme tout leur était bon, ils s'emparèrent du peu d'assignats qui s'y trouvaient, de l'argenterie, d'un ciboire et d'un calice, dans lesquels ils se mirent à boire. Après avoir bien mangé et s'être bien enivrés, ils pensèrent au départ.

« L'un d'eux me dit d'aller prendre nos chevaux à l'écurie, pour conduire mon oncle en prison ; comme je restais suffoqué et sans voix, mon oncle lui-même me répéta cet ordre, et je dus obéir.

« Lorsque les chevaux furent sellés et bridés, il en monta un, et moi l'autre; les cavaliers nous placèrent au milieu de leur peloton, pour ne pas nous perdre de vue, et nous partîmes.

« L'état d'ivresse dans lequel ils se trouvaient presque tous aurait bien pu favoriser notre évasion, si mon oncle en avait eu l'idée; mais telle était la terreur qui régnait comme fatalement de toutes parts, que la résistance paraissait impossible. Arrivés aux portes de la ville, on força mon oncle à mettre pied à terre, et on m'ordonna de retourner chez nous à l'instant même, avec les chevaux. Tout en larmes, j'embrassai mon bon parent, seconde victime de la trahison et de la cupidité révolutionnaires, et j'allai rejoindre ma tante que je trouvai plongée dans la plus profonde douleur : je me mis à pleurer avec elle, et nous passâmes ainsi le reste de cette désolante journée. Le lendemain, on mit les scellés sur toutes les armoires; mais grâce à l'humanité de l'officier chargé de cette opération, nous pûmes emporter nos vêtements et nos papiers de famille les plus importants.

« Mes deux oncles ne tardèrent pas à être mis en jugement devant le tribunal révolutionnaire de Brest, avec un citoyen recommandable qui avait souvent donné asile aux honnêtes gens voués à la proscription et à la mort, et qui fut notamment accusé d'avoir caché mon bienfaiteur quelque temps avant son arrestation.

« Après une procédure dérisoire, le prêtre fut condamné à mort et les deux autres accusés à la déportation. Ce jugement, prononcé par les satellites de Robespierre, reçut son exécution le jour même où il fut rendu, et la séparation des condamnés eut lieu aussitôt après l'arrêt de cet assassinat juridique, sans qu'on leur laissât la triste consolation de se dire adieu. Mon bienfaiteur vénéré, l'abbé Rolland marcha au supplice avec un courage digne des premiers martyrs, et reçut le coup fatal sans montrer la moindre faiblesse.

« Les deux autres victimes furent conduites en prison, et ne tardèrent pas à être embarquées sur un bateau à soupape, pour être noyées dans la Loire, avec d'autres compagnons d'infortune : c'était ainsi que l'on déportait sous la Révolution.

« Lorsque nous fûmes informés, ma tante et moi, de ces fins tragiques, notre douleur ne connut plus de bornes.

« Le tribunal révolutionnaire poursuivit bientôt son œuvre en appliquant aux propriétés et aux biens des condamnés la loi barbare de la confiscation. Tout ce qui appartenait au prêtre martyr fut vendu au profit de la Nation.

« Ma bonne tante, dépouillée, elle aussi, de la fortune de son mari, prit alors la résolution de retourner chez son beau-père, et d'abandonner un pays qui ne lui rappelait plus que de déchirants souvenirs.

« Elle fit donc venir mon oncle, Allain Rolland, le seul frère qui lui restât, et lui communiqua son projet, le priant de me recevoir puisque je ne pouvais me résoudre à rentrer chez mon père. Il approuva sa résolution et dit qu'il serait heureux de m'emmener, d'autant plus qu'il était sans enfant, et qu'il voyait en moi la double qualité de fils de sa sœur et d'héritier de sa fortune.

« Je me rendis donc chez ce bon parent, et fus très bien reçu par sa femme qui ne tarda pas à me témoigner le plus tendre attachement. Je m'efforçai de leur montrer ma gratitude en remplissant mes devoirs le mieux qu'il m'était possible, mais le souvenir de la mort affreuse du prêtre martyr ne pouvait quitter ma pensée. Consumé par un chagrin continuel, je ressentais autant de regret de n'avoir pu l'arracher à ses assassins, que de n'avoir pu mourir avec lui. Je tombai enfin dans une maladie de langueur qui me conduisit aux portes du tombeau. Pendant dix mois, on m'entoura des soins les plus empressés, mais en vain; j'étais devenu si faible que je ne pouvais plus marcher sans l'aide d'un bâton.

« Un jour, j'appris que l'on allait célébrer, pour la chère victime que je pleurais, un service funèbre dans l'église de la paroisse qu'il avait desservie si longtemps; mes parents avaient eu soin de me cacher cette cérémonie, craignant l'émotion inévitable qui en résulterait pour moi; mais le sentiment de la reconnaissance devait rendre leurs précautions inutiles.

« Le jour fixé, je me levai à l'heure ordinaire pour éviter tout soupçon; et certain que tous étaient déjà partis, je me traînai comme je pus vers le bourg.

« Le service était commencé lorsque j'arrivai à l'église, et les assistants ne purent retenir leurs larmes lorsqu'ils me virent, pâle, défiguré, me soutenant à peine, m'agenouiller au milieu d'eux pour rendre les derniers devoirs à leur vénéré Recteur.

Bien que cette touchante cérémonie eût ravivé toutes mes douleurs, je trouvai une si grande consolation d'avoir pu m'associer à cet acte de respect et de reconnaissance pour la mémoire du saint martyr, que les forces commencèrent à me revenir dès ce moment.

« Je restai encore quelques mois chez mon oncle Allain; mais dès que je fus rétabli, je me vis obligé de céder aux sollicitations de mon père et de retourner chez lui. Hélas! je n'y restai pas longtemps! Ma manière de vivre lui déplaisait, et il voyait bien que mon cœur demeurait consumé par le chagrin. Mon demi-frère avait pris du service dans les armées de la République; tous les jours, mon père m'excitait à suivre son exemple, et je crus devoir me déterminer à lui obéir et à quitter mon pays : je demandai donc et j'obtins une feuille de route pour rejoindre le bataillon de volontaires dans lequel mon frère aîné servait déjà.

« Me voilà donc soldat! Dieu sait si telle était ma vocation; mais il est des moments dans la vie où l'on est entraîné par les événements comme par un torrent!

« Après avoir traversé la Bretagne et une partie de la basse Normandie, j'arrivai à Grandville où le bataillon dont je devais faire partie était en garnison. Mon frère vint à ma rencontre avec ses amis, et mon entrée au corps fut un jour de fête pour eux, car pour moi, j'étais triste et assez insensible aux démonstrations d'amitié de mes compagnons d'armes. On me taxera peut-être d'originalité et d'hypocondrie, mais je dois dire la vérité puisque je n'ai pas l'intention de faire un roman.

« Nous étions alors à la moitié ou vers la fin de l'an III, j'avais à peine quatorze ans, et quoique fort grand pour mon âge, je ne me sentais pas vigoureux.

« A cette époque, on ne s'amusait guère à démontrer l'exercice ; il semblait qu'après avoir mangé deux ou trois fois à la gamelle, l'on était devenu un soldat accompli. Mon tour arriva bientôt de monter la garde ; tout marcha d'abord à souhait, et mes deux premières heures de faction sur le plateau de Grandville me parurent un amusement ; je ne cessais de considérer une chose grandiose toute nouvelle pour moi, la mer ! et j'étais, je l'avoue, plus occupé d'elle que de la consigne. Rentré au corps de garde, je me mis sur le lit de camp avec l'intention de me livrer au sommeil ; mais hélas, peu habitué à dormir sur la dure et me trouvant fort mal à l'aise, il me fut impossible de fermer l'œil. Deux heures après, je retournai en sentinelle au milieu d'une nuit obscure ; cette fois, je ne pouvais plus admirer l'Océan, et il ne se passait pas de quart d'heure que des rondes ne se succédassent pour me demander des mots d'ordre ou de ralliement.

« Relevé de faction, je rentrai de nouveau au poste où je me jetai résolument sur les planches, voyant bien qu'il fallait me familiariser avec le lit de camp : je fis alors de tristes réflexions sur mon nouvel état, et cette première nuit de garde s'acheva péniblement.

« Trois ou quatre mois après mon arrivée à Grandville, le bataillon reçut l'ordre de se rendre à Caen ; je le suivis avec peine, car mon bagage et mon arme me fatiguaient beaucoup.

« Nous restâmes une quinzaine de jours à Caen,

puis le bataillon fut dirigé sur Saint-Quentin, en Picardie. Me sentant épuisé, je demandai et j'obtins un billet d'hôpital, et je dois dire que je fus très bien soigné dans cet hospice que je quittai après un séjour d'une décade.

« J'avais à peine passé deux mois à Saint-Quentin, que je reçus la nouvelle de la mort de mon père ; et quelle mort, grand Dieu ! Des assassins, se disant les soutiens de l'autel et les amis de la monarchie des Bourbons, avaient pénétré dans sa maison, et, violant toutes les lois divines et humaines, l'avaient massacré sans pitié. Cette nouvelle atroce me bouleversa : je ne voyais plus que des bourreaux partout. « Quoi, me disais-je, des scélérats ont osé exécuter
« comme un malfaiteur mon saint oncle l'abbé, puis
« mon oncle, son beau-frère, qui n'avait eu d'autre
« tort que de l'accueillir dans son malheur ; et c'est
« maintenant au nom de la religion, au nom d'un
« prince qui désavouerait hautement leur conduite
« s'il pouvait faire entendre sa voix, que de miséra-
« bles fanatiques ont assassiné mon père, un citoyen
« estimable et paisible, qui n'avait d'autre tort que
« de s'être montré trop confiant dans les promesses
« du nouveau gouvernement. La France n'est donc
« plus qu'un repaire de brigands où l'honnête homme
« ne saurait vivre désormais à l'abri des persécu-
« tions. Que sont donc devenus les commandements
« de Dieu, les maximes évangéliques ? il n'y a donc
« plus de morale, plus d'humanité ? La religion ne
« nous enseigne-t-elle pas à exercer envers tous les
« hommes la charité, l'hospitalité, le respect du
« droit ! »

« Mais les révolutionnaires, de leur côté, ne se laissaient pas surpasser en cruauté. A la formation du camp de Grenelle, mon bataillon reçut l'ordre de s'y rendre, et je pus voir par mes propres yeux les excès d'horreur auxquels se livraient les terroristes. L'église de Grenelle avait été transformée en salle de tribunal révolutionnaire, et des scènes déchirantes s'y répétaient chaque jour ; des victimes innombrables y paraissaient devant les juges improvisés, et je ne fus pas peu étonné d'entendre condamner en une seule nuit quarante innocents à la peine de mort, pour avoir, disait-on, pris part à la conjuration de Grenelle [1]. »

Ici s'arrête le manuscrit, qui, malgré son intérêt, paraîtra peut-être un peu long au lecteur ; mais il fait si bien connaître le caractère de J.-M. Fleuriot, dans lequel on retrouve celui de sa fille Zénaïde, que nous n'avons pu nous décider à l'abréger. Elle avait lu tout enfant ce récit qui avait exalté sa jeune imagination et fait pour elle de son père un type idéal à imiter ; elle voulait être, comme lui, juste, amie du bien, chevaleresque, fidèle jusqu'à la mort aux principes de l'honneur ; elle conserva toute sa vie un culte pour lui, tout en déplorant que sa rigidité de principes eût causé la ruine de sa famille et amené les douleurs de son adolescence et de sa jeunesse.

1. Grenelle, à cette époque, était un bourg près de Paris. Le 21 août 1794, l'immense poudrière qui avait été installée dans l'ancien château fit explosion et causa la mort de plusieurs centaines de personnes. Enfin, le 9 septembre 1794, le camp établi à Grenelle fut attaqué subitement par 800 conjurés qui furent dispersés. C'est ce qu'on appela la conjuration de Grenelle. La plaine de Grenelle devint ensuite, jusqu'en 1815, le lieu des exécutions militaires.

Différents papiers et certificats témoignent que J.-M. Fleuriot continua à servir dans les armées de la République, pensant avec raison, dit-il ailleurs, que le soldat qui repoussait les ennemis de son pays et empêchait l'envahissement de la France servait loyalement sa patrie, et non pas le gouvernement dont il méprisait les sanglants excès.

Vinrent le Consulat et après lui l'Empire ; le jeune homme suivit la fortune victorieuse des armées de Napoléon et roula avec elles d'un bout de l'Europe à l'autre. Après avoir fait la campagne d'Italie, il changea d'arme et fut incorporé, le 30 fructidor an IX, au 27ᵉ régiment d'infanterie légère ; c'est dans ce régiment qu'il prit part à la glorieuse bataille d'Austerlitz.

Après cette victoire, ayant été envoyé en garnison à Nuremberg, il se lia tout particulièrement avec le baron de Schœurl, intendant du roi de Bavière. J.-M. Fleuriot avait alors vingt-cinq ans, et la bonne semence jetée dans son cœur par l'abbé Rolland, le courageux prêtre victime de la Terreur, avait porté ses fruits. Non seulement l'enfant était devenu un honnête homme, dans la plus noble acception du terme, mais encore les dures épreuves qu'il avait traversées, la vie pénible et aventureuse qu'il avait menée dès l'âge où les autres sont encore sur les bancs de l'école, avaient trempé son caractère et mûri son esprit sans altérer aucunement la bonté et la délicatesse de son cœur. Quoique bien jeune, il avait été à même de beaucoup voir et de beaucoup retenir ; il était du reste plus instruit que la plupart de ceux de sa génération, en raison de la solide éducation première qu'il avait reçue, et aussi parce qu'aimant passionnément l'étude, il sut mettre à profit, pour s'y livrer, les rares instants de loisir que le génie vainqueur de Napoléon laissait parfois à ses soldats.

Une véritable intimité s'établit donc entre M. de Schœurl et le jeune volontaire; il passait chez lui de bonnes soirées, heureux de retrouver auprès de sa femme et de ses enfants un peu de cette douce atmosphère de famille dont il avait été sevré depuis si longtemps; et lorsque, après un assez long séjour, le régiment reçut l'ordre de quitter Nuremberg, ce fut avec un vif chagrin qu'il se sépara de ses aimables amis.

Les regrets et l'affection de M. de Schœurl n'étaient pas moins sincères, et ils se traduisirent par des lettres que J.-M. Fleuriot aimait à relire. En voici deux dans leur français incorrect et leur forme naïve. Le lecteur voudra bien se rappeler que c'est un étranger qui manie notre langue; le style est bien de l'époque.

Nuremberg, ce 18 août 1806.

« Monsieur,

« En ce peu de lignes, je tâche de vous exprimer combien j'estime la noblesse de votre âme qui vaut toujours mieux que la noblesse de la naissance, puisque la dernière est une acquisition accidentelle et involontaire, tandis que la première ne s'obtient qu'en employant des qualités morales soigneusement cultivées et souvent appliquées avec beaucoup de peine et de sacrifices.

« Je loue en vous, Monsieur, votre conduite modeste, tranquille et aimable, mais ce que j'admire le plus, c'est la patience et l'héroïsme avec lesquels vous supporter un état qui ne me semble pas vous satisfaire ; et voilà l'image du sage qui sait se soumettre à un sort contraire sans perdre la grandeur de son âme; aussi votre souvenir, Monsieur, me restera toujours bienfaisant et inéluctable.

« Je suis persuadé que la Providence, aussi juste que bonne, vous prépare un sort digne de vos mérites et qualités, et qu'elle vous dédommagera de tous les événements adverses auxquels vous avez été exposé comme pour vous mettre à l'épreuve.

« Puissé-je un jour vous prouver, Monsieur, mon amitié fondée sur l'estime la plus sincère.

« Je vous prie instamment de ne m'oublier jamais et de vous assurer que vous trouverez en moi, pour toute la vie, un vrai ami.

« A. DE SCHŒURL. »

Le cachet de cette lettre portait pour devise : « L'honneur pour but, la vertu pour guide ». Voici la seconde, à laquelle nous avons laissé la petite annotation écrite par Jean-Marie Fleuriot en tête de la page.

Nuremberg, ce 12 novembre 1806.

J'ai reçu à Aix-la-Chapelle, le jour de la réception de mon congé, cette lettre de M. le baron de Schœurl, intendant général du Roi de Bavière, et y ai répondu le 6 décembre 1806.

« Monsieur et très cher ami,

« On ne connaît jamais mieux la valeur d'un bien que quand on l'a perdu. C'est à présent que je suis plus convaincu que jamais de cette vérité. Quelque cas que j'aie fait de votre compagnie et de votre entretien bien spirituel et bien charmant, je n'en ai jamais senti tout le prix au point où je le fais maintenant que je viens d'en perdre la jouissance à jamais selon toute vraisemblance. Ce qui peut me consoler de cette perte, c'est la sincérité des sentiments que vous m'exprimez dans votre lettre aussi élégante qu'amicale.

« Il me prend presque envie de vous faire quelques reproches de ce que vous outrez trop le bon de ma conduite vis-à-vis de vous, Monsieur, pendant votre séjour, trop court, à Nuremberg. Je n'ai fait que suivre le penchant de mon âme. Car qui est-ce qui peut s'empêcher de vous estimer et de vous aimer? et par cette raison, qui est-ce qui ne ferait point son possible pour vous procurer tous les services et tout le plaisir qui conviennent à vos mérites et à vos qualités si aimables?

« La perte de votre conversation me touche plus qu'aucune autre, et je suis bien aise de trouver le soulagement de cette perte dans la plume : voilà des faveurs que vous n'irez pas me refuser et que je mets à un prix au delà de toute ma reconnaissance.

« Je me sens bien consolé dans ces tourbillons de la mauvaise situation que la guerre nous apporte, quand je me persuade, mon aimable ami, que vous m'honorerez fréquemment, s'il vous plaît, de vos lettres. Mais je vous en prie, en me communiquant des nouvelles publiques, de n'y ajouter jamais aucun raisonnement, parce que je le trouve trop dangereux pour vous et pour moi à cette époque, ne pouvant savoir si vos lettres ne tomberont pas, par hasard, dans les mains de méchants dénonciateurs.

« Ma femme vous bénit et tous mes enfants vous assurent de cette estime et de cette amitié que vous saviez leur inspirer ; ils vous remercient de votre souvenir bien amical, Sibyle et Marguerite en sont enorgueillies.

« Je vous souhaite de tout mon cœur le comble du bonheur et la récompense de vos mérites, de votre esprit orné, de votre cœur si noble ; et en espérant la continuation de votre amitié, je suis, avec l'estime la plus fondée,

« Monsieur et très aimable et très cher ami,

« Votre tout dévoué et sincère serviteur,

« DE SCHŒURL. »

On voit, d'après cette correspondance, de qui Zénaïde Fleuriot tenait cette nature vibrante et généreuse, ces qualités attachantes d'esprit et de cœur qui se reflètent dans ses ouvrages, et lui attiraient les sympathies de tant de lecteurs inconnus.

Au mois de décembre 1806, Jean-Marie Fleuriot, se trouvant à Aix-la-Chapelle, fut atteint d'une faiblesse momentanée de la vue, due probablement aux privations et aux excès de fatigue de ses dernières campagnes ; cette infirmité, qui ne devait être que passagère, « l'empêchait de distinguer, dit le certificat de visite des officiers de santé, les objets à portée nécessaire pour le service de guerre » ; il put obtenir un congé de réforme, auquel fut joint un certificat de bonne conduite[1], preuve évidente que, malgré son peu de goût pour l'état militaire, il fut toujours un soldat irréprochable et garda au milieu de la vie relâchée des camps tous les principes d'honneur et de chevaleresque loyauté qu'on lui avait inculqués dès l'enfance.

Rendu à la vie civile, Jean-Marie Fleuriot en profite pour revenir dans sa chère Bretagne. Cette malheureuse province, que son attachement inébranlable à son Dieu et à son roi avait désignée, comme la Vendée, aux fureurs des Conventionnels, se remettait avec peine des convulsions qui l'avaient secouée pendant la Révolution; elle n'avait pu oublier encore les échafauds dressés dans ses villes, les noyades de la Loire et les mariages républicains du bourreau Carrier.

---

[1]. Voici ce certificat, dont nous conservons l'orthographe:

26ᵉ RÉGIMENT D'INFANTERIE LÉGÈRE

3ᵉ Bataillon *5ᵉ Compagnie.*

« Nous, officiers, sous-officiers, caporaux et chasseurs composants la ditte compagnie, Certifions que le sieur Fleuriot a tenu constamment une conduite régulière et irréprochable, qu'il a fait avec nous les campagnes des années 9, 10, 11, 12, 13, 14, et Vendémiaire même année, qu'il s'est toujours comporté avec honneur et probité; qu'il ne nous est jamais parvenu aucunes plaintes touchant sa réputation jusqu'à ce jour où il a été congédié. Nous attestons de plus que le ci-dessus Dénommé s'est trouvé à la bataille d'Austerlits.

« En foi de quoi nous lui avons délivré le présent
« D'après Notre Entière Connaissance.

« Fait à Aix-la-Chapelle, le Deux Décembre 1806. »

Vu pour Légalisation par les Membres composants le Conseil d'administration du sus-dit Régiment.

Suivent seize signatures.

En arrivant au pays natal, le neveu de l'abbé Rolland ne trouva que des tombes; ainsi qu'il nous l'a dit lui-même, son père était mort assassiné au nom du roi, la famille de sa mère était éteinte, et les biens de son oncle l'abbé, confisqués par la Révolution, étaient aux mains des acquéreurs de l'État. Il ne perdit pas courage au milieu de tant de désastres, et désirant se livrer à l'étude du droit qui l'attirait tout particulièrement, il obtint d'abord le poste de greffier de la justice de paix du canton de Bégard, dans l'arrondissement de Guingamp, emploi qui devait lui laisser assez de loisirs pour qu'il pût se préparer à l'étude de la procédure civile et de la législation criminelle.

C'est à Bégard que Jean-Marie Fleuriot connut et épousa Mlle Marie-Anne Le Lagadec, alors âgée de dix-neuf ans. Cette jeune fille appartenait à une très vieille famille bretonne, où on avait aussi le goût des traditions généalogiques et où les vieux parchemins jaunis attestaient que le chef de la race, « Noble homme Guy Le Lagadec », était, en 1525, intendant de la duchesse Anne.

Il avait fait souche au pays d'Armor; et un siècle plus tard, en 1620, ses nombreux descendants portaient tous des noms de seigneuries : sieur de Pen-an-Lan, sieur de Kercado, sieur de Kergommar, sieur de Ruguezec, etc. Enfin un Guy Le Lagadec, sieur de Kercado, était à la cour de Louis XVI; il était très connu de Mme la marquise de Tourzel, qui en parle dans ses Mémoires.

Ce mariage sembla ouvrir pour Jean-Marie Fleuriot une ère de bonheur qui allait le dédommager enfin des dures épreuves de sa jeunesse. Après avoir fait son droit à Rennes, il s'établit avoué à Saint-Brieuc; grâce à sa parfaite droiture, à son caractère élevé et aussi au réel talent qu'il n'avait pas tardé à acquérir, il vit bientôt son étude fréquentée par les meilleures familles de la province. Les membres de la corporation, pour lui témoigner leur estime, le nommèrent président de la Chambre des avoués de Saint-Brieuc.

Jean-Marie Fleuriot a laissé un grand nombre d'intéressants opuscules [1], traitant de questions de

---

1. Parmi ces publications, on remarque :

1° Un volumineux travail sur *Le contrat à domaines congéables*. Les contrats à domaines congéables, participant de la vente et du louage, étaient encore en usage en 1825 dans les trois départements du Finistère, des Côtes-du-Nord et du Morbihan. L'Assemblée Constituante avait régi les domaines congéables par des lois spéciales, abrogées en 1792, puis rétablies en l'an II. On conçoit que ces variations avaient donné naissance à une foule de questions litigieuses qui faisaient de la procédure relative aux congéements une branche spéciale de la législation; Jean-Marie Fleuriot s'était voué à une étude approfondie de la question et y avait acquis une véritable notoriété.

2° *Un mot sur l'indemnité due aux anciens propriétaires des biens confisqués pendant la Révolution.* — Cette brochure précéda de quelques mois le grand acte de justice accompli par la loi du 27 avril 1825, qui rendit aux malheureuses victimes de la Terreur une partie des biens dont elles avaient été dépossédées.

3° *Supplique au Garde des sceaux, comte de Quélen*, à propos de l'ordonnance du 29 février 1822 qui favorisait les avocats au détriment des avoués.

4° *Pétition à la Chambre des députés relative à la déchéance encourue par les ayants-droit qui n'ont pas réclamé dans le délai prescrit.* — « L'effet de cette non-réclamation, dit J.-M. Fleuriot, ne peut qu'occasionner un retard dans les liquidations des indemnisés ignorants ou négligents, et non la privation absolue d'un droit, car cette déchéance serait, dans le cas contraire, une nouvelle confiscation puisqu'elle en aurait les effets. Or la peine de la confiscation est abolie et ne pourra plus être rétablie (art. 66 de la Charte). »

5° *Réflexions sur l'abolition de la peine de mort.* — On lit dans cette brochure les paroles suivantes qui sont encore d'actualité :

droit et d'intérêt général qui attestent une grande compétence et un jugement aussi solide que profond. Il faisait imprimer à ses frais ces brochures et les

« La sécurité publique, qui doit être la première considération dans une matière aussi grave, dans une question d'une si haute importance, semble commander le rejet d'une proposition propre à augmenter l'audace des gens sans conscience qui ne reculent devant leurs forfaits que par la seule crainte de porter leur tête sur l'échafaud. »

6° *Lettre à la Chambre des Pairs pour la délivrance de la duchesse de Berry.*

7° *Deux protestations en faveur des écoles chrétiennes de Saint-Brieuc*, auxquelles le conseil municipal avait retiré, à une majorité de trois voix seulement, l'allocation entière des fonds consacrés à soutenir l'établissement des Frères, ce qui amenait le licenciement d'environ 700 élèves.

8° *Un mot sur le serment électoral.* Dans cette intéressante brochure, parue en 1834, J.-M. Fleuriot traite cette importante question : « Un serment imposé aux électeurs doit-il empêcher les « légitimistes de prendre part aux élections? » Il signale le péril qui va résulter du refus des légitimistes de concourir aux élections et les adjure de remplir leur devoir de citoyens.

9° *Lettre à la « Gazette de France »* à propos d'une souscription destinée à racheter la terre d'Augerville, propriété de Berryer, souscription dont il déclarait en ces termes vouloir ouvrir les listes de Saint-Brieuc : « La Bretagne ne restera pas en arrière, elle acquittera noblement sa part de cette dette nationale parce que dans ce pays de loyauté on sait être juste envers les grands et beaux caractères; on aime les hommes à l'âme élevée et généreuse et on estime forcément ceux qui demeurent constants dans leurs principes. »

10° *Pétition* adressée en 1836 à la Chambre des Députés pour demander l'abrogation de la loi du 5 janvier 1830 et l'exécution loyale, complète et entière de celle du 27 avril 1825, relative à l'indemnité des émigrés déportés et condamnés révolutionnairement.

11° *Un mot sur quatre questions importantes :*
1° Le cens électoral doit-il être abaissé?
2° Tous les électeurs doivent-ils être éligibles?
3° Le serment doit-il être aboli?
4° Doit-il être accordé une indemnité aux députés ?

Ces quatre questions sont traitées de la façon la plus libérale, et résolues avec une telle clarté, une telle vigueur qu'on aimerait à citer tout entière l'intéressante brochure qui parut en 1837.

distribuait dans le public, au seul profit de la vérité, dont il était toujours le champion fidèle. Il avait, du reste, un sentiment très vif de la dignité de sa profession, et un respect si grand de la justice que rien au monde n'aurait pu le décider à prêter les mains à aucune manœuvre déloyale, ou même simplememt illégale; les bonnes causes seules trouvaient en lui un défenseur aussi enthousiaste que désintéressé.

Il avait les plus nobles amitiés; parmi beaucoup d'autres nous citerons seulement celle du baron Hyde de Neuville [1], qui avait J.-M. Fleuriot en si grande estime qu'il allait lui rendre visite dans les rares voyages que ce dernier faisait à Paris.

Lorsque Hyde de Neuville fut arrêté en 1832 et impliqué dans le procès intenté à Chateaubriand, Jean-Marie Fleuriot s'offrit pour défendre les deux hommes illustres auxquels il avait voué autant d'admiration que de reconnaissance; mais l'opinion publique s'étant révoltée, justice fut rendue aux accusés; et le Président de la Chambre des avoués de Saint-Brieuc reçut de son compatriote la lettre suivante :

« Paris, 5 juillet 1832.

« Les journaux vous auront appris, cher Monsieur, que M. le duc de Fitz-James, M. le baron Hyde de Neuville et moi avons été mis en liberté. Je m'empresse quand même de vous remercier de votre offre géné-

---

[1]. Le baron Hyde de Neuville, comte de Bemposta, ministre de la marine sous la Restauration. — Royaliste fervent, il fut emprisonné sous la Terreur, et, libéré, parvint à gagner l'étranger. Il ne revint en France qu'à la chute de Napoléon, et suivit Louis XVIII à Gand pendant les Cent jours.

reuse. Si mon dessein avait été de me défendre, je vous aurais choisi bien volontiers pour un de mes défenseurs.

« J'ai l'honneur de vous offrir, Monsieur, l'assurance de ma considération très distinguée.

« CHATEAUBRIAND. »

Cette lettre était adressée à M. Fleuriot, avoué « défenseur ».

Le lecteur, nous l'espérons, ne nous saura pas mauvais gré de nous être quelque peu étendu en parlant du père bien-aimé de Zénaïde Fleuriot. Tracer son portrait, c'est esquisser celui de sa fille, qui, entre tous ses autres enfants, semblait avoir particulièrement hérité des dons brillants et des riches facultés qui le distinguaient : sûreté dans les principes, élévation de l'esprit, exquise sensibilité du cœur, fidélité dans les attachements, dévouement à toute épreuve; c'est ce que sa vie nous révélera page par page.

CHAPITRE II

Revers de famille. — Enfance et adolescence au Palacret (de 1829 à 1849).

L'enfance de Zénaïde avait été heureuse; mais, si tristes furent les épreuves qui assombrirent son adolescence et les années qui la suivirent, si douloureux était le souvenir que sa mémoire et son cœur en avaient gardé, qu'elle évitait de rappeler cette époque de sa vie.

Nous retrouvons heureusement, sous le titre de *Confidences à mes lectrices,* certains détails sur sa jeunesse, et, dans les papiers de famille, une longue lettre ou plutôt un mémoire écrit, d'après sa demande, par Mlle Marie Fleuriot, son aînée de vingt ans; celle-ci l'avait pour ainsi dire élevée, comme il arrive dans les nombreuses familles, où la mère est absorbée par les soins à donner aux derniers venus.

« Pontivy, 19 octobre 1873.

« Ma chère Zéna, tu me demandes de t'écrire tout

ZÉNAÏDE FLEURIOT

à vingt ans

ce dont je me souviens sur ton enfance; je m'empresse de te satisfaire et de suppléer par mes souvenirs à ce que tu ne peux pas savoir, ou à ce que tu ne sais qu'imparfaitement.

« Que je serais heureuse si la bonne inspiration d'écrire ta vie te suggérait l'appel que tu fais à ma mémoire; en tout cas, la voici grande ouverte; je vais en sortir tout ce qui concerne tes années d'enfance et de jeunesse.

« Tu es née le 29 octobre 1829; notre frère Théodose, à peine âgé de neuf ans, fut ton parrain, et notre voisine et amie, Zénaïde Le Coniac, ta marraine; elle te donna, en plus du sien, les noms d'Anne et de Marie. Tu étais une très jolie pouponne, et tous nos amis venaient te voir et complimenter maman. Ta marraine, très fière de sa filleule, ne te ménageait pas les visites; souvent même elle t'emportait chez elle pour te montrer à ses amies.

« Tu fus enfin, ma chère Zéna, une fillette douce, gracieuse, ne pleurant presque jamais, aimée et choyée à qui mieux mieux; les grands frères, Théodose, François et Jean-Marie Rose, te berçaient entre leurs bras, et seraient volontiers restés avec toi, si l'heure de la classe ne les eût forcés de quitter la petite sœur aux grands yeux bleus, aux joues roses et aux épais cheveux blonds. Tu marchais à un an, et je vois encore la grande table carrée sur laquelle je t'apprenais à essayer tes premiers pas; que je fus heureuse lorsque tu te mis à trotter toute seule par la chambre! il y avait entre toi et moi une si grande différence d'âge que mon affection était presque maternelle.

« Tu fus mise de bonne heure en classe, à trois ans et demi je crois ; tu étais bien petite, mais, dans notre famille si nombreuse, avec la santé délicate de maman, et malgré deux et même trois domestiques, on ne pouvait suffire à tout.

« Tu fus donc envoyée chez madame Charlemagne, qui tenait une petite école fréquentée par les enfants des meilleures familles de Saint-Brieuc. Elle vous apprenait vos prières et les premiers éléments de la lecture ; cela tout en vous amusant et vous faisant très peu travailler.

« Pleine de vie et de santé, tu jouais de tout ton cœur ; ce qui ne t'empêcha pas de savoir lire bien vite. A quatre heures, tu rentrais de classe ; et, quand tu nous avais tous embrassés, je te prenais sur mes genoux ; après mille caresses, tu me racontais tes petits succès, tes espiègleries, et surtout combien de fois tu avais évité la grande gaule de la vieille dame.

« A la maison, la vie était gaie et animée ; le père du docteur Laënnec, doyen des avocats de Saint-Brieuc, et parrain de notre petit frère Théophile, venait continuellement voir mon père, dont il était le grand ami ; il jouait avec vous et vous chantait des chansons du vieux temps, ou encore d'autres qu'il avait composées lui-même. C'était à qui lui aurait fait le plus de malices : l'un cachait son tricorne, l'autre tirait sur son habit noir, un troisième sur sa chaîne de montre ; les plus petits s'attaquaient aux boucles de ses jarretières ou à celles de ses souliers. Il se fâchait parfois et disait en riant : « L'esprit des Royou est bien dans la famille ! » Il avait connu l'abbé et l'avocat, et faisait ainsi allusion à notre parenté avec eux.

« Tu sais que l'abbé Royou était le beau-frère du journaliste Fréron immortalisé moins par le haineux quatrain de Voltaire que par sa lutte héroïque avec les encyclopédistes.

« Après la mort de Fréron, l'abbé Royou prit la direction de son journal *L'Année littéraire*, et fonda ensuite, en 1790, *L'Ami du roi, des Français, de l'ordre et de la vérité*. Bravant jusqu'à la mort des périls sans cesse renaissants, il continua à combattre pour son Dieu et pour son Roi.

« Mme Laënnec, âgée, comme son mari, de plus de quatre-vingts ans, était une demoiselle Urvoy de Saint-Bedan; j'allais deux fois la semaine lui lire le journal. Quelque peu originale, elle n'avait pas voulu renoncer aux costumes de sa jeunesse, et s'habillait encore comme sous Louis XVI; elle portait des robes de soie à ramages, des corsages à pointe et des jupes à paniers, de petits chapeaux ronds entourés de mignonnes roses et des souliers de satin à hauts talons. Aussi aviez-vous beaucoup de plaisir à la voir quand elle sortait; mais cela était rare.

« Je m'aperçois que je m'éloigne de mon sujet, j'y reviens. Tu continuais à être aimable et très bonne, surtout pour les petites sœurs qui t'avaient suivie de près; ardente au jeu, tu faisais bruyamment le militaire dans le jardin, dans la cour, voire même dans les chambres; et je t'assure qu'on obéissait « *au Général* ». D'autres fois, vous faisiez des processions où rien ne manquait; tu dois sûrement te rappeler certaine étoffe de soie verte à grandes fleurs satinées, magnifique et très épaisse, qui vous servait à la fois de chasuble et d'étendard.

« Ta marraine, Zénaïde Le Coniac, se maria à M. Marquer; tu assistas à la noce, et je vois encore ta joie et ta fierté de pouvoir signer ton nom sur le registre de la sacristie.

« J'allai ensuite passer trois mois en Normandie; mais, lorsque je revins, je trouvai notre mère complètement épuisée; elle avait défaillance sur défaillance, et le médecin prescrivait comme seul remède l'air de la campagne. Elle dut se résoudre à quitter Saint-Brieuc, en me confiant la maison (j'avais alors vingt-cinq ans et demi); toutefois il fut décidé que maman t'emmènerait avec elle pour être moins seule au Palacret.

« L'air du pays natal avait beaucoup amélioré la santé de notre mère, et vous revîntes toutes deux à Saint-Brieuc après les vacances, ramenant la gaieté et le bonheur à la maison.

« Tu ne retournas plus chez Mme Charlemagne, qui m'en voulut beaucoup de t'avoir retirée de son école, juste au moment où tu pouvais lui faire honneur. Elle avait peut-être raison dans ce grief; mais il fallait te préparer à la première Communion. Le couvent de la Providence était alors en vogue, j'y avais été, j'en connaissais presque toutes les religieuses; cela militait en sa faveur : tu y entras donc, et plusieurs de tes compagnes te suivirent. Bien que travaillant mollement, tu faisais des progrès, grâce à ton extrême facilité; les religieuses vous conduisaient aux exercices du Catéchisme, auxquels je me rendais de mon côté : tu étais toujours dans les honneurs.

« Enfin la première Communion arriva : tu accomplis ce grand acte avec une foi, un sérieux, une piété au-dessus de ton âge. Tu étais tellement impressionnée, qu'en communiant et surtout après être retournée à ta place, tu répandais d'abondantes larmes; un peu inquiète de te voir si émue, je t'engageais à ne pas tant pleurer, mais tu m'avouas ensuite que ces larmes étaient si douces que tu n'aurais pas voulu les empêcher de couler.

« Après la messe, comme tu me le racontas toi-même, il doit bien t'en souvenir, une religieuse qui t'affectionnait particulièrement vint te prendre par la main et te conduisit devant une statue de la sainte Vierge qui s'élevait dans le jardin du couvent. « Ma « chère enfant, dit-elle tendrement, vous venez de rece- « voir pour la première fois le divin Maître, ne voulez- « vous pas promettre à sa sainte Mère d'être toujours « son enfant aimante et fidèle? — Oh! oui, je le veux, « répondis-tu avec ferveur, les yeux brillants d'enthou- « siasme, et pour toute la vie! » La religieuse te fit agenouiller, et en quelques paroles touchantes te consacra tout spécialement à la sainte Vierge, lui demandant de te garder jusqu'à l'heure de la mort sous sa protection.

« Tu sais mieux que moi, ma chère Zéna, combien la prière de la bonne religieuse a été exaucée.

« L'après-midi, l'évêque monta en chaire, fit une instruction; je crois que vous fûtes confirmées le même jour; vint ensuite la procession. Avec ta robe blanche, ton air modeste et recueilli, tes beaux cheveux d'un blond châtain sous ton voile de tulle brodé, tes grands yeux bleus attendris, tu étais vraiment angélique; et l'on me faisait sur ma petite sœur mille compliments qui me charmaient. Mon père et ma mère n'avaient pas assisté à cette belle cérémonie, l'un ayant été forcé de s'absenter pour une affaire importante qu'il ne pouvait remettre, l'autre étant toujours souffrante; ce fut donc moi qui eus, après toi toutefois, la joie intime de ce grand jour. Tu continuas d'aller à la Providence, et l'année se passa sans événements. Tu pouvais avoir de douze à treize ans, quand les religieuses firent jouer une petite comédie aux pensionnaires du couvent. Le lendemain, votre maîtresse vous en fit le récit en classe, et le donna comme sujet de composition. Bien que tu n'eusses pas vu la pièce, puisque tu étais externe, tu m'apportas le brouillon de ton devoir que je trouvai si bien fait, si spirituel, si juste dans les dialogues, que je le lus à mon père et à ta marraine; ils riaient aux larmes, et ta marraine déclara que tu aurais le prix : ce ne fut pas toi cependant, ce fut Mlle de B***. Mais tes aptitudes littéraires s'étaient révélées, et continuèrent à s'affirmer ; tu étonnais tes maîtresses par tes petites compositions, et l'on t'avait, tu t'en souviens, surnommée « Bernardin de Saint-Pierre » à cause de l'imagination brillante et poétique, du style facile et élégant, qu'on remarquait dans tes narrations. Tout le monde à la maison était enchanté des succès de « notre petit « Bernardin », mais j'avoue que pour ma part je n'avais pas la moindre idée que tu écrirais un jour.

« Tu étais encore élève au couvent de la Providence quand mourut la mère Saint-Gildas, cette religieuse que tu aimais tant et qui te portait elle aussi une réelle affection; on la disait instruite, distinguée et très bonne; mais c'était une fleur délicate qui succomba au bout de deux années; tu en eus un grand chagrin.

« Ton instruction s'acheva près de moi, et nous faisions, pour te récréer, de bonnes promenades avec notre cher père. Nous profitions ainsi de ses connaissances solides et variées, de la conversation intéressante que lui fournissaient son esprit cultivé et surtout cette noblesse de sentiments qui a été la règle de toute sa vie.

« A dix-sept ans, tu pris des leçons de danse avec quelques jeunes filles de nos amies; rien qu'en fermant les yeux, je te vois revenir du cours avec tes compagnes, vêtue d'une robe de mousseline lilas clair, un très joli châle sur tes épaules (car les jeunes filles ne sortaient pas en taille alors), et un chapeau de paille d'Italie, garni de rubans blancs, posé sur ta magnifique chevelure. Certes les autres jeunes filles étaient charmantes, mais au milieu d'elles, tu étais vraiment la reine, tu attirais le regard par ton éblouissante fraîcheur, tes beaux yeux bleus, et ce je ne sais quoi d'aimable, de vif et de gracieux qui te distinguait entre toutes. Sans doute, je t'admirais avec une indulgence fraternelle, et cependant non; car je me rappelle que l'année suivante, une dame amie et d'un âge déjà mûr me dit : « Sais-tu que ta sœur est trouvée « jolie au possible et très spirituelle? elle va te faire « tort! — Que voulez-vous, répondis-je, je n'ai plus « vingt ans et elle en approche seulement, puisque « j'ai presque le double de son âge. »

« Cette année-là, je te racontai une histoire que mon père m'avait dite, tu te mis à arranger les personnages à ta guise, et tu vins m'en faire la lecture; nous étions alors au Palacret; tu avais si bien tiré parti de mon anecdote, en y plaçant une description si parfaite de notre intérieur, que j'appelai papa et maman pour qu'ils pussent juger de ton œuvre. Tu commenças la lecture à haute voix; notre père, qui s'était toujours intéressé à tes goûts littéraires, trouvait cela fort bien et parlait déjà d'imprimer. Moi, je te plaisantais en disant : « Tu ferais mieux de coudre « ou de broder que de rêver de pareilles billevesées ». Mais papa, te défendant, répétait : « Sais-tu que c'est « très bien; on ne peut pas mieux dire ».

« Plus tard, lorsque les mauvais jours arrivèrent, nous dûmes nous retirer au Palacret, pendant que nos frères étaient à Paris pour achever leurs études; notre père encouragea beaucoup tes essais en littérature; il était à la fois ton auditeur le plus attentif et ton plus sage conseiller, et disait souvent de toi avec orgueil : « Elle ira loin, cette petite ! »

« Voilà, ma chère Zéna, une bien longue lettre; répondra-t-elle à ton désir? en tout cas, cela m'a été un douloureux plaisir de te l'écrire et de faire revivre ce cher passé si heureux et si paisible; mais je me suis arrêtée aux jours de sombre tristesse qui lui ont succédé, car de ceux-là tu dois te souvenir mieux que personne, ayant si simplement et si vaillamment accompli ton devoir sous le coup des épreuves.

« Marie Fleuriot. »

Cette lettre se complétera par la réponse qui lui fut faite :

« Ma chère Marie,

« Ton petit travail m'a beaucoup intéressée, et, si la silhouette est vague, les détails sont charmants. Le mot de M. Laënnec : « L'esprit des Royou est « dans cette famille » m'était tout à fait inconnu ; il a beaucoup de piquant et je le trouve excellent à recueillir. Notre père m'avait souvent parlé de cette famille Royou de Quimper à laquelle il se rattachait par une parenté éloignée, du côté de sa mère Marie-Anne Rolland. Il admirait beaucoup l'abbé Royou, ce courageux défenseur de l'autel et de la monarchie expirante, qui n'avait pas ménagé les traits à Voltaire et à tous ceux de sa secte impie. Mon père m'a conté plusieurs fois ce détail de lui, qui est peu connu : en dépit des décrets d'accusation qui l'avaient mis hors la loi, le Breton, au cœur fidèle, voulut tenir tête à la tourmente révolutionnaire ; les conventionnels avaient interdit son journal : *L'Ami du roi*. Caché dans des caves, il imprimait lui-même sa feuille royaliste et en jetait les exemplaires, dans la rue, par les soupiraux. Quoique traqué de toutes parts, grâce à ce mode de publicité aussi original qu'héroïque, il s'échappait et imprimait toujours. La rage des terroristes ne put l'atteindre et il mourut chez l'ami qui lui avait donné asile.

« L'abbé Royou était en effet le beau-frère de Fréron, et j'aimais à voir citer dans mon *Traité de littérature*, comme type parfait de l'*Épigramme*, celle que Voltaire lança contre notre parent :

L'autre jour, au fond du vallon,
Un serpent mordit Jean Fréron ;
Que pensez-vous qu'il arriva ?
Ce fut le serpent qui creva.

« Le philosophe de Ferney ne semble pas, dans ce quatrain, regarder comme inoffensive et sans valeur la spirituelle et mordante polémique du journaliste chrétien.

« Mais revenons à ta longue lettre; j'aurais voulu qu'un mot, un fait, me révélât à moi-même mon être intelligent, dont l'enfance s'est prolongée si longtemps; mais je ne l'ai pas trouvé. J'ai cependant retenu dans ma propre mémoire un ou deux faits qui me semblent aujourd'hui témoigner en faveur de ma précoce raison; je t'en parlerai quand nous nous reverrons.

« Oh! le Palacret, mon cher Palacret! que je voudrais tant revoir! les bois, la lande tout odorante de bruyères, où je vagabondais si joyeusement; les longues promenades avec notre père bien-aimé, dans ce pays pittoresque et sauvage, ces tête-à-tête sous le ciel bleu, où il m'initiait aux beautés de la nature et me la faisait aimer; avec quel soin il cherchait à former ma jeune intelligence! Je me rappelle qu'à douze ans, j'avais déjà une passion très vive pour la lecture; il voulut me choisir lui-même les ouvrages, et me fit connaître certains volumes de Walter Scott qu'il aimait beaucoup.

« Oui, comme tu le dis, il était fort indulgent pour mes petites tentatives littéraires que je lui soumettais avec une confiance naïve. Il avait foi en mon avenir; et sans cette foi qui me soutenait, je n'aurais jamais osé écrire.

« Et la vieille Barbe, la meunière, tu ne m'en parles pas! ne t'en souvient-il plus? Moi, je la vois encore, toute maigre et toute ridée, assise devant l'âtre, fumant en silence sa petite pipe noire. J'entrais impétueusement : « Mère Barbe, voulez-vous bien me « donner un peu de votre bon pain bis ? — Pour sûr, « not' demoiselle. » Et elle me coupait une tranche de ce délicieux pain de Bretagne, dans lequel je mordais à belles dents. Quand j'avais fini, elle me faisait tirer deux ou trois bouffées de sa pipe noircie, et je repartais enchantée.

« Je me rappelle aussi qu'un peu plus tard, je n'avais pas de plus grand bonheur que de grimper dans le haut mûrier du jardin avec mon petit rouet. Je m'installais au milieu des branches feuillues et restais là des heures entières à filer, en chantant des cantiques à plein gosier, tandis que les oiseaux gazouillaient au-dessus de ma tête.

« Pauvre sœur, j'ai les yeux pleins de larmes et je comprends bien tes attendrissements, en retraçant tout cet heureux passé. Grâce à ma mémoire implacable, j'ai pu décrire le Palacret et les joies d'enfant que j'y ai goûtées dans *Au hasard*, celui de tous mes ouvrages que je préfère, parce qu'il est pour moi comme un album rempli de photographies, œuvres de ma mémoire plutôt que de mon imagination.

« Tu as pu vivre de la vie de famille, chère Marie, de ses joies et de ses espérances; moi, pauvre petite retardataire, je suis arrivée juste à temps pour en goûter les amertumes, en voir les douleurs, les privations, les tristesses, la dispersion, la ruine enfin.

« Tu as aperçu parfois, dans la campagne, des fleurettes s'épanouir même sous l'orage (on s'épanouit toujours quand même à sa façon); c'est ce qui m'est arrivé; et cependant, à l'âge où les autres s'établissent, je n'étais qu'une petite fille pour l'ignorance du monde et de tout. Depuis, la grâce divine m'a soulevée, car je restais beaucoup plus jeune que mon âge et toujours dans des positions extrêmement difficiles. Oh! quelles faveurs Dieu m'a faites! J'ai eu bien à lutter, mais j'ai toujours conservé devant moi le grand, le bon Dieu de ma première Communion.

« Adieu, chère Marie, je te remercie bien affectueusement et t'embrasse. »

Le Palacret, que Zénaïde aimait à l'égal d'un pays natal, était une propriété achetée par ses parents, dans la commune de Saint-Laurent, près de Guingamp, où la famille venait de Saint-Brieuc passer la saison d'été et les vacances.

Le Palacret, autrefois appelé Paraclet, était une ancienne Commanderie, c'est-à-dire un fief ou bénéfice attribué à un Ordre militaire; cette origine quasi féodale permet de supposer que cette vieille demeure devait être pittoresque et peu banale. Le domaine, d'après un acte de 1845, « avait une contenance de dix hectares et renfermait des maisons et autres édifices, cours, jardins, prairies, terres labourables, bois de futaie et bois taillis, murs et franchises; plus un moulin à vent à deux tournants, et dépendances ».

« Tout près de la maison d'habitation se voyaient les ruines de l'ancienne Commanderie, au milieu desquelles coulait le Jaudy, petit cours d'eau qui faisait marcher le moulin; sur ses bords se trouvaient des plants de pommiers, avec cernure de saules, puis un peu plus loin, l'étang à rouir le chanvre. » C'était de l'agreste et du primitif! Et l'on comprend que la petite Zénaïde se plût dans cette indépendance que donnent la solitude et la rusticité campagnardes; ce fut, redisait-elle souvent, le temps le plus heureux de sa vie et le plus en rapport avec ses goûts; dans ses dernières années, elle ne formulait qu'un rêve : revoir son cher Palacret! La mort la surprit avant la réalisation de ce désir.

Zénaïde aimait les arbres et passait des journées entières cachée dans un grand mûrier du jardin. Écoutons ce qu'elle en a écrit dans un récit intime fait à ses lectrices :

« Je ne puis, moi, fille de l'Armorique, cette terre où germent les chênes, me représenter une campagne sans arbres, c'est-à-dire sans ombre et sans couvert. Aussi je les aime très fort, et en voir tomber un me fait peine. Ma sympathie pour les arbres est déjà vieille; je me rappelle avoir tendrement aimé un mûrier. Inutile de dire que j'avais dix ans.

« Que les lecteurs me pardonnent de leur raconter ces souvenirs un peu enfantins. Je babille en ne suivant d'autre loi que ma fantaisie; et quand se lèveront devant moi les scènes de cet âge, pendant lequel les impressions sont si neuves et parfois si fugitives, j'en reparlerai. Rien ne me semble rafraîchissant comme ces brises qui soufflent du passé, de ce passé insouciant, heureux qui s'appelle l'enfance.

« Donc, j'avais dix ans.

« Je lisais alors le *Robinson suisse*, et le *Robinson suisse* me ravissait. Il m'avait même donné, s'il faut l'avouer, des goûts d'amazone qui durèrent une grande année. J'aimais à me coiffer de casquettes, à porter sur mon épaule un manche à balai en guise de fusil, à faire de mes jupons un pantalon à la turque. J'avais des frères complaisants *à leurs heures*. Ils m'avaient courbé une tige d'osier et avaient attaché les deux bouts par une forte ficelle tendue. Cela faisait arc ; et cet arc en bandoulière, je me promenais gravement. A la ceinture de mon tablier — un tablier, quelle honte ! — pendait un carquois formé d'un morceau de carton percé de trous où s'enfonçaient à demi mes flèches, de courtes baguettes que je pouvais lancer à dix pas, et dont je menaçais les rares oiseaux qui passaient. C'était tout ce que je pouvais faire pour ressembler à un petit Robinson. J'avais beau désirer me perdre dans une savane quelconque, lancer mes traits sur un serpent boa ou un buffle furieux, cavalcader sur un onagre ou sur une autruche rapide, je me heurtais aux murs de notre jardin, je ne rencontrais pas le moindre reptile (ce qui du reste m'eût terriblement fait peur), je n'avais pas l'ombre d'une monture sous la main. Le *Robinson* a le tort de ne pas compter une seule petite fille parmi ses personnages ; cela fait que les jeunes lectrices qu'il électrise, ne trouvant d'autres types à copier que ces garçonnets aux pieds légers, aux mains adroites, sont portées à s'identifier avec eux. Depuis que ce bienheureux livre m'avait été donné, je ne rêvais plus qu'expéditions lointaines, qu'exercices gymnastiques, que nourriture sauvage, que grottes, que navigations. En un mot, j'étais devenue la plus aventureuse des petites filles.

« L'île déserte, ses travaux, son inconnu et ses

dangers me paraissaient mille fois préférables aux palais enchantés des contes de fées. Est-ce l'idée de voir se rendre utiles, à l'âge de toutes les faiblesses, ces travailleurs enfants agissant comme des hommes, qui les entoure d'un tel prestige? Je n'en sais rien : mais la vie laborieuse, active des Robinsons me plaisait bien davantage que la vie molle de ces princesses un peu sottes qui ne font rien, et se bornent à regarder agir la baguette magique d'un génie ou d'une fée.

« Aimant Robinson, je me pris d'une belle passion pour les arbres. Ce délicieux Falkenhorst, cet arbre maison, demeure d'été de mes héros, me trottait par l'imagination. Il y avait bien dans notre jardin un vieux mûrier dans lequel, à défaut de mieux, j'aurais pu percher; mais si j'étais agile à la course, je n'avais jamais tenté la moindre escalade ; je ne savais pas du tout grimper ; et, en cela, combien j'étais distancée par mes Robinsons, vrais chats sauvages !

« Enfin, un jour, ce désir de planer, ne fût-ce qu'au-dessus de nos fraisiers rampants et de nos carrés de légumes, me prit avec une telle force, que j'entassai des pierres contre le tronc pour diminuer la distance à parcourir. Je montai, non sans émotion, sur ce mur fragile, et, ô bonheur! un bond me plaça entre les branches. J'avais des écorchures aux doigts, mais je ne sentais pas la douleur. Une fois là, je demeurai un instant pour me faire à l'idée de me voir suspendue entre ciel et terre; je sentais venir le vertige, ni plus ni moins que si je m'étais trouvée placée en haut du clocher de la cathédrale de Strasbourg. Pour me donner du cœur, je me rappelai Jack Robinson dans son palmier.

« Une fois remise, je montai avec quelques défaillances dans les jambes, et je fis lestement le tour de l'arbre en marchant sur les grosses branches. Mes longues nattes s'accrochaient bien un peu ici et là; mais une amazone intrépide peut bien, sans crier, se laisser arracher quelques cheveux. Dans ma visite je rencontrai une branche qui s'abaissait d'une façon commode; je m'y assis solidement; j'avais le dos et les pieds appuyés; par les trouées de feuillage, mon œil plongeait dans les jardins voisins; dans mon nid de verdure j'étais invisible, et je n'avais qu'à étendre la main pour cueillir des fruits rafraîchissants, des mûres éclatantes, dont quelques-unes commençaient à devenir d'un noir brillant. Mon cœur battait avec force : j'avais conquis mon Falkenhorst, ma maison aérienne. Je gardai un silence discret sur mon ascension et je la recommençai tous les jours. J'étais positivement ravie de ma découverte; je m'isolais à plaisir; et quand d'autres enfants venaient partager les jeux de mes récréations, j'en étais plutôt fâchée que charmée, car, devant eux, je n'osais pas monter *chez moi.*

« Cela dura deux mois sans que je fusse inquiétée. Je montais et descendais si lestement désormais, qu'il n'était pas facile de me surprendre. Un jour je venais de m'installer dans mon fauteuil de branches; je m'y balançais avec un plaisir toujours nouveau, en chantant un cantique dont l'air lentement cadencé me plaisait, quand j'entendis des voix au-dessous de moi. Je me penchai et je mis la tête à *la fenêtre.*

Mon père et le jardinier étaient arrêtés tout près du mûrier.

« Ce vieil arbre-là gêne bien ce coin du jardin,
« monsieur, disait l'affreux homme. Pour les quel-
« ques mauvaises mûres qu'il donne, ce n'est vrai-
« ment pas la peine de conserver un arbre inutile. »

« Il mentait. Les mûres étaient bonnes et l'arbre avait son utilité.

« Sans doute ; mais les enfants s'amusent à élever
« des vers à soie, reprit mon père avec sa bonté ordi-
« naire, et les feuilles leur servent. Depuis longtemps
« je l'aurais fait abattre sans cela. Vous disiez qu'il
« pouvait tomber d'un jour à l'autre, Jacques ; il me
« paraît assez bien portant.

« — Un coup de vent le jetterait à bas, monsieur,
« et alors un malheur pourrait arriver. Mlle Zénaïde
« rôde assez souvent autour. Le tronc est pourri, et
« les racines se soulèvent. Écoutez plutôt ! »

« Il embrassa le tronc et imprima à l'arbre trois ou quatre secousses vigoureuses qui l'ébranlèrent et faillirent me faire tomber. D'horribles craquements se faisaient entendre ; et moi, pauvre ver à soie attaché aux branches, je suivais ces dangereux balancements, la poitrine si oppressée par la peur que les cris mouraient dans mon gosier contracté.

« Je n'entendis pas la réponse que fit mon père après cette démonstration brutale. Quand l'arbre reprit son équilibre et son immobilité, il avait quitté le jardin, et Jacques, l'abominable Jacques, bêchait tranquillement ses carrés. Je descendis en toute hâte, et je me lançai à la recherche de mon père ; il s'agissait de sauver mon arbre en protestant contre l'accu-

sation portée contre lui, en prouvant qu'il était solide, que les mûres étaient bonnes et les feuilles indispensables pour nourrir les vers à soie.

« Il était sorti, et je fus conduite à la pension, où je me tourmentai toute l'après-midi. Ce fut lui qui vint me chercher le soir. L'occasion était favorable; je ne la laissai pas échapper. En route, nous eûmes un entretien confidentiel; je lui avouai tout et demandai grâce pour l'arbre. Il commença par me gronder doucement de m'être ainsi exposée, et promit solennellement de retirer l'ordre qu'il avait donné.

« A peine arrivée, je m'empressai de courir au jardin pour mettre, à temps, un frein au zèle de Jacques. Hélas! il était trop tard! Falkenhorst, ma maison aérienne, mon cher mûrier, gisait à terre et couvrait les allées de son feuillage touffu. Si j'avais eu mon arc, j'aurais été capable d'envoyer une de mes flèches dans le gros dos de Jacques, à condition de ne lui percer que l'habit. Il n'était pas là; et mes désirs de vengeance s'abîmèrent dans mon chagrin; je m'assis sur le tronc renversé et je pleurai amèrement. Cet incident termina ma carrière de Robinson. »

. . . .

En même temps que les exercices au grand air et les plaisirs sains de la campagne développaient la vie physique de la jeune fille, et lui donnaient une santé qu'elle conserva sans défaillance jusqu'aux trois dernières années de sa vie, son père ne laissait pas que d'être fort attentif à cultiver l'éclosion des germes du talent littéraire qu'il avait admiré et encouragé chez elle. Il aimait à quitter Saint-Brieuc pour le Palacret, et à y oublier les tracas et les soucis multiples de sa charge, dans les longs tête-à-tête qu'il avait avec sa Benjamine, « cette petite rêveuse, qui ne se lassait pas de voir couler l'eau et reverdir les arbres ».

De son côté, Zénaïde avait pour son père une tendresse passionnée, dont on retrouve l'expression dans la page émue qu'elle consacra plus tard à sa mémoire, en lui dédiant son livre *Miss Idéal* :

A LA MÉMOIRE DE MON PÈRE

« Je ne l'ai connu qu'en cheveux blancs, de haute taille, courbé sous le poids de la vie; et cependant il a été le premier juge de mes œuvres littéraires.

« Je feuilletais avec lui les pages jaunies des écrits de sa jeunesse; je lisais la grave correspondance qu'il avait entretenue en 1806 avec un Intendant général du royaume de Bavière; j'aimais à lui entendre raconter sa vie fort accidentée par le malheur des temps.

« Deux de ces faits sont restés gravés dans ma mémoire : sa soumission quand son père, magistrat austère, lui commanda de se mêler à quatorze ans, au mouvement militaire qui ensanglantait l'Europe; son désintéressement quand, longtemps après, il accepta de défendre des accusés politiques qui ne trouvaient pas d'avocat.

« Et c'est parce que je sais aujourd'hui ce que valent le respect de l'autorité et le désintéressement, que je dédie ce livre à sa mémoire. »

J.-M. Fleuriot fut donc le premier juge des écrits

de Zénaïde; et plus tard, « quand les mauvais jours arrivèrent », ses essais littéraires furent sa plus grande consolation. L'intrépide vieillard ne put rester indifférent aux luttes politiques soulevées par l'exil des Bourbons et l'avènement de Louis-Philippe; aussi, à partir de 1830, on le voit affirmant hautement sa foi politique, réclamer, pétitionner, dénoncer tous les abus, toutes les injustices. Son caractère généreux devait l'entraîner plus loin encore, et, comme sa fille vient de nous le dire elle-même, il ne craignit pas de compromettre sa carrière en acceptant de défendre des accusés politiques qui ne trouvaient pas d'avocat.

Ce trait de désintéressement fut le signal de sa ruine. Les uns prirent parti pour le généreux Président de la Chambre des avoués de Saint-Brieuc, et exaltèrent la dignité de sa conduite; les autres, émargeurs au budget et fonctionnaires publics, le désavouèrent âprement. Une grande partie des clients de l'étude la désertèrent; et voyant chaque jour sa charge péricliter, il se décida à la vendre.

Mais il n'était rien moins que riche; et ses adversaires crurent le moment favorable pour triompher de sa loyale ténacité, et assurer au gouvernement actuel une importante conquête.

On lui fit offrir un poste officiel qu'il refusa sans commentaires.

Voici quelques passages de la lettre qu'il écrivit à sa fille aînée au sujet de ce refus :

« Tu l'as su, ma chère Marie, j'ai refusé la position que m'offrait le gouvernement. Non, mille fois non, certes! je veux rester libre de combattre pour le bien et contre le mal. Ramper devant des hommes méprisables se pavanant parés des dépouilles d'autrui, serait à mes yeux le comble de l'infamie. Mieux vaut tôt finir et mourir à la peine, comme le dit l'aîné de notre race, et comme le pensent également le cadet et le puîné.

« Il ne faudrait plus que cela pour me faire détester l'existence! Non, non; marchons droit notre chemin quoi qu'il en arrive; non, jamais les parvenus, la plupart d'une ignorance crasse, tous enflés d'une fortune qui devrait les faire rougir, tant la source en est impure et illégale, jamais ces illustres médiocrités ne pourront dire qu'ils ont protégé les Fleuriot.

« Je sais que cela leur ferait grand plaisir de nous voir parmi les renégats; ils en comptent tant qu'ils doivent vraiment s'étonner que la corruption et les mauvais principes n'aient aucune prise sur de pauvres gens comme nous; cela dépasse les bornes de leur faible intelligence.

« Le règne de tous ces utopistes finira peut-être plus tôt qu'ils ne le pensent; et quand cela ne serait pas, on ne doit jamais, quoi qu'il en coûte, dévier du chemin de l'honneur, du bon droit et de la vérité. »

Ces derniers mots résument la vie de l'énergique lutteur. Entre le sacrifice de sa foi politique et celui de sa fortune, il n'avait pas hésité; et, mettant comme toujours le devoir au-dessus de l'argent, il était rentré dans la vie privée.

Mais le poids de son héroïsme devait retomber lourdement sur lui et les siens. Sans parler de l'immense serrement de cœur qu'il éprouva à quitter cette profession qu'il aimait, et où il avait trouvé, non seulement de légitimes succès, mais encore l'estime et la sympathie de tous, il devait voir bientôt l'avenir de ses enfants compromis et la gêne s'installer sous son toit.

En effet, la Révolution avait dépouillé, comme on l'a vu, la famille Fleuriot d'une grande partie de ses biens patrimoniaux, et Jean-Marie, plus habile à défendre les intérêts de ses clients qu'à s'occuper des siens propres, n'avait pas amassé, dans l'exercice désintéressé de ses fonctions d'avoué, des revenus suffisants pour compenser la perte de sa charge.

Dieu l'avait frappé cruellement dans son amour paternel; de ses seize enfants, il ne lui en restait plus que cinq : Marie, Théodose, François, Jean-Marie-Rose et Zénaïde.

Les deux fils aînés, Théodose et François, achevaient leurs études à Paris : l'un finissait sa médecine, l'autre son droit; et, pour faire face aux frais qu'y nécessitait leur séjour, la famille dut se retirer au Palacret, tandis que le troisième fils, Jean-Marie-Rose, prenait le parti de s'engager et de faire sa carrière dans l'armée.

J.-M. Fleuriot se vit donc bientôt forcé d'hypothéquer ses biens : le Seuren, Hesnos, Rubriant, la maison de Saint-Brieuc, Guenharic; enfin, en 1845, le cher Palacret, dernier asile de sa famille, eut le même sort; et bientôt, malgré les privations de toute sorte, une véritable pauvreté vint s'asseoir au foyer du chevaleresque vieillard.

Il n'avait plus alors auprès de lui que ses deux filles Marie et Zénaïde. François, l'aîné des fils, ayant terminé son droit, s'était établi avocat à Lannion; Théodose, reçu docteur, mais ne pouvant, hélas!

attendre la clientèle, s'était résigné à partir pour l'étranger; Jean-Marie-Rose guerroyait en Algérie.

On peut comprendre ce que Zénaïde souffrait de cet état de choses, qui chaque jour lui apportait un déchirement nouveau; aussi combien désirait-elle venir en aide à ses parents! Plusieurs fois, les nombreux amis restés fidèles à son père avaient fait à celui-ci des offres discrètes; mais il avait irrévocablement repoussé toute idée de séparation d'avec sa Benjamine.

Sur ces entrefaites, néanmoins, il reçut une lettre de M. G. de Keréver, châtelain des environs de Saint-Brieuc; elle était ainsi conçue :

« Mon cher Fleuriot,

« L'abbé de Brémoy, mon beau-frère, m'a dit que peut-être Mlle Zénaïde pourrait s'occuper de l'éducation de mes trois filles; je connais, par ouï-dire, toutes ses qualités de cœur et d'esprit, et je serais bien heureux si vous consentiez à vous en priver pour qu'elle prît place au milieu de nous. Madame de Keréver me charge de vous dire qu'elle vous en aurait une véritable reconnaissance.

« Dans l'espoir d'une prompte et favorable réponse, veuillez croire, mon bien cher ami, à mes sentiments tout dévoués.

« ÉTIENNE-G. DE KERÉVER. »

J.-M Fleuriot se sentait découragé, malade; la généreuse délicatesse de cette lettre vainquit ses dernières résistances. Selon son habitude de tout annoter, il écrivit en marge cette sentence : « Le plus beau spectacle de l'univers est celui de l'honnête homme en lutte avec l'adversité ; mais il en est un plus noble encore, c'est celui de l'homme de bien qui vient lui tendre délicatement une main amie. »

La réponse fut affirmative et pleine de gratitude.

Quelques jours plus tard, le cœur serré, les yeux noyés de larmes, mais forte du devoir à accomplir, Zénaïde dit adieu à son cher Palacret et au père bien-aimé qu'elle ne devait plus revoir. A vingt ans, à l'âge de toutes les illusions, de tous les espoirs, de tous les rêves de bonheur, elle quittait ses parents et sa douce liberté, pour aller apprendre de par le monde la science de la vie.

CHAPITRE III

Séjour dans la famille de Keréver (de 1849 à 1858).

Fidèle à notre promesse de laisser parler les documents originaux, et peu au courant des événements qui remplirent la vie intime de Zénaïde, pendant son séjour dans la famille de Keréver, nous nous sommes adressé à Mme Claire Perrigault née de Keréver, qui lui fut toujours très intimement unie.

Cette dévouée amie nous fit aussitôt parvenir un volumineux paquet de lettres des plus précieuses pour notre travail; on trouvera ci-après la réponse qui accompagnait ces manuscrits. Elle est comme le résumé de la vie de Zénaïde Fleuriot, de 1849 à 1867; résumé très fidèle, dont la correspondance avec sa famille fera connaître les détails.

« Saint-Brieuc, 27 février 1895.

« Mon cher Francis,

« Tu me demandes de te donner tous les détails dont je me souviens, sur notre bien-aimée amie

Zénaïde; je te les envoie immédiatement. Combien je serai heureuse s'ils peuvent t'aider à écrire cette vie, si pure qu'elle n'a jamais donné prise à la plus petite malveillance; si dévouée, si noble, si désintéressée, que la raconter, c'est offrir à tous un suprême enseignement de bonté, de loyauté et de courage.

« Voici d'abord ses chères lettres, que j'ai conservées presque toutes avec le plus grand soin; les premières sont datées de 1860, époque à laquelle elle fit un assez long séjour à Paris, et en profita pour suivre les cours de Mme Pape-Carpentier qui l'intéressaient beaucoup. Jusqu'à cette année 1860, elle ne nous avait pour ainsi dire pas quittés, habitant avec nous Saint-Brieuc l'hiver, et Château-Billy l'été. Lorsqu'elle arriva à la maison, ce n'était encore qu'une enfant de vingt ans, gaie, charmante, attirant toutes les sympathies; elle fut traitée tout de suite en parente et en amie bien chère.

« Elle était spirituelle, aimable, jolie, et ne s'en doutait pas, je pense, car il n'y avait pas chez elle l'ombre d'une coquetterie; elle ne prenait pas le moindre souci de sa toilette, forcément très simple; mais il était une chose reconnue à la maison, c'est que, eût-elle mis une marmotte sur sa tête, elle eût été charmante encore, tant son élégance naturelle parait le moindre vêtement.

« La vie qu'elle menait au milieu de nous était une vie sérieuse; et jamais elle n'a cherché d'amusements dehors. Elle aimait Dieu et le voyait partout; elle le servait fidèlement sans craindre la fatigue : que de fois n'assistait-elle pas à la messe du matin dans la semaine, parcourant à pied le chemin qui séparait le château de la ville !

« Il n'y avait pas de bonnes promenades sans elle ; du reste, Alix et moi la considérions comme une grande sœur très aimée ; et en dehors des études, nous ne pouvions la quitter. Tu verras par les lettres que je te confie, combien nous lui étions chères aussi. Tu le sais, j'ai été longtemps faible et souffrante, à l'époque de mon adolescence ; elle me portait alors dans ses bras, et me soignait avec tendresse ; elle fut bonne, toujours bonne ; et quand j'eus des enfants, je ne voulus pas permettre qu'ils lui donnassent d'autre nom que celui de « Tante » ; il me semblait impossible de les entendre lui dire : « Mademoiselle », alors que nous étions liées depuis si longtemps par une affection si tendre.

« Elle a écrit presque aussitôt son arrivée à la maison ; elle composait des comédies très spirituelles et très animées, que nous jouions à sa grande joie et à la nôtre.

« C'était le soir, lorsque les enfants étaient couchés et que mes parents faisaient leur partie de cartes, que Zénaïde écrivait sur ses genoux, au milieu des conversations auxquelles elle prenait part. « Souvenirs d'une douairière », « Une famille bretonne », « La vie en famille », etc., ont été ainsi composés auprès du foyer familial. Nous étions heureux de ses succès et nous préférions à tous les livres ses ouvrages au style ferme et imagé, où nous retrouvions des scènes de notre vie de tous les jours, des traits de notre enfance, des figures, des caractères que nous connaissions et qu'elle peignait avec une grande vérité. En effet, ces enfants ces jeunes filles vivaient près d'elle, car dans ses œuvres la trame est presque toujours vraie; elle donnait seulement l'essor à sa brillante imagination pour broder sur le thème réel : c'est ce qui rendait ses personnages si vivants et si attachants.

« Notre chère Zaza ne s'occupa de notre éducation que jusqu'en 1860; à partir de ce moment, elle resta près de nous comme notre meilleure amie, employant la majeure partie de son temps à écrire; elle voyageait quelquefois et retrouvait au retour sa chambre toujours libre et notre affection toujours la même. Notre père l'aimait comme l'une de nous; notre famille était la sienne et nos amis étaient ses amis.

« Tout lui est arrivé à la fois, la fortune et les adulations; mais elle ne nous a pas oubliés pour cela; elle savait que dans ce coin de Bretagne elle était aimée d'un amour fidèle, qu'elle nous rendait bien, du reste.

« J'arrive maintenant à son installation à Saint-Brieuc, dont tu fus la cause déterminante. Tu sais, mon cher Francis, qu'elle t'aimait d'une manière particulièrement tendre; tu avais perdu ta mère si jeune que son cœur t'avait adopté pour son enfant; tu venais bien souvent à Château-Billy où toutes nous t'aimions; et les jours que tu passais à la maison étaient pour nous des jours de fête. C'est pour te soustraire à la camaraderie des enfants de Plouaret, presque tous d'une condition inférieure à la tienne, qu'elle demanda à ton père de te confier à elle pour te faire suivre les cours de Saint-Charles, à Saint-Brieuc; sans cela nous ne nous fussions jamais séparés; ni mon père, ni ma mère n'auraient voulu lui dire, j'en suis sûre, que le moment était venu de nous quitter; nous l'aimions tous trop pour cela.

« A la fin de l'année 1866, elle avait déjà une certaine réputation littéraire, et ses revenus étant plus considérables, elle loua un appartement à Saint-Brieuc, et t'envoya à l'école Saint-Charles comme externe; tu sais mieux que moi avec quelle tendresse elle eut soin de toi.

« A peine installée, le choléra éclata dans la ville et les environs; il devait frapper cruellement à notre porte, en nous enlevant ma sœur Alix et ma pauvre mère. Alix était celle de nous que préférait Zénaïde; elle était fière de son intelligence, de sa beauté; et combien Alix l'aimait-elle!

« Ceux qui ont lu « Alix » n'ont-ils pas pleuré comme moi, au récit de cette agonie, de cette douleur qui trouvait un écho dans tant de cœurs! Ma sœur était prise d'une attaque de choléra à quatre heures du matin, et mourait le soir même, à dix heures. Zénaïde accourut à la première annonce de la maladie, et ne la quitta pas durant sa journée de martyre, lui prodiguant ses soins, la consolant, la réchauffant sans craindre l'affreuse contagion. Elle nous suivit ensuite à Château-Billy, où ma mère, brisée par le chagrin, tomba frappée, elle aussi, par le même mal; pendant plusieurs jours, elle lutta avec nous contre cette terrible maladie qui devait nous enlever notre pauvre mère. La mort d'Alix brisa le cœur de Zénaïde; elle ne voulait plus croire au bonheur humain. Elle porta comme nous, avec nous, ce deuil des vêtements et du cœur; et ceux qui la voyaient après ce grand chagrin, avaient peine à la reconnaître.

« Voici, mon cher Francis, les détails que tu m'as demandés, et si tu en veux d'autres, dis-le-moi, je t'en prie; et je ferai tout ce qui sera en mon pouvoir pour que ce caractère si grand, si noble, si loyal, si beau, soit bien connu. Hélas! je ne puis croire parfois que tout est fini, que nous ne la reverrons plus! elle était si forte, si vaillante, qu'il semblait que nous dussions être rappelés avant elle.

« Adieu mon cher Francis, use de moi, je t'en prie, comme d'une personne qui sera heureuse de faire quelque chose pour la mémoire de notre chère morte, justement et tendrement aimée de nous tous, à jamais.

« Ton amie bien affectionnée,

« Claire Perrigault de Keréver. »

Zénaïde Fleuriot a donc quitté le toit paternel pour se rendre à Château-Billy, résidence d'été de la famille de Keréver, où elle trouve un intérieur bienveillant et sympathique, mais étranger.

Pour cette nature impressionnable et tendre, l'épreuve dut être douloureuse. Habituée à la plus complète indépendance, elle avait vécu jusque-là, pour ainsi dire, au milieu des fleurs, des champs et des bois, et on pouvait lui appliquer avec justesse ce qu'elle dit d'une de ses héroïnes : « Bouillante d'entrain, exubérante de vie, c'était une belle plante sauvage riche de toutes les sèves, éclatante de toutes les couleurs, saturée de tous les parfums, mais aimant à les livrer au vent : ce qui lui nuisait dans un autre monde que la famille. »

A peine installée à Château-Billy, elle vient rassurer ses chers parents, dont elle pressent l'inquiétude, et cherche à les initier à son nouveau genre de vie.

A SA SŒUR

« Château-Billy, 5 septembre 1849.

« Ma chère Marie,

« Je t'envoie cette lettre par M. l'abbé de Brémoy, frère de Mme de Keréver, qui retourne à Guingamp; je sais que vous devez être si anxieux d'avoir de mes nouvelles que je vous écris tout de suite mes premières impressions.

« Que papa ne se tourmente pas; M. et Mme de Keréver sont parfaits pour moi; non seulement d'une exquise politesse, mais encore pleins d'affabilité, d'attentions et de prévenances. Ils m'ont fait l'accueil le plus affectueux et m'ont tout de suite mise à l'aise. Quant à mes élèves, je me sens un peu gênée devant elles : elles sont trop avancées.

« Marie, l'aînée, fait les problèmes les plus difficiles; et les petites ont presque ri quand je leur ai parlé des quatre règles.

« Aussi, pour répondre à la confiance et aux bontés de M. et de Mme de Keréver, serai-je obligée de travailler sérieusement; je n'ai ni maîtres pour m'expliquer, ni livres pour apprendre; si encore je pouvais aller à Saint-Brieuc, je tâcherais de trouver des ouvrages qui me faciliteraient l'intelligence de ces études; mais c'est impossible.

« Donne-moi des nouvelles de tous, surtout de papa; comment est-il? Dis-lui que je suis très bien ici! Ah! si j'avais un peu d'audace! mais je reconnais mon incapacité, il faudra bien que je parvienne à y remédier.

« Je ne puis, ma chère Marie, t'en dire plus aujourd'hui. Quoique je n'aie pas commencé mes fonctions sérieusement, il faut que je m'y prépare; et je n'ose m'absenter trop longtemps du salon. Je te dis donc adieu; et je t'embrasse ainsi que mon cher père, maman et Frantz.

P.-S. — « Les piqûres d'amour-propre ont déjà commencé pour moi; il y a ici des ouvrières de Saint-Brieuc qui me regardent avec une mine stupéfaite et des yeux étonnés! Qu'importe! je veux être courageuse; et cela m'est si doux de penser que je ne suis plus à la charge de nos bien-aimés parents; ne leur parle pas de ceci, surtout.

« Adresse tes lettres à l'abbé de Brémoy, il me les fera parvenir; ce sera toujours des ports de lettre économisés, il nous faut y regarder de si près. »

Que pouvaient être ces piqûres d'amour-propre à côté de l'immense chagrin qui allait transpercer le cœur filial de Zénaïde? Jean-Marie Fleuriot, ce père qu'elle aimait, admirait, vénérait si absolument, mourait après une très courte maladie. Il y avait à peine deux mois que Zénaïde l'avait quitté. Elle ne se consola jamais de n'avoir pu recevoir, avec ses conseils paternels, sa suprême bénédiction. Sous le poids de cette douleur intense, elle écrivit à sa sœur.

« Château-Billy, 9 novembre 1849,

« Ma chère Marie,

« J'apprends à l'instant la mort presque subite de notre malheureux père; je ne croyais pas qu'il fût si près de sa fin, et ce coup m'est d'autant plus douloureux que je n'ai pu partager tes peines et tes fatigues. Je n'ai reçu ta lettre que trop tard. Au moment où je l'ouvrais, le service était déjà terminé.

« Hélas! je n'aurai donc pu assister à son dernier moment, recevoir sa dernière bénédiction! ni dire une prière sur sa tombe avant qu'elle se ferme pour toujours!

« Je viens du moins mêler mes larmes aux tiennes, ma pauvre et bien-aimée sœur, et te supplier de ne pas perdre tout courage. Tu sais quelle affection j'ai pour toi, elle augmente encore par ce nouveau malheur; ainsi donc, si tu m'aimes comme ta sœur, ton enfant (car c'est toi qui m'as élevée et initiée aux tristes choses de la vie), modère ton chagrin, et conserve-toi pour moi et les autres. Nous sommes faits pour le malheur sous toutes les formes : il nous poursuit! Ah! que du moins nous nous aimions; je dis : nous aimer! pouvons-nous seulement nous aimer? Je m'arrête, car je sens mon cœur se briser.

« Adieu, ma bonne sœur, à toi de boire le calice jusqu'à la lie; à toi de consoler notre pauvre mère, à toi de rendre les derniers devoirs à celui qui n'est plus. Adieu, je t'embrasse ainsi que maman et Frantz; mais j'ai le cœur brisé. Donne-moi le plus de détails possible, je t'en prie. »

A LA MÊME

« Château-Billy, 11 décembre 1849.

« Ma chère Marie,

« Voilà longtemps déjà que je ne t'ai pas écrit, et je n'ai encore reçu de toi aucune réponse ; ce silence prolongé m'étonne et m'inquiète ; aussi, craignant que tu n'aies pas reçu ma lettre, je me décide à t'écrire par la poste. Je ne sais rien de ce qui est survenu, rien des affaires importantes qui se sont passées. Écris-moi donc un mot, cela ne coûte rien, puisque tu dois envoyer tes lettres chez l'abbé de Brémoy, qui se charge de les transmettre à Château-Billy.

« Je brode un petit bonnet pour le bébé qu'attend Mme de Keréver, et je travaille beaucoup pour mes élèves. Il n'y a plus que les chiffres qui me gênent encore un peu ; elles sont récalcitrantes à la littérature ; mais je tiens bon, car elles ne l'ont jamais étudiée ; et leur mère, au contraire, est très désireuse que je développe leur intelligence de ce côté.

« Adieu, ma chère Marie, parle-moi de notre bien-aimé père. N'a-t-il rien dit pour moi ? »

A LA MÊME

« Château-Billy, 20 décembre 1849.

« Ma chère Marie,

« Merci de ta bonne lettre ! combien elle m'a émue. Je m'attendais à cette mort douce et résignée, soumise aux volontés de Dieu.

« Il a été chrétien jusqu'à la dernière heure ; il a compris, je le vois, combien il m'en coûtait de ne pouvoir me rendre près de lui.

« Mon cœur la bénit ! Qu'elle reste à son devoir ! » ces dernières paroles dites pour moi, me seront comme un testament sacré, je veux qu'elles demeurent la règle de ma vie. Ne jamais compter avec ses goûts, ses attraits ; *rester à son devoir* : ce fut le résumé de son existence ; j'espère que cette devise sera le résumé de la mienne.

« Ah ! ma bonne sœur, que j'ai de larmes dans les yeux, et d'amertume dans le cœur ; mais je puis encore prouver mon respect et ma tendresse à ce bien-aimé père en priant pour lui ; cette pensée seule m'est une consolation et un soutien.

A SA MÈRE

« Château-Billy, 1ᵉʳ janvier 1850.

« Ma chère maman,

« Mme de Keréver écrivant à l'abbé de Brémoy, je profite de cette occasion pour vous envoyer quelques lignes.

« Malgré tous nos malheurs, et peut-être à cause

d'eux, je viens vous souhaiter une bonne et heureuse année. Ce vœu n'a pas le défaut d'être trop téméraire, car il me semble qu'il est impossible de subir, dans le court espace d'un an, plus de peines et de chagrins que nous ne venons d'en éprouver; aussi il ne sera pas difficile à cette année d'être meilleure; et Dieu veuille qu'elle le soit pour vous et pour nous!

« Dites à Marie et à Frantz que je leur souhaite aussi une bonne année, et que je les embrasse; et recevez pour vous-même, ma chère maman, les vœux et les embrassements de votre respectueuse et affectionnée fille. »

A SA SŒUR

« Château-Billy, mardi gras 1850.

« Au moment où je t'écris, ma chère Marie, les petites filles ont congé pour le mardi gras, et sont à se promener avec des amies. M. et Mme de Keréver lisent auprès du feu; et moi, je t'écris dans ma classe où je suis toute seule et souffrant quelque peu du froid. Je vais essayer d'étudier; mais si tu savais combien c'est difficile d'apprendre ainsi seule, sans maître. Je n'ai plus goût à la lecture; et tous ces apprêts de bal m'ont déroutée. Je me voudrais à l'été, alors je pourrais sortir et je me trouverais moins triste.

« Réponds-moi un peu plus longuement, et donne-moi des nouvelles du pays. Comment! mon pauvre Conservatoire de Saint-Laurent ne m'a pas survécu! toutes les chanteuses de Sainte-Cécile doivent être consternées?

« Qu'avez-vous mis sur la tombe de papa? une croix, je pense. Quelle douloureuse chose que d'être pauvres et destinés toujours à l'être! Je viens de brûler un de mes romans; et cependant j'étais convaincue qu'il m'aurait rapporté quelque chose ; l'autre suivra, je pense; car à quoi bon le copier pour ne même pas pouvoir tenter la fortune! »

A LA MÊME

« Château-Billy, février 1850.

« Ma chère Marie,

« Ne pourrais-tu envoyer par l'abbé de Brémoy quelques jolis livres tels que « Souvenirs d'une mère « de famille » et des vers? c'est un appât auquel mes élèves commencent à mordre. Envoie-moi aussi mes livres d'étude, Catéchisme de persévérance, etc.; tout cela fait diversion aux règles d'intérêt.

« Je vais étudier sérieusement maintenant, car les jours allongent. Ne le ferais-je qu'une heure tous les matins, ce serait toujours autant.

« Mon léger pécule est presque épuisé; et cependant je n'ai rien acheté d'inutile; j'ai été, au contraire, aussi économiquement que possible, faisant faire ma robe de deuil par une petite ouvrière; aussi ne va-t-elle pas très bien, mais qu'importe! ce n'est pas cela qui m'inquiète. C'est ma robe de tous les jours. Si tu savais dans quelles transes j'ai été! Figure-toi que cette mauvaise étoffe verte a été brûlée par la teinture, et que le bas s'est tout effilé; impossible de repriser. L'aiguille faisait des trous, tellement l'étoffe était claire; impossible aussi de rentrer, car alors ma jupe devenait trop courte. Je mourais de honte; enfin j'ai pu tirer un morceau du devant que cache mon tablier, et qui m'a servi à raccommoder le bas; je souffre de me voir ainsi; mais il faut se résigner et attendre la fin des premiers six mois, ainsi qu'il a été convenu. Je ne voudrais rien demander à ces bons amis avant le terme fixé. »

A LA MÊME

« Château-Billy, 2 mars 1850.

« Mme de Keréver a mis au monde, hier à quatre heures, une belle petite fille qui aura nom Louise. La maman est bien et n'a plus maintenant que de la faiblesse.

« Libre aujourd'hui à cause de ce grand événement, je t'écris sans savoir cependant au juste quand partira M. de Brémoy; mais je ne crois pas qu'il reste très longtemps à Château-Billy.

« Je me vois forcée de rayer à l'anglaise, sur des devoirs écrits par ces demoiselles, car je n'ai plus de papier.

« J'ai lu sans discernement, me dis-tu, ma chère Marie; mais non; et je reconnais maintenant combien mes lectures me servent. Crois-tu qu'avec l'éducation négligée, tronquée, incomplète que j'ai reçue, je serais en état d'enseigner, si je n'avais parcouru ces ouvrages dont j'ai su exprimer le nécessaire et l'intéressant? Non, ma chère sœur, et quoi qu'on dise, les bons livres instruisent toujours un peu; je me trouve bien heureuse aujourd'hui de posséder ces connaissances de pacotille que je dois à mon goût pour la lecture.

« On s'étonne ici de ne pas me voir disposée à aller à Saint-Brieuc, et l'on me dit qu'il n'est pas naturel, à mon âge, de tant aimer la campagne et la solitude. Je ne puis cependant pas avouer que, par tempérament, j'aimais assez autrefois le monde et la ville, mais que mon cœur est à jamais fermé à la joie par notre ruine et nos malheurs : j'aime mieux passer pour sentimentale que me plaindre de ma destinée.

« Ne va pas croire, ma bonne Marie, que je suis jalouse des plaisirs que prennent les autres jeunes filles; non, bien loin de là; mais tu conviendras qu'il n'est pas gai, après avoir entendu parler fêtes et plaisirs, d'aller seule se creuser la tête sur des livres secs et arides, et de se retrouver pauvre institutrice, « la « bonne d'école », comme m'appellent les habitants de Ploufragan, bourg où se trouve notre paroisse. Mais qu'importe! j'éprouve une sorte de joie austère devant ma jeunesse sans bonheur, éclosant sur les ruines de notre petite fortune. Que Dieu soit béni de tout! cette vie n'est qu'une épreuve; on n'emporte que ses actes et ses souffrances.

« Voici une lettre que j'ai reçue de la modiste de Saint-Brieuc; j'en ai été bien humiliée. Je te la copie :

« Mademoiselle,

« Veuillez, je vous prie, me donner l'adresse de
« Mademoiselle votre sœur pour que je puisse m'en-
« tendre avec elle, au sujet du paiement d'une somme

« de 86 fr. 95, que Madame votre mère me redoit
« encore.

« J'ai appris les malheurs de votre famille, et mon
« intention n'est pas d'exiger un paiement immédiat;
« mais je désirerais cependant rentrer peu à peu dans
« une créance déjà ancienne.

« Veuillez agréer, Mademoiselle, mes salutations
« empressées. »

. . . .

« J'ai le cœur horriblement serré, sachant bien que
nous ne pouvons payer maintenant. Que faut-il que
je réponde? Adieu. »

A LA MÊME

« Château-Billy, 3 avril 1850.

« J'ai reçu, ma chère sœur, et ta lettre et ton petit
paquet. Je t'en remercie, et je suis bien reconnaissante de ce que tu m'as confectionné! Quand pourrai-je jamais m'acquitter? en tout cas, sois sûre, ma
chère Marie, que ton affection et les soins que tu
m'as prodigués ne s'effaceront jamais de mon cœur
ni de ma mémoire.

« J'ai dû m'acheter des gants de laine à 1 fr. 25; je
ne pouvais m'en passer, maintenant que je ne porte
plus de manchon. Je les ai choisis aussi bon marché
que possible. Ne prends pas ceci pour des plaintes;
je sais bien que l'impuissance est ton partage, je ne
fais que t'entretenir de mes petites affaires.

« La famille de Keréver ayant été au Pardon de
Cesson, je me suis risquée à y aller avec eux. Le
temps était affreux; aussi n'ai-je vu personne en tra-

versant la ville, Dieu merci! Tu me dis de demander à Mme de Keréver les petits objets qui me manquent, tels que gants, brodequins, etc.; certainement, elle ne me refuserait pas; mais cela me coûte tellement de demander, que je préfère m'en passer; et cependant je vois avec terreur que mes chaussures commencent à s'user, que la semelle ne durera plus longtemps maintenant; que vais-je faire? »

A LA MÊME

« Château-Billy, 17 avril 1850.

« Ma chère Marie,

« Malgré le peu de temps dont je dispose, vu la nombreuse compagnie réunie à Château-Billy pour le baptême de Louise, je ne veux pas laisser partir l'abbé de Brémoy sans t'écrire quelques lignes.

« C'est, tu le sais, Mlle Fanny de R... qui est la marraine; elle est accompagnée de ses deux nièces, Léonie et Emma de K..., qui sont bien les plus jolies personnes qu'on puisse voir. Malgré leur présence ici, mes élèves n'ont pas congé, et je donne mes leçons comme à l'ordinaire. J'ai été au baptême à Ploufragan; l'enfant a reçu les prénoms de Louise-Marie-Fernande; c'est Fernand, son frère, qui est parrain.

« J'ai reçu une lettre du pauvre Jean-Marie, qui m'a navrée. Bien qu'il ne se plaigne pas, on sent combien il souffre, lui aussi, de notre position; il me dit : « Si j'avais assez d'argent pour le voyage, je « demanderais quelques jours de permission, car j'ai

« parfois une envie déraisonnable de vous revoir
« tous; hélas! en ce moment, je ne le puis! je suis
« cependant bien économe; mais en arrivant à Luné-
« ville, le régiment a dû souhaiter la bienvenue aux
« camarades et j'ai été obligé de donner comme les
« autres, ce qui a épuisé mon petit avoir. » Et il
ajoute : « Je vais bien, mais je suis souvent triste en
« pensant à vous et à notre situation à tous ».

« Et moi donc, je n'ai pu retenir mes larmes en
lisant ces lignes; et dire que nous ne pouvons ni les
uns ni les autres lui envoyer la moindre pièce d'argent!

« Avez-vous des nouvelles de Frantz? On prédit
une prochaine crise à Paris.

« Écris-moi longuement; et dis-moi comment se
trouve maman. Et toi-même, vas-tu mieux? »

A LA MÊME

« Château-Billy, 14 mai 1850.

« Mme de Keréver ne paraissant avoir aucune occasion, je me décide, ma chère Marie, à t'écrire par la poste, car mon silence trop prolongé pourrait t'inquiéter. Non, je ne veux pas que tu m'achètes de robe; je porterai celle-ci tant qu'elle ira, car je sais combien vous avez besoin de compter. Je vais demain à Bringolo pour l'installation de l'abbé de Brémoy. J'ai hésité, ne sachant si je devais accepter; mais comme tout le monde y va, je ne veux pas rester seule ici; d'ailleurs, mon deuil m'empêche de faire toilette, ce qui légitime la simplicité de ma mise auprès de toutes les invitées, qui seront très élégantes. »

A LA MÊME

« Château-Billy, 27 juin 1850.

« Longtemps j'ai attendu une réponse de toi, ou, au moins, quelques lignes par occasion, et je n'ai rien reçu. Ce silence prolongé m'inquiète, car je sais que tu as été malade et je crains que tu ne t'en ressentes. Ce qui m'a fait patienter jusqu'ici, c'est l'espoir que je conservais de voir Frantz aux courses de Saint-Brieuc; mais on ne l'a point aperçu, il n'est donc pas venu? Je n'ai pas voulu paraître aux courses, j'ai cru que mon deuil ne me le permettait pas.

« Avez-vous des nouvelles de Théodose; où est-il maintenant?

« Parle-moi de tout cela, écris-moi longuement; embrasse pour moi maman et Frantz, etc.

P.-S. — « J'ai de détestables plumes, et ne veux pas me servir de celles de mes élèves. Marie ne prend plus que des leçons de dessin, et Claire est à Bringolo; je ne fais donc travailler qu'Alix en ce moment, et j'y arrive facilement; elle est si intelligente! Mais ce terrible chiffre reste incompréhensible pour ma pauvre tête, et m'assomme. »

A LA MÊME

« Château-Billy, 25 juillet 1850.

« J'ai enfin de tes nouvelles, ma chère Marie; Frantz me quitte en me laissant sous l'impression des choses étonnantes, absurdes et fausses, qu'on lui a débitées. Je vais tout te dire et tout réfuter; après, tu jugeras. On m'accuse de faire des vers; je t'ai déjà dit que les petites filles m'avaient pillée, alors que j'étais sans méfiance, et qu'elles avaient trouvé des lambeaux de rimes; on m'a plaisantée et j'ai ri la première de ces enfantillages! Mme de Keréver s'est rappelé à ce sujet les jours de sa jeunesse où elle composait des romances, tandis que son amie de R... faisait des vers et des romans; elle-même avoue que c'est un passe-temps comme un autre, et un passe-temps très innocent.

« Du reste, je ne quitte jamais ces dames; quand pourrais-je faire des vers? tu vois, ma chère Marie, que tout cela est bien faux.

« Je ne fais pas arranger mon chapeau; je n'achète pas d'ombrelle, à quoi bon? je ne vais pas en ville.

« Je me lève à cinq heures tous les matins, car j'ai voulu essayer de faire moi-même la jupe de ma robe d'indienne; je me suis hardiment lancée; je crois que je réussirai.

P.-S. — « Écrivez-moi donc sans enveloppe, quand cela n'est pas indispensable; il nous faut regarder de si près. »

A SA MÈRE

« Château-Billy, 8 novembre 1851.

« Voici le second anniversaire de papa, ma chère maman; je ferai dire une messe au bourg, pour le repos de son âme. J'aurais voulu satisfaire mon plus ardent désir, qui est de lui voir une tombe convenable ; cela m'est absolument impossible, hélas! quant à présent.

« J'ai appris que vous aviez été à Guingamp et que vous aviez dîné avec l'abbé de Brémoy; il eût été mieux d'attendre patiemment de nos nouvelles, ma chère maman; Marie et moi sommes convenues de ne vous écrire que par occasion, et cela par nécessité d'économie.

« Nous ne recevons pas de nouvelles de Frantz; lui aussi est sans argent, et l'espoir ne vient pas.

« Je désire beaucoup le retour du printemps, car à cette époque nous nous concerterons, Marie et moi, pour aller vous trouver. Je serais heureuse de vous voir plus souvent; mais il faut attendre encore et surtout rester tranquille où l'on est, puisque nous y sommes forcés. Adieu, ma chère maman, je vous embrasse comme je vous aime, en espérant des jours meilleurs. »

A SA SŒUR

« Château-Billy, 27 novembre 1851.

« Je réponds à ta lettre, ma chère Marie; tranquillise-toi, tout va bien. Nous nous mettons à jouer la comédie, et voici comment cela est arrivé. Pour passer le temps, Fernand de Keréver voulut un jour organiser une petite pièce, et me pria d'y assister. Il avait fait monter tous les domestiques, qui devaient donner quelques épingles pour le spectacle.

« La comédie ne commença même pas, les préparatifs n'étant pas terminés à temps; et je congédiai l'assistance, en promettant que le lendemain on serait dédommagé. Je fis en effet apprendre des fragments d'*Esther* à Marie, Alix et Claire, et nous jouâmes à la satisfaction de chacun. Cela nous semble un moyen de passer quelques bonnes soirées; et le côté utile pour moi, est de faire apprendre aux enfants presque sans travail les chefs-d'œuvre de Racine. Nous rejouâmes plusieurs fois, et on en parla à M. l'abbé de Brémoy qui me reprocha de ne pas l'avoir prévenu, et me fit promettre de lui écrire les jours de représentation. Je n'osais le faire, mais la lettre suivante m'y obligea.

« Avez-vous oublié, ma bonne Zénaïde, la promesse
« que vous m'avez faite à votre départ de Bringolo?
« Disposez-vous les acteurs et actrices à leurs rôles?
« Préparez-vous les décorations de votre théâtre?
« Hâtez-vous, car il me tarde de juger par moi-même
« de votre talent d'artiste dramatique, que j'ai eu le
« regret d'ignorer jusqu'à ce moment, et de celui de
« mes chers neveu et nièces. Je compte, sans tarder,
« vous faire une petite visite; et je vous l'avoue, il
« me serait infiniment agréable de vous voir à la
« tête de votre troupe, que vous devez parfaitement
« diriger, et d'assister à la représentation que vous
« avez bien voulu m'annoncer. Qu'on se prépare
« bien vite, car je ne serai pas longtemps sans
« apparaître. Laissez-moi vous dire, ma chère Zénaïde,
« combien j'ai été heureux de vos visites à Bringolo;
« elles ont été bien courtes, mais j'espère que plus
« tard il y aura compensation. Répondez-moi sans
« tarder, je vous prie.

« Votre tout dévoué en N. S.

« J. DE BRÉMOY, PR. »

A SA SŒUR

« Château-Billy, 15 décembre 1852.

« Je reçois aujourd'hui le paquet et ta lettre, ma chère Marie, et à ma grande surprise, tu ne me parles pas de deux lettres que je t'ai envoyées depuis ta visite. J'ai fait parvenir la première par l'abbé de Brémoy; la seconde a dû t'arriver par la poste, puisque vous êtes toujours au Palacret.

« Nous sommes forcées de reconnaître qu'il est presque heureux que notre pauvre père ait terminé sa triste vie; il n'eût pas résisté à ce nouveau coup. Pauvre Palacret, vendu 11 050 francs! en vérité c'est dérisoire, et l'acquéreur de Robien et de Guenharic doit joliment s'enrichir. Désormais, c'est bien fini; nous n'aurons plus de déceptions, de ce côté du moins; pour être expropriés, il faut être propriétaires, et ce titre ne nous appartient plus.... Dieu l'a permis.

« Ne pourrais-tu m'envoyer par l'abbé de Brémoy (cela ne coûterait rien) ton cahier de vers? Je m'efforce toujours de donner le goût de la littérature à mes élèves, et j'emploie tous les moyens possibles. J'aurai grand soin de ton cahier; mais cependant, si tu tiens à le garder, je ne veux pas t'en priver.

« Adieu, ma chère Marie, il y a beaucoup de monde au château et je ne puis t'en dire plus long cette fois; il me faut secouer ma douleur et renfoncer mes larmes. Dieu m'en donne la force! »

A LA MÊME

« Château-Billy, 2 juillet 1853.

« Je ne puis te dire, ma chère Marie, tout le bonheur que m'a causé ta lettre. Je suis si inquiète de toi depuis que je te sais en proie à cette vilaine mélancolie engendrée par les malheurs sans nombre qui ont fondu sur notre famille !

« Un de ces jours, on dira pour toi, à ma recommandation, une messe à Notre-Dame d'Espérance, et j'importunerai tant de mes prières cette bonne et puissante Mère qu'elle obtiendra ta parfaite guérison ; mais il faut que tu m'aides et que tu appelles à toi toute ton énergie d'autrefois pour chasser les papillons noirs.

« Que veux-tu ? se consumer de regrets ne sert à rien ; laissons-nous aller dans la main de Dieu. Je conçois bien ta tristesse, ma pauvre et bonne sœur ; que de fois, moi aussi, je suis si découragée qu'il me semble être tout à fait abandonnée et sans espoir ; mais je prie, et je me relève fortifiée pour la lutte de la vie ; je tâche d'être gaie malgré mon chagrin, car il ne faut pas un visage triste auprès de la jeunesse.

« Tu n'as pas besoin de me le dire, ma chère Marie ; c'était sûrement pour mon bien que tu me reprenais ; maintenant que j'ai des enfants à diriger, je reconnais la nécessité des réprimandes. Je sais être sévère avec mes élèves pour les habituer à supporter les contrariétés et les malheurs, si l'avenir leur en réserve. Plus tard, elles me remercieront d'avoir contribué à déraciner des défauts qui eussent empoisonné leur vie.

« Adieu, ma bonne sœur, courage et confiance. »

A SA MÈRE

« Château-Billy, 30 juillet 1853.

« Ma chère maman,

« La tabatière que je vous envoie, n'est ni chère ni élégante, mais j'ai pensé qu'en attendant elle valait mieux qu'une empruntée. Si j'avais eu des fonds, je vous en aurais acheté une plus belle; acceptez toujours celle-ci jusqu'à l'hiver prochain.

« Frantz ne m'a pas écrit; réussira-t-il ? je n'en sais rien, mais je l'espère, car il le mérite par sa parfaite bonne conduite, sa vie de privations et son travail si persévérant.

« Adieu, ma chère maman, je vous écrirai encore s'il y a du nouveau; ne me répondez pas; il nous faut tellement calculer. Offrez un souvenir respectueux à mon oncle et à ma tante. J'aurais bien voulu accompagner Marie dans le voyage qu'elle va faire à Saint-Laurent pour vous embrasser, mais j'ai dû m'acheter un peu de linge, et je me vois forcée d'attendre; car cela a épuisé mes ressources, et j'en ai le cœur bien gros, je vous assure. »

A SA SŒUR

« Château-Billy, 29 août 1853.

« Ma chère Marie,

« Je suis bien tourmentée de ne pas avoir une lettre

de toi; si, à mon tour, Dieu m'envoyait une maladie, il ne te suffirait pas d'avoir de mes nouvelles tous les mois, n'est-ce pas? eh bien! fais comme tu voudrais me voir faire, et écris-moi plus souvent. Tu sais qu'on t'a défendu de t'inquiéter; aussi n'avais-je pas voulu te parler de toutes les démarches que nous faisons en ce moment pour que François puisse obtenir la place de juge qu'il désire. M. *** a exagéré les choses en disant que notre frère ne l'obtiendrait pas. Le Préfet est pour lui; tout le monde désire le voir réussir, et s'il avait voulu s'y prendre plus tôt, il serait sûr de sa nomination; c'est ce que M. de la T..., que j'ai vu hier, m'a dit; il a ajouté que s'il ne passait pas cette fois et que la justice de paix de Lannion devînt vacante, il la lui ferait obtenir; tu vois que cela ne serait que retardé en supposant, ce qui n'est pas sûr du tout, que les protections de son concurrent soient plus puissantes que les siennes.

« Sois tranquille, ma chère sœur, ton exemple me guérit des inquiétudes stériles. Je fais des démarches; j'espère voir mon frère réussir, mais je ne souffrirai nullement si tout cela est inutile. La volonté de Dieu s'accomplira; s'il veut que mon frère soit nommé, il le sera; sinon, j'adorerai les desseins de la Providence, et je ne me rendrai certainement pas l'imagination malade de regrets.

« Maman se porte à merveille; j'ai pu lui envoyer quelque argent, et elle attend, sans s'ennuyer, à Saint-Laurent, la nomination de François. D'ailleurs, tu sais que notre frère a maintenant une assez belle situation comme avocat, pour la prendre chez lui cet hiver; de toutes manières, dit notre chère mère, « je vais

« être très bien... ». Fais comme elle, ma chère sœur, regarde avec calme notre position, et tu verras qu'elle s'améliore : Maman sera heureuse, quoi qu'il arrive, puisque ou François aura une bonne place, ou il conservera une clientèle qui devient, paraît-il, très jolie. Mon bonheur à moi sera complet si tu évites de retomber dans tes idées tristes; ce sombre caractère ne t'est pas naturel. Vois donc les choses par leur bon côté, et pense comme moi que les malheurs imaginaires sont pires que les malheurs réels. Tâche d'avoir, ainsi que nous, une confiance sans bornes dans la Providence; rien n'arrive sans sa permission; laissons-la donc agir, et vivons sans nous manger l'âme d'inutilités, et sans laisser vagabonder notre imagination.

« Mais rappelle-toi que si tu es ma meilleure amie, si j'aime à te dire mes petites affaires, tu me dois aussi les tiennes. C'est à force de concentrer tes souffrances réelles, que tu t'en es forgé d'imaginaires; mais quelles qu'elles soient, je te demande à les partager, et je veux que tu me les dises *toutes*.

« Adieu, ma chère et bonne sœur, ne te laisse pas ainsi aller, je t'en prie; abandonne-toi à Dieu notre Père, et tu redeviendras bien vite ce que tu as toujours été, la meilleure des sœurs, nous donnant à tous l'exemple de la gaieté, du courage et de la patience. »

A LA MÊME

« Château-Billy, 25 décembre 1853.

« Ma chère Marie,

« Tu ne me parles pas de ta santé; dois-je supposer

qu'elle est bonne, puisque mon affection exige que tu me mettes de moitié dans toutes tes souffrances? J'ai fait ta commission au docteur Lemoine; il m'a dit qu'il t'avait soignée comme sœur d'anciens camarades, et qu'il ne voulait absolument pas accepter d'honoraires. J'ai eu beau insister, il ne veut pas entendre raison, et m'a fait promettre de venir déjeuner avec sa femme, pour me punir, dit-il, d'avoir pensé à lui payer des soins qu'il te donnait comme ami.

« On ne saurait agir avec plus de délicatesse, et je ne pourrai reconnaître ses bons procédés qu'en le prenant comme médecin; mais, Dieu merci, j'ai une santé qui ferait de moi une bien pauvre cliente.

« Je crois que je me passerai de chapeau neuf cet hiver; si cependant François est nommé, je lui demanderai de m'en payer un; le cher frère me doit bien cela pour toute la peine que je me suis donnée.

« Allons! François réussira sûrement; un bonheur n'arrive jamais seul! »

A LA MÊME

« Château-Billy, 18 août 1854.

« Tu sais peut-être l'heureux événement qui nous arrive, ma chère Marie; mais, dans le doute, je dépense quatre sous de grand cœur pour te dire que François est nommé juge de paix à Plouaret. Le voilà en bon chemin, et notre mère a un asile assuré pour ses vieux jours; Plouaret est une des plus belles justices de paix du département, et tout près de Lannion, où François est très aimé. Je reçois force compliments de nos amis qui sont enchantés de le voir parvenir à cette place, que tant d'autres désiraient.

« Quelle joie pour notre mère, chère sœur, quelle joie pour Théodose et Jean-Marie! et pour nous, quel soulagement de voir notre mère passer tranquillement et avec les aises de la vie les dernières années de son existence si éprouvée! Sa résignation et notre courage ont leur récompense.

« Je compte me rendre dans quelques jours à Saint-Laurent, pour le déménagement; puis j'irai les installer à Plouaret; mais avant tout, je veux m'entendre avec François pour faire transporter sous le porche les restes de notre bon père et lui élever un simple, mais convenable monument. Ne regrette pas de n'avoir pu faire placer une croix sur sa tombe au Palacret : nous étions si pauvres que cela était impossible; notre désir suppléait à notre impuissance, et notre bien-aimé père ne nous en protège pas moins.

« Maintenant, tu n'as plus de sujets d'inquiétudes. François est casé; moi, je suis heureuse ici, autant qu'on peut l'être loin de sa famille, car Mme de Keréver et les siens sont charmants pour moi; Théodose s'établira peut-être comme médecin, par ici, l'été prochain, et nous pourrons envoyer un peu d'argent au cher Jean-Marie.

« Je veux te donner un exemple de la délicatesse de Mme de Keréver; j'ai bien besoin d'une robe, elle me conseille souvent d'en acheter une, alors elle regarde ses filles, et quand je dis que mes moyens ne me le permettent pas, elles se mettent à sourire en ajoutant que je serai *forcée* d'en avoir une malgré moi.

« J'ai vu en ville la robe en question ; mais je veux leur laisser le plaisir de me ménager la surprise, et je feins de tout ignorer.

« Pourras-tu lire tous mes griffonnages ? j'ai tant de plaisir à causer avec toi, chère bonne sœur, j'ai le cœur si joyeux, que mon papier se noircit sans que je m'en aperçoive, et je prends toujours un autre petit bout pour finir.

« Adieu, je t'embrasse dans mon bonheur, qui n'est que le reflet du vôtre, et te dis : à bientôt ! »

A LA MÊME

« Château-Billy, 5 septembre 1854.

« J'arrive de Saint-Laurent, où j'ai passé huit bienheureux jours avec notre mère ; mais Mme de Keréver ayant, en ce moment, sa grande buée, j'ai cru que je devais revenir pour l'aider. Je retournerai à Saint-Laurent pour le déménagement de maman, qui ne peut guère s'effectuer avant la Saint-Michel. François, désirant la maison de l'ancien juge, ne peut l'occuper que lorsque celui-ci sera parti ; les vieilles dames chez lesquelles il habitait à Lannion sont presque folles de chagrin, et tous ces messieurs du tribunal veulent aller l'installer.

« Il a été visiter son canton et il en est enchanté, ainsi que de la manière dont on a accueilli sa nomination ; c'est un sentiment général ; les visites et les lettres de félicitations l'accablent.

« Avant que les dernières formalités soient remplies, il doit se passer quelques semaines, et il espère obtenir du Président de Lannion la permission de terminer trois affaires qu'il a commencées, et qui doivent être très rémunératrices pour lui. Tu comprends qu'il n'a pas un moment de libre, car il est toujours en courses pour sa maison et ses affaires.

« Que j'ai donc été heureuse, chère Marie, du bonheur de notre chère mère ! si tu la voyais ! elle est rajeunie de dix ans, elle fait tisser de la toile pour des chemises ; je lui ai arrangé sa petite toilette, et elle attend gaiement le moment du départ.

« Après l'installation de François, j'irai avec elle faire quelques visites, car elle connaît à Plouaret plusieurs personnes qui habitent justement la place du Vieux-Marché, où est située leur future maison. »

Zénaïde est donc maintenant quelque peu rassurée sur l'avenir des siens, et délivrée de poignantes inquiétudes à leur sujet ; elle est toute à la joie.

Mais, une ombre de deuil s'appesantit encore une fois sur son cœur. Son frère Théodose succombe à l'étranger, au moment où il allait revenir en Bretagne pour s'y fixer. Aucune lettre ne nous transmet de détails sur cette nouvelle épreuve, à laquelle une consolation ne tarde pas à succéder, comme nous le dira la lettre suivante.

A SA SŒUR

« Château-Billy, 19 mars 1857.

« Ma chère Marie,

« Je t'écris encore cette fois par la poste, sans attendre une occasion ; la bonne nouvelle que j'ai à t'annoncer en vaut la peine.

« Un beau mariage se présente pour notre frère François. C'est la récompense de sa parfaite bonne conduite d'étudiant à Paris, et des si dures privations qu'il a endurées avec tant de courage. Il a été, dans toute la force du mot, « un piocheur », et c'est pourquoi il est arrivé.

« La jeune fille qu'on lui présente a une dot fort ronde. Elle est petite, assez bien de traits, a de beaux yeux, mais pas de teint. Elle est bonne, pieuse et fort intelligente, très aimée de son père et de ses frères. Elle a vingt-six ans, et se nomme Jenny Le Nouvel. Pour me faire connaître sa parenté, on m'a envoyé une lettre de part d'un deuil de famille, et j'y lis des noms bien connus dans les Côtes-du-Nord : M. et Mme Rivot des Courtils, née du Largez, M. et Mme Grimault de Lanoë, M. et Mme Le Nepvou de Carfort, née Daniel de Kérinou, les familles Prigent de Kerallain, Duportal du Goazmeur, Le Goarant de Tromelin, etc., etc. Tu vois que cette noblesse n'a pas dédaigné le nom si honorable et si honoré que portait notre bien-aimé père. — Notre future belle-sœur est petite-nièce de Daniel de Kerbriant et petite-fille de Daniel de Kérinou, procureur du roi à la cour royale de Tréguier, élu plusieurs fois aux États de Bretagne; en 1789, il fut nommé député; suppléant de la sénéchaussée de Lannion le 4 avril 1823, dans sa soixante-dix-huitième année; son acte de décès lui donne le titre de Doyen des avocats.

« Le futur beau-père de François s'appelle Domingue Le Nouvel; il est avocat et propriétaire à Saint-Jean Brézéhan en Ploumilliau.

« Sa femme est Marie-Anne-Éléonore de Kérinou.

« Je te donne tous ces noms, ma chère Marie, sachant combien tu aimes à connaître les détails de parenté, qui ont bien leur importance ; c'est aussi pourquoi la famille Le Nouvel s'est empressée de me les fournir.

« Voici donc, ma pauvre chère sœur, une grande aisance apportée dans le ménage de notre frère, et dont profitera notre mère. Il est probable que tu pourras vivre avec eux, et aider notre jeune belle-sœur dans les soins de son intérieur.

« C'est un bonheur inespéré, dont nous ne saurions trop remercier la Providence.

« Après de si dures et amères souffrances, cette éclaircie jette en mon cœur toute une suite de douces espérances que tu comprends.

« Mais je te laisse savourer la bonne nouvelle. Les fiançailles sont faites ; on a même fixé hier le jour du mariage, qui aura lieu le 21 avril, dans la paroisse de Ploumilliau.

« Je ne sais encore si je pourrai y assister ; mais je prierai quand même, avec eux et pour eux.

« Je t'embrasse, le cœur bien dilaté cette fois. »

A SA BELLE-SŒUR MADAME FRANÇOIS FLEURIOT

« Château-Billy, 21 septembre 1857.

« Ta lettre m'a causé un si vif plaisir, ma chère Jenny, que je ne veux pas remettre à plus tard une bonne et longue causerie, semblable à celle que nous faisions dernièrement à Plouaret, dans votre maison du Vieux-Marché.

« Te voilà donc à peu près convaincue de cette espérance qui me rend tout heureuse, car tu as dû deviner que j'aime sincèrement les enfants, et que ce poupon-là est déjà à mes yeux un bien cher petit personnage.

« Comme tu vas t'amuser à préparer ce trousseau qui doit avoir tant de charmes pour une mère future ; quel plaisir nous aurions à confectionner ensemble ces chemises longues comme le doigt, ces jolis bonnets, si petits qu'ils ne coifferaient pas le robuste poing de ton mari ; mais puisque je ne puis t'aider, je m'en dédommage sur la coiffure de cérémonie ; j'y emploie consciencieusement tous mes loisirs libres ; mais c'est long, très long ; il est heureux que j'aie du temps devant moi ; j'éprouve, du reste, un plaisir infini à broder mon petit bonnet, quand je pense que c'est pour *lui* ou pour *elle* que je travaille. J'espère que Marie a déjà reçu ta lettre ; je sais quel immense plaisir cette grande nouvelle fera à son excellent cœur, et combien elle en sera joyeuse.

« François a dû te parler de mon succès littéraire : il m'a beaucoup étonnée. Je ne pensais plus à cette feuille envoyée dans un moment perdu, et sans aucune idée de réussite.

« Je n'ai pas aperçu, heureusement, mon nom dans l'exemplaire qu'on m'a envoyé ; et j'ai écrit aujourd'hui même à Lyon, pour prier le Directeur de le garder pour lui : je tremblais de le voir apparaître sur un journal, car si j'écris pour me distraire, je ne veux pas me poser en femme auteur. Mme de Keréver assure que c'est pour ne pas éloigner les prétendants ; j'en ris, mais ne puis lui accorder cela, d'autant moins que j'allie avec mes goûts littéraires des goûts de ménage qui sont souvent plus utiles.

« Ne m'oublie pas auprès de maman, chère Jenny, et parle-lui quelquefois de « Zaza »; c'est un peu niais, tous ces surnoms, mais dans sa bouche cela me semble si affectueux.

« Je vais m'occuper du berceau ; je vous envoie, à François et à toi, un double baiser, et t'assure, ma chère sœur, de ma sincère affection. »

Notre jeune auteur parle pour la première fois d'un succès littéraire; il est vrai qu'elle le fait avec tout le dédain possible; ce succès devait pourtant décider de sa carrière. Elle avait envoyé à Lyon une nouvelle intitulée « La Fontaine du Moine-Rouge » pour un concours proposé par *la France littéraire*. Sa pièce avait remporté le premier prix malgré les nombreux concurrents masculins, et les amis de Zénaïde insistèrent alors vivement pour qu'elle utilisât au profit du public les dons de l'esprit qu'elle avait reçus en partage. Se laissant persuader, on la vit se mettre sérieusement à l'œuvre, mais en doutant toujours d'elle-même, comme le prouve la lettre suivante adressée à sa belle-sœur.

A LA MÊME

« Château-Billy, 8 juin 1858.

« Ma chère Jenny, je te demande instamment de m'envoyer la lettre du général de R..., car tu ne me dis rien de la façon dont elle est écrite, ni de ses appréciations sur ma nouvelle. Ce serait un hasard si je réussissais et, bien que je n'y compte guère, je fais tout pour que le succès vienne tôt ou tard.

« Donne-moi aussi beaucoup de détails sur ton fils. Marie m'écrit qu'elle l'a trouvé charmant; mais c'est bien vague, et j'aurais voulu savoir de quelle couleur étaient ses cheveux et ses yeux; enfin une espèce de portrait : à quatre mois, on peut déjà voir quelque chose.

« J'espère que l'indisposition de ton père ne sera rien et que tu es déjà rassurée sur son compte.

« Je m'en rapporte à maman pour causer avec son petit-fils; s'il a de l'intelligence, comme je le pense, il en fera usage de bonne heure, et deviendra vite intéressant. »

Au concours suivant de *la France littéraire*, Zénaïde Fleuriot envoya deux pièces de vers qui obtinrent encore le premier prix, et une nouvelle en prose intitulée « Une heure d'entraînement », également couronnée et qui fut imprimée dans la revue avec les paroles élogieuses de son directeur, M. Péladan :

« Mlle Anna Edianez, dit-il, est Bretonne, et ses écrits respirent le parfum du genêt, préférable assurément, dans le voisinage des bruyères vertes, aux odeurs musquées de la grande ville. Les récits de notre conteuse ont l'austérité, mais aussi l'originalité des paysages de sa contrée, où bien des âmes ont inscrit sur leur blason la devise énergique du Breton : « Potius mori quam fœdari ! » (Plutôt mourir que de se souiller !) Il y a dans les compositions de Mlle Anna Edianez une qualité rare aujourd'hui : c'est la sobriété. Nous lui en tenons compte d'autant plus que nous ne voudrions pas lui demander pour ses récits, des ornements de plus qui rendraient les descriptions topographiques moins rapides.

« Dans « Une heure d'entraînement » les caractères sont exactement profilés; ils ne se démentent pas jusqu'à la fin. »

Après une analyse de la nouvelle, M. Péladan ajoute :

« Tout cela forme un thème excellent dont la moralité n'a rien d'apprêté. Nous en témoignons notre satisfaction à Mlle Anna Edianez, qui n'a qu'à persévérer dans cette voie pour arriver à un terme qui l'honorera et la placera au nombre de ces femmes d'élite, faites pour le labeur de la pensée, et qui, nous n'en doutons pas, ont une mission à remplir dans l'œuvre réparatrice de notre société finissante. »

On le voit, Zénaïde avait pris un pseudonyme pour écrire; elle signait : « Anna Edianez »; ce dernier nom, très transparent du reste, n'était que celui de Zénaïde renversé. Elle le conserva pour ses premiers ouvrages publiés à Paris. Les deux pièces de vers couronnées à ce même concours de *la France littéraire* étaient les suivantes : une poésie intitulée « Premier chagrin », dédiée à Mlle Louise de K..., et un sonnet que nous citons, parce que, comme le dit M. Péladan, « si la richesse des rimes laisse un peu à désirer dans les vers de notre spirituel lauréat, d'un autre côté ce sonnet a de l'énergie; et c'est là ce qui a vraiment du mérite dans une femme-auteur. »

BRETAGNE ET BRETONS

La Bretagne est pour moi ce qu'est au voyageur
Le toit hospitalier où ses membres reposent,
Ce qu'est au roitelet le rameau protecteur
Qui cache le doux nid où ses petits éclosent.

Et c'est avec amour que mes regards se posent
Sur son sol émaillé de bruyères en fleur,
Sur ses clochers à jour, aimés du laboureur,
Sur ses prés verdoyants que des ruisseaux arrosent.

Les Bretons sont naïfs et sauvages ; tant mieux !
C'est qu'ils ont conservé la foi de nos aïeux
Et leurs mâles vertus et leur hardi courage.

On peut toujours compter sur leurs bras et leur cœur ;
Les uns restent d'airain ; l'autre bat quand l'honneur
Fait retentir près d'eux son sévère langage.

Anna Edianez, sans en concevoir le moindre orgueil, avait été vraiment heureuse, cette fois, de son succès littéraire et des encouragements qui lui étaient arrivés de toutes parts ; les paroles de son père : « Elle ira loin, cette petite ! » se faisaient alors entendre à son cœur comme une assurance de succès.

Mais cette joie fut encore traversée par un grand chagrin. Sa jeune belle-sœur, Jenny Fleuriot, déjà souffrante, voulant à tout prix aller voir son père malade, prit en ce voyage un refroidissement qui ébranla si fortement sa santé qu'elle s'alita pour ne plus se relever.

Elle mourut le 14 septembre 1858, à peine âgée de vingt-sept ans, après dix-sept mois de mariage. Ce fut une grande douleur dans toute la famille ; et Zénaïde, avec son cœur aimant et tendre, n'en fut pas la moins atteinte. C'est pour soulager sa peine et se distraire de son chagrin qu'elle se livra plus que jamais à ses travaux littéraires et se mit, par correspondance, en rapport avec des éditeurs parisiens, leur proposant plusieurs ouvrages qu'elle tenait en réserve, attendant le moment favorable.

Le chapitre suivant nous dira ce que furent ses débuts.

CHAPITRE IV

Premières publications (de 1859 à 1862). — Jugement de M. Alfred Nettement sur ses œuvres.

Zénaïde Fleuriot aimait la famille de Keréver comme si elle eût été la sienne, et elle témoigna aux jeunes filles qui lui avaient été confiées la plus tendre sollicitude; la lettre suivante en donne la mesure; elle est écrite à sa chère Claire, retenue à la maison par son état de santé. Cette fois-ci, Zénaïde n'a pu la porter dans ses bras, la distance est trop grande; mais pour qu'elle prenne part à la partie de plaisir chez le recteur de Saint-Agathon, où s'est rendue toute la famillle, elle lui en fait parvenir une espèce de journal. Les plus petits détails y sont notés avec une si ingénieuse fidélité que la jeune recluse peut s'imaginer qu'elle a passé, elle aussi, quelques jours de gaieté sous le toit du recteur.

« 26 mai 1858.

« Je t'ai promis, ma petite Claire, de t'écrire pendant notre séjour à Saint-Agathon, pour te dédommager de n'avoir pu nous accompagner; cela t'aurait vraiment trop fatiguée. Il n'y a que quelques heures que nous sommes arrivées, et je songe à remplir ma promesse de t'envoyer les détails de notre excursion. La route a été charmante : soleil de printemps, rosée d'automne, chemin d'été. Tu sais comment nous voyageons dans nos parties de campagne : on dit la prière du matin ou du soir, et, cela fait, on cause ou on chante. Aujourd'hui le chœur n'est pas brillant, on ne s'entend pas : Fernand siffle; Alix, de sa voix claire, entonne successivement plusieurs romances; je fredonne un cantique.

« Pas le moindre incident jusqu'au presbytère, où nous arrivons après trois heures de marche; nous faisons invasion dans la cuisine. L'abbé Le Bret accourt et nous souhaite la bienvenue. Une petite difficulté s'élève : notre chambre à coucher, notre colombier, comme dit le recteur, est encombrée de pommes de terre; on s'arrangera tout de même. Je monte pendant que Fernand endosse son costume de chasseur et que notre hôte s'apprête à le suivre; on siffle Diavolo; ils s'en vont et nous leur souhaitons bonne chasse. Ils ne sont pas partis depuis cinq minutes, que Marie nous annonce leur retour; je ne puis y croire, ce sont bien eux cependant : Fernand a fait une chute, son genou est déchiré, il porte bravement son écorchure, mais remet la chasse à l'après-midi. Ce petit événement nous pousse au jardin; le recteur lit son bréviaire, et, peu après, m'invite à jouer aux pièces avec lui; Marie, Fernand et Alix se retirent pendant ce temps auprès de la vigne, et, la partie finie, nous nous joignons à eux. Midi va sonner, on annonce trois nouveaux visiteurs inattendus. Le petit presbytère se remplit; mais la cuisinière ne perd pas la tête, et bientôt on nous appelle à table. J'ai à ma droite le cher recteur, à ma gauche un vieillard dont les beaux cheveux blancs me font envie.

« Après le repas, auquel nous faisons honneur, nous allons dans le jardin jouir du beau soleil et des charmes d'une conversation intéressante; puis tout le monde se sépare. Fernand repart pour la chasse; nous rentrons et lisons. Mais on parle de jouer : je me transporte à la table ronde qu'on a recouverte d'une serviette, je perds, puis je gagne, et je viens t'écrire pendant que Marie et le recteur sont aux prises. Alix arpente la chambre et vient se planter derrière mon épaule, en marmottant des paroles que ses éclats de rire rendent inintelligibles; Fernand, qui est rentré de la chasse, se prélasse dans un fauteuil, Diavolo fait la guerre aux insectes. Je te quitte, car on va jouer au diable. A tout à l'heure.

. . . .

« Au diable a succédé un jeu d'esprit, puis le jeu des mâchoires. Il faut que je te raconte un terrible accident qui a précédé le souper; au retour d'une charmante promenade, nous entendons des gloussements désespérés : c'est une poule qui a failli se noyer; on la soigne, on la pouponne; je te tiendrai au courant de sa petite santé. Après le repas du soir, nous bâillons de fatigue, et nous regagnons « notre appartement ».

« Grimpe avec nous, ma Clairette, ce bout d'escalier; deux portes se présentent; au bas de l'une d'elles, remarque un trou rond; c'est le passage des chats, ce qui annonce un grenier; l'autre porte s'ouvre : une niche véritable s'offre à tes yeux; ni plancher, ni plafond; un carreau donne un peu de jour et une trappe, qui s'ouvre dans le grenier, laisse carrière au vent; pour meubles, un lit, un grabat, un vieux bois de bibliothèque servant de fruitier, sanctifié par une Vierge en porcelaine : voilà une exacte et fidèle description de notre chambre à coucher; mais je t'assure que nous n'y engendrons pas la mélancolie et que nous y dormons à qui mieux mieux. »

« Vendredi.

« Nous avons fait les paresseuses ce matin, ma Claire, et je viens te donner des nouvelles de la poule : elle va mieux. Nous déjeunons sans le recteur, qui est parti pour Guingamp appelé par un malade; puis nous allons à l'église.

« Dès que le maître du logis est rentré, on avance la table de jeu sur laquelle un châle remplace la serviette; c'est plus élégant et plus commode. M. Le Bret perd toujours, et nous complotons une partie perdante, qu'il gagne de la meilleure foi du monde. Ensuite nous allons faire la prière du soir dans la charmante église, et nous nous promenons au clair de lune jusqu'au ruisseau. Nous rentrons et nous montons nous coucher. Bonsoir, ma Clairette. A demain la joie de te revoir.

« ZAZA. »

Les lettres qui suivront celle-ci nous conduisent de septembre 1860 à janvier 1862. Mais avant cette époque, un grand événement s'est accompli pour

Zénaïde : elle a publié son premier ouvrage à Paris, en 1859.

Encouragée par l'accueil fait à ses deux premières nouvelles, elle entre résolument dans la voie où la poussent impérieusement ses aptitudes et ses succès. — Elle s'adresse d'abord à M. Ambroise Bray, éditeur catholique, qui publiait alors les œuvres d'une femme de lettres au talent sain et justement estimé, Mme Bourdon. Elle lui écrit pour lui proposer son premier ouvrage, recueil de nouvelles sous le titre : *Souvenirs d'une douairière*; et, à sa grande joie, il est accepté. Ce livre est dédié « A ses sœurs d'affection, Marie, Alix, Claire et Louise de Keréver ».

Homme d'esprit et de goût, M. Bray pressentit que cette femme à l'intelligence remarquable, au talent honnête et pur, ne tarderait pas à conquérir une certaine célébrité. L'avenir lui donna raison : ses quatre-vingt-trois ouvrages en font foi.

« Il y a dans ce livre, *Souvenirs d'une douairière*, dit M. Hippolyte Violeau, écrivain fort estimé et digne de l'être, un talent d'observation, une finesse d'aperçus, une vérité de sentiments qu'on est heureux d'applaudir.... Dans chacun de ces récits domine toujours une pensée morale et d'autant plus salutaire qu'elle s'épanouit, pour ainsi dire, tout naturellement, au milieu des fleurs de la route. »

Zénaïde aimait par-dessus tout la vérité, ce qui l'engagea à solliciter la critique impartiale et éclairée d'un auteur distingué qu'elle ne connaissait encore que par ses écrits, mais dont le talent et le caractère lui inspiraient une estime profonde et comme une sorte de vénération. C'était M. Alfred Nettement, alors représentant du Morbihan, fondateur du journal *l'Opinion publique* qu'il dirigeait, ainsi que *la Semaine des familles*, avec autant d'autorité morale et religieuse que de talent littéraire.

Voici la réponse qu'elle reçut :

« Mademoiselle,

« Je ne puis assez vous remercier de ce que vous voulez bien me dire d'indulgent et d'aimable pour des travaux consciencieux, sans doute, mais dans lesquels je voudrais avoir mis plus de talent, puisqu'ils sont consacrés au service de la bonne cause. Quant au livre de *Nouvelles* dont vous me parlez, il ne m'est pas encore parvenu ; je ne puis donc ni vous donner les conseils que vous voulez bien me demander, ni vous dire si des travaux analogues pourraient entrer dans le cadre de *la Semaine des familles*. J'attendrai donc l'envoi du volume pour répondre à ce passage de votre lettre.

« Agréez, mademoiselle, mes respectueux hommages.

« Alfred Nettement. »

Les *Souvenirs d'une douairière*, mieux expédiés, arrivèrent à M. Nettement, qui, après lecture faite, ouvrit toute grande à Anna Edianez la porte de *la Semaine des familles*. Elle y fit son entrée au mois d'août 1859, par un court roman intitulé *Projets d'avenir*, premier anneau de cette chaîne non interrompue d'œuvres charmantes qu'elle y publia depuis l'année 1859 jusqu'à sa mort en 1890 ; durant cette longue collaboration, ses ouvrages, nous croyons pouvoir le dire, ont formé un des attraits les plus puissants de cet intéressant journal.

A la fin de 1859, Zénaïde publia encore un volume de nouvelles intitulé : *Marquise et pêcheur*, puis *Une famille bretonne*, dédié à Mme de Keréver, et à bon droit, car c'est bien sa chère famille d'adoption que l'auteur a voulu peindre, reproduisant l'heureuse vie et les gais propos de cette aimable jeunesse qui s'épanouissait à ses côtés.

Au mois de juillet 1860, Anna Edianez faisait paraître dans *la Semaine* « La vie en famille », dédié à Mme Alfred Nettement. Vers la fin de cette même année, désirant s'entendre verbalement avec ses éditeurs, elle vint à Paris et y fit un assez long séjour. Elle fut reçue intimement dans les familles Nettement, Lecoffre, Bray et aussi chez M. et Mme Mathieu, dont la fille Eugénie avait épousé le peintre de la cathédrale de Quimper, M. Yan d'Argent. Ce milieu artistique et littéraire plaisait beaucoup à Zénaïde. Mme Mathieu fit d'elle à cette époque un très beau portrait au pastel. Voulant profiter de son séjour à Paris pour suivre les cours de Mme Pape-Carpentier qui l'intéressaient vivement, Zénaïde y puisa d'utiles notions pour parfaire l'instruction de ses jeunes amies de Saint-Brieuc.

La plupart des lettres qu'a bien voulu nous confier Mme Claire Perrigault de Keréver nous ont paru donner de si naïfs et intéressants détails sur ce premier voyage à Paris, que nous les transcrivons *in extenso*.

A MADEMOISELLE CLAIRE DE KERÉVER

« Paris, 22 septembre 1860.

« Je n'ai pas besoin de te dire avec quel plaisir j'ai reçu ta lettre, ma Claire ; seulement elle commençait par « Ma chère Demoiselle ». Hum ! cela est bien poli, et j'aime presque autant Arthémise ! Sauf cela, j'ai été bien heureuse de te lire, ma Clairette, et je ne veux pas remettre à te recommander très sérieusement de ne pas trop manger de pommes, car la saison est fatale pour vous. Songes-y, je ne veux pas, au loin, entendre parler d'indisposition ; or cela finit toujours par là quand on absorbe sans raison ; ne serait-ce qu'à cause de moi, sois prudente et obéissante. A Château-Billy, je t'appellerais « Gargantua » et tout serait dit ; mais ici, je souffrirais d'apprendre que quelqu'un de vous est malade, et je me ferais mille chimères ; avis à toi, ma chère Claire, et laisse-moi croire que tu m'aimes assez pour me sacrifier un petit acte de gourmandise ou plutôt d'enfantillage irréfléchi.

« Je pensais que tu t'étais mise à tes histoires ; je compte bien que tu entreprendras ce travail intéressant le plus tôt possible, et qu'à mon retour, je te trouverai toute raisonnable pour l'étude.

« Vous avez mille fois raison d'écrire vos heureuses vies ; plus tard vous comparerez. De plus, c'est une occupation qui éloigne l'ennui, et les indiscrétions ne sont pas à craindre ; donc, continuez bravement ; cela ne peut que vous être utile à tous les points de vue.

« Haras » s'écrit bien ainsi ; voilà, fillette, à quoi sert de travailler, on n'a pas de ces hésitations.

« Que ce Paris est étourdissant! On y voit autant de tournures ridicules que de costumes extravagants; on n'a pas idée de choses semblables. Il y a des chapeaux à faire éclater de rire, auprès desquels mes coiffures les plus antiques seraient des bijoux. Je dépense un argent fou; enfin ce n'est qu'une fois en passant, et plus tard je reprendrai mon système d'économie.

« J'ai passé la journée de dimanche chez l'éditeur Ambroise Bray; sa fille Marie a quatorze ans, c'est déjà presque une jeune fille, jolie et distinguée. Ne crois pas cependant qu'elle efface ma petite Marie Nettement, si aimante, si gentille et si spirituelle; mais pourquoi les comparer? Elles sont charmantes toutes deux.

« Dimanche donc, M. et Mme Bray m'avaient invitée à aller chez eux dans une propriété qu'ils ont aux environs de Paris; en nous promenant, Marie m'a cueilli de la bruyère; avec quel plaisir j'ai reçu les jolies fleurettes roses qui me rappelaient ma Bretagne! En passant près d'un champ de blé, j'ai entendu chanter un grillon : j'en ai été toute joyeuse et toute triste. Je regardai autour de moi : tout était beau; mais ce petit grillon-là n'était, hélas! qu'un habitant de Clamart; je n'aurais jamais cru qu'un chant de grillon pût tant m'impressionner. J'ai emporté un gros bouquet de bruyères, que j'ai pris de préférence aux belles roses qui m'étaient offertes.

« Ce que tu m'écriras, ma chérie, sera toujours trouvé bien. Dans la correspondance intime, on n'y regarde pas de si près. Je trouve tes lettres intéressantes; nous causons, c'est tout dire. Je voudrais babiller encore; mais au bruit qui se fait, je devine que chacun rentre dans sa chambre et que l'heure du repos est arrivée.

« Au revoir donc, chère Clairette; tiens compte de mes recommandations, et prouve-moi que tu me rends un peu de l'affection que je te porte.

« Zaza. »

A LA MÊME

« Paris, 1ᵉʳ octobre 1869.

« Jamais tu ne m'écriras trop souvent, ma Claire, et je suis très satisfaite de te voir profiter de toutes les occasions pour le faire. Causer avec Zaza ne doit pas être une corvée, mais un plaisir; chaque fois que tu voudras te passer cette fantaisie, songe que je suis toute prête à accueillir avec joie tes épîtres, et qu'elles me font oublier que je suis loin.

« Maintenant que tu t'es confectionné une cage pour mettre tes oiseaux, il faut voyager un peu dans l'histoire de France ou autre. Ici je m'instruis et je vous servirai tout chauds les cours de Mme Pape; pas comme elle les fait néanmoins, car sérieusement, c'est admirable!

« As-tu un peu ri au moins, chère Claire, en voyant les gravures du dernier numéro de *la Semaine* ? Je t'ai entendue d'ici, c'était éclatant!

« Ah! tu as bien voulu montrer ton histoire à tes sœurs : j'aurais dû en avoir les prémices; enfin, ce sera pour plus tard; nous verrons comment tu auras pu sortir de ton commencement, trop superbe selon toi. Alix ne m'envoie plus ses productions, mais il est mieux qu'elle les déclame; je la vois encore, en camisole, les bras étendus et commençant, la langue entre les dents : Bonsoir, chères sœurs, etc.

« Ah! je voudrais bien vous écrire longuement; mais c'est le temps qui me manque; il n'en est pas ainsi de toi, ma fille, et quand tu voudras, prends la plume et va, va toujours, écris-moi dans les champs, partout où tu seras, rien ne m'est indifférent, rien ne m'est ennuyeux. Parle-moi bien longuement, plus longuement que le jour où, restée seule avec toi, je fus obligée, pour te faire ouvrir la bouche, de te raconter : « La marquise de Carabas qui s'en allait au bois ».

« J'apprends la musique et je crois que nous pourrons chantonner ensemble, j'obtiens de très bons résultats; je pense plus à toi qu'à moi, et quand je travaille, c'est dans le but de te faire partager mon modeste savoir. Si tu désirais quelques romances et de ces petites méthodes faciles qui aplanissent les commencements, tu me le diras, et je t'en rapporterai.

« Je comptais t'écrire une page entière de « bêtes », mais mon voyage au Jardin des plantes est ajourné, et les détails de ma visite seront dans ma prochaine lettre. Ne craignez jamais de m'écrire et faites-le bien serré. Je suis sûre que je vais te retrouver toute bonne, toute raisonnable, et studieuse au possible.

« Au revoir, ma petite Claire, je t'embrasse et te charge d'embrasser les autres, à commencer par ton bon père et ta chère mère. Ne m'oublie pas; écris-moi sans crainte de me lasser et donne-moi des nouvelles de Biquette.

« ZAZA. »

A LA MÊME

« Paris, 30 octobre 1860.

« Causons, ma chère Claire, devisons ensemble, si tu le veux bien. Avant d'entamer le discours, je vais te charger de transmettre à ta mère la prière suivante ; je voudrais qu'elle demandât de ma part, à Monsieur l'abbé Prudhomme, de m'envoyer, s'il lui plaît, une notice historique sur Notre-Dame du Folgoat ; je serais enchantée s'il voulait y joindre quelques détails sur l'église, je ne sais où les trouver, et j'ai promis un travail [1].

« Tu ne t'amuses donc pas à Saint-Brieuc, ma pauvre Claire ; heureusement que voici le mauvais temps qui rendra moins vifs tes regrets, car la ville sera vraiment plus agréable que la campagne, ces mois-ci.

« Je voudrais bien savoir pourquoi je rirais, même légèrement, de ton style ; je n'en ai, je t'assure, nulle envie. On écrit à Zaza simplement, affectueusement, franchement, et elle se trouve satisfaite, tu le sais bien.

« Maintenant, que je te raconte mes indignations : on me vole, ma pauvre Claire, on me pille ; compte sur tes doigts : mon couteau, mon parapluie, mon porte-monnaie contenant 15 francs, un mètre de beau cachemire tout neuf. A ce dernier vol, j'ai crié et je me suis plainte à Mme Pape. Elle a fait une

---

[1]. Avec les renseignements obtenus, Zénaïde écrivit la jolie nouvelle du *Fou du Bois* (Folgoat), qui se trouve dans le volume *Ève*, chez Gauthier.

enquête, car d'autres dames avaient réclamé divers objets disparus, et notre femme de service va être congédiée; il y a trois ans qu'elle est dans la maison, et Mme Pape l'a retirée de la misère. Il faut vraiment faire le bien en vue de Dieu, et non pas pour la reconnaissance qui en résulte.

« Notre-Dame d'Espérance est un bon voisinage pour toi, ma chère Claire, et tu dois dire quelques prières en plus de ton courant habituel. Te voilà tout à fait jeune fille maintenant; est-ce dix-sept ou dix-huit ans que tu vas avoir? je ne me souviens jamais. Quand il se présentera quelque moment d'ennui, prends vite une feuille de papier et viens causer avec la meilleure et la plus dévouée de tes amies. Écris-moi tes petites affaires, tes petites contrariétés, j'y prendrai part et arrangerai tout de mon mieux. Prépare-toi, dès mon retour, à apprendre mille choses intéressantes; je suis beaucoup plus savante que je ne croyais, et j'ai surtout découvert par Mme Pape le vrai moyen d'intéresser, pour peu que mon auditoire y mette de la bonne volonté.

« Je vous embrasse tous à la ronde, ma fille Alix et toi, ma chère Claire, en particulier.

P.-S. — « Biquette est une ingrate; mais que veux-tu? ce n'est qu'une bête. »

A LA MÊME

« Paris, 2 janvier 1861.

« Je te remercie de tes souhaits de bonne année, ma chère Claire; de mon côté, je te souhaite tous les biens et une parfaite santé. Je n'ai pas eu beaucoup d'étrennes; M. Lecoffre était à sa maison de campagne, et pensant bien que personne ne songerait à m'envoyer des bonbons, j'ai été gravement acheter, dans une petite boutique, six sous de pralines pour me les offrir à moi-même. Quelle n'a pas été ma surprise, en rentrant chez moi, de trouver sur ma table un sac de fondants superfins avec la carte de M. Lecoffre père. Je les avais mis pour vous de côté, ma Clairette; mais avec ce dégel, ils commencent à fondre. Cela fait déjà un véritable gâchis, et je vais être obligée de les manger en pensant à vous. Aujourd'hui j'ai passé une charmante journée. Nous avons vu la Madeleine, puis la Bourse, c'est-à-dire une foire où l'on gesticule; c'est un spectacle unique, on se croirait dans un temple plein de fous furieux. Nous nous sommes promenées boulevard Sébastopol; si tu habitais là, Clairette, tu t'en donnerais de la fenêtre! cela fait d'abord mal aux yeux, car les voitures se suivent et ne se ressemblent pas, mais on s'y habitue.

« J'ai les pieds qui me cuisent maintenant et je suis horriblement fatiguée. Ces curiosités coûtent cher à mon pauvre corps qui va toujours comme une bête, portant son âme qui veut tout voir et tout regarder.

« Nous avons visité, en passant, Saint-Germain l'Auxerrois et Notre-Dame des Victoires; dans cette dernière église, je me suis un peu arrêtée pour prier, et je ne t'ai point oubliée.

« Je vais te donner une commission; impossible de retrouver mes manuscrits de *La femme laide*, je n'ai que celui que je copie. A l'un de tes voyages à

Château-Billy, regarde donc dans le bas du fruitier où sont mes papiers; et si tu découvres quelque chose, écris-le-moi, car j'ai envie de savoir ce qu'ils sont devenus.

« J'ai à peine la force de t'embrasser avec mes deux bras fatigués, mais je le fais pourtant de tout mon cœur. »

A MADAME DE KERÉVER

« Paris, 15 janvier 1861.

« Je suis ruinée, ma chère amie; robe, gants, chapeau, parapluie, voitures, mon argent passe à tout cela avec une rapidité qui me fait frémir. Je vous suis bien reconnaissante de m'avoir écrit malgré votre fatigue, et je vous embrasse de cœur deux fois pour cela. Allez! j'ai hâte de retrouver ma petite chambre et la grande salle où nous serons réunis. Je serai tout à fait la Zaza du temps passé, un peu mieux mise, mais, autrement, bien pareille. Vous m'aimez comme cela et les vôtres aussi; cela me suffit. Je pense beaucoup à ma fille Alix ces jours-ci. Je ne veux pas qu'elle soit triste, et j'espère la faire étudier sans trop d'ennui. Vous conserverez soigneusement le livre que je lui envoie; qu'elle le lise un peu tous les jours. S'instruire, c'est se développer moralement, c'est faire usage, dans la mesure possible, de l'intelligence que Dieu nous a donnée.

« Je crois sans peine au chagrin que votre départ a causé à vos fermiers; c'est de l'attachement; à Paris, ce sentiment est inconnu de bas en haut. Je suis enchantée que le bal vous ait amusées; j'ai su que la fête était charmante et que vos filles avaient eu beaucoup de succès. J'en ai été heureuse dans mon coin, et cette idée a servi à me faire passer le temps.

« Je suis aussi de votre avis ; s'il ne faut pas toujours regarder la vie par son côté sérieux, mais prendre ce qui est sagement agréable, il ne faut pas non plus que nos enfants se laissent griser par les plaisirs mondains : le bonheur n'est pas là-dessous.

« Dites à Fernand que j'ai entendu prêcher l'évêque de la Rochelle ; j'ai eu cette bonne fortune dans la chapelle des Pères lazaristes, qui, destinés aux missions, ont plus ou moins le martyre en perspective. Saint Vincent de Paul en est le fondateur, et sa châsse, entourée de lumières, dominait l'autel. C'était religieux, édifiant et très beau. Partout des sœurs de la Charité et des missionnaires ; dans le chœur, un cardinal ; et l'évêque a dit en s'inclinant, selon l'usage : « Éminence, Messeigneurs, mes Frères » ; je n'en avais jamais tant entendu. Il parle admirablement. Jeune et plein d'énergie, il a vraiment un grand talent. Ce sermon sur « la confiance en Dieu quand même » me restera dans la mémoire ; les allusions aux affaires du jour y fourmillaient, et il n'a pas craint de lancer plus d'un trait hardi.

« Je vous assure que j'ai beaucoup prié ce jour-là pour vous et votre chère famille ; du reste, je n'entre pas dans une église de ce Paris, où il y en a tant, sans demander à Dieu votre bonheur à tous.

« J'embrasse ma grande Alix, ma Claire, ma Louisette et vous-même, ma chère amie, bien tendrement. »

A LA MÊME

« Paris, 2 février 1861.

« Je vais m'empresser de faire les dernières commissions que vous me donnez, et j'y mettrai toute l'attention possible. M. Lecoffre a voulu me faire faire un très beau voyage : visiter Lyon et Marseille ; mais j'ai dû refuser, à mon grand regret. Il est parti seul et ne reviendra que la semaine prochaine ; me retrouvera-t-il ? S'il tarde plus qu'il ne l'a dit, non ; car maintenant que j'ai obtenu mon diplôme pour l'inspection des salles d'asile, je n'ai plus de raison pour éterniser mon séjour chez Mme Pape. Le but que je poursuivais, en suivant ses cours, est désormais atteint ; et je vous assure que je suis vraiment heureuse d'avoir ce parchemin qui me permettra de faire face à la mauvaise fortune, si mes productions littéraires ne me donnaient pas ce que l'on me fait espérer. Pour le moment, je suis enchantée ; j'ai traité à ma pleine satisfaction avec mes éditeurs ; rien ne me retient plus loin de ma Bretagne.

« J'ai vu des choses superbes et passé trois belles soirées. Les Italiens sont un lieu de délices pour les oreilles et les yeux ; la Patti chante comme un vrai rossignol, c'est une charmante Linda qui a une voix d'oiseau ; ni effort, ni science ; ces notes perlées sortent de son gosier toutes seules. Mme Lablache a une autre voix, beaucoup moins naturelle, mais plus émouvante. Maître Guérin, aux Français, m'a causé un plaisir d'un autre genre ; là, les acteurs jouent dans la perfection. Got remplit le rôle d'un vieux notaire; on ne saurait être plus vrai. Et les actrices, Mmes Arnould Plessy et Favart : quel jeu, quelles voix, quelle distinction ! c'est la soirée qui m'a de beaucoup le plus intéressée.

« Je dois aller dimanche au concert Pasdeloup dont on dit des merveilles. Mme Lecoffre, qui est bien la meilleure femme que je connaisse, est un peu indisposée en ce moment; mais je pense que cela n'aura pas de suites sérieuses.

« Je vous envoie trois épreuves de mon portrait; ceci est mon testament photographique. Donnez-moi votre avis et l'avis général, et renvoyez-les-moi.

« A bientôt, ma chère amie, je vous embrasse en vous assurant de ma sincère affection. »

Zénaïde Fleuriot, après ces quelques mois passés à Paris, rentra donc à Saint-Brieuc, dans l'excellente famille de Keréver, où « les cœurs et les bras lui étaient toujours ouverts, et où elle retrouvait sa chambre avec l'affection de ses meilleurs amis », ainsi que nous l'a dit si bien Mme Claire Perrigault. Encouragée par ses succès, elle se livra à un travail acharné pendant l'année 1861. *Réséda* avait suivi *La vie en famille*, dans *la Semaine*, et y rencontrait, comme son aîné, l'accueil le plus flatteur de la part du public. L'auteur publiait en même temps *Sans beauté* (femme laide), « où les traits de la vie réelle, prise sur le fait, abondent, mais avec leur raison d'être; c'est le cœur qui les a tracés et, à leur tour, ils font vibrer les fibres du cœur ». (H. Violeau.)

« Ce livre, dit ailleurs M. Henri Jouin [1], est moins un roman qu'une savante analyse des douleurs et des mécomptes que peut rencontrer, dans la vie, une jeune fille à qui la nature a refusé sa part de beauté.

« M. Émile Augier, dans ses meilleurs jours, a choisi le même thème que Mlle Fleuriot ; et ce qu'elle a renfermé dans un livre, lui l'a transporté sur la scène.

« Mais, bien que *Philiberthe, ou La laide* soit une des plus charmantes conceptions du poète, je lui préfère encore *Sans beauté*. La première de ces deux œuvres est écrite avec l'esprit ; c'est le cœur qui domine dans la seconde. »

Ce fut encore en 1861 que parut *Ève*, recueil de six intéressantes nouvelles, dont nous citerons la préface, parce qu'elle montre combien, dès le début de sa carrière, notre jeune auteur était pénétrée de la grandeur de sa mission.

« Saint-Brieuc, 15 août 1861.

« En ce monde, les choses infiniment petites elles-mêmes ont leur utilité, et dans cette phalange d'écrivains qui se consacrent à la défense de l'Autel et du Foyer, c'est-à-dire de ce qu'il y a de plus saint et de plus sacré, chacun combat dans la mesure de ses forces, et avec l'arme qui lui convient. Le but est le même, l'intention est une, les moyens sont multiples.

« L'ouvrage le plus futile en apparence, s'il se rat-

---

[1]. Critique distingué, aujourd'hui secrétaire de l'École des beaux-arts.

tache aux principes sauveurs, et s'il en est la glorification, acquiert par là même une valeur morale qui lui sert de raison d'être.

« Si d'ailleurs je vous en crois, jeunes filles qui prodiguez à votre conteuse inconnue les témoignages d'une estime et d'une amitié dont elle vous est sincèrement reconnaissante, je dois continuer à marcher dans la voie que je me suis tracée, car vous avez votre part de cette soif de lecture qui dévore notre époque.

« Soyez tranquilles ! La coupe que les intelligences honnêtes remplissent pour vous, et qui contient un breuvage sain, souvent même salutaire, ne s'épuisera pas, s'il plaît à Dieu ; et c'est dans celle-là que je viens aujourd'hui verser une nouvelle goutte d'eau. »

Si Zénaïde Fleuriot s'était fait le champion de la bonne cause, Dieu, comme elle le dit plus tard, la soulevait dans ses mains et bénissait son œuvre. Bien qu'elle vécut toujours là-bas obscurément, dans sa ville de province, ses livres, édités à Paris, obtenaient un véritable succès. Une lettre de M. Bray nous montre la place, chaque jour plus grande, que se faisaient ses ouvrages dans l'estime du public.

« Paris, 21 août 1861.

« Mademoiselle,

« J'ai l'honneur de vous informer qu'il ne nous reste plus qu'environ 200 exemplaires de *La vie en famille*, et que, par conséquent, il faut songer à réimprimer ce livre. Veuillez donc, je vous prie, m'envoyer un exemplaire avec les corrections et modifications que vous jugerez à propos de faire pour cette seconde édition. Vous pourriez, il me semble, demander dès maintenant à M. Nettement l'introduction qu'il vous a promise, et mettre la dernière main à votre volume, que nous imprimerions aussitôt après cette revision.

« *Réséda* va très bien aussi ; j'aime à croire que nous aurons à le rééditer dans le courant de l'année prochaine.

« J'ai l'honneur d'être avec respect, etc. »

Voici, en abrégé, les intéressantes pages de M. Alfred Nettement que réclamait l'éditeur de *La vie en famille*.

« Il y a un peu moins de trois ans, je reçus un petit volume portant pour titre *Souvenirs d'une douairière*. A cet envoi, qui me venait de Saint-Brieuc, était jointe une lettre signée d'un nom nouveau pour moi, et je le crois, encore inconnu à Paris, celui de Mlle Zénaïde Fleuriot, qui avait choisi le pseudonyme d'Anna Edianez. Dans ma carrière de critique, qui commence à devenir longue, j'ai souvent reçu des envois de ce genre ; et pourquoi ne l'avouerai-je pas ? ils ne m'ont pas toujours ménagé des surprises agréables. Je lus la lettre, dont le style avait quelque chose de franc, de ferme et d'ouvert qui me plut ; rien qui sentît la vanité d'auteur, aucune trace de cette fausse modestie plus intolérable encore que la vanité, mais l'honnête confiance d'une nature jeune, forte, loyale, qui demande un conseil et un jugement, sans soupçonner qu'on puisse lui refuser l'un ou l'autre.

« La lettre me fit ouvrir le livre, malgré ce qu'il

y avait de peu engageant dans sa toilette typographique. Je lus d'abord avec distraction et comme par acquit de conscience, puis, à mesure que les pages tournaient sous ma main, mon attention se fixa ; et, l'intérêt croissant de moment en moment, je lus tout d'un trait la première histoire, puis la seconde ; et j'arrivai à la fin du volume, sans avoir eu la pensée d'interrompre ma lecture. En la terminant, je me dis qu'il y avait là l'espoir d'un nouveau et vrai talent. Toutes les qualités que devait développer plus tard Mlle Zénaïde Fleuriot, rayonnaient dans ce premier ouvrage : ce don d'observation si rare, cet art de saisir et de peindre les scènes d'intérieur, le discernement et la reproduction fidèle des caractères, l'intelligence élevée des beautés du paysage, sans cette vaine recherche, qui, chez beaucoup d'écrivains de nos jours, dégénère en afféterie ; enfin la notion de la vie réelle avec un sentiment suffisant de l'idéal. Ce qui me frappa par-dessus tout, dans cet auteur qui se révélait d'une manière imprévue, c'est, qu'on me pardonne cette expression, l'air de santé qui circulait dans toutes les pages de ses compositions, faisant contraste avec la « mal'aria » intellectuelle dont la littérature contemporaine est affligée.

« Derrière ce jeune talent, on sentait la présence d'une âme paisible et forte, soutenue et réglée par la foi catholique, cette grande École de respect, comme l'a appelée M. Guizot.

« Je ne pensais pas le moins du monde à m'étonner que l'auteur, à qui j'augurais un bel avenir, se fût révélée loin de Paris, au fond d'une province.

Dieu, qui sème souvent dans les sentiers solitaires ces belles fleurs qui réjouissent les regards des promeneurs errants, au milieu des paysages alpestres, fait naître les talents où il veut, dans la solitude, comme au sein des grandes villes. Et puis, si le talent brille surtout à Paris, parce que c'est là que le rayonnement du succès est le plus grand, et l'écho de la renommée plus sonore, il se forme plus souvent dans la solitude, où le temps ne manque ni à la méditation ni à la réflexion, où les esprits heureusement doués conservent mieux leur personnalité intellectuelle et leur originalité native. Je me rappelais qu'aux jours de ma jeunesse, Mme George Sand, qui a puisé aux sources troublées de la passion et de la colère des inspirations malfaisantes au point de vue moral, mais remarquables au point de vue littéraire, nous était venue des plaines du Berry.

« Pourquoi Mlle Fleuriot, dont le talent s'est désaltéré aux sources limpides et pures de la religion, de la morale et de l'art spiritualiste et chrétien, ne nous viendrait-elle pas des côtes de la Bretagne, ce pays de penseurs et de poètes auquel nous devons déjà Brizeux, Alcide de Beauchesne, Turquety, la Villemarqué et Hippolyte Violeau?

« Telles furent mes impressions en lisant le premier ouvrage de Mlle Fleuriot. Les compositions qu'elle a publiées depuis n'ont fait que les confirmer.

« *Marquise et pêcheur*, *Ève*, portent l'empreinte du même talent observateur, sérieux, sobre, honnête, vigoureux, sensible sans être sentimental, étranger aux mièvreries qui trop souvent emprisonnent les plumes féminines dans des détails infinis qui font ressembler les tableaux qu'elles tracent à des miniatures. Sa plume marche vaillamment à son but, sans s'attarder sur la route pour peindre avec une curieuse sollicitude les moindres contours des objets qu'elle rencontre ; son trait est large et ferme, sa couleur ne se perd pas dans les nuances.

« Je voudrais ici caractériser en quelques mots sa poétique instinctive ou raisonnée, car souvent les écrivains, surtout au début de leur carrière, ne se rendent pas un compte exact des principes qui dominent leur talent et leur servent pour ainsi dire de boussole. Je demande pardon à Mlle Fleuriot d'être obligé d'esquisser ici en quelques mots sa biographie morale et intellectuelle. Ce n'est pas une indiscrétion que je commets, car je ne dirai rien que je n'aie deviné en lisant ses livres. Le lecteur, qui aime à connaître ceux qui lui procurent les plus pures des jouissances, les jouissances intellectuelles, me saura gré d'avoir levé un coin du voile qui lui cache l'auteur des *Souvenirs d'une douairière*, d'*Ève* et de *La vie en famille*.

« Partout et toujours, Mlle Fleuriot regarde la vie réelle du haut de l'idéal chrétien. C'est là un des attraits les plus puissants de son talent, à la fois sincère et élevé. Elle ne surfait ni la société, ni les personnages qu'elle met en scène, ni la vie humaine, qu'elle peint telle qu'elle est; il n'y a chez elle ni Clarisse ni Grandisson, mais elle éclaire tout d'un rayon venu d'en haut.

« Je n'ai pas besoin d'avoir son acte de naissance pour la tenir pour Bretonne. Je sens s'élever dans ses pages, avec de fraîches inspirations, cet air salubre que j'ai souvent respiré sur les côtes du Morbihan, quand la brise de mer, chargée de sel, me soufflait sur le visage. Puis çà et là on voit apparaître dans ses ouvrages ces espèces de médailles vivantes que l'on trouve dans la Bretagne, plus que partout ailleurs, demeurants d'un autre âge, ruines si l'on veut, mais vénérables ruines, débris d'une société tombée, qui excitent peut-être, au premier abord, le sourire des jeunes gens par l'étrangeté de leur extérieur et de leurs habitudes, par le défaut d'harmonie qui existe entre eux et la société nouvelle, mais qui, en définitive, imposent le respect aux autres par leur respect pour eux-mêmes, par leur stoïcisme chrétien au milieu d'une honorable pauvreté, par leur culte inflexible pour l'honneur, ce gardien de notre vieille société française.

« Bretonne et chrétienne, elle a donc étudié l'humanité comme la nature, dans sa province natale. Elle a vécu dans cette atmosphère de foi, d'honneur et de probité antiques, et l'on retrouve dans ses compositions comme un reflet de ces vertus morales qu'elle a eues sous les yeux depuis son enfance. Elle est dans ces belles et vertes années de la jeunesse où l'imagination, dans toute sa sève, est réglée sans être amoindrie par le jugement, cette faculté maîtresse qui, à la fin de notre vie, domine toutes nos facultés. Il y a, en effet, telles pages de ses compositions qui n'ont pu être écrites que sur ces études de caractères qui se font de niveau, de cœur à cœur, d'esprit à esprit. Ajoutez à cela que ses personnages de prédilection sont des jeunes filles et des enfants. A la manière naturelle dont elle met en scène les héros qu'elle emprunte à ces deux premiers âges de la vie, on sent qu'elle a vécu au milieu d'eux, qu'elle a étudié de près les mobiles qui les font agir, leurs sentiments, leurs qualités, leurs défauts, les nuances délicates et fugitives de ces caractères qui s'agitent avant de se fixer.

« Comme il y a dans son talent un sentiment vif et pur du paysage, en même temps qu'une notion vraie du cœur humain dans ses nombreuses variétés morales, j'incline à penser qu'elle a tour à tour vécu à la campagne et à la ville, dans la solitude et dans la société. Elle sent, en effet, trop vivement les beautés de la nature pour n'avoir pas vécu dans la solitude quelquefois; et elle a trop bien lu dans le cœur humain, et elle a peint avec trop de fidélité les travers des salons de province, pour ne pas avoir habité quelquefois les villes.

« Je n'entends pas dire qu'elle ait photographié des figures à mesure qu'elles passaient devant elle. Non, ce n'est pas ainsi que procède le talent. Il ne calque pas, il peint; il ne copie pas, il compose, et dans ses compositions il introduit les figures qui l'ont frappé, les caractères qu'il a étudiés; il les transfigure, il les modifie, il les emploie, il les fait mouvoir suivant les besoins de son sujet. L'observation et l'imagination, se tenant sur le seuil de ce sanctuaire intellectuel où se font les livres, fournissent chacune leurs éléments à l'esprit en travail; et un rayon de l'idéal venant à la fois réchauffer cette matière première empruntée à la vie réelle, le drame jaillit comme Minerve sortant tout armée du cerveau de Jupiter.

« Le talent, j'ai dit le grand mot, le talent avec lequel on peut tout, le talent sans lequel on ne peut rien, a été donné à Mlle Fleuriot; et toutes les circonstances accessoires que j'ai énumérées venant en aide à son talent, elle a produit déjà, elle produira encore des œuvres remarquables.

« Si, parmi ces œuvres, il fallait indiquer celle qui a ma préférence, je nommerais sans hésiter *La vie en famille*. Plusieurs fois, en lisant ce charmant ouvrage, je me suis rappelé les tableaux d'intérieur que Mlle Frédérica Bremer, un des plus renommés écrivains de la Suède contemporaine, a introduits dans le meilleur de ses romans, *Les voisins*. Il y a moins de fantaisie, moins de rêverie et moins d'étrangeté dans le talent de Mlle Fleuriot que dans celui de l'illustre Suédoise : je ne dis pas moins de puissance dramatique, parce que Mlle Frédérica Bremer, qui a jeté, au milieu d'une étude de mœurs et de caractères, le sombre épisode de la vie de Bruno, ce héros byronien, est arrivée à la fin de sa carrière littéraire, et que Mlle Fleuriot est au début de la sienne; mais quant à la vérité des tableaux de mœurs, au talent d'observation, à l'art déployé dans la peinture des caractères, au naturel, à l'élévation du sentiment moral, l'écrivain français n'est nullement au-dessous de l'écrivain suédois.

« Alfred Nettement. »

On ne saurait mieux juger, mieux prévoir, ni mieux dire....

CHAPITRE V

Séjour à Paris.
Nouvelles publications. — Mort héroïque de son frère Jean-Marie-Rose, en Algérie. (1862 à 1867.)

Au commencement de l'année 1862, Zénaïde Fleuriot avait conquis, grâce à ses travaux littéraires, une indépendance matérielle relative. La lettre suivante écrite à sa sœur Marie nous montre quel noble emploi elle avait fait du premier argent, fruit de son travail.

A SA SŒUR

« Saint-Brieuc, 15 février 1862.

« Ma chère Marie,

« Enfin je puis t'écrire quelques mots; j'ai cependant là un monceau de lettres, mais je tiens à te remercier du tout petit billet où tu me parles du bonheur que tu as eu à me voir acquitter une partie des dettes contractées par notre pauvre et bien-aimé père. Je suis heureuse de te causer cette joie, et s'il plaît à Dieu, je pourrai, avant très longtemps, solder ce qui reste encore dû; mes mesures sont prises pour cela. Nous aurons fait de l'inattendu, car, certes, personne n'aurait prédit notre situation actuelle; mais la confiance mène plus loin que les découragements.

« Malheureusement on est égoïste sans le savoir, on veut jouir, faire ce qui passe par l'esprit au lieu d'attendre paisiblement, et en travaillant, l'heure de la Providence.

« Pauvre père! que n'a-t-il pu vivre assez pour voir ce jour! J'eusse été si heureuse de l'aider à porter le poids de la lutte pour la vie. Enfin, que la volonté de Dieu soit faite!

« J'ai pu envoyer aussi une petite somme à notre si cher Jean-Marie, qui paraît toujours se plaire à son rude métier de soldat, là-bas en Algérie.

« Je travaille beaucoup en ce moment; je voudrais tant arriver à la hauteur de la mission que je me suis donnée : répandre, à l'aide de mes humbles livres, de belles et grandes vérités que tant de gens ignorent toute leur vie, et dont la connaissance, unie à la bonne volonté, empêcherait tant de souffrances inutiles.

« Quel prix à la vie quand on comprend l'influence cachée que chacun de nous peut exercer dans sa sphère!

« Adieu, ma bonne sœur, je te quitte à regret, mais écrire longuement ne m'est guère possible maintenant. Quand on a sa plume du matin au soir entre les doigts, elle finit par peser. »

Zénaïde Fleuriot, en effet, travaillait sans repos ni trêve à cette époque. Outre les ouvrages qu'elle donnaît à *la Semaine des familles* et à ses éditeurs, elle collaborait à un grand nombre de revues. Mme Bourdon, directrice du *Journal des demoiselles*, qui avait su apprécier son talent, lui avait offert de participer à sa rédaction, ce qu'elle avait accepté. Elle écrivait aussi dans *la Mode illustrée*, dirigée par Mme Emmeline Raymond.

Tout marchait donc au gré de ses désirs, quand un nouveau deuil vint jeter un voile de tristesse sur son bonheur présent et ses espérances futures.

Son frère aîné, François, reçut la nouvelle de la mort de Jean-Marie-Rose Fleuriot, tué glorieusement en Algérie le 14 juin 1862.

Voici la lettre de son capitaine :

« Aïn-Ghettar, le 20 juin 1862.

« Monsieur,

« J'ai la douleur d'avoir à vous annoncer la mort de votre pauvre frère Jean-Marie-Rose Fleuriot, maréchal des logis à l'escadron que je commande.

« Sa mort a été celle d'un soldat ; il s'est fait tuer comme un héros, en attaquant à pied, le sabre à la main, l'ennemi qui s'était réfugié dans des rochers inaccessibles, sauvant ainsi par son dévouement l'arrière-garde qui s'était engagée dans le ravin.

« Ce triste événement a eu lieu dans la journée du 14 juin, pendant un combat que j'ai livré à des tribus tunisiennes de la frontière. En le voyant tomber, le spahi Ali ben Hadj se précipita sur lui et le sortit vivant, sous une grêle de balles, du ravin où il combattait ; notre pauvre camarade était atteint d'une balle au bas-ventre, et je compris de suite qu'il était perdu; je ne pensai plus qu'à adoucir ses derniers moments. Il a vécu deux heures, et a conservé toute sa connaissance jusqu'à la fin; il a parlé de sa mère, de ses sœurs, de vous; il a serré la main de ses camarades, qui l'entouraient muets et désolés; puis il s'est éteint presque sans souffrance.

« Nous avons eu beaucoup de peine à ramener son corps, serrés de près, comme nous l'étions, par l'ennemi, mais tous se seraient fait tuer, jusqu'au dernier, plutôt que de l'abandonner; un autre spahi, Sakhdar ben Mohamed, cavalier incomparable autant que brave, a chargé le corps de votre pauvre frère en travers de sa selle, et le fusil en main, il a parcouru au galop quatre lieues de pays ennemi, poursuivi à outrance et faisant feu sur ceux qui le serraient de trop près. Voyant son cheval épuisé, il a caché le corps de notre camarade dans la broussaille; et à la nuit, il est revenu le chercher, monté sur une jument qu'il avait prise en chemin.

« J'ai donc la douloureuse satisfaction de vous annoncer que votre pauvre frère repose en terre sainte, dans le cimetière de Souk-Aras, après y avoir été conduit par le clergé, et avoir reçu les honneurs funèbres qui lui étaient dus. J'ai dit quelques mots sur sa tombe; c'était la traduction fidèle de ce que je pensais de lui, bonne et honnête nature, pleine de sentiments élevés, qui, malgré la fougue de la jeunesse, ne s'était jamais écarté du chemin de l'honneur. Regrettez-le, il le mérite, mais soyez fiers de lui; il est mort en héros.

« Permettez-moi, monsieur, malgré les tristes circonstances dans lesquelles vous lirez cette lettre, de vous parler, en deux mots, de quelques affaires d'intérêt concernant sa succession.

« Nous avons fait l'inventaire de ce qu'il avait ; le pauvre garçon était fier, mais sans fortune, et le tout de son petit avoir se bornait à bien peu de chose. J'ai mis de côté ses papiers, dont beaucoup sont de son écriture, ses lettres, et un vêtement complet d'ordonnance ; il a, à Souk-Aras, un compatriote, son camarade de collège, qui se charge de vous faire parvenir le tout. J'ai cru pouvoir prendre sur moi de donner sa selle à Sakhdar ben Mohamed, le spahi indigène qui a rapporté son corps au péril de sa vie, et qui, vivement poursuivi, a couru les plus grands dangers ; j'ai distribué à ses camarades, à titre de souvenirs, quelques effets militaires, et tout a été terminé.

« Maintenant, il lui revient une somme d'environ 600 francs, dont je suis dépositaire. Il laisse quelques petites dettes sans importance que vous serez bien aise sans doute de voir acquittées ; c'est une mission dont je me chargerai volontiers, de façon que personne n'ait le droit d'élever la voix contre sa mémoire.

« Spontanément, et d'un commun élan, tout l'escadron m'a demandé à souscrire pour lui élever un monument modeste et durable destiné à rappeler ce triste, mais glorieux fait d'armes. C'est une pensée qui vous prouve combien il était aimé de tous ; je m'y suis associé avec le plus grand empressement, mais, en Afrique plus que partout ailleurs, ces sortes de travaux sont très dispendieux, et sans rien faire de luxueux, si nous tenons à avoir quelque chose de convenable, ce sera une charge un peu lourde pour ses camarades.

« Si vous voulez bien m'autoriser à disposer d'une partie de la somme que j'ai en mains pour parfaire le chiffre de la dépense, les difficultés se trouveront levées tout naturellement.

« Dans tous les cas, monsieur, je resterai dépositaire de la succession jusqu'à ce que vous m'ayez fait connaître vos intentions. Si vous agréez ce que je vous propose, je vous prierai de m'envoyer une procuration en règle, et je vous rendrai compte de ce que j'aurai fait : dans le cas contraire, je déposerai le tout, conformément à la loi, à la Caisse des dépôts et consignations.

« Recevez de nouveau, monsieur, l'expression de mes regrets bien sincères et l'assurance de ma considération la plus distinguée.

G. OUDAN

(MARIE-GASTON, pour la procuration).

Aussitôt que Zénaïde Fleuriot apprit la mort de son cher Jean-Marie, elle écrivit à sa mère la lettre suivante :

« Saint-Brieuc, 1ᵉʳ juillet 1863.

« Ma chère maman,

« La lettre de Marie est venue m'apporter un grand chagrin, et je prends une vive part à celui que vous avez dû ressentir. Ce qui peut vous consoler, c'est la fin héroïque de ce cher garçon ; il ne pouvait mieux mourir.

« Il nous reste à prier pour lui, pour lui mort au service de son pays : Dieu est miséricordieux, et je suis pleine d'espérance ; mais, ma chère maman, nous n'en avons pas moins la douleur de l'avoir perdu sans l'avoir revu.

« Que François réponde sans retard au capitaine Oudan, qu'il abandonne ce qu'il faudra pour payer ses dettes et élever le monument dont il est parlé. Mais qu'on nous renvoie ce qui restera de lui, qu'on l'adresse à Saint-Brieuc ou à Lannion ; qu'au moins nous ayons ces souvenirs.

« J'irai vous voir sans tarder, et vous ferai ainsi ma visite plus tôt que je n'en avais l'intention.

« Je suis vraiment accablée et ne puis vous en dire davantage. Je n'ai pas non plus le courage d'écrire à Marie ; quand nous serons ensemble, nous parlerons longuement de ce bien-aimé frère mort si glorieusement. »

A la lettre de François Fleuriot, écrite selon les instructions de sa sœur Zénaïde, le capitaine Oudan fit la réponse suivante :

« Aïn-Ghettar, 20 juillet 1862.

« Monsieur,

« J'ai rempli toutes vos instructions concernant votre pauvre frère. Tout compte fait, il lui reste de sa masse une somme de 300 francs, qui a été versée à la Caisse des dépôts et consignations.

« Comme vous me l'avez recommandé, j'ai soldé les dettes, d'ailleurs sans importance réelle, qui m'ont été réclamées ; 200 francs ont suffi pour cela.

« Il a été dépensé pour ses funérailles une somme de 77 fr. 80 que j'ai prise sur un total de 140 francs que je lui avais attribué pour ses parts de prises, dans la journée où il a succombé. Il me reste donc une somme de 62 fr. 20 qui seront à valoir sur la dépense de 400 francs, montant de l'estimation d'un modeste monument destiné à rappeler sa mort glorieuse, et que nous lui ferons élever dans le cimetière de Souk-Aras. Je pense pouvoir couvrir le reste avec le montant d'une souscription faite dans l'escadron ; dans le cas où je n'y arriverais pas, je vous le ferai savoir afin que vous puissiez faire ce que vous jugerez convenable.

« J'ai remercié de votre part les deux spahis Ali ben Adj et Sakhdar ben Mohamed pour leur dévouement envers votre brave frère. Ils ont compris, et y ont été sensibles.

« Veuillez agréer, monsieur, l'assurance de ma considération distinguée.

« G. OUDAN,
« Capitaine au 3ᵉ spahis. »

C'est donc dans le petit cimetière de Souk-Aras, l'ancienne Tagaste, patrie de sainte Monique et de saint Augustin, sur la route de Carthage à Hippone, non loin du champ de bataille de Zama, que repose ce frère tant aimé de Zénaïde Fleuriot.

Sur le monument élevé par son escadron, se lit cette inscription touchante en sa simplicité :

Ce 14 Juin 1862

FLEURIOT

MORT AU CHAMP D'HONNEUR

Maréchal des Logis au 5ᵉ Escadron du 3ᵉ Spahis.

Les journaux des Côtes-du-Nord racontèrent le fait avec enthousiame, et, notamment, *la foi bretonne* que nous avons sous les yeux.

Plus de vingt ans après, *l'Argus de la presse* nous envoyait un article publié dans un journal militaire, *le Troupier*, relatant avec admiration le trait de sublime dévouement accompli par Jean-Marie Fleuriot; suivait cette réflexion : « C'était l'héroïque maréchal des logis Fleuriot, le frère de cette femme de lettres qui a écrit de si nombreux ouvrages pour la jeunesse. »

Après avoir longtemps pleuré ce frère qu'elle aimait si tendrement, Zénaïde finit par triompher de sa peine et se remit courageusement au travail.

Au mois de décembre 1862, elle publia, dans *la Semaine des familles*, « Un cœur de mère », qu'elle dédia, par une délicatesse affectueuse, à Mlle Marie Fleuriot, la sœur dévouée dont la maternelle affection ne s'était jamais démentie.

Puis vinrent *Babils d'hiver* et *Causeries d'été* signés du pseudonyme Camille du Royou, réunis en un volume sous le titre de *Au hasard.* M. Alfred Nettement, dans sa chronique de la semaine, en annonce l'apparition en ces termes :

« C'est toujours une bonne nouvelle que celle d'un livre de Mlle Fleuriot. *Au hasard, Causeries et Nouvelles* recevra donc un aussi bon accueil que ses aînés. Comme il y a de malheureux hasards, il y en a aussi de fortunés; celui dont nous parlons est du nombre de ces derniers. On retrouve dans les *Babils d'hiver* et les *Causeries d'été*, qui forment le fond de ce volume, le talent et les qualités précieuses qui ont fait le succès des œuvres précédentes de l'auteur : la notion claire et juste du réel, avec le sentiment relevé et poétique de l'idéal, cet esprit d'observation sans lequel il est impossible de peindre les mœurs et les caractères, et une étude sérieuse de la vie humaine au point de vue des grands principes qui dominent la belle et noble intelligence de l'auteur. Non seulement Mlle Fleuriot a beaucoup d'esprit, mais beaucoup de bon esprit, et elle fait servir à la cause du bien le talent que Dieu lui a donné. »

Au hasard commence par ces lignes de l'auteur :

« C'est bien au hasard que se promène ma plume cette fois, mes lectrices. Je lui ai mis la bride sur le cou, elle va de ci de là, mêlant la fable à la vérité, le récit vrai au récit imaginé, la causerie à l'anecdote.

« L'été, je vous conduis aux eaux; l'hiver, je vous dresse un inventaire, ce que je n'aurais pas osé faire si j'avais lu le *Voyage autour de ma chambre* du comte de Maistre, un chef-d'œuvre, dit-on.

« En écrivant ces *Causeries*, je me suis rappelé ce vers fameux :

L'ennui naquit un jour de l'uniformité.

« Et j'offre aujourd'hui, au public sympathique qui me connaît, un ouvrage dont la fantaisie est certainement la marraine, et auquel on voudrait donner le succès comme parrain. »

En 1863-1864 *la Semaine* publia une œuvre où s'affirmait de plus en plus le talent d'écrivain d'Anna Edianez et qui eut un immense succès. Il avait pour titre : *Les Prévalonnais*[1].

« *Les Prévalonnais*, scènes de province, dit M. Jouin, est une étude de mœurs d'une grande beauté. Au milieu d'incidents coordonnés avec art, tous les types sont mis en lumière. Il y a surtout un héros principal, une figure d'avare que Molière eût voulu connaître. Je ne crois pas écrire une phrase banale en disant que la plus grande partie des détails qui servent à faire ressortir ce personnage, d'une réalité vivante, ne se retrouveraient ni dans Plaute ni dans Molière, et que ces deux poètes se seraient certainement applaudis de les avoir inventés. »

L'année suivante parurent dans *la Semaine* : « Les deux Clercs » (Mon Sillon), « Souvenirs d'un vieux campagnard », et une saynète : « Ce que femme veut, Dieu le veut ». Les *Souvenirs de jeunesse d'un vieux campagnard* ont été reproduits par la librairie Hachette,

---

1. Hachette, éditeur.

à la suite de *Papillonne*, le dernier ouvrage écrit par Zénaïde Fleuriot, qui ne fut publié qu'après sa mort.

En 1865-66 parut *La clef d'or*, ouvrage intéressant entre tous, puis successivement *Sans nom* et *L'oncle Trésor* suivi de *Nos ennemis intimes*.

Reprenons ici la correspondance de Zénaïde Fleuriot, qui, au milieu de son incessant travail, ne saurait oublier la famille, objet de son inaltérable dévouement.

A SA SŒUR

« Saint-Brieuc, 15 juillet 1865.

« Ma chère Marie,

« Je ne pourrai pas aller à Plouaret avant la fin de ce mois, comme j'en avais l'intention. Je dois écrire pour *La semaine des familles* le récit de la cérémonie du couronnement de Notre-Dame d'Espérance, et comme elle n'a lieu que le 30 juillet, il me faut rester à Saint-Brieuc jusqu'à cette époque. Mais parlons de maman, car c'est surtout à cause d'elle que je t'écris; tu me dis que son indisposition est tout à fait passée, mais je suis encore inquiète. Si elle a besoin de quelque chose, vins, liqueurs, fortifiants, écris-le-moi, je te l'enverrai aussitôt. Pour elle, ne *ménage rien*, je payerai tout ce qui peut lui faire du bien et accélérer sa convalescence. Si l'ordre et l'économie sont mes lois, je m'en départirai pour procurer à maman tout ce qu'elle peut désirer, ou qui peut lui être salutaire. Et Francis, que devient-il? Il est à l'âge où tout se développe; l'enfant devient plus mouvant, il a presque envie d'essayer ses ailes. A ce moment, la fermeté et la douceur doivent marcher de compagnie; et c'est difficile, très difficile. J'ai frémi comme toi, en apprenant les malheurs de Mme X. Voilà une pauvre femme qui s'est laissé ruiner par son propre fils; non seulement il a mangé la fortune de sa mère, mais aussi celle de ses frères et sœurs; j'ai voulu remonter à la cause de tout ce désastre. La malheureuse mère a très mal élevé ses enfants, elle ne leur a inculqué aucun principe, elle n'a pas éveillé leur conscience; leurs caprices étaient la loi de leur volonté. Certains ont bien tourné; mais celui-là était plus mauvais que les autres, et il cause leur irréparable malheur à tous.

« C'est épouvantable; et on supplie la Providence de vous épargner de pareilles calamités.

« Devant les enfants, comme tu dis, il faut se mettre un bâillon et cacher soigneusement les sentiments qui peuvent développer en eux les mauvais penchants. Il faut veiller sur soi pour donner constamment le bon exemple. Qu'on le veuille ou qu'on ne le veuille pas, l'enfant fait l'homme, et élever des enfants quand la raison se forme, est une science difficile, toute faite de fermeté et de douceur.

« Adieu, chère Marie, n'oublie pas ce que je t'ai recommandé pour maman; j'ai pour cela ma bourse grande ouverte. »

Le 15 janvier 1866, mourait M. Jacques Lecoffre, l'intègre et puissant éditeur catholique. Zénaïde en éprouva un profond chagrin, ainsi qu'en témoigne la lettre suivante :

A SA SŒUR

« Saint-Brieuc, 19 janvier 1866.

« Je suis navrée, ma chère Marie, je viens de recevoir une bien triste nouvelle : M. Lecoffre est mort !

« C'est une grande et ferme intelligence, un beau caractère de moins. Il m'a témoigné une affection vraiment paternelle; et il y avait entre nous cette sympathie de goûts et d'idées, qui forme les amitiés réelles. C'était pour moi un appui, un conseil. Tout ce qu'il disait était marqué au coin de la plus haute sagesse et de la plus profonde expérience.

« Je comptais sur lui. Il allait prendre en mains mes affaires littéraires, et comme il était très religieux et très consciencieux, je n'avais qu'à le laisser faire. Dieu l'a rappelé à lui; c'est pour moi un réel malheur à tous les points de vue. Mais c'est surtout l'ami et sa bienveillante affection que je pleure; il était si bon ! Les étrangers le trouvaient froid, car il avait une grande dignité de manières qui avait été aussi un élément de succès; ceux qui le connaissaient comme moi, savaient combien il était conciliant, délicat et généreux.

« Il laisse une magnifique fortune à ses enfants; ils la lui doivent tout entière, car elle était le résultat d'une activité prodigieuse, d'un remarquable sens pratique des affaires, de l'emploi intelligent de son autorité qu'il ne compromettait jamais.

« Son fils, qu'il a élevé sévèrement, mais avec modération et justice, a une conduite irréprochable et portera dignement la réputation paternelle. M. Nettement est désolé de cette mort, qui lui enlève un de ses meilleurs amis.

« Par ce triste événement, je n'ai plus de chambre à Paris, et je n'en suis que plus satisfaite de savoir que j'aurai Frantz pour mon voyage obligatoire du carême. Je lui écrirai bientôt, car il lui faudra peut-être un certain temps avant d'obtenir un congé. »

Zénaïde Fleuriot était liée à M. Lecoffre et à sa famille par une sympathie moins banale que celle qui existe généralement entre auteur et éditeur. Comme son ami, M. Nettement, Jacques Lecoffre avait deviné la valeur littéraire d'Anna Edianez, lui épargnant les difficultés et les découragements d'un début obscur. Depuis sept ans qu'il imprimait ses ouvrages dans *la Semaine des familles*, sa bienveillance ne s'était jamais démentie. Elle lui en garda, jusqu'à la mort, une véritable reconnaissance.

Mais ce n'était pas seulement de M. Lecoffre, c'était encore de tous les siens qu'elle avait conquis le cœur. Elle allait généralement à Paris chaque année, vers le carême, pour traiter de ses affaires littéraires, et telles avaient été les instances de la famille Lecoffre, qu'elle ne pouvait descendre ailleurs que chez eux, où elle était traitée comme la meilleure des amies.

La mort du chef de la maison ne changea rien aux procédés de sa femme et de son fils; Zénaïde continua à trouver rue Bonaparte la plus aimable hospitalité, ainsi que le confirmeront les lignes qui suivent, adressées aux habitants de Château-Billy.

A MADEMOISELLE CLAIRE DE KERÉVER

« Paris, Carême 1866.

« Votre *grosse* lettre m'a fait le plus grand plaisir, ma chère Claire, et je domine un peu la fatigue qui m'accable pour vous répondre. J'étais tellement exténuée hier soir que je me suis enfoncée bien vite dans mon lit en rentrant. Quelle aimable hôtesse que Mme Lecoffre! Elle ne sait que faire pour me combler de soins et d'attentions. Chaque matin, je dois absorber une véritable jatte de café; l'autre soir, elle a paru avec un lait de poule, et elle me fait servir de petits vins fins pour me soutenir; je suis confuse de me voir ainsi choyée et gâtée, mais le moyen de refuser à cette bonne et charmante femme!

« Je sors beaucoup avec mon frère; nous allons très souvent chez nos bons amis Nettement, où nous avons dîné hier; mon frère et Guy sont venus me reconduire et ont fini la soirée avec Victor Lecoffre et André Servant.

« J'ai vu aussi la famille Raynaud et Marie de Guérin, celle que sa sœur Eugénie nommait *Mimin* dans ses lettres. Elle me plaît infiniment, *Mimin*; c'est une petite femme maigre qui est beaucoup mieux que sa photographie, avec une figure très bonne et très spirituelle, éclairée par des yeux brillants. Figure-toi une de nos aimables dévotes, mais avec un accent méridional très prononcé. Elle doit venir me voir aujourd'hui, qui est mon jour de réception, et nous reparlerons du Cayla, de ce frère et de cette sœur qu'elle a tant aimés et qu'elle a perdus sitôt.

« J'ai reçu de *la Bonté même* une lettre à faire bien rire par le français qui y règne; non, c'est le latin qu'il faut dire. Pour *vice-versa* elle écrit comme le verbe *visser*. Je serai obligée de lui répondre, car sa lettre, chargée de commissions impossibles, était fort amicale.

« Je vais enrayer ces jours-ci pour aller à confesse, et consacrer le matin à mes affaires spirituelles.

« Cela me prendra du temps, mais ce temps sera bien employé.

« Vendredi, j'irai vénérer les reliques qu'on expose à Notre-Dame ce jour-là. Je n'ose espérer les voir, tant la foule est immense, mais je ferai tout mon possible; et décidément, je me tire comme une vraie Parisienne de tous ces affreux embarras de Paris.

« Au revoir, ma Claire; si tu n'es pas en train de manger une bonne miche de pain quand ma lettre t'arrivera, embrasse tout le monde à la ronde pour moi. Je t'embrasse en particulier, comme je t'aime, de tout mon cœur.

« ZÉNAÏDE. »

Pendant ce séjour à Paris, Zénaïde Fleuriot fit paraître deux volumes, *La Glorieuse* et *Histoire pour tous*. En même temps *la Semaine des familles* commençait la publication d'*Histoire intime*, ouvrage qu'elle signa, dans cette revue, du pseudonyme de Calixte Valanguy.

« *La Glorieuse*, dit M. Jouin, est une étude d'une réalité saisissante; c'est l'histoire d'une femme de petit marchand de province, élevant sa fille dans un milieu qui n'est pas le sien, et lui ménageant pour l'avenir le dégoût du travail, les rêves insensés et une mort précoce après de violents chagrins. Voilà un livre d'actualité; et je le voudrais dans toutes les mains d'ouvriers parvenus à une aisance relative. Le moraliste égale le romancier dans ce très intéressant ouvrage. »

A SA SOEUR

« Château-Billy, 5 juin 1866.

« Ma chère Marie,

« Je te remercie de tes souhaits de fête. Ce sont les seuls que je reçoive par lettre. Sainte Zénaïde est enfoncée dans de tels brouillards que mes amis les plus intimes l'ignorent parfaitement. Tu me l'as rappelée à moi-même, et je vais réparer un oubli que je me fusse reproché : je vais écrire à ma marraine dont la santé n'est pas bonne en ce moment. Elle, que j'ai vue si active et si bien conservée, lors de mon dernier séjour à Angers, trottant sans cesse du haut en bas de sa jolie maison, est maintenant terrassée par le mal; ils sont vraiment dans une période de tristesse.

« Que dis-tu des folies du fils ***? Pauvre mère! comme je la plains; et cependant combien elle a été coupable dans l'éducation de son enfant! Elle me disait là-dessus des choses incroyables. Elle m'a avoué un jour, naïvement, que la compagnie de Louis ennuyait son père, qui préférait son cercle; qu'elle-même détestait qu'il s'attachât à son cotillon! Faut-il être surpris alors qu'il soit devenu paresseux, flâneur, égoïste, et qu'il n'ait aucune expérience des hommes et des choses? N'est-ce pas aux parents à apprendre la vie sérieuse à leurs enfants? certes, on ne fait jamais les bêtises que ce garçon a faites, tant qu'on reste attaché au cotillon de sa mère. En vérité, ce serait presque un acte de sage égoïsme que de se gêner pour bien élever ses enfants, tant on a de soucis, de craintes et de chagrins quand ils vont de travers. »

La lettre suivante, écrite à sa sœur, fera connaître par quel nouvel acte de dévouement, Zénaïde se décida à quitter la famille de Keréver, qu'elle aimait tant et si tendrement, pour venir s'installer à Saint-Brieuc.

A LA MÊME

« Saint-Brieuc, 20 juillet 1866.

« Ma chère Marie,

« Je partage complètement ta manière de voir sur la nécessité de soumettre de bonne heure notre petit Francis à un autre régime que celui de l'école de X. C'est un grand souci, car il faut saisir l'enfant avant les habitudes ; après, il est presque révolté. Pour son bonheur, il faut qu'il fasse bien *naturellement*, et voilà où est le danger des défauts qu'on a laissés se développer dans l'enfance ; mais la raison doit s'entourer de délicatesse, on peut être ferme sans froisser ces jeunes âmes. J'ai bien réfléchi à tout cela, et pour voir ce cher enfant bien commencer sa vie de collège, je suis prête à tous les sacrifices. Le bonheur à venir et la dignité de sa vie en dépendent.

« Je n'hésite pas ; et quoiqu'il m'en coûte de quitter

cette famille que j'aime comme la mienne, si Frantz veut me confier son fils, je m'installerai pour l'automne à Saint-Brieuc, et je le garderai chez moi en lui faisant suivre comme externe les cours de Saint-Charles. Que mon frère réfléchisse et qu'il me rende bientôt réponse. »

A LA MÊME

« Saint-Brieuc, 6 septembre 1866.

« Ma chère Marie,

« Puisque tout est décidé maintenant pour Francis, je commence à chercher un pied-à-terre à Saint-Brieuc; mais, comme je te le faisais pressentir, il m'a été impossible de continuer à refuser d'assister au mariage de Fernand. La famille de sa femme y voyait une impolitesse, et M. et Mme de Keréver eux-mêmes se seraient froissés, bien qu'ils sachent que ce refus m'était dicté par une raison d'économie.

« Je paraîtrai donc à cette noce avec une robe de 9 francs; puisse ma bonne mine sauver cette toilette! Enfin, on aime mieux m'avoir comme cela que pas du tout, et j'avais donné à choisir.

« Fernand m'offre une glace de 80 francs, je lui envoie ma photographie; c'est un cadeau de sentiment qu'il accepte au milieu des choses splendides qu'il reçoit de sa famille; mais, je te l'ai déjà dit, c'est le caractère le plus charmant, le cœur le plus élevé et le plus loyal qu'on puisse rencontrer. La jeune femme, bonne, aimable et très capable, m'a envoyé des cristaux pour mettre des fleurs, un gracieux ornement de cheminée : je lui offre un de mes ouvrages, encore un cadeau de sentiment; ici du reste, c'est apprécié, et c'est une délicatesse bien mal entendue que de s'endetter pour faire, par amour-propre, des présents au-dessus de ses moyens.

« Je travaille terriblement, car ce surcroît de dépense pour le voyage, joint aux frais de mon installation à Saint-Brieuc, jette le désarroi dans mon petit budget. Et puis, j'ai promis d'acquitter le peu qui reste des dettes de notre père, et cela avant la fin de l'année : coûte que coûte, je veux tenir mes engagements.

« Si le hasard te mettait en relation avec une vieille servante de presbytère qui voulût une place douce, mais très réglée, et d'où sera banni tout bavardage, pense à moi. Vie frugale ; l'enfant seul, sous prétexte de santé, vivra délicatement.

P.-S. — « Il m'arrive de fort mauvaises nouvelles d'Angers ; ma pauvre marraine est bien malade ; on craint une affection de la moelle épinière, ce serait affreux. »

Mais voici que se fait entendre la première annonce, le premier glas de cette épouvantable épidémie de choléra qui ravagea la Bretagne à la fin de 1866 et au commencement de 1867. Zénaïde ne s'inquiète pas et ne croit pas à sa durée, comme le prouve la lettre qui suit.

A LA MÊME

« Saint-Brieuc, 2 octobre 1866.

« Ma chère Marie,

« Je te réponds un peu à la hâte pour vous rassurer tous. Le choléra ne nous approche pas et décroît, Dieu merci! Il n'y a guère de frappés que les ivrognes et les trop misérables; je crains beaucoup qu'il ne fasse le tour du département. Je suis à moitié emménagée; mais, trouvant prudent d'attendre pour Francis, j'ai laissé ma servante chez les religieuses de Tréguier; ses maîtresses veulent bien la garder jusqu'au moment où j'en aurai besoin. Tu verras, quand tu viendras, que je ne suis pas trop mal installée. Ma couchette vient de Paris; mais pour Francis, j'ai fait faire un excellent matelas neuf qui me coûte autant que mon lit tout entier : je tiens à ce qu'il soit très bien.

« Si la supérieure du couvent où est ma servante consent à la garder quelques jours de plus, j'irai vous voir; ce sera une semaine de gagnée sur l'entrée en ménage. Mais je voudrais que le médecin me dît qu'il n'y a plus de danger et que je pourrai ramener Francis, afin que mon voyage ne fût pas seulement un plaisir, mais qu'il eût encore son utilité.

« J'ai l'intention d'accepter l'invitation de Mme de Kérigant et de passer quelques jours à Châtel-Audren. C'est une si sincère amie! »

A LA MÊME

« Saint-Brieuc, 4 novembre 1866.

« Nous sommes à Saint-Brieuc depuis lundi, ma chère Marie. Figure-toi qu'en arrivant à Châtel-Audren, j'aperçois l'équipage Kérigant, et dedans, le propriétaire avec une figure toute mélancolique. Sa femme s'était cassé la jambe le mercredi; mais elle avait défendu de me prévenir, craignant que j'eusse reculé mon voyage. Nous avons trouvé la pauvre femme sur son lit de douleur; malgré cela, elle a voulu que nous restions jusqu'au lundi. Francis s'est amusé comme un bienheureux; il veut raconter à son père comment, en revenant de Quintin, nous avons été accrochés par une charrette de foin, ce qui, Dieu merci, ne nous a causé aucun mal et nous a bien fait rire après.

« Je n'étais pas fâchée d'arriver de bonne heure pour débrouiller toutes mes affaires à l'institution Saint-Charles. J'ai vu le P. Villeandré qui m'a parlé des changements apportés cette année dans les études, et m'a paru très difficile sur le choix des professeurs : le bon M. Dutemple s'occupera de Francis. Combien je m'applaudis d'avoir pu conquérir par mon travail, sinon la fortune, au moins l'indépendance pécuniaire qui m'a permis d'accomplir ce sacrifice, dont il résultera pour l'enfant un bien immense, qui, je l'espère, retentira dans sa vie d'homme, si Dieu le laisse vivre.

« On a bien raison de dire qu'avec un peu de patience, on voit tout s'arranger en ce monde. Après deux servantes qui ne me convenaient pas du tout, je suis tombée sur une fille pieuse, naturellement douce et bien élevée, qui me va comme un gant. Elle a ses petites imperfections, mais je n'en suis pas moins dans le paradis, après ces deux ennuyeuses et ennuyées. Il aurait fallu des distractions à ces dames, de bons dîners et le reste. Celle-ci s'amuse à son travail et s'accommode de tout. Je le le répète, à cause de Francis surtout, je suis ravie d'avoir eu cette bonne chance; et je bénis mes deux épreuves puisqu'elles m'ont fait arriver à une personne aussi convenable.

« Envoie-moi la recette « choucroute » et toutes celles qui sont simples et utiles. Je butine, à droite et à gauche, des conseils et des recettes, quitte à en faire ce que je voudrai. Ma Jeanne-Marie a besoin de s'exercer et je suis moi-même si novice! l'économie présidant à tout, je ne veux point de cuisine chère, mais je voudrais que tout fût fait à temps et aussi bon que possible.

« Je publierai deux nouveaux ouvrages dans les premiers jours de l'année qui va commencer; je vous les enverrai aussitôt que je les aurai reçus. Je ne m'ennuie pas; je travaille beaucoup, je m'occupe de notre petit bonhomme, et me retrouve avec la famille de Keréver à chaque instant; elle a pris comme d'habitude ses quartiers d'hiver à Saint-Brieuc.

« La transition est moins dure pour elle et pour moi, puisque je puis voir tous les jours ces excellents amis, ma chère Alix et ses sœurs.

« C'est un grand plaisir pour ces demoiselles de venir souvent me surprendre. »

A LA MÊME

« Saint-Brieuc, 10 janvier 1867.

« Ma pauvre marraine est morte, ma chère Marie, Dieu l'a rappelée à lui, jeune encore, puisqu'elle était dans sa cinquante-huitième année. Cette nouvelle était attendue, mais ne m'en a pas moins serré tristement le cœur.

« J'ai envoyé Francis dîner seul chez les Keréver ce soir. »

CHAPITRE VI

**Mort d'Alix de Keréver.
Premiers rapports avec les religieuses auxiliatrices
des âmes du Purgatoire (1867).**

Dans une enveloppe sur laquelle on lisait le mot « Reliquiæ » se trouvait un mémoire, tout maculé de larmes, écrit en entier par la main tremblante de Zénaïde, au lendemain du tragique événement qui devait bouleverser sa vie. « En un jour d'agonie, elle a gravi son calvaire, l'éternité s'est ouverte devant l'objet de ses plus pures, de ses plus profondes affections : la sœur chérie, l'amie bien-aimée est partie pour le ciel. »

Pour raconter la mort de cette Alix tant aimée, il suffira de reproduire les pages où palpite une douleur si intense qu'il fallut appeler un secours divin pour qu'elle pût être supportée.

Ce manuscrit se retrouvera plus tard dans le livre si touchant qui a pour titre *Alix*, dont on a dit avec raison « que l'ayant écrit avec son âme, avec son cœur, elle en avait fait un chef-d'œuvre ».

« Saint-Brieuc, 1867.

« Mon Dieu ! Mon Dieu ! Il faut que votre nom commence cette page, cette page que j'écris, les yeux brûlants, l'âme troublée. C'était hier ; et je ne puis rassembler mes souvenirs à la fois présents et confus. Cependant je veux le faire pour moi et pour ceux qui pleurent avec moi.

« Le mardi, 12 février, à huit heures du matin, m'a été porté ce coup mortel dont mon pauvre cœur gardera toujours la cicatrice. Jamais le glaive divin ne s'est enfoncé plus vite et plus profondément.

« Je l'avais quittée la veille, pleine de santé. Le mardi, j'allai communier à la chapelle de Montbareil. Le bon Dieu m'a parfois fait sentir presque sensiblement sa présence, lorsqu'une douleur a dû fondre sur moi. Il me fortifiait pour la lutte.

« Je sortais à peine de l'église que j'aperçois ma servante qui me fait un signe ; je presse le pas.

« Mademoiselle, venez vite !

« — Pourquoi ? »

« L'idée d'un malheur m'entre instantanément dans l'âme. Je pense machinalement que Francis est tombé, s'est tué. Mon cœur bat, on dirait que lui sait pourquoi.

« Venez vite, venez, reprend-elle.

« — Mais qu'est-il arrivé ?

« — Mlle Alix est très mal ; elle vous demande, on « vous cherche de tous côtés. »

« Alix très mal ! quels mots ! Et l'accent avec lequel ils sont prononcés les rend tranchants comme la vérité.

« Je prends ma course ; mes jambes fléchissent ; je les force à marcher.

« J'arrive. Dans l'escalier, je rencontre des visages épouvantés, désolés. Un bruit de sanglots, un mot : « le choléra » frappent mes oreilles, mais sans ajouter à mon affreuse impression. J'entre éperdue dans la chambre d'Alix. Ma chérie est là couchée, les yeux affreusement cernés. Mon Dieu ! Mon Dieu ! Je l'embrasse : elle me dit : « Où étiez-vous donc ? »

« Une crise survient.

« Je vais crier, s'écrie-t-elle, les crampes me saisis-« sent. » Un moment, elle se retourne vers le médecin qui est là, debout comme un juge, et avec une figure suppliante, un accent déchirant, elle dit :

« Docteur, sauvez-moi ! »

« Les crises s'apaisent ; mais le terrible cerne des yeux ne s'atténue pas.

« Son confesseur arrive. Elle consent tout de suite à se confesser.

« Nous quittons tous la chambre pour un instant.

« Nous sommes rappelés.

« Elle paraît beaucoup plus calme ; elle ne demande plus la vie. Sa figure est parfaitement sereine.

« Elle reste ainsi quelque temps ; de loin en loin, surviennent de petites crises ; mais il y a du mieux. Elle me dit avec son meilleur sourire :

« Il me semble maintenant être en Paradis. »

« Le médecin nous engage à la faire changer de lit ; elle me dit : « Je veux marcher. »

« Hélas ! elle marche, mais couchée sur mon épaule. Cette faiblesse m'épouvante.

« Le mieux continue.

« Elle m'attire à elle.

« Je crois que je suis sauvée ! » me dit-elle.

« Je l'embrasse avec transport, je lui réponds :

« Oui ; tu es sauvée ! »

« L'espoir détend tous les cœurs ; on songe à essuyer ses larmes, on échange à voix basse des paroles émues. Je m'accoude au pied de son lit pour la mieux voir ; et je lui jette un regard qui veut dire :
« Ne crains rien, nous te sauverons, nous te retien-
« drons, tu es encore à nous ! »

« Son regard devient ineffablement triste. Elle ne sourit pas ; elle reste morne, elle se sent bien mal.

« Elle éprouve des sensations d'étouffement, de vide dans le cerveau, et elle me le dit.

« Pas une plainte ne lui échappe. Elle semble penser à la douleur que nous éprouvons de la voir mourir ; elle concentre par amour ses émotions suprêmes. Son père lui porte de la tisane, elle boit, et le rappelle du geste ; c'est pour l'embrasser en remerciement.

« A quoi pensions-nous d'espérer toujours devant ces adieux muets qu'elle adresse à chacun de nous !

« On la change ; et bien qu'elle perde visiblement ses forces, elle fait des efforts pour nous aider. Nous l'entourons. Je réchauffe sous mes lèvres ses bras et ses mains toujours glacés. L'oppression continue, grandit ; les yeux se creusent d'une manière effrayante, et se vitrent par intervalles. Le curé arrive, on parle d'extrême-onction. Je lui demande si elle veut la recevoir.

« Elle répond avec une douceur d'ange :

« — Je ferai tout ce qu'on voudra. »

« Elle, si résolue, si vive, elle se fait obéissante; elle ne veut plus avoir de volonté. On lui donne l'extrême-onction; nous sommes à genoux, éperdus, doutant, espérant, espérant surtout. Elle se meurt et nous ne le voyons pas. Alix mourir! Nous trouvons que c'est impossible, absolument impossible. Je lui porte un peu d'eau. Ses paupières restent fermées, ses yeux ne voient plus; mais sa main qui vacille cherche la cuiller pour se servir elle-même, et je ne puis pas croire encore que tout soit fini et qu'elle va mourir. Cependant sa respiration devient de plus en plus pressée, sans fatigue. Serait-ce l'agonie? Mais les enfants seuls meurent aussi doucement. Il faut prier. Je saisis un livre, je ne trouve que le *Magnificat*, et je lis les strophes d'une voix étranglée.

« Un chant de gloire! Désolation! notre bien-aimée partirait pour le Paradis?

« La douleur éclate avec violence; des cris, des sanglots retentissent. Dans ce moment, je ne sais ce que j'éprouve; c'est comme du désespoir.

« Elle s'est éteinte! elle est bien morte!

« Elle est partie! Tout est fini pour elle ici-bas. A elle la paix, le bonheur du ciel; à moi, pour un peu de temps encore, les misères, les souffrances, les agitations de la terre! Oh! maintenant je puis crier, pleurer, gémir, sangloter. Celle qui m'aimait si tendrement et que j'aimais par-dessus tout, est là sans vie! Elle ne m'entendra pas. Je lui ferme les yeux! je lui noue un mouchoir autour de la figure pour que ce beau visage conserve ses formes harmonieuses. Je prie, je crie, je souffre horriblement; mais je ne sais quelle résignation empêche tout murmure.

« Cette chère figure a un calme, une tranquillité sereine qui me causent une consolation vraiment surnaturelle.

« La sœur arrivée, je coupe ces beaux cheveux que j'ai maniés tant de fois. Elle avait des manières enfantines avec moi ; elle aimait à s'asseoir à mes pieds, sur un siège bas, et à poser sa tête sur mes genoux en disant : « Lissez-moi. » Et pour la satisfaire, je passais doucement la main sur ses cheveux.

« Nous l'ensevelissons....

« Quelles larmes tombèrent alors de mes yeux sur cette chère enveloppe! Ah! ces larmes de plomb auront, je l'espère, leur poids dans les balances divines. Cette chambre est, pour nos cœurs déchirés, une sorte de lieu d'expiation.

« La voilà sur l'autre lit, avec son visage serein ; ses belles mains jointes sur un crucifix retiennent un chapelet de corail, celui de sa première communion. Entre ses doigts raidis, je place un brin de verdure ; tout n'est pas flétri ; son âme est bien vivante ; et la branche verte, entre ses mains glacées, me paraît un symbole.

« Ses épais cheveux châtains ne sont plus le splendide ornement de son beau front devenu d'ivoire ; ce ne sont plus le datura éclatant, l'œillet orgueilleux que j'y pose : une emblématique couronne de roses blanches est son diadème d'éternité, sa parure de vierge pour la résurrection.

« Et je reste assise, immobile, la regardant, lui parlant, priant, me relevant pour la contempler, embrassant cette chère dépouille, le cœur rempli de foi, d'espérance, mais parfois aussi envahi par le désespoir, ne sachant si je dors, si je veille....

« O douleur! amère douleur! Elle est toujours calme et belle; c'est vrai, mais où est la vie, où sont la voix, le souffle, le regard? Mon Dieu! Mon Dieu! où est son cœur aimant, où est son intelligence ouverte à toutes les nobles idées?

« Eh! quoi! le temps a fait un pas, un seul; et l'éternité a commencé pour celle qui semblait pleine de jours! Hier, vivante et heureuse, aimante et aimée, mon Dieu! vous savez à quel point! Aujourd'hui morte! O mystère, mystère douloureux et terrible!

« Le cercueil arrive. Je dépose un baiser, le dernier, sur le front glacé de mon Alix.

« Je n'aurai plus le déchirant bonheur de me rassasier de ses traits chéris.

« On ne meurt pas de douleur!

« Je me demande parfois avec angoisse si je ne fais pas un rêve, un rêve affreux! Hélas! hélas non! je n'ai pas rêvé, j'ai vu son cercueil couvert de draperies blanches, porté au cimetière.

« Oh! notre jeunesse, notre jeunesse insouciante et heureuse, vous avez fui le jour où se sont fermés ces yeux, qui étaient une lumière, le jour où s'est éteint le battement terrestre de ce cœur qui réglait le battement de tant de cœurs.... Adieu notre cher passé!

« Et cependant, ô douleur! à tout instant, ce passé m'apparaît et me saisit : je la revois enfant, la première fois qu'elle m'est apparue dans son sarrau noir qui enveloppait sa taille sans souplesse encore, mais haute et svelte. Qu'elle était déjà belle avec son teint blanc et uni, son front charmant, son nez aristocratique, ses yeux clairs et bruns, qui paraissaient très grands, tant ils s'ouvraient franchement sous d'admirables sourcils châtains. Ses lèvres, d'un dessin un peu mou, étaient fraîches et gracieuses ; le contour de son visage avait une grâce et une harmonie qui adoucissaient, dans une parfaite mesure, ce qu'on eût pu appeler la sévérité des grandes lignes, dans ce visage de dix ans, encadré de grosses nattes plusieurs fois repliées sur elles-mêmes.

« Que dirai-je de l'enfant devenue jeune fille? Alix, à quinze ans, n'était pas une âme ordinaire. Mais une âme se décrit-elle? Non, la sienne était belle, naturellement portée au bien, éprise du vrai et du beau. Son cœur était tendre et profondément bon ; ce n'était point un cœur passionné, c'était un cœur aimant. Son esprit n'avait pas ce brillant factice produit par l'imagination, il était sérieux, d'une trempe solide ; toutes ses facultés étaient, chose rare et précieuse, parfaitement équilibrées, et de cet équilibre harmonieux naissait un jugement sain, presque trop hâtivement développé. Elle fût devenue une femme supérieure, car son esprit comprenait tout, réfléchissait tout, s'assimilait tout. C'est ce qui expliquait la nature parfaitement intime de notre tendresse, malgré les quelques années qui nous séparaient. Alix, à quinze ans, en avait vingt-cinq pour la raison.

« Le tact, qui est, on peut le dire, la délicatesse et la mesure appliquées à tous les actes de la vie, était instinctif chez elle : c'était une âme loyale, limpide, énergique, un peu absolue, très jalouse de sa dignité, mais exempte de petitesses et de lâchetés.

« Aussi, combien l'ai-je aimée ! elle était la confidente de mes joies, de mes peines et de mes espérances. Elle a grandi auprès de moi et est devenue à mes côtés une femme, sans que je m'en sois, pour ainsi dire, aperçue. L'amie avait remplacé la sœur, ou plutôt s'était surajoutée à la sœur.

« Elle dédaignait la coquetterie, et les flatteries les plus délicates la laissaient incrédule, car elle ignorait sa beauté. Nous la comparions souvent à un lis, et c'était bien le nom qui convenait à cette femme blanche, svelte et brune, chez laquelle se rencontraient une distinction de reine et un naturel d'enfant. Son port noble, son expression chaste, sa démarche libre et élégamment fière, faisaient penser d'elle ce qu'on disait de sainte Françoise de Chantal : « Elle
« a, dans ce je ne sais quoi de noble et de bien fait
« qu'on admire, de quoi éblouir les autres, et s'aveu-
« gler soi-même. »

« La maturité précoce de son jugement m'effrayait parfois. La vie, la vie réelle, ses espérances, ses vicissitudes, ses revirements, ses souffrances, le passé, le présent, l'avenir, l'éternité, la terre, le ciel, formaient le fond des conversations que nous aimions à tenir sous les grands sapins, et qui étaient notre plus doux délassement.

« Elle était l'intérêt, la joie, le bonheur de notre vie. Véritable souveraine par le cœur, elle conduisait tout un petit peuple avec des sourires et des mots charmants.

« Six jours après qu'elle nous eut quittés, on disait une messe pour elle. Les chantres, occupés d'un *triduum*, entonnaient le *Laudate* au commencement de cette messe, et continuaient de magnifiques chants de triomphe. J'ai senti d'immenses espérances germer au fond de mon cœur. Ce même jour, le ciel était bleu et je regardais le ciel : le mot de patrie se formulait dans mon intelligence ; je voyais son âme dans cet azur, et je croyais fermement à la réunion.

« La terre, je le sentais bien, était le lieu de l'exil, et je le chantai :

ESPOIR

« Il est par delà cette vie,
Ses deuils, ses pleurs, ses longs tourments,
Il est une belle patrie
Où se retrouvent les absents.
Là, tout amour pur s'éternise ;
Là, le lien que la mort brise
Se renoue et devient plus fort....
Laissons passer le drame sombre :
Le diamant se fait dans l'ombre,
L'immortalité, dans la mort. »

La douleur de Zénaïde Fleuriot était de celles qu'on ne console pas par des distractions humaines, ainsi qu'en témoignent les lettres qu'elle écrivit après ce coup de foudre, qui l'avait frappée en plein cœur.

A SA SŒUR

« Saint-Brieuc, 15 février 1867.

« Ma chère Marie,

« Nous sommes plongés dans la désolation. Pour moi, c'est une douleur unique. Alix m'aimait tant ! et quelle nature délicate, intelligente et distinguée !

« Tout Saint-Brieuc est consterné. Chacun tremble pour soi et les siens.

« Je ne me consolerai jamais de cette perte, quoique je sois assurée qu'elle est bien heureuse, plus heureuse qu'elle n'eût pu l'être sur cette terre, que l'Église appelle, avec tant de raison, une vallée de larmes.

« J'ai pris le parti de vous renvoyer Francis, car je pensais que vous deviez être inquiets, et cette affreuse épidémie me faisait trembler pour lui. Comme il a été décidé que la huitième exigerait un travail que je craignais trop fort, sans transition pour le cerveau de l'enfant, ces quelques jours n'auront pas d'importance. Fais-le cependant travailler à des heures régulières.

« Mme de Keréver est bien triste et bien faible; mais elle paraît satisfaite des lettres de condoléance qu'elle reçoit; vous pouvez donc lui écrire, elle y sera sensible.

« Nous partons tous pour Château-Billy; car nous avons hâte de fuir Saint-Brieuc et les lieux qui nous rappellent notre malheur. S'il n'y avait pas besoin de moi ici, je serais partie à Plouaret; mais je ne puis laisser mes amis de Keréver : nous sommes si malheureux tous, et de la même peine. J'irai sans doute chercher Francis que je te prie de bien embrasser pour moi; dis-lui de ma part d'être très sage.

« Je n'ai pas entendu parler d'autre cas de choléra; le bon Dieu voulait Alix, il l'a prise, hélas! J'accepte, avec résignation et foi, l'immense chagrin que Dieu m'envoie, mais je souffre beaucoup.

« Je vous embrasse tous; je suis très forte, mais aussi désolée qu'on peut l'être. »

A LA MÊME

« Château-Billy, 22 février 1867.

« Je te le répète, ma chère Marie, j'ai un immense chagrin, mais ma foi me soutient. La vie est un tissu d'épreuves, et Dieu est si bon, si miséricordieux, qu'il accorde toutes les forces, quand on a la raison de se résigner. On souffre et l'on est cependant en paix.

« Je m'applaudis de vous avoir renvoyé Francis; un enfant est mort, et Mme de Keréver a eu une attaque de choléra à Château-Billy. Son état d'épuisement rend son cas d'autant plus inquiétant; il y a un peu de mieux, mais le danger existe encore.

« J'éprouve une indéfinissable sensation de douleur en me retrouvant dans cette maison d'où je suis partie le cœur plein de riantes images. Hélas! qui sait! la mère va peut-être suivre la fille!

« Je suis très prudente, ainsi ne vous alarmez pas.

« Le chagrin que j'ai éprouvé pèsera certainement sur ma vie tout entière : je m'y attends; mais ce sont ces chagrins-là qui sont méritoires devant Dieu; or on arrive toujours au bout de la vie, jeune ou vieux.

« Recommande à Francis de dire chaque soir une petite prière pour Alix qui l'aimait tant; elle me répétait souvent d'un air heureux : « Francis sera votre consolation dans l'avenir. » Qu'il prie donc pour elle qui fut toujours si bonne pour lui.

« Faites-le travailler; qu'il se fortifie par l'exercice, pendant ce temps d'arrêt. Le choléra est trop dans la ville pour que j'aille le chercher. Ma jeune servante est une vraie perle de bonté; j'ai cette petite compensation. »

Et la mort, en effet, frappe une seconde fois la famille de Keréver; la tombe de la mère se creuse auprès de la tombe à peine refermée de sa fille.

A SA SŒUR

« Château-Billy, 1er mars 1867.

« Ma chère Marie,

« Nous sommes atterrés! Mme de Keréver a succombé au terrible mal qui a emporté notre bien-aimée Alix. M. de Keréver fait peine à voir; en quinze jours, perdre sa femme et son enfant, c'est vraiment affreux! Pour moi, je regrette sincèrement l'amie avec laquelle j'ai vécu côte à côte pendant dix-huit ans, la mère dévouée, qui non seulement m'a confié le cœur et l'intelligence de ses filles pour les former, mais encore a permis que son toit devînt le mien, que sa famille fût la mienne.

« Je n'ai pas le courage de t'écrire plus longuement. Priez pour elle et pour nous. »

Après avoir rendu les derniers devoirs à Mme de Keréver, Zénaïde rentre à Saint-Brieuc et y reste seule, anéantie sous le poids de sa douleur, comme en témoignent ces quelques mots envoyés à Château-Billy.

A MONSIEUR DE KERÉVER

« Saint-Brieuc, 10 mars 1867.

« Mes chers amis,

« Je ne suis pas mal pour la santé physique; mais pour le moral, je ne puis me relever; n'attendez encore rien de moi. Caroline de la Villéon, en m'écrivant, me charge de ses affectueuses sympathies pour vous.

« Les demoiselles F.... m'accablent de petits soins, et y mettent une délicatesse et une tendresse qui me touchent.

« Soignez-vous, et prions beaucoup.

« Je vous embrasse, père et enfants, avec un cœur navré, mais qui vous aime bien. »

A SA SŒUR

« Saint-Brieuc, 15 mars 1867.

« Ma chère Marie,

« Dis à Francis que toutes les plantes de son jardin sont prises et vont fleurir. Le père Michel en plantait d'autres aujourd'hui. Édouard et M. le G. viennent souvent demander de ses nouvelles, et Édouard veut lui donner un petit oiseau. Il est aussi question de vers à soie. J'ai répondu que lorsque Francis serait ici, je lui laisserais prendre, en ce genre de distraction, ce qu'il voudrait.

« Le temps est affreux et malsain par continuation.

« Mon chagrin est le même et sera toujours le même. Le temps et la foi l'adouciront, car enfin, comme dit Fénelon, toute vie s'écoule vite, et, dans cent ans, quelques années en plus ou en moins, dans une existence, ne signifieront rien.

« Ne laisse sous la main ou sous les yeux de Francis aucun des journaux ou livres qui courent par la maison, pas même les miens. Que sa petite imagination reste calme.

« Je pourrai vous prêter le second volume du *Récit d'une sœur*, peut-être même tous les deux. Vous me les renverrez après les avoir lus, sans les prêter à d'autres. Le livre de Mme Craven a une vogue immense et bien méritée, ce qui prouve qu'il y a encore bon nombre d'esprits délicats et de cœurs intelligents.

« Dis à Frantz que la réunion de la Société d'émulation est le 26 ou le 27 mars. On y lira un chapitre de mon nouvel ouvrage *Petite Belle*, mais je n'y assisterai pas, naturellement. Cela eût bien intéressé ma pauvre Alix, si heureuse de mes succès et si dépourvue de ces jalousies mesquines qui empoisonnent toutes les relations, et éloignent tant de cœurs.

« Adieu! ayez de certains ménagements pendant que cette cruelle maladie court le pays. »

Petite Belle, ce nouvel ouvrage écrit avant la mort d'Alix, venait en effet de paraître; Zénaïde l'avait dédié à sa chère morte, par cette préface :

A ALIX

« Souvent, ô sœur bien-aimée, tu m'as demandé d'écrire ton nom à la première page d'un de ces livres dont tu avais pu suivre les développements dans ma pensée, et sur lesquels j'avais parfois appelé les lumières de ton esprit pénétrant, de ton jugement si sûr, si ferme, si droit.

« Je te répondais : plus tard ! comptant sur l'avenir.

« L'avenir est à Dieu.

« L'Éternité a touché du doigt ta jeunesse éclatante ; le bon Dieu t'a cueillie, heureuse, aimée, dans la beauté, ta sève, ton parfum.

« Et, aujourd'hui, c'est en versant des larmes bien amères, que je dépose ce livre, ce souvenir, sur ta tombe, en te disant avec toute l'énergie de ma foi, toute la vivacité de mes saintes espérances, toute la profondeur de ma fidèle et vivante affection : Au revoir ! »

. . . .

Cependant, malgré sa foi, malgré son admirable résignation chrétienne, Zénaïde Fleuriot ne pouvait arriver à se relever. Terrassée par une douleur plus forte que sa volonté, par un de ces chagrins que savent seules ressentir les âmes capables d'aimer profondément, elle ne pouvait même plus écrire ; et bientôt, malgré la vigueur exceptionnelle de sa constitution, ses amis craignirent pour sa santé. Ils lui conseillèrent de voyager.

Voyager, mais où aller ?

En 1866, dans *Au hasard*, ce livre qui n'est fait pour ainsi dire que d'impressions personnelles et de souvenirs intimes, Anna Edianez confiait à ses lectrices qu'elle avait souvent tourné avec envie ses regards vers l'Italie. Un jour qu'elle venait d'entendre un prêtre de Saint-Brieuc, directeur de l'archiconfrérie de Notre-Dame d'Espérance, raconter devant elle son pèlerinage à Rome, elle avait écrit, tout enthousiasmée, les lignes suivantes : « Qui donc n'a pas désiré voir Naples avant de mourir! passer en gondole dans les rues de Venise, cette royale veuve qui garde le prestige de sa puissance et de sa beauté évanouies, visiter Gênes la superbe, Florence, et surtout Rome, au nom de laquelle tout cœur catholique s'émeut, Rome dont l'antique diadème païen a disparu sous l'éclat de la tiare pontificale, comme se sont abaissés les édifices croulants du paganisme devant Saint-Pierre, le roi des temples chrétiens. Je sens grandir le désir de fouler, moi aussi, cette terre de saints ; de rassasier mes yeux de ces beautés, de ces contrastes ; de courber mon front sous la seule puissance humaine devant laquelle l'homme puisse s'agenouiller sans révolte et sans honte ; de recevoir une bénédiction du successeur de saint Pierre. Mais, c'est assez m'étendre sur mes désirs de voyage. Mes lectrices feront comme moi ; elles attendront dans le calme et la résignation qu'une occasion favorable s'offre pour elles. »

. . . .

Hélas! cruelle ironie! l'occasion favorable devait naître, pour la pauvre affligée, de la plus grande douleur qu'elle eût encore éprouvée, du vide insoutenable que creusait dans sa vie la mort de celle qu'elle avait tant aimée.

Elle hésitait cependant à donner à son immense chagrin un dérivatif aussi coûteux qu'un voyage en Italie, quand une de ses amies lui ayant appris qu'il existait à Paris une communauté de religieuses entièrement consacrées au soulagement des âmes du Purgatoire, elle conçut immédiatement le projet de s'y rendre pour recommander à leurs prières l'âme de sa chère Alix.

A SA SŒUR

« Saint-Brieuc, 5 juin 1867.

« Ma chère Marie,

« Je pars demain pour Paris; j'ai pris cette grande résolution. Il me faut secouer ma peine, sans cela ma peine me tuera; et je dois vivre, puisque j'ai encore des devoirs à remplir.

« Je vais descendre chez mes bons amis Lecoffre qui m'avaient si aimablement offert l'hospitalité pendant l'Exposition, il y a quelques mois.

« Je ne sais si je me déciderai à faire le voyage d'Italie, c'est bien coûteux. Je veux surtout aller à Paris pour recommander ma chère Alix aux prières de la Communauté dont m'a parlé Mlle D. Z., notre pieuse amie de Saint-Brieuc.

« Cet Ordre, entièrement dévoué au soulagement des âmes du Purgatoire, admet à titre de membres honoraires de pauvres mondaines crucifiées comme moi par la perte d'un être tendrement aimé. Mlle D. Z. y est associée depuis de longues années.

« Je voudrais pouvoir faire une retraite dans cette maison; et là, dans le silence et le recueillement, demander à Dieu quelle sera désormais ma voie, et quel est le secret de l'épreuve qu'il m'a envoyée.

« Enfin, je pars pour Rennes d'abord, selon qu'il a

été convenu avec Frantz; au cas où je mettrais mon projet de voyage à exécution, Francis entrera comme pensionnaire à l'institution Saint-Charles. Je te le recommande, ma chère Marie; écris-lui souvent et ne lui ménage pas les bons conseils. »

Elle partit, en effet, toujours aussi affaissée, aussi désolée. Arrivée à Rennes, elle écrivit une courte lettre, où perce à chaque ligne une sollicitude que son amer chagrin n'avait pu altérer.

A SON NEVEU

« Rennes, 7 juin 1867.

« Mon cher Francis,

« Je t'écris un mot de Rennes. Comme je suis arrivée la veille de l'Ascension, je n'ai pas voulu voyager le jour d'une grande fête, et je ne partirai pour Paris que vendredi matin.

« Je pense bien souvent à toi, mon chéri. Je voudrais espérer que ton premier bulletin m'apprendra que tu as la volonté de satisfaire tes maîtres. Il faut apprendre à faire passer le travail avant le jeu.

« Je n'ai pas dit à M. le Supérieur que ton correspondant serait tonton Étienne [1]; veux-tu le lui dire et lui remettre ce billet?

« Je désire aussi que M. le Supérieur soit ton confesseur.

« A bientôt, mon cher enfant, sois bien pieux, bien sérieux, continue à aimer la vérité, et lie-toi de préférence avec les enfants bien élevés.

1. M. de Keréver.

« Je t'écrirai de Paris, et je te dirai si je fais le voyage d'Italie. N'oublie pas l'*Ave Maria* pour Alix.

« Je t'embrasse et je t'aime de tout mon cœur. »

A SA SŒUR

« Paris, 9 juin 1867.

« Tu peux écrire chez M. Lecoffre, ma chère Marie, car je resterai probablement chez lui pendant tout mon séjour à Paris. J'ai été aujourd'hui recommander ma chère Alix aux prières des Auxiliatrices du Purgatoire. Ah! ma chère Marie, quelle profonde impression j'ai rapportée de cette visite, et quelle inoubliable vision que cette noble et sereine figure de religieuse entrevue dans l'humble parloir du couvent. Grande et belle sous son austère vêtement noir, peut-être plus jeune que moi, il y avait sur son visage, aux lignes pures et aux yeux lumineux, une telle expression de douce mansuétude que j'ai mis tout de suite ma main dans la sienne, en lui ouvrant mon pauvre cœur désolé. Comme elle a compris mon chagrin, comme elle m'a bien montré le ciel! Elle parlait, et je ne me lassais pas de l'écouter; et ses lèvres bienfaisantes laissaient tomber, goutte à goutte, le baume divin qui seul peut panser la plaie toujours saignante de mon âme.

« Elle n'a pas voulu me laisser faire une retraite dans l'état de désolation où je me trouve, et m'a dit d'aller d'abord à Rome, et de revenir ensuite la voir.

« Je suis sortie de cette entrevue emportant un calme, une religieuse paix que je ne connaissais plus depuis la mort d'Alix.

« Chose singulière ! je pense constamment à cette femme à la voix grave et douce, que je ne connaissais pas hier; il me semble que je ne saurais plus l'oublier. Quelle influence aura-t-elle donc sur ma destinée ?

« Adieu, je vous embrasse; à bientôt de mes nouvelles. »

A LA MÊME

« Paris, 12 juin 1867.

« Ma chère Marie,

« Je suis exténuée, bien que sortant très peu, mais la chaleur est si grande et la moindre course à Paris est si longue, que la fatigue vient toute seule.

« Tu me dis que Francis se plaît beaucoup au collège, ce qui me rend bien heureuse. Toutes mes connaissances parisiennes partent pour la campagne, je vais donc être délivrée des courses et pouvoir vivre tranquillement. J'en profiterai pour aller à mon cher couvent voir mère Marie de ***. Quelle place cette religieuse tient déjà dans ma vie, elle, la dernière venue ! Il ne me semble plus être seule de par le monde, depuis que je la connais.

« Je vois toutes sortes de personnes à propos de mon voyage d'Italie, et je ne sais ce que je déciderai. »

A LA RÉVÉRENDE MÈRE MARIE DE LA PROVIDENCE,

Fondatrice des Auxiliatrices du Purgatoire.

« Paris, 17 juin 1867.

« Madame,

« Je voulais aller vous rendre compte de ma visite

au R. Père Olivaint ; mais j'en suis empêchée par l'arrivée de mon frère et de ma belle-sœur, auxquels je dois chercher un gîte.

« J'ai été très satisfaite de mon entretien avec le R. Père.

« Il m'a renouvelé l'offre d'une retraite ; et je ne manquerai pas de la faire, que j'aille ou non à Rome.

« J'obéis très consciencieusement aux ordres de mon médecin ; je vais, je viens, pour rétablir entièrement ma santé ; mais le fond reste le même. Sans rien préjuger de l'avenir, j'ai la ferme intention de m'associer à vous : ce qui me sera d'autant plus facile qu'il est plus que probable que je resterai habiter Paris, si je trouve un couvent qui veuille me recevoir pensionnaire à un prix raisonnable.

« Plus tard, je l'espère, Dieu me fera connaître clairement sa volonté ; et je mourrai peut-être auxiliatrice ?

« Mes premiers moments libres vous seront consacrés. Vous voudrez bien m'aider de vos conseils et de vos prières, achever l'œuvre que vous et mère Marie de *** avez commencée.

« Recevez, madame, l'expression de ma vive et respectueuse reconnaissance. »

A SA SŒUR

« Paris, 19 juin 1867.

« Ma chère Marie,

« Je reçois ta lettre et j'y réponds sur-le-champ, car je vais sans doute partir pour l'Italie avec Monseigneur l'Archevêque et une amie de Mme Craven.

« Je suis enchantée que Francis continue à se plaire à son collège ; c'est la chose importante.

« Je verrai certainement le Saint Père et j'obtiendrai des indulgences bien précieuses ; il y en a qu'on ne peut avoir que pour ses parents vivants et morts ; je les demanderai tout d'abord.

« Je pense faire d'excellentes relations pendant ce voyage, qui me distraira un peu, sans me faire oublier, hélas ! mon grand chagrin.

« J'espère aussi remporter une bonne bénédiction pour moi et les miens.

« D'un autre côté, on me propose la direction d'un journal ; cela me permettra de remettre l'équilibre dans mon budget, un peu obéré depuis que j'ai fini de payer les dettes de notre pauvre père. Nous n'avons plus qu'à vivre en paix maintenant de ce côté, portant les croix quotidiennes. Nos défunts sont plus heureux que nous, assurément.

« Je vois toujours ma chère mère Marie de *** et elle m'a promis de m'écrire à Rome.

« Je suis fâchée que tu te sois foulé le pied, car l'exercice t'est bien nécessaire ; enfin, résigne-toi à ce repos forcé, et écris-moi si tu vas mieux.

« Une dame irlandaise m'a trouvé un logement à Rome. Voici quelle sera mon adresse : Chez Mlle Langdale, Via della Vite, 58, 3º Piano. »

A MONSIEUR DE KERÉVER

« Paris, 21 juin 1867.

« Je pars ce soir, mon bien cher ami, et je ne veux pas quitter Paris sans vous en donner avis. Le délai pour mon passeport m'a empêchée de profiter de l'occasion de Monseigneur l'Archevêque et de Mme de Ladoucette, ce qui m'a bien un peu contrariée. Ce soir, je me dirige vers l'Italie sous la protection de M. l'abbé Sire, directeur du séminaire Saint-Sulpice, un homme très savant, qui va porter au Pape la Bulle sur l'Immaculée Conception, traduite par lui dans toutes les langues.

« Vous vous étonnerez peut-être de me voir faire un voyage si coûteux qu'il m'a fallu vendre la propriété de quatre de mes ouvrages pour pouvoir l'effectuer.

« Que voulez-vous? il faut bien que j'essaie de reprendre quelque force et un peu d'intérêt à la vie.

« En définitive, tout me manque ! Votre famille était devenue la mienne; donc, c'est chez vous que j'aurais voulu goûter le repos de l'affection; et voilà que d'affreux vides se sont produits, et que chez vous, chez vous c'est-à-dire chez moi, je n'ai qu'une pensée : Alix ! Donc il faut que je voyage, puisque je ne puis me faire à sa disparition.

« Je vous aime tous personnellement de tout mon cœur. Si quelqu'un de vous souffrait plus que moi, j'essaierais de m'oublier pour le consoler. Actuellement, je suis submergée par le chagrin ; et, jusqu'à ce que le temps ait endormi cette cuisante douleur, il faut que je m'éloigne de ce pauvre pays qui m'est si cher.

« Mais il est bien entendu que je vous reste attachée et fidèle. Que l'un de vous souffre d'une façon ou d'une autre, je veux qu'on me l'écrive. J'accourrai, je vous appartiens à tous; alors vous me retrouverez ce que j'étais, car je pourrai vous être utile. Je regrette, mon bon et vieil ami, de renouveler votre peine qui est celle qui m'accable ; mais j'ai voulu vous dire franchement, sincèrement, ce qu'il en est. Entre nous, il ne peut y avoir l'ombre d'un malentendu, nous avons trop aimé et trop souffert ensemble.

« Adieu, je penserai beaucoup à vous tous à Rome, ai-je besoin de vous le dire? Je veux m'imprégner de la seule espérance qui ne trompe pas.

« Embrassez vos chers enfants pour moi, en plus Francis, pour lequel vous continuerez d'être affectueux et bon. Il m'en coûte beaucoup de le laisser ainsi ; mais je suis seule à en souffrir, car à cet âge, on ne sait rien regretter longtemps.

« Croyez à ma sincère et profonde affection. »

P.-S. — « A propos de mon voyage à Rome, je vois toutes sortes de grands personnages qui me témoignent une sympathie très vive. J'ai rendu visite à la marquise de Blocqueville, fille du maréchal Davout, prince d'Eckmühl[1], dont le salon est un des plus littéraires et des plus artistiques de Paris. Le R. Père Félix, de la Compagnie de Jésus, avait bien voulu me donner une carte d'introduction près d'elle, sachant que j'allais à Rome, et qu'elle y avait beaucoup de relations.

---

1. En mémoire de son père, Mme la marquise de Blocqueville fit un legs de 300 000 francs pour élever un phare de 1re classe à l'endroit le plus dangereux des côtes françaises. La noble dame, dans son testament, donnait ainsi raison de ce don généreux : « Les larmes versées par la fatalité des guerres, que je redoute et déteste plus que jamais, seront ainsi rachetées par les vies sauvées de la tempête. » Le phare d'Eckmühl s'élève aujourd'hui sur la pointe de Penmarc'h dans le Finistère.

« Cette grande dame s'est montrée charmante, et m'a remis une lettre pour une de ses amies qui habite la Ville éternelle. C'est la savante princesse de Sayn Wittgenstein Berlebourg, une femme que l'on dit être vraiment supérieure.

« Il y a six mois, j'aurais bien joui de tout cela; mais hélas! maintenant, combien tout est changé! »

CHAPITRE VII

**Voyage à Rome. — Retour à Paris.
Première retraite (1867).**

A l'époque où nous sommes arrivés, tout semble avoir disparu du passé de Zénaïde Fleuriot ; elle se retrouve seule, le cœur broyé, l'esprit obscurci, cherchant à monter vers les régions de la foi pour s'y retrouver avec sa chère Alix. Son imagination tantôt la console, tantôt l'inquiète et l'effraie. Que va-t-elle faire? Que va-t-elle devenir?

Elle ne peut trouver de soulagement même dans le souvenir des joies de son enfance et de son adolescence. Tout lui est un sujet de douleur et de regrets cuisants. Le Palacret a passé en des mains étrangères. Son père bien-aimé est mort, sans qu'elle ait pu le revoir, après leur première et si cruelle séparation. Comme elle l'écrit à M. de Keréver, il ne lui est plus possible d'habiter son cher Saint-Brieuc, n'y pouvant supporter le souvenir constant d'Alix qu'elle y retrouve partout et toujours. Elle n'a plus la force d'écrire, et ne peut reprendre goût à chose quelconque. Sa vie lui paraît sans issue.

Mais Dieu veille sur cette noble et belle âme qui s'est toujours confiée en sa bonté paternelle; il veille aussi sur ce talent qu'il ne lui a départi que pour procurer le bien d'autres âmes, en leur apprenant à aimer le vrai, le grand, le beau, les leur rendant attrayants sous le voile des plus agréables fictions.

La Providence la conduit à Paris, vers la religieuse qui sera, pendant plus de vingt ans, son soutien et sa plus confiante affection. Elle écrira plus tard, sur la photographie de sa pieuse amie, ces paroles qui résument la nature de leurs rapports surnaturels :

« Oh! ma mère! ma chère mère! qui m'avez appris à prier, à écrire, à aimer, à me sacrifier, qui m'avez mis Jésus-Christ dans l'intelligence et dans le cœur, je veux vivre et mourir reconnaissante et humblement unie à vous. »

Pour développer son talent d'écrivain, la critiquer avec bienveillance et l'encourager avec affection, Zénaïde rencontrera bientôt à Rome la princesse de Sayn Wittgenstein, femme de foi et du plus haut mérite, qui, charmée de son intelligence et des délicatesses de son cœur naïf et tendre, lui témoignera la plus bienveillante sympathie. Elle cherchera à l'initier aux merveilles du grand art, et essaiera de faire du romancier un littérateur, l'obligeant à soigner la forme de ses écrits et à en travailler consciencieusement le fond, ne la laissant pas se contenter de ces succès faciles qui sont trop souvent éphémères.

C'est en s'appuyant sur ces deux soutiens providentiels que Zénaïde Fleuriot marchera désormais, et que nous la verrons retrouver l'équilibre de sa vie.

Les lettres qu'elle écrivit à la religieuse Auxiliatrice

du Purgatoire ont été heureusement conservées. Nous en reproduirons quelques-unes.

Il nous semblait opportun de faire connaître à nos lecteurs la princesse Wittgenstein que Zénaïde allait rencontrer à Rome, et nous désirions trouver quelques détails sur cette femme illustre, lorsqu'il nous tomba dernièrement sous les yeux un livre publié chez Dentu en mai 1895. La couverture attira tout d'abord notre attention; on y lisait :

Princesse CAROLINE DE SAYN WITTGENSTEIN,
née IWANOWSKA.

———

LA VIE CHRÉTIENNE AU MILIEU DU MONDE
ET EN NOTRE SIÈCLE.

*Entretiens pratiques recueillis,
revisés et publiés*

par HENRI LASSERRE [1].

L'intéressante introduction de cet ouvrage, dont nous ne pouvons reproduire qu'une partie, fera connaître la grande figure de l'illustre amie de Zénaïde Fleuriot. Elle y est tracée de main de maître.

« J'étais à Rome, il y a six ans. Un soir, nous nous dirigeâmes, ma femme, ma fille et moi, vers un cimetière peu éloigné de la basilique de Saint-Pierre. Il porte le nom de « Cimetière des Allemands », mais on y ensevelit, en même temps que les morts de race tudesque, ceux qui sont originaires du Nord de l'Europe : les Suédois, les Danois, les Slaves, etc.

---

1. Auteur de *Notre-Dame de Lourdes*.

S. A. Madame la Princesse
de Sayn-Wittgenstein-Berlebourg
née Ivanowska

« Au hasard de nos pas silencieux, nous suivîmes les étroites allées de cette cité mortuaire. La tombe que nos yeux cherchaient ne tarda pas à s'offrir à notre regard. Elle était d'aspect très simple.

« Rien qu'une dalle faisant à peine saillie au-dessus du sol. A la tête et aux pieds, l'anagramme des catacombes : Pro Christo, ☧.

« A gauche et à droite, la première et la dernière lettre de l'alphabet grec, l'alpha et l'oméga, A et Ω, symboles de celui qui est le commencement et la fin. — Aux quatre angles, la colombe du déluge, portant en son bec le rameau d'olivier, image de l'âme échappée aux eaux bourbeuses de ce monde, et rentrant dans l'Arche du Paradis.

« Une couronne princière et les armes d'une famille étaient dessinées au trait sur le marbre.

« L'inscription, surmontée d'une croix, était celle-ci :

Ici repose dans la paix

Carolyne

Princesse de Sayn Wittgenstein

de la Famille Iwanowsky

Née le viii Février 1819

Morte le ix Mars 1887.

« A la suite de ces mots était gravée, comme résumé de toute une vie, une courte devise dont il serait impossible de traduire le latin concis et antithétique. Elle faisait pressentir la montée de douleurs et le chemin d'angoisses par lesquels l'âme, qui avait laissé là sa dépouille, s'était élevée à la souveraine clarté et à la triomphante paix des hauteurs :

Per angusta, ad augusta.

« Je n'avais jamais vu de mes yeux mortels celle dont les ossements gisaient en ce tombeau ; mais rarement mon cœur fut plus ému que lorsque nous nous agenouillâmes, tous trois, à côté de cette dalle funèbre.

« La patricienne, dont les ossements gisaient en cet obscur sépulcre, avait été un noble et beau génie qui s'était employé au service de Dieu.

« Dans le domaine de l'intelligence et du savoir, rien ne lui avait été étranger. Une telle universalité faisait, depuis environ dix ans, ma stupeur croissante.... Deux ouvrages d'elle, considérables comme étendue, et plus encore comme portée, avaient été imprimés sous ses yeux. Mais elle avait voulu qu'ils demeurassent, de son vivant, ignorés du public. Non seulement ils ne furent mis en vente chez aucun éditeur, mais on ne les tira qu'à quelques exemplaires d'épreuves, pour être communiqués, dans le secret, à de très rares amis.... Bien que nous ne nous fussions connus que par correspondance, je fus honoré de ce don et de ce témoignage d'affectueuse confiance.

« Pour des raisons puissantes, superflues à exposer ici, l'un de ces ouvrages, en vingt-quatre volumes in-8º, ne pourra voir le jour, suivant les ordres testamentaires de l'auteur, qu'un quart de siècle après sa mort. Ces volumes sont déposés en un couvent de Bohême, dans une chambre scellée.

« L'autre livre était un traité, ou plutôt une série de traités, sur les devoirs et les pratiques de la vie chrétienne en notre temps. Rien de meilleur, que nous sachions, rien de plus viril, de plus vrai, de plus efficace, de plus irrésistiblement bienfaisant, n'a été fait en ce siècle, dans cet ordre d'idées et de sentiments.

« Ce livre si irréprochable au fond et si salutaire, ce livre dans lequel nous nous étions nourris d'une substance vivifiante et divine, n'était cependant pas exempt (notre conscience littéraire nous le disait) de diverses imperfections de forme. Nous avons sollicité le droit de retoucher, de remanier l'œuvre, transposant, ajoutant, retranchant, avec la même indépendance et liberté que s'il s'agissait de nos propres manuscrits, incessamment revisés et corrigés.

« La princesse de Hohenlohe a eu la bonne grâce de nous autoriser à entreprendre cette collaboration posthume à l'œuvre de sa mère, croyant, écrivait-elle, « que ce sont les bons anges qui nous ont inspiré ce « dessein ».

« Dieu veuille qu'elle ne se soit pas trompée.... »

Tout dernièrement, nous lisions dans le numéro du 15 avril 1896 des *Études religieuses*, revue mensuelle publiée par les Pères de la Compagnie de Jésus, un remarquable article bibliographique, où le R. P. Van den Brule, signalant le livre de M. Lasserre, s'exprime en des termes qui manifestent une profonde admiration pour les œuvres de la princesse Wittgenstein.

« Ce que l'on peut dire, en général, de ces œuvres, dit l'éminent jésuite, c'est que, par l'universalité des connaissances, et par l'élévation et la profondeur du génie qu'elles supposent, elles produiront sur plus d'un lecteur l'impression qu'elles produisirent du premier coup sur M. Lasserre : une surprise grandissant jusqu'à la *stupeur*.

« J'ai donc ouvert le livre, et voici que je n'ai plus le courage de le fermer ; et que, le relisant, malgré moi, je voudrais le transcrire tout entier pour les lecteurs des *Études*. Il faut cependant nous borner. Un ami de M. Lasserre avait pu dire que, dans le texte original, le style était lourd, tudesque et chaotique. Sans en détruire les beautés, M. Lasserre l'a mis en excellent français.

« Et c'est pourquoi, ami lecteur, prends ce petit livre d'or, et lis-le : *Tolle et lege*. Médite-le, surtout, dans les heures de solitude apaisée, et pratique-le dans tes journées de vie mondaine ou de vie chrétienne.

« Je te le promets : tu y puiseras du charme, d'abord, le désir de t'élever ensuite ; et pour finir, la perfection que Dieu réclame de ta faiblesse.

« N'est-il pas vrai que tout écrivain qui recommande un ouvrage aimé prétend avoir découvert et présenter au public, « une perle »? Je puis donc bien le prétendre à mon tour. Et je le fais au point de te dire : Ami lecteur, cette perle est une des perles merveilleuses dont a parlé l'Évangile, car avec elle, s'il te plaît, tu peux acheter le Royaume des Cieux.

« Van den Brule S. J. »

La princesse de Sayn Wittgenstein n'est plus une inconnue pour le lecteur ; et la correspondance intime qu'elle eut avec Zénaïde Fleuriot, durant vingt ans, de 1867 à 1887, ne lui paraîtra que plus intéressante. Nous laisserons au style de la princesse « le tudesque et le chaotique », plutôt que d'y retoucher, au risque de lui enlever son originalité, dans des pages écrites au courant de la plume.

Nous n'avons retrouvé qu'une vingtaine de ces lettres, mais presque toutes celles que lui écrivit Zénaïde nous sont parvenues, voici comment.

Après la mort de son illustre amie, en 1887, Zénaïde avait pensé de suite à redemander ses lettres à Mme la princesse de Hohenlohe, sa fille [1], qui lui fit les réponses suivantes : elles expliquent la présence de ces précieux documents parmi ceux que nous avions à classer.

A Mme ZÉNAÏDE FLEURIOT

« Vienne, le 16 avril 1887.

« Madame,

« Je vous remercie de vos bonnes paroles de sympathie. Je la crois profonde, sachant la vive amitié que vous portait ma mère, et dont elle m'a bien souvent entretenue. J'ai trouvé, dans ses tiroirs, la correspondance d'une année environ. Je viens de la ranger, et n'ai point rencontré une seule lettre de vous. D'autres papiers vont m'arriver; ils ont été mis, par elle-même, dans de petits sacs, portant chacun la date des années qu'elle a passées à Rome.

« Soyez persuadée que, si je les retrouve, je ne manquerai pas de vous les envoyer scrupuleusement.

1. Femme du grand chancelier de l'empire d'Allemagne.

« Je me permets de vous offrir un souvenir d'elle, une coupe que vous aurez peut-être vue sur sa table, et portant le grand nom de Rome.

« C'est à cette Rome qu'elle a voué tous ses élans, toutes les aspirations de ses dernières années.

« Recevez, madame, l'assurance de mes meilleurs sentiments d'estime et de sympathie.

« Princesse de HOHENLOHE. »

« Friedstein, 7 septembre 1888.

« Madame,

« Je viens d'achever ma pénible tâche, le triage de l'énorme correspondance de ma pauvre mère. Voici toutes les lettres où j'ai retrouvé votre écriture, et que je vous renvoie, selon votre désir.

« Veuillez, en les relisant, associer mère et fille, en une prière et une bonne pensée.

« Princesse MARIE DE HOHENLOHE,

« née WITTGENSTEIN. »

Ces préambules posés, reprenons notre récit.

C'était, nous l'avons vu, l'âme en deuil et le cœur toujours brisé, que Zénaïde accomplissait ce voyage d'Italie, autrefois si ardemment désiré.

Néanmoins, dès les premiers jours de son arrivée à Rome, elle subit l'irrésistible charme des splendeurs de la Ville éternelle.

A peine reposée, elle écrivit à Mme la princesse de Sayn Wittgenstein la lettre suivante :

« Rome, 25 juin 1867.

« Madame,

« J'ai lu votre beau travail sur la Sixtine. C'est vous dire que j'admire votre talent et que je serai très heureuse de vous connaître.

« Vous avez écrit des pages admirables sur un homme sublime; et si je n'ose me flatter de comprendre Michel Ange comme vous, je puis dire que, par vous, je tâche de m'élever jusqu'à lui.

« Veuillez me faire dire quand vous pourrez me recevoir. J'ai à vous porter les amitiés de Mme la marquise de Blocqueville, qui a été pour moi de la plus exquise bienveillance.

« Recevez, madame, l'expression de ma profonde admiration.

« ZÉNAIDE FLEURIOT.

« Via della Vite, 58, chez Mme LANGDALE. »

A LA MÊME

« Rome, 27 juin 1867.

« Madame,

« Je vous envoie, à titre de simple hommage, ce petit livre qui ne vous offrira peut-être que bien peu d'intérêt[1]. J'y joins les derniers vers que j'ai faits le jour où la douleur m'a permis de penser.

« Si le grand souffle n'y est pas, le cœur y est tout entier. Encore une fois, madame, merci, et, croyez à ma profonde et respectueuse sympathie. »

1. *Petite Belle.*

ADIEU

Si la mort a flétri son fier et beau visage,
Éteint son œil brillant, courbé son front si beau,
Du moins l'âme immortelle échappe à cet outrage,
Et je la crois vivante... au seuil de son tombeau.

Dieu dit à la mort : Frappe! Elle a frappé,... son aile
Toucha son front aimé qui se pencha soudain.
Un jour suffit, un jour! Alix, mon cœur fidèle
Eût voulu que ce jour n'eût pas de lendemain.

Morte dans ta beauté! Morte dans ta jeunesse!
Morte aimée: Ah! le Ciel a de grandes rigueurs....
Rien n'a pu te sauver, ni larmes ni tendresse....
Dieu te réservait donc d'ineffables bonheurs!

Bien souvent tes yeux purs se détournaient du monde,
Tu voulais le bonheur, le repos, la vertu :
Ton rêve est accompli; dors dans ta paix profonde.
Mais nos cris de douleur, dis-moi, les entends-tu?

Mon cri, ma sœur, ce cri qui déchire mon âme,
Traverse-t-il des Cieux les sombres profondeurs?
Vois-tu du sacrifice en moi monter la flamme?
Et vois-tu ton cercueil qui pèse sur mon cœur?

Je crois à ton bonheur, ô mon beau lis sans tache!
Oui, tu refleuriras près du Verbe Éternel;
La mort déchirera le voile qui te cache;
Et mon cœur donne au tien rendez-vous dans le Ciel!

. . . .

A LA MÊME

« Rome, 28 juin 1867.

« Madame,

« Je passe une partie de l'après-midi chez mes amies irlandaises, qui doivent me conduire à Saint-Louis; donc, mille remerciements et mille regrets.

« Selon votre désir, j'ai vu la marquise douairière de ***, vénérable à plus d'un titre. Je lui ai consacré deux heures avec plaisir. Ces âmes-là ne vieillissent pas : nous nous éteignons beaucoup plus vite en province.

« J'ai encore deux désirs, madame : 1° et tout d'abord, voir le Saint Père avant mon départ, en audience particulière ; 2° déposer mes hommages aux pieds des souverains dépossédés du royaume de Naples.

« Je repartirai, non pas sans regrets, mais sans trop de chagrin, si je puis être reçue par Pie IX. Il est au fond de mon voyage de Rome.

« Vous êtes très indulgente pour mes vers, madame, et je vous remercie de parler ainsi d'une douleur qui ne finira qu'avec moi. Je ne sais pas aimer autrement, et aucun bonheur à venir ne remplacera le vide creusé par cette mort.

« A vous de cœur, bien respectueusement, etc. »

A LA MÊME

« Rome, 30 juin 1867.

« Que vous êtes donc gracieusement bonne, chère madame. Je vous assure que je n'avais pas besoin de vos pieux souvenirs pour ne pas vous oublier.

« Sortie le matin, je ne suis rentrée qu'à huit heures, et je me suis immédiatement rendue chez vous pour vous exprimer mes regrets de n'avoir pu profiter de votre aimable bonne volonté ; mais j'ai sonné en vain à votre porte.

« Hier, je suis allée admirer le « sublime Bataclan » de la Sixtine. Je vous aurais voulu là, en étrangère. Le hasard m'avait fait rencontrer plusieurs prêtres bretons. Une fois entrés, ils ont tous pris l'air désappointé, et, autour de moi, prêtres, femmes et hommes du monde, répétaient : « Comment ce n'est que « cela! » Il y avait cependant beaucoup de figures intelligentes.

« J'ai ouvert votre brochure et j'en ai commencé la lecture à voix basse, pour mes compatriotes : peu à peu tout le monde s'est groupé autour de moi. J'aurais voulu vous faire jouir du changement de ces physionomies ennuyées; votre style a été une sorte de baguette magique, et chacun est sorti plein d'admiration pour Michel Ange et pour vous. L'utilité pratique de votre travail m'a été, hier, bien éloquemment démontrée, je vous assure.

« J'espère beaucoup pour les audiences que je désire si ardemment, madame; vous savez que j'ai encore quinze jours, et qu'il m'est permis d'attendre que cette semaine fatigante soit passée. Je m'en rapporte à vous pour saisir le premier moment favorable.

« Au revoir, madame, et mille fois merci. »

A SA SŒUR

« Rome, 3 juillet 1867.

« Ma chère Marie,

« Je n'ai pas une minute à moi depuis que je suis ici; mais je veux vous dire que je vais bien et que, grâce à mes connaissances, je vois tout et j'arrive partout.

« Je vous porterai à chacun des souvenirs; mais je veux de suite t'envoyer une médaille couverte des indulgences les plus précieuses. Elle a touché la crèche de Notre-Seigneur, la chaise de bois sur laquelle saint Pierre s'asseyait chez le sénateur Prudens, la Sancta Scala, etc., etc. Elle a été bénite spécialement par le Pape, qui a l'air d'un vrai saint : car j'ai enfin vu Pie IX de près, ma chère Marie, grâce à ma bonne fée, la chère princesse. Avec quelle émotion on gravit ces escaliers grandioses! comme cette foule est silencieuse, impressionnée! Au moment où nous entrions dans la salle des audiences, une voix a dit : « Voici le « Pape ». Tout le monde est tombé à genoux. Pie IX, dans son simple costume blanc, passait en bénissant. Je l'avais vu entouré de toute la pompe religieuse, j'avais entendu les vivats formidables dont retentissait le vestibule de Saint-Pierre, et je ne m'étais pas sentie aussi profondément, aussi religieusement émue, qu'en voyant ce saint vieillard apparaître au milieu de nous, comme un père au milieu de ses enfants. L'image sacrée du Sauveur passait en ce moment devant mes yeux; je l'adorai, prosternée devant son vicaire.

« Pour assister à l'audience du Saint Père, une certaine mise est de rigueur; la princesse avait voulu présider à l'arrangement de la mienne; et, grâce à elle, cette toilette obligatoire (robe longue et mantille noire sur la tête) était d'une orthodoxie tout italienne. Ce n'est pas la première fois, du reste, qu'elle me donne une preuve aussi exquise de son obligeance et de sa bonté; à plusieurs reprises, elle est venue me chercher dans sa voiture lorsqu'elle réunissait quelques amis chez elle. Pour paraître à ces soirées intimes, elle avait poussé la délicate attention jusqu'à me faire acheter quelques fines violettes de Parme qui s'harmonisaient bien avec ma robe de deuil, et qu'elle fixait elle-même dans mes cheveux; cela m'a touchée jusqu'aux larmes; j'ai toujours le cœur si triste et si désolé!

« Adieu, etc. »

A SON NEVEU

« Rome, 15 juillet 1867.

« Mon cher Francis,

« Ta lettre m'a fait plaisir, mais je l'ai trouvée bien courte. Rappelle-toi le petit bavard de la rue Notre-Dame. Ce petit garçon-là ne bavarde pas beaucoup sur le papier. Tu aurais dû me parler de la visite de ton frère Charles, de tes tantes, des personnes que tu rencontres et que tu as vues chez moi.

« Tu aurais pu aussi me raconter ce que tu fais au collège; j'avais pourtant acheté une grande image représentant les beaux uniformes de l'armée et de la maison du Pape. Je te l'enverrai aussitôt que j'aurai reçu de bonnes nouvelles de ton travail.

« J'aurai de bien belles choses à te raconter plus tard. Demain, j'irai vénérer la chambre de saint Ignace, celle de saint Louis de Gonzague.

« J'ai été plusieurs fois rendre visite à la princesse de Sayn Wittgenstein, pour laquelle la marquise de Blocqueville m'avait donné une lettre, comme tu sais. Quelle femme intelligente et séduisante! Elle est pour moi d'une obligeance, d'une bonté, que je n'oublierai jamais; elle vient me chercher souvent en voiture et me fait visiter Rome, en m'initiant à ses beautés; j'ai là un incomparable cicerone.

« Grâce à elle, j'ai pu assister à la splendide cérémonie du Centenaire de saint Pierre; elle m'a donné un billet que je traduis et t'envoie, pensant te faire plaisir.

Canonisation solennelle
dans la Patriarcale Basilique Vaticane.

« Billet pour la tribune sous la niche des saints
« Processe et Martinien, n° 1, Division A.

« A la disposition de la Présidence des Postulations
« pour la cérémonie solennelle du 29 juin 1867.

« Pour Mlle ZÉNAÏDE FLEURIOT. »

« Le billet doit être nominal.

« Ne pourront être admises que les femmes décem-
« ment habillées et avec voile, ou bonnets sur la tête.

« Les hommes seront admis seulement en uniforme,
« avec habit, culottes noires et cravate blanche.

« Les ecclésiastiques devront être revêtus de la
« soutane longue. »

« La place était excellente ; je voyais et j'entendais parfaitement.

« Comme tu le comprends, il m'est impossible d'entretenir une véritable correspondance si je veux tout visiter ; mais j'écris chaque soir quelques-unes de mes impressions sous forme de notes, elles me serviront plus tard ; donne-les à tante Marie pour qu'elle me les conserve précieusement [1].

« La princesse, à laquelle j'avais dit mon désir de saluer les souverains dépossédés de Naples, m'a

---

1. Cet intéressant journal se retrouve en partie dans *Alix*.

procuré l'austère plaisir d'offrir le témoignage de mon respect au roi François II. Je t'assure que je ne songeais guère à admirer les œuvres artistiques du palais de ce jeune souverain, si sympathique dans son héroïque patience, et dont la fortune a si cruellement trahi le courage et méconnu les droits.

« Chaque jour, je vois une église nouvelle ! quand tu apprendras l'histoire romaine, nous causerons de ces merveilles.

« Au revoir, mon enfant.

« Travaille de mieux en mieux, soigne tes compositions, pour l'amour de moi, n'oublie pas ton *Ave Maria* pour ma chère Alix. Souviens-toi que je veux que tu méprises le mensonge, *même pour rire*. Ne crains pas de me dire toujours la vérité.

« Embrasse pour moi Mme de Kérigant, qui ira te voir avec Mignonnette. »

A Mme LA PRINCESSE WITTGENSTEIN

« Rome, le 23 juillet 1867.

« Madame,

« Une très vive contrariété vient stupidement empoisonner ce que Mme de Blocqueville appelle : les saintes joies romaines. Ce matin, j'ai été introduite chez le savant de l'autre monde, dont vous avez eu l'amabilité de me faire faire connaissance.

« On m'accueille avec un plaisir évident à cause de vous ; je me sens très intéressée, je tire bien vite mon portefeuille pour faire apprécier la médaille que vous m'avez confiée. La pièce a disparu ; la chaleur a dégommé sans doute la toile de mon portefeuille, et l'a laissée glisser! J'ai couru à Saint-Pierre, me rappelant que j'avais entendu tomber quelque chose dans la tribune. On n'a rien trouvé. Je vais chercher partout, et je retournerai chez Mgr Ferraris, où j'ai tiré aussi ce malheureux portefeuille que je croyais sûr. J'ai encore une espèce d'espoir; et dans tous les cas, ne pourrai-je vous envoyer de Paris quelque curiosité numismatique que vous offririez en compensation?

« Vos paroles d'hier me rendent cette aventure d'autant plus pénible. Voilà comment a fini, dans le trouble et le désagrément, une journée commencée par une visite à la marquise douairière de *** que j'ai trouvée au lit, souffrant d'une bronchite qui m'a tout l'air d'un asthme. Le désir de vous être agréable, en essayant de vous remplacer auprès d'elle, m'avait fait prolonger ma visite et assister à l'exhibition d'un grand tiroir plein de manuscrits. J'ai écouté, en luttant vaillamment contre le sommeil, des scènes d'amour très passionnées, écrites en si vieux style qu'elles étaient presque bien placées sur les lèvres qui les lisaient. J'étais donc fort contente de moi, quand j'ai découvert la perte de cette malheureuse pièce.

« Si je connaissais la personne de qui vous la teniez, j'irais de suite m'accuser. Enfin, madame, je cherche un moyen de réparation, et ne trouve que celui-ci : vous envoyer de Paris ou de Bretagne une pièce quelconque d'une valeur certaine.

« Je ne puis vous exprimer assez la vivacité de mes regrets. »

A LA MÊME

« Paris, 30 juillet 1867.

« Chère madame,

« Si mon esprit, et surtout mon cœur, avaient pu seuls vous écrire, vous auriez déjà reçu de mes nouvelles; mais il fallait que ma main s'y prêtât, et ma main n'en a pas eu la liberté.

« Vincent, m'ayant quittée avant le départ, n'a pas pu voir arriver Mmes de Cathelineau. Elles m'ont rejointe à temps, et nous avons supporté ensemble les fatigues et les ennuis du voyage. Leur société m'a été extraordinairement précieuse; j'avais le cœur si noir, si serré. Seule, j'aurais fait un bien pénible voyage, je vous assure. Nous nous sommes séparées à la frontière de France.

« A mon arrivée à Paris, j'ai craint pour ma malle, qui ne m'avait pas suivie, et contenait des valeurs; or, jugez de mon anxiété. Comme j'avais perdu la clef, j'avais eu l'imprudence de ne l'assujettir qu'au moyen de simples cordes; mais, heureusement, je l'ai retrouvée avec son contenu intact.

« J'ai remis, hier au soir, vos lettres à Mme de Blocqueville, toujours aussi gracieuse, aussi sympathique que possible; mais comme je vous regrette! Vous ne m'oublierez pas, chère madame, vous ne serez point perfide pour moi, comme on l'est trop souvent dans le grand monde?

« Quant à moi, je n'oublierai jamais votre bienveillante amitié, ni le soir où vous m'avez coiffée et parée de vos propres mains, pour que je pusse assister à l'une de vos réceptions, ni les bouquets de violettes que vous aviez si délicatement choisis pour me les poser dans les cheveux, car vous saviez bien que je ne consentirais pas à porter des fleurs éclatantes, avec le deuil que j'avais dans le cœur. Tout cela me demeure présent. J'admirais votre esprit; mais maintenant j'aime votre personne; et, quand l'affection se joint à l'admiration, cela constitue un sentiment qui n'est point éphémère.

« Je n'ai pas manqué de dire à Mme de Blocqueville combien vous étiez reconnaissante de ce qu'elle eût fait connaître votre Sixtine à ses amis. Elle admire sincèrement votre talent et nous nous entendons parfaitement là-dessus. Sitôt que je pourrai, je m'occuperai de la médaille; et j'espère être assez heureuse dans mes recherches pour vous faire oublier mon étourderie.

« Je suis de toute manière enchantée d'avoir fait un voyage à Rome. Il me semble avoir bien attaché sur mes épaules la croix que je traînais si péniblement; et, puisqu'il a plu au bon Dieu de m'en accabler, j'espère la porter courageusement désormais. Mais je me sens toujours bien faible, et je vais aller puiser la force à sa divine source. Pour cela, je ferai un séjour dans mon couvent du Purgatoire, dont je vous ai tant parlé. Je demanderai à Mère Marie de *** d'obtenir pour moi une retraite préparatoire à mon admission dans le tiers ordre, où, tout en demeurant dans le monde, je mènerai une vie plus rapprochée de Dieu, consacrée à prier et à mériter pour ma bien-aimée Alix.

« Je ne sais si vous aurez reçu les livres que j'avais

recommandé de vous envoyer; mais je vais m'en informer. J'aurai ainsi, de loin, le plaisir de penser que parfois vos yeux et votre cœur s'occupent de moi.

« Adieu, etc. »

Le 8 août 1867, Zénaïde Feuriot commençait une retraite dans son cher couvent.

Nous retrouvons les échos de ces heures de solitude et de prière dans un cahier de pensées intimes, dont quelques-unes nous paraissent de nature à pouvoir être communiquées aux lecteurs de sa vie, sans trahir les secrets de sa conscience.

« *La fin de l'homme.* »

« Ma fin, c'est de louer, d'honorer, de *servir* Dieu; et par ce moyen, sauver mon âme.

« Servir! mot profond, même humainement parlant. Qu'est-ce que servir? C'est appartenir à quelqu'un, aller où il veut, faire ce qu'il dit de faire, se dépouiller de sa volonté propre, pour agir en tout d'après la volonté d'un autre. Cet autre, pour nous, ce Maître, c'est Dieu.

« Je l'ai mal servi, je ne l'ai pas servi, je veux le servir, je veux sauver mon âme.

« Mon Dieu, faites que ma volonté, ivre d'orgueil et de folle indépendance, ploie sous votre joug. Vous êtes mon maître, je me mets directement à votre service. Parlez,... j'obéirai! Je me pénétrerai de cette vérité que vous êtes toujours à portée de me voir penser, de me voir agir, de m'entendre parler.

« Mais, s'il est beau et indispensable de servir Dieu, je ne dois pas oublier que le servir, c'est entrer dans la voie des sacrifices : je veux les regarder en face, les palper pour ainsi dire, afin d'embrasser courageusement cette pratique de la vertu, à laquelle je n'ai accordé jusqu'ici qu'une admiration stérile.

« J'userai de mon propre être en vue de Dieu ; je me *priverai*.

« La privation, que j'ai abhorrée, est d'une nécessité que je reconnais pleinement. Résister aux convoitises de l'âme, du cœur et des sens, c'est servir Dieu. User, pour Dieu seul, des créatures, de tout ce qui est hors de Dieu, c'est servir Dieu.

« Que Dieu me donne le courage de ne plus regarder comme un élément de bonheur l'amour du créé.

. . . .

« Je recommence ma vie et je la veux plus pure encore, plus étroitement unie à Dieu.

. . . .

« J'ai connu la mort, je l'ai embrassée dans ce que j'avais de plus cher, je ne veux plus désirer qu'une chose : bien mourir.

. . . .

« Il n'entrera rien d'imparfait dans le ciel ; de là, nécessité d'un Purgatoire.

« Mon Dieu, vous m'avez fait y descendre vivante en appelant l'âme d'Alix. Un des buts de ma vie sera de mériter, de prier, de souffrir « pour elle ! »

. . . .

« Je viens de méditer l'appel d'un roi temporel pour aider à contempler l'appel d'un roi éternel.

« Mon cœur bat, ma foi tressaille, une ombre

divine et aimée apparaît enfin : voici Notre-Seigneur Jésus-Christ.

« Qu'il soit le bienvenu, ce Désiré de mon âme!

« Je vous ai bien mal aimé, mais je vous ai aimé, ô Jésus!

« Que de fois je me suis tournée vers vous dans mes angoisses!

« Que de larmes ont jailli de mes yeux d'enfant ingrate, en regardant votre corps sacré cloué sur la croix, en contemplant votre tête divine couronnée d'épines.

« Je vous ai bien mal aimé, ô Jésus, mais je vous ai aimé.

« Que de fois, en lisant les actes de votre vie mortelle, n'ai-je pas abandonné le monde présent pour me plonger dans ce passé sublime!

« Je vous voyais et je vous suivais de loin. Je vous regardais marcher sur le bord des lacs, bénir les petits enfants, guérir les infirmes, ressusciter les morts.

« J'entrais avec vous chez Marthe, et je me cachais dans les plis de la robe de Marie pour être à vos pieds et vous écouter.

« Je montais avec vous sur la montagne, et j'entendais, avec une émotion mystérieuse et inexpliquée, tomber de vos lèvres cette parole profonde que je devais bientôt comprendre :

« Bienheureux ceux qui pleurent! »

« Je vous ai bien mal aimé, ô Jésus, mais je vous ai aimé.

« Que de fois, avec les yeux de l'esprit, je vous ai contemplé dans votre chair mortelle! J'admirais votre beauté surhumaine, j'adorais votre bonté divine, je vous suivais pas à pas, dans votre passion, les larmes aux yeux, l'angoisse au cœur.

« Je vous ai bien mal aimé, ô Jésus, mais je vous ai aimé.

« Que de fois, en sentant se creuser dans mon être un vide affreux que les choses créées ne pouvaient remplir, ne vous ai-je pas crié dans ma détresse : prenez-moi, Seigneur ! Prenez ces facultés et dirigez-les, prenez ce cœur avec ses tendresses débordantes, ses soifs inextinguibles, ses aspirations sans cesse renaissantes.

« Je vous l'ai dit, ô mon Sauveur, et je vous le redis non point à l'heure passionnée ou désolée des découragements, mais à l'heure calme de la réflexion sérieuse :

« Je vous ai bien mal aimé, ô Jésus, mais j'ai la volonté de vous beaucoup aimer. »

. . . .

« *Jésus en croix.* »

« Que de fois cette scène terrible, sanglante, cette scène sublime du Calvaire m'est apparue !

« Les prophètes l'avaient prédite, les poètes l'ont chantée en essayant de tirer de leur lyre des gémissements surhumains, les peintres et les sculpteurs ont essayé de la reproduire dans toute son horreur, dans toute sa beauté.

« Ce drame divin ne se chante, ni ne se peint ; il se voit, il se sent par le cœur. C'est le cœur qui doit gémir, prier, pleurer.

« Jésus, Jésus, laissez-moi embrasser le pied de votre croix, et rester là, abîmée dans la méditation de votre amour, de vos souffrances, de mon ingratitude.

« Quelques minutes sur le Golgotha font tant de bien à l'âme; mais pour contempler ces scènes divines, il faut vivre d'une vie surhumaine, ou bien il faut être soi-même attachée à une croix que Dieu, dans sa rigueur, peut-être dans sa justice, peut-être dans sa miséricorde, vous a envoyée.

« J'ai la mienne, ô Jésus; elle est là sur mes épaules qu'elle a bien fait saigner. Je veux vous suivre en la portant, et aller parfois la déposer au pied de la vôtre, à cette heure suprême où s'accomplit le mystère de la Rédemption.

. . . .

« La parole du Sauveur s'est vérifiée, il est ressuscité!

« J'ai écouté mon âme languissante, elle a tressailli, je l'ai sentie revivre. Alleluia!

« Il y a donc en moi quelque chose qui a ressuscité.

« Je ressuscite à la vie spirituelle, surnaturelle, et pour toujours, car ma consolation est en Dieu.

« Ce mot de résurrection ne fait-il pas battre le cœur quand le cœur a souffert par la Mort, quand un jour une main glacée en a arraché les fibres les plus sensibles?

« Il est ressuscité, elle ressuscitera, je ressusciterai. Souffre donc avec patience, ô être désolé! Le temps passe vite; l'éternité, le temps de la résurrection, n'est pas loin. »

Résolutions de ma Retraite.

« 1° Servir Dieu !

« Priant, souffrant, agissant devant Lui, en m'offrant pour Alix !

« 2° Entrer dans le T. O. des Auxiliatrices du purgatoire.

« 3° Mener une vie sérieusement chrétienne et solitaire dans le monde.

« 4° Garder un deuil rigide.

« 5° Retourner à Saint-Brieuc, où je m'occuperai de mon petit Francis.

« 6° Ne prendre aucune détermination grave avant la fin de mon année de deuil, février 1868.

« Ce dernier avis m'a été donné par le R. P. Olivaint qui a dirigé ma retraite. J'en reconnais toute la sage prudence, et j'y obéirai.

« Paris, le 15 août 1867. »

CHAPITRE VIII

Retour en Bretagne. — Correspondances diverses (1867-1868).

« Plouaret, 25 août 1867.

« Chère et bonne Princesse,

« Je reçois avec bonheur tout ce que vous m'envoyez de Rome : conseils, témoignages d'affection, compliments. Je ne vous ai pas répondu plus tôt parce que je ne voulais pas jeter à la poste un mot écrit à la hâte. Si vous le voulez bien, je vais retourner à Paris pour vous raconter ma vie depuis que je vous ai quittée. La chère marquise de Blocqueville s'y trouvait encore et je l'ai revue. Elle est vraiment remplie d'esprit, et j'ai pu lui parler de vous. Je vous assure que vous êtes un grand intérêt dans l'existence de cette femme qui, ayant tout pour être heureuse, a souffert si cruellement.

« Au bout de quelques jours, j'ai disparu dans mon couvent. Disparaître est le mot. Je ne sortais pas, je ne voyais personne, je ne recevais pas de lettres, je n'en écrivais pas, je vivais avec moi-même, devant

Dieu, ce qui ne serait pas agréable pour tout le monde, mais ce qui m'a été très doux et très bienfaisant. Je me plongeais dans un bain de repos et de résignation chrétienne. J'en suis sortie bien fortifiée.

« Cela m'avait pris huit grands jours, et j'ai dû rester encore une semaine à Paris, pour revoir un ouvrage qu'on met sous presse ; j'étais chargée de mille et une commissions, et j'arrive seulement. Je pense souvent à vous ; je me reporte au temps passé à Rome, et je voudrais être sûre que je vous reverrai. Nous nous sommes liées si vite et si bien, n'est-ce pas, madame? Ah! comme j'aurais besoin de votre esprit profond et de vos yeux lumineux, pour avancer hardiment dans la voie littéraire, où j'ai marché un peu à l'aventure. Vos encouragements porteront leurs fruits si je continue à écrire. Mais je crains qu'en fait de talent, comme en autres choses, vous ne me voyiez en beau. Dans tous les cas, j'essaierai ; et je suis irrévocablement décidée à demeurer aussi irréprochable que possible dans mes écrits, *sous tous rapports*. Il faut bien vous le dire ; j'ai eu quelquefois des tentations de m'essayer dans le roman de passion. La vogue et l'argent suivent ces succès faciles ; et j'avais souvent, pour ma famille, un tel besoin d'argent! J'ai résisté ; j'ai fui cette dangereuse et irrésistible Mme Sand qui avait demandé à me voir, et qui aurait pu prendre sur moi une immense et fâcheuse influence. J'aime bien mieux vous suivre, chère Princesse. On me l'a dit : vous êtes un grand caractère, une grande foi, une intelligence des plus hautes. Ne me ménagez donc pas les vérités ; soutenez-moi par vos conseils qui emprunteront, de votre affection et de votre génie, la plus imposante des autorités.

« Je suis toujours dans une incertitude profonde. Ma délicatesse, un peu outrée en cette occasion, m'a fait manquer l'affaire du *Journal*; il a été vendu et je ne passerai probablement pas l'hiver à Paris. J'en avais à peu près formé la résolution; mais j'ai revu mon petit neveu que j'aime maternellement, et j'ai reconnu que ma société lui était vraiment nécessaire; sa nature délicate m'a toujours été très sympathique; et puis je le trouve si malheureux de n'avoir plus de mère! Je le regarde parfois avec attendrissement en y pensant.

« Mon voyage de Rome, et surtout ma retraite chez les Auxiliatrices, m'ont d'ailleurs donné une telle force que je prends de bonne grâce tout ce que le bon Dieu m'envoie. Ma foi est devenue plus vivante. Il est vrai qu'en Bretagne, nous sommes catholiques traditionnellement; mais si vous saviez comme notre foi se traduit mal dans les actes! La routine est notre grande ennemie.

« Voulez-vous me permettre de faire reproduire sans signature, par les journaux, quelques-unes de vos lignes sur mes ouvrages? Elles valent tout un long compte rendu. Il est très doux d'être appréciée ainsi, et surtout de voir ses œuvres signalées en un tel langage.

« Me voici logée au fond de la Bretagne, à Plouaret; j'ai devant moi une grande place sur laquelle passent des poules effarées, des vaches rêveuses et des enfants à demi nus. L'église, le cimetière, sont à ma porte, entourés de marronniers si calmes qu'ils ont vraiment, eux aussi, je ne sais quel air de mort.

« Dans le monde des âmes, je vis au milieu de personnes qui me tiennent par le sang et qui ont des qualités diverses; mais au fond je suis *seule*.

« Rien ne vibre à l'unisson; c'est l'isolement moral. Il faut bien en prendre son parti; et je le prends, chère Princesse, en me rejetant sur les enfants; de jolis enfants frais et gais, dont j'aime à m'entourer, des âmes à peine éveillées, auxquelles je parle un langage sérieux et grave qui les étonne. On m'entoure d'un grand respect, et on se compose de petites physionomies quand on approche de la table où j'écris. J'espère entamer ici l'ouvrage sur lequel je tracerai votre nom; mais je me sens *rouillée*. J'écrivais tant, si facilement, si vite autrefois; ces huit mois de jeûne m'ont, je le crois du moins, affaiblie. Je voulais vous envoyer ma photographie. En pensant à l'imperfection de celle que je vous ai laissée, j'ai eu *pour vous* la patience de reposer. L'essai n'a pas été beaucoup plus heureux. Dans tous les cas, vous tiendrez compte de ma bonne volonté. Je crois en votre affection et vous embrasse de cœur. »

A LA MÊME

« Plouaret, 25 septembre 1867.

« C'est en effet maintenant au fin fond de la Bretagne que vos lettres viennent me trouver, chère Princesse. Ces belles et charmantes lettres ne comblent pas l'affreux vide que me fait le silence de celle qui est partie pour le Ciel ; mais elles sont pour moi une distraction puissante, et elles contiennent pour mon travail des encouragements précieux.

« La marquise de Blocqueville, de son côté, me crie : Courage, dans son style chaud et poétique ; de saintes amies me suivent du cœur et de l'esprit, et soutiennent ma foi et ma volonté.

« Je me vois souvent à Rome, chère Princesse, dans ce salon bien fermé que vos yeux éclairaient, et dans cette voiture où vous causiez si bien. Quand je pense longtemps à ces heures si agréables, je me sens encore une grande puissance de regrets.

« Ainsi donc vous me vouliez en Bretagne ; j'y suis : mais y demeurerai-je ? Cette question est toujours douteuse. Je croyais aimer mon pays à ne pouvoir vivre ailleurs, et voici que je pense à me fixer à Paris. J'y ai goûté de si grandes consolations ! Mais comme je me suis promis à moi-même de ne prendre aucune décision irrévocable pendant cette fatale année, je retourne à Saint-Brieuc avec mon neveu Francis, et je resterai dans mon indécision jusqu'à sa première communion. Après, j'interrogerai Dieu dans une retraite, et je suivrai sa volonté. Mon chagrin m'a tout à fait livrée à lui.

« Puisque je ne vous ennuie pas, chère Princesse, j'entrerai dans les détails que vous désirez connaître.

« Depuis que j'ai quitté Paris, je suis chez mon frère, à dix-huit lieues de Saint-Brieuc. Je me lève à six heures ; je vais à l'église, une jolie église bretonne, où un sacristain mélomane psalmodie, d'une voix rauque, l'office des morts. J'entends la messe, en compagnie de deux ou trois décrépits qui ont l'air d'avoir passé cent ans, et de deux idiotes, qui disent tout haut leurs prières à Celui qui ne repousse personne.

« De retour à la maison, je me mêle à la famille, j'écoute les enfants, de beaux petits garçons, chanter leurs bonjours; et après ces flâneries, je vais écrire dans le salon, où ma belle-sœur, une aimable femme que mon frère a épousée en secondes noces, m'a fait placer une table.

« Quand je suis lasse, je prends mon aiguille et je vais me mêler à ces dames. Nous nous promenons aux alentours; on reçoit des visites, et de bien curieux originaux me passent sous les yeux. Le soir, mon frère, qui est très instruit, nous lit des pages prises au hasard; nous sommes entourés de poupons qui dorment du sommeil de la plus parfaite innocence; et les jours se suivent et se ressemblent.

« Mais la rentrée du collège a lieu le 4 octobre. Je vais partir avec Francis pour Quintin, petite ville type, où habite une de mes meilleures amies, Mme de Kérigant. Je passerai quelques jours intelligents chez elle. Son mari est un actif, le fils d'une chouanne intrépide. Là, nous causons politique, agriculture, économie sociale, littérature. Il vient, envers et contre tous, de se faire nommer conseiller général. C'est un caractère très énergique, un vrai lutteur, un homme à gouvernement. Ces bons amis me feront reconduire à Saint-Brieuc, où j'irai passer quelques mois bien austères, protégée contre les visites par mon deuil, et uniquement occupée de Francis.

« J'attends l'envoi de vos livres, que vous dites « ennuyeux comme la pluie ». Vous pouvez traiter des sujets ennuyeux en eux-mêmes; mais, bon gré mal gré, l'éclair brille, et vous avez des phrases qui valent des volumes. Pour moi, je collectionnerai avec soin vos jugements sur mes livres, et je les servirai au public, à la place de ces longs comptes rendus qui racontent si maladroitement l'histoire elle-même. Quel gain!

« Je pensais qu'*Au hasard* vous aurait intéressée. C'est le seul de mes ouvrages qui me plaise un peu; j'y ai logé tant de souvenirs! A Vichy, n'avez-vous point remarqué que sous les arbres du parc, je fais une rencontre qui m'émeut? « Cette Carmen », c'était Elle!

« J'écris, en ce moment, un livre où je veux la nommer. M. Alfred Nettement m'a dit que ce serait pour moi un soulagement. Mais je n'avance pas, c'est trop récent; je souffre beaucoup, et je finis par jeter ma plume et par aller coudre.

« Vous me parlez de la douleur, chère Princesse, comme une personne qui a souffert, d'une façon ou d'une autre. Vous pensez vrai; mais hélas! par quel chagrin s'inaugure cette phase plus virile de ma vie!

« Vos lettres ont sur moi le même pouvoir que votre conversation; elles me font sortir des regrets qui m'énervent.

« J'ai fait envoyer trois photographies par la librairie de Saint-Brieuc, vous choisirez. Des livres les accompagnent. Je suis très heureuse de vous les offrir.

« Il est temps que je finisse cette interminable épître. Que ne puis-je la faire passer à travers le parfum de mon humble bouquet de *Réséda*, que la poste a dû vous porter ces jours derniers, si mes ordres ont été suivis.

« Recevez-le tel qu'il est; et ne tardez pas à m'écrire de ces belles pages qui me font vivre à vos côtés.

« Je vous embrasse, chère et illustre amie. »

LA PRINCESSE WITTGENSTEIN A ZÉNAÏDE

« Rome, 15 octobre 1867.

« Je ne voulais pas vous répondre, chère bruyère de Bretagne, avant d'avoir reçu vos touchantes photographies, avant d'avoir lu vos trois charmants volumes. Parlons d'abord des premières, elles m'ont émue.

« Quel contraste entre la belle personne droite et fière, au front radieux, au fin sourire de 1865, et la personne brisée, vraiment brisée, affaissée sur elle-même de 1867. Non; je ne choisis pas, je les garde toutes deux, car il y a tout un poème de douleur dans ce contraste. Pauvre cœur éprouvé! le Seigneur vous a tordu comme un linge mouillé, pour me servir d'une image de l'Écriture. Vous avez été pénétrée d'outre en outre, la flèche aiguë du fer rouge vous est entrée au plus profond du cœur; je ne puis vous dire combien j'eusse désiré vous avoir encore devant moi, pour vous embrasser et vous dire qu'*Elle* doit être heureuse. On n'a point été aussi tendrement aimée sans être une très belle âme, et les belles âmes vont droit à Dieu ; il ne faut pas attrister leur bonheur par le spectacle de nos larmes, l'Écriture Sainte le dit quelque part. Si vous voulez, je vous chercherai l'endroit. Le Saint-Esprit nous apprend que les âmes qui sont dans le repos des justes éprouvent de la peine à voir les larmes que leur départ fait verser, tandis qu'elles sont mieux qu'ici-bas.

« Je vous remercie de ces éloquentes photographies ! elles m'ont vraiment remué l'âme.

« Et vous voilà de nouveau à Saint-Brieuc, Saint-Brieuc si joliment, si gracieusement dépeint par vous dans *Les Prévalonnais*, jusqu'à donner envie d'y aller, pour voir la mer et la maison de Mlle Colette et de sa touchante sœur Fiacrine. Le dialogue des deux sœurs, auxquelles Joseph rappelle des souvenirs si différents, est un petit chef-d'œuvre ; cet ouvrage abonde en tableaux ravissants ; il y a une finesse de pinceau rare, l'entrée en scène est des plus heureuses. Ce mariage qui, en se défaisant, ne brouille pas les familles, c'est pur, c'est frais, c'est naturel. Si le critique parlait, il pourrait dire que le rôle de Valentine est peut-être trop effacé ; il manque de relief en proportion du premier plan ; cela tient, non plus au sentiment, au talent, mais à l'art de la composition qui demande une certaine harmonie entre les divers groupes du tableau général. Du moment qu'un coin est très détaillé, il faut que le reste soit en équilibre, et que l'ombre d'effacement n'arrive pas trop subitement. Il ne faut surtout pas préparer certains effets, puis escamoter, en quelque sorte, les grandes scènes, se tenant quitte pour quelques coups de crayon.

« L'enfance et son charme d'ingénuité, le naïf du faire, ne pouvant pas plus toujours durer que celui de l'esprit, il faut remplacer certaines qualités, qui se perdent nécessairement avec le temps, par d'autres qui ne s'acquièrent qu'avec le temps; il faut que l'art remplace la première fraîcheur. Ce que je dis uniquement parce que vous avez écrit une trentaine de volumes, et que cela compte pour tout auteur, car la fraîcheur ne disparaît encore guère chez vous. Loin d'apercevoir de la lassitude, on rencontre un peu de hâte turbulente. On voit une imagination déjà pleine d'un autre sujet avant d'avoir épuisé celui qu'elle tient. Votre avare est excellent, c'est votre meilleur personnage, celui dont le portrait s'élève au-dessus du croquis, de l'esquisse.

« Courage, ma chère bruyère, etc. »

A LA PRINCESSE WITTGENSTEIN

« Saint-Brieuc, 9 novembre 1867.

« Chère Princesse,

« Combien vos comparaisons photographiques m'ont touchée! Il me semble que vous m'avez présenté un miroir où je me suis vue *avant* et *après*; moralement, le même changement s'est opéré en moi; je ne me reconnais plus.

« J'étais restée très jeune, trop jeune; et malgré tous les malheurs de famille qui assombrissaient mon avenir, et me faisaient une vie insupportable, j'avais une force de résistance que rien ne pouvait ébranler.

« Il a fallu que je fusse visée au cœur, pour tomber.

« Que de fois j'ai lu les pages 180, 181, 182 de votre livre *ennuyeux*. Je connais le *trop-plein* des forces vitales et ses inconvénients.

« Je vous assure que la pluie est autrement ennuyeuse que ce beau livre! Depuis que je le possède, je m'y plonge et je vous admire beaucoup. Ce n'est pas du gâteau que vous offrez à vos lecteurs, ce ne sont certes pas des friandises, mais c'est du pain de pur froment, dont chaque parcelle nourrit. *Non!* chère Princesse, il faut que je vous le dise sincèrement, je ne veux pas lire *tout* Balzac, comme vous me le conseillez; mais j'ai lu *Les chouans*, et je comprends que cet homme ait pris sa place parmi les géants. Seulement, il ose tout dire; il fouille jusqu'au fond, et le fond est si étrange!...

« Si je vous avais connue, il y a trois ans, j'aurais certainement grandi intellectuellement. Tout ce que vous me dites sur mes ouvrages est d'une vérité qui me saisit. J'avais pensé que ces défauts existaient, j'avais trouvé que ces scènes, que vous voulez bien louer, étaient réussies.

« Jamais personne n'a mis ainsi le doigt sur la plaie de l'imperfection ou sur la corde qui a résonné juste.

« Mes lecteurs m'ont beaucoup louée en *masse*; mais cela ne m'apprenait rien sur l'art ni sur moi-même. Tandis que vous voyez tout : ensemble et détails; et aussi vous devinez tout. Ces mots : « hâte

« turbulente » m'ont surprise. C'est bien cela; et encore : « l'imagination déjà pleine d'un autre sujet « avant d'avoir épuisé celui qu'elle tient ».

« Et vous avez deviné ces vérités ! Pour raisons, je vous donnerai celles-ci : d'une part, le trop-plein des forces vitales; de l'autre, l'abominable question d'argent.

« Je relisais à peine mes pages, ce qui est très mauvais. Je n'ai pas composé un de mes volumes en accordant huit jours de réflexion à la conception, à l'arrangement. Tout naissait d'inspiration et se développait au hasard.

« Votre conseil m'est arrivé un peu tard. La première partie de mon livre d'*Alix* est brochée. Je l'ai tellement *isolée* de son milieu, que j'oublie presque de qui il s'agit. Quand je la dépeins, je la baptise d'un autre nom, je souffre quelque temps, et cela marche. Dans la prévision des décisions que je pourrais prendre l'été prochain, après la première communion de mon neveu, j'ai voulu écrire, bien ou mal, un livre qui portât son nom; et j'ai surmonté mes défaillances.

« Maintenant, que je vous donne une idée de ma vie à Saint-Brieuc, chère Princesse, puisque cela vous intéresse. Par un hasard curieux, mon appartement se trouve dans la rue Notre-Dame. Je l'ai choisi pour la vue; c'est absolument la maison « Le Bigot », que j'ai décrite dans *Les Prévalonnais*, et il y a un an, je m'y trouvais très bien.

« Le matin, j'entends la messe dans la chapelle de Montbareil qui me touche, où il n'y a que les religieuses que je ne vois pas, étant derrière leur grille, deux ou trois pauvres, une sœur converse et moi.

« En revenant, je m'occupe de mon petit neveu. Dès huit heures, je le conduis au collège, à un quart d'heure de chez moi. A onze heures, je vais le chercher; il préfère naturellement ma société à celle de la servante. Nous causons dans le trajet, et sa conversation m'est une véritable distraction. Nous dînons à midi. Je vais le reconduire; je fais une halte à l'église pour dire mon Office des morts, et je reviens travailler, coudre, lire ou écrire, quand je n'ai pas de visite. A la nuit, je retourne à ma chapelle; je vais chercher Francis pour l'envelopper, à cette heure froide, dans mon grand manteau; nous passons la soirée ensemble, et les heures coulent vite.

« Chaque jour, il en est ainsi. Je ne fais aucune visite à cause de mon deuil, ce qui me donne plus de temps que je n'en ai jamais eu.

« Ne puis-je savoir par vous, chère Princesse, s'il est vrai qu'il y ait à Rome des dames qui se joignent aux sœurs de charité pour soigner les blessés? J'irais de grand cœur me dépenser un peu là, s'il y avait encore besoin et danger? Mais il faudrait que le besoin fût pressant et le danger réel; ce qu'on m'en a dit me semble bien vague.

« J'ai été heureuse de l'accueil fait par Paris à François-Joseph. Il a eu toutes les sympathies; et lui, du moins, s'est conduit en roi, et s'est gardé de « la grande-duchesse de Gérolstein ». L'Autriche, si j'en crois mes lettres particulières, est maintenant tout à fait en vogue à Paris.

« Je garde précieusement vos conseils, je ne vous

trouve pas trop sévère, j'aime la vérité et vous êtes *vraie*; je comprends maintenant, hélas! la nécessité du travail; et si je dois servir Dieu par ma plume, je travaillerai.

« Vous ai-je dit à quel point vos belles sibylles me tenaient compagnie? Je n'aurais pas cru qu'une gravure eût cette puissance de distraction. Merci! »

A LA MÊME [1]

« Saint-Brieuc, 12 décembre 1867.

« La promptitude de votre réponse m'a profondément touchée, chère Princesse, elle contient un véritable baume. Hélas! non, je ne suis pas aussi résignée que vous le croyez, et que je voudrais l'être. J'ai des crises, de violentes crises de chagrin. Il y a des moments où la séparation me pèse lourdement, la prière seule me soulève. J'ai un certain bonheur à m'occuper de mon petit neveu, mais il ne faut pas que je m'y attache trop. Son père, d'un jour à l'autre, peut être nommé dans une ville où il y aura un collège, et alors il me le reprendra. Je jette quelques bonnes semences; mais, le champ ne m'appartenant pas, je ne puis espérer le cultiver jusqu'à la moisson.

« J'ai enfin rencontré monseigneur de Saint-Brieuc. Il désire vivement recevoir votre livre : *La vie chrétienne au milieu du monde*. Il m'a dit que vous étiez un des premiers esprits de notre siècle. Il m'a ensuite parlé de mes ouvrages de façon à seconder votre

---

1. À notre grand regret nous n'avons retrouvé de lettres de la princesse Wittgenstein qu'à partir de 1873.

action. Il m'a grondée, encouragée, par de très profondes paroles. Monseigneur veut que j'étudie, et il semble, ainsi que vous, regarder comme un instrument à la gloire de Dieu cette pauvre plume que je maniais par pur attrait. Mais personne n'admet les grands brisements et l'on s'étonne de la persistance des regrets. D'après ce que je vois, il faut marcher sur son cœur et servir, les yeux secs, ce qu'on appelle la société.

« Oui, chère Princesse, j'ai appris à être seule, et cela m'a peu coûté dans l'état actuel de mon esprit ; le banal et le faux m'ennuient maintenant plus que jamais.

« Seulement, je dois vous l'avouer, cette claustration me mène au cloître. Il me prend une sérieuse envie d'abandonner le monde et de prendre le joug d'une règle. Mon cœur a une vie qu'il faudra bien occuper ; et si Dieu s'en empare, pourquoi rester majestueusement isolée, vivant dans le monde et n'en étant plus ? Il est donc probable que ma destinée se fixera définitivement avant peu.

« Les mariages dont on me parle ne me conviennent pas. En ce moment, on me propose un gentilhomme pauvre, encore assez jeune, officier de marine. J'aurais pu accepter gaiement cette vie à vingt ans, et la supporter vaillamment ; mais maintenant ! Je prie de mon mieux, et j'attends dans le plus grand calme, me préparant simplement à suivre la volonté de Dieu clairement manifestée.

« Je travaille la fin de mon livre d'*Alix* ; mais je n'ai pas osé vous le dédier, il me semble qu'il sera très imparfait. Je le continuerai en Normandie, chez

Mlle de Servigny, que j'ai connue à Rome. Quelles rencontres providentielles j'ai faites là ! J'en suis tout attendrie et toute reconnaissante envers Dieu.

« Paule de Servigny, qui s'appelle Paméla, mais que j'ai rebaptisée, me témoigne en effet l'amitié la plus tendre. Elle oublie, pour me distraire, sa vie sérieuse consacrée aux bonnes œuvres. Je lui ai donc promis solennellement de m'arrêter à son château du Bois-Roger. Ensuite, je me rendrai à Paris, pour le séjour que je compte faire dans mon cher couvent, à l'époque de mon triste anniversaire.

« Je crois que, si je ne me cloître pas, vos conseils ne seront point perdus ; j'aurai le courage d'être patiente et d'écrire à tête et à main reposées. La douleur m'emmaillote encore, mais je sens que la vie est en dessous, et qu'elle se remontrera tôt ou tard, quand le sang de ma blessure aura fini de couler.

« Je pense partir pour Paris dans la première quinzaine de février, et y rester deux mois environ.

« Je retrouverai avec plaisir notre aimable marquise. Sa maison sera ma seule distraction un peu mondaine, car je ne compte pas changer de vie, ni mettre le pied cette fois dans le tourbillon parisien. Tout cela est d'un vide affreux pour mon cœur.

« Chère Princesse, je voudrais savoir si Mme Craven a pris ses quartiers d'hiver au palais Colonna, ainsi qu'elle en avait l'intention ? Vous savez que son ouvrage très sympathique *Récit d'une sœur* a un immense succès. Ce livre se rattache étroitement à mes plus navrants souvenirs. Le dernier volume, tout empreint d'immortalité, est, je puis le dire, tombé des mains d'Alix. Elle le lisait chez moi, l'avant-veille de sa mort; il a fourni notre dernier sujet de conversation intime, elle me disait : J'envie le sort de ces héros qui sont tous morts jeunes!... hélas! »

. . . .

On le voit, Zénaïde travaillait à son touchant ouvrage intitulé *Alix*, dernière fleur jetée, comme elle le dit elle-même, sur la tombe de sa bien-aimée morte.

Cette œuvre commença à paraître dans *la Semaine des familles*, le 28 décembre 1867; et malgré toutes ses hésitations, l'auteur la dédia en ces termes à son amie romaine :

A S. A. LA PRINCESSE DE ***

« C'est à vous, madame, que je dédie ces pages où se projette et grandit l'ombre de cette choisie de mon cœur, qu'il a plu à Dieu de soustraire jeune aux épreuves et aux souffrances de la vie.

« Cependant vous me l'avez dit, avec l'autorité du génie : on ne trempe pas sa plume dans une plaie ouverte; et le sang qui coule encore fait de la mauvaise encre.

« Cette vérité est la meilleure excuse que je puisse donner pour atténuer l'imperfection de cette œuvre.

« Malgré l'excellence de votre conseil, j'ai surmonté une partie de mes défaillances; j'ai voulu, isolant d'une bien chère famille et d'un milieu où nous avons vécu celle que j'aimerai par delà la mort, parler d'elle, lui consacrer mon premier travail, voir son nom aimé à chacune de ces pages; et je l'ai placée dans un cadre peu digne d'elle peut-être, mais qui se trouvait prêt à recevoir cette nouvelle image.

« Je le sais à l'avance, chère Princesse, si votre science littéraire me désapprouve, votre grand cœur me comprend et m'absout. »

A LA MÈRE MARIE DE ***

« Saint-Brieuc, 31 décembre 1867.

« J'ai reçu avec une profonde reconnaissance, ma chère mère, vos souhaits et vos vœux qui devançaient les miens. Je suis triste, mais paisible; je n'ai plus comme autrefois le souci de chercher quelle somme de bonheur m'apportera l'année qui vient. Je sais maintenant par expérience que le bonheur humain n'est qu'un mirage, et qu'il n'existe de paix durable et féconde que dans la conformité à la volonté souveraine de Dieu.

« Votre beau Saint Augustin d'Ary Scheffer m'a inspiré de faire graver sous la photographie, avant qu'elle fût encadrée, ces vers que remplit votre souvenir :

> La grâce est triomphante; et par elle dompté,
> Augustin suit Monique aux sources de lumière.
> Dieu, l'amour infini, Dieu, la beauté première,
> Divinise l'élan de ce cœur agité.
>
> Et tous deux ils sont là devant l'immensité,
> Paisibles et rêveurs, affamés d'immuable,
> Détournant leurs regards du monde périssable
> Où tout meurt, où tout sombre, où tout est vanité!...

« Je pense arriver à Paris le 10 février; je vous demanderai de passer sous le toit de Notre-Seigneur, qui est le vôtre, toute la journée du 12. A cette date, il y aura une année que je pleure et que mon cœur saigne.

« J'ai retenu, pour mes deux mois de séjour à Paris, une chambre à l'Abbaye au Bois.

« Qu'il m'est doux de vous dire à bientôt, ma chère mère, et à toujours. »

CHAPITRE IX

Correspondances diverses (1868).

A LA PRINCESSE WITTGENSTEIN

« Paris, 26 février 1868.

« Oui, je suis à Paris, chère Princesse, depuis deux mois, mais non point en train de devenir parisienne, croyez-le bien.

« Notre très aimable marquise a dû vous dire que *l'Union* parlerait du bel ouvrage que vous m'avez envoyé. Ces messieurs sont un peu surchargés en ce moment; mais j'obtiendrai certainement un tour de faveur. J'ai pris bien souvent la plume pour vous écrire, une visite ou une sortie m'interrompait. Mais sachez bien que j'ai toujours le temps de lire vos lettres, sachez aussi que « vos *radotages sublimes* » sont une de mes consolations. Vous êtes pour moi trop indulgente; mais de mon côté, je ne veux voir rien que de beau et de louable en vous.

« Je mène à Paris une vie fort sérieuse, je vais souvent chez mes saintes amies du Purgatoire, et, quand je suis auprès d'elles, je suis très gaie. Plus que partout ailleurs, je sens mon Alix à mes côtés; et je vois avec bonheur cette autre amie que Dieu m'a envoyée pour être mon bon ange, et dont je vous ai parlé à Rome, mère Marie de ***.

« J'ai une cellule à l'Abbaye au Bois, fort au-dessus de l'appartement qu'habitait Mme Récamier; et je fais toutes sortes de réflexions philosophiques en montant cet escalier que gravissait chaque jour Chateaubriand.

« N'allez pas trop vous imaginer de m'écrire des lettres courtes, chère Princesse; je comptais beaucoup sur votre critique de *Petite Belle* pour *l'Union* et vous avez passé rapide.

« N'oubliez pas de me parler de votre santé. Pour moi, je mène la vie la plus simple du monde. Je laisse de côté tout ce qui ne s'accorde pas avec mon deuil, les soirées, le théâtre, etc., et vraiment, cela ne me coûte pas. Désormais, j'aimerai mieux compatir aux souffrances que de prendre part aux joies, à certaines joies surtout. »

Ainsi que nous venons de le voir, Zénaïde, après avoir passé, dans un pieux recueillement, le douloureux anniversaire du 12 au 20 février, fit un séjour de deux mois à Paris. Puis, elle retourna en Bretagne.

A LA PRINCESSE WITTGENSTEIN

« Saint-Brieuc, 22 avril 1868.

« Chère Princesse,

« J'espère que la marquise de Blocqueville vous aura expliqué mon silence en vous apprenant qu'une indisposition m'avait clouée chez moi pendant la fin de mon séjour à Paris.

« Cette détestable grippe ne m'a pas encore quittée et elle me rend d'une paresse extrême.

« Mais l'esprit a beau s'engourdir par le malaise physique, le cœur va son train, et chaque jour je vous adressais une longue lettre... de pensées.

« Vos lignes sur *Petite Belle* m'ont ravie; vous me faites aimer mes livres et vous les faites aimer à bien d'autres.

« En vous lisant, ici ou là, dans vos ouvrages, dans vos lettres, j'ai comme des épanouissements d'intelligence.

« Je suis enchantée que l'article de mon ami Nettement vous ait été si agréable. Plus je vois les hommes de près, plus j'admire celui-là, si fidèle à son Dieu, à son roi, à sa conscience. Il touche à la perfection; et la vie intime que j'ai menée dans sa famille me l'a fait apprécier encore davantage. J'écoutais avec bonheur cette voix loyale vous louer.

« Depuis ma malheureuse aventure de la médaille perdue à Rome, je portais un intérêt tout particulier à la numismatique. En parlant de vieilles monnaies devant moi, on était sûr de m'intéresser. J'avais toujours l'arrière-espoir de vous faire parvenir une pièce quelconque de valeur. La mort de votre ami l'orientaliste, que vous m'annoncez, m'a donc été une sorte de soulagement; il ne peut plus m'en vouloir, dans l'autre monde, de lui avoir perdu sa curieuse médaille. Je me rappelle parfaitement l'étrange vieillard, je le reconnaîtrais dans l'éternité. Se reconnaîtra-t-on, chère Princesse? Je donnerais dix ans de ma vie, toute ma vie, pour le savoir; ces ténèbres-là sont désolantes.

« Mon séjour à Paris, qui a fini d'une manière si maussade quant à la santé, a été cependant très agréable d'autre part. Je me suis rencontrée avec certains grands intelligents. J'ai passé des soirées d'oubli; mais, somme toute, j'ai trouvé peu de bonheur chez les autres. La vie, à un certain âge, devient soucieuse pour tout le monde.

« Mon couvent du Purgatoire est mon oasis dans cette grande ville déserte. Voici en vers ce que j'en pense : ou plutôt ce n'est rien à côté de ce que j'en pense [1].

« Ne m'oubliez pas, chère et illustre amie, et ne me voyez pas encore derrière les murs de « Mon « Couvent. »

A MADEMOISELLE CLAIRE DE KERÉVER

« Saint-Brieuc, 10 juin 1868.

« Je veux aussi te dire un petit bonjour, ma chère Claire, malgré l'énorme correspondance que je dois mettre au courant.

« Je suis touchée de l'idée que tu as eue de me faire un cadeau pour ma fête; mais l'idée me suffit, et je t'en remercie de l'intime de mon cœur. J'ai distribué bien des jolies choses qui m'avaient été données, mais j'ai religieusement gardé vos petits cadeaux d'autrefois. C'est toujours de votre encrier

---

1. « Mon Couvent » se trouve dans *A l'aventure*, recueil de poésies (Lecoffre, édit.).

que je me sers; j'ai toujours votre nécessaire, bien que le mètre en ait disparu, et aussi les ciseaux. Oui, j'ai encore le bonheur d'avoir de ces riens qui me rappellent le temps où je ne savais pas ce que c'était que la souffrance. Enfin, elle est acceptée, elle est bénie, elle m'a élevée, purifiée; et, si ma chère Alix a quelquefois adouci mes petites peines en ce monde, je puis dire que sa mort ne m'a pas été moins profitable. Je suis entrée, par elle, dans la réalité de la vie, et j'ai trouvé Dieu qui ne manque jamais.

« N'avez-vous plus de vieux vêtements qui lui aient appartenu?

« Je n'ai pas même de ses pauvres beaux cheveux que j'ai coupés.

« J'embrasse ton père et tout Château-Billy, avec mon cœur. »

A SA SŒUR

« Quintin, lundi 29 juillet 1868.

« Je t'écris un mot de Quintin, ma chère Marie; nous avons fait un voyage charmant. Francis surtout doit être ravi. Tout ce qu'on peut imaginer pour amuser un enfant a été tenté. J'ai vu Mme de Kérigant quitter ses affaires importantes pour aller organiser une partie de bateau à son intention. Je n'ai, d'ailleurs, jamais connu une femme aussi occupée des autres, d'une action si calme; c'est un délassement de voyager avec elle. Nous avons fait, avec cette excellente amie, le pèlerinage de Sainte-Anne. Que de tableaux touchants dans le pauvre peuple! Au moment où le prêtre bénissait, du haut de la chaire, tous les objets pieux, je me trouvais auprès d'un vieux paysan en costume national. Il a ouvert sa veste de toile, à quadruple rangée de boutons, et a étalé sur sa poitrine un scapulaire, une médaille, une vieille croix de cuivre, afin que la nouvelle bénédiction tombât sur elles. Et toutes ces femmes prosternées en prières! Et tous ces enfants que les pères portent dans leurs bras! Sainte Anne, priez pour nous!

« Je vous écris à la hâte pour vous donner de mes nouvelles.

« Une autre fois, j'en dirai plus long. »

A LA PRINCESSE WITTGENSTEIN

« Quimperlé, 5 août 1868.

« Chère Princesse,

« J'étais impatiente de vous écrire, mais une série de petits événements mettait sans cesse obstacle à ma volonté.

« Francis a fait et bien fait sa première communion. Elle a été précédée d'une longue retraite, dont je suivais fidèlement tous les exercices.

« Une de mes amies a été frappée cruellement, et je lui consacrais mes quelques instants de liberté.

« Aujourd'hui, je reprends en quelque sorte possession de moi-même, et j'accours vers vous.

« J'ai rendu, non sans un grand déchirement de cœur, mon tranquille appartement de Saint-Brieuc; si j'étais plus âgée ou plus débile, je resterais simplement à Saint-Brieuc pour y mourir.

« Mon frère habite maintenant Quimperlé; les Parisiens s'y bâtissent des cottages; le barde breton, vicomte de la Villemarqué, y demeure. Les deux rivières, tant chantées par Brizeux, l'Ellé et l'Isole, passent dans ses rues; c'est un de nos jolis coins. Dans quelques semaines, j'y conduirai Francis qui entre en vacances. Puis, à la fin d'octobre, je partirai pour Paris, et ferai ma décisive retraite : car voici le moment arrivé de me choisir une destinée.

« Je ne puis pas me changer. Je ne vois que deux choses : aimer les créatures en Dieu et en être aimée, ou aimer Dieu tout seul. Un pays étranger, une famille où mon cœur et mon esprit trouvent peu d'appui, c'est l'isolement, le délaissement intime que j'ai en horreur. Et cela, sans devoir précis, sans occupation positive.

« Priez pour moi, chère Princesse, afin que je connaisse clairement la volonté de Dieu. »

A MADEMOISELLE CLAIRE DE KERÉVER

« Château du Bois-Roger, 10 août 1868.

« Ma chère Claire,

« Mon paroissien m'apprend que nous touchons à la Sainte-Claire, et je m'empresse de venir te souhaiter une bonne fête.

« Que Dieu notre Seigneur te conserve son amour et t'en fasse sentir le prix : je ne puis te désirer mieux; le reste passe; et, au bout de quelque temps, qu'importe qu'on ait ri ou pleuré. Ce qu'il faut est de tout surnaturaliser et de bien agir, car les œuvres seules demeurent.

« Je t'écris sous les grands arbres du Bois Roger.

Depuis quelque temps, je vis en ermite avec Paule de Servigny, et cela m'est un repos ; c'est une halte avant de reprendre ma vie agissante. J'avais passé déjà quelques jours à Ezanville, chez les Nettement, mais ce n'était plus la campagne. Ici, un souvenir se lève sous chacun de mes pas. Je retrouve, dans le parc, les chers arbustes de Château-Billy. Le regard change, mais non pas les choses.

« Depuis que j'habite le monde des réalités, je ne puis te dire combien j'éprouve de consolations. J'ai toujours aimé la nature, la campagne ; mais je ne savais pas en jouir ; je m'occupais de choses puériles, j'allais chercher le plaisir dans la dissipation, au lieu d'admirer ces pures beautés. Maintenant, la moindre fleur me parle tout un langage divin. Mon cœur monte vers l'Auteur de ces merveilles, dont nous détournons les yeux, et je suis touchée de cette bonté qui a semé sous nos pas tant de choses délicieuses, que, dans notre aveuglement, nous dédaignons.

« Je ne sais si, cette fois, je verrai les religieuses de Marie ; cela pourrait être, car la terre de Mme de Bourmont touche, je crois, la Délivrande, et je ne manquerai pas d'aller rendre visite à cette admirable femme, qui continue la tradition de nos grandes chrétiennes et très hautes dames, dont tu as vu un si noble exemple en Mme de Montagu.

« Francis a eu le prix d'histoire et quatre accessits. J'ai donc tout motif de lui faire faire un voyage d'agrément. Dans sa dernière lettre, il me dit : « Embrasse Zizi, Claire, Louise et tonton Étienne « pour moi ; je pense sans cesse à eux. » C'est extrêmement fort, tu le vois, *comme sentiment*.

« Je te quitte, ma Claire, en te renouvelant les vœux que ma tendre affection forme pour toi, et te demandant d'embrasser à mon intention chacun de nos aimés, sans oublier le fils de Fernand, que j'aime de reflet.

« Je suis vraiment bien pressée de vous revoir tous. A la lumière de la vie et à celle de la foi, je suis heureuse que ma pauvre Alix ait échappé aux souffrances terrestres, et cela me fait maintenant supporter son absence.

« Adieu, mon enfant, je t'aime et je t'embrasse de tout mon cœur. »

A LA PRINCESSE WITTGENSTEIN

« Quimperlé, 18 août 1868.

« Chère Princesse,

« J'ai lu votre dernière lettre, assise sur mes malles fermées, et un nouvel élan de courage m'a tout à fait jetée hors de l'atmosphère d'amère mélancolie que je respirais depuis plusieurs jours. Je me suis plongée dans une activité physique très utile en ce moment. Pour emballer, clouer, étreindre, j'ai repris mon adresse et ma force, et je n'ai pas pleuré une fois. Le samedi, je suis allée faire placer sur la tombe d'Alix un petit mausolée en pierre de Caen, pierre blanche et tendre, sur laquelle j'ai sculpté un lis qu'un rayon vient briser, et qui s'incline sur une croix restée debout. Autour, une guirlande de lierre, au-dessus son petit nom et deux strophes de mon « Adieu ». Puis j'ai gravé mes initiales sur le socle, et je suis partie, désolée d'être obligée de quitter Saint-Brieuc.

Le lendemain, la famille Nettement m'est arrivée de Paris, au grand complet. Cela m'a forcément occupée, et nous avons arrangé de partir ensemble. Mais j'ai reculé : ils étaient si gais! Je leur ai livré mon petit Francis, et j'ai pris seule le train suivant.

« Le lendemain, j'étais à Quimperlé. Je ne sais si Balzac a parlé de cette petite ville, mais je sais que Sardou y a placé ses *Ganaches*. Dans tous les cas, c'est une situation ravissante; je crois me retrouver sur les bords de la Loire. C'est aussi frais, aussi gracieux et un peu plus sauvage, ce qui ne me déplaît pas. Le peuple porte les costumes les plus pittoresques de Bretagne : Bragou-braz, cheveux longs, habits éclatants; les femmes paraissent charmantes avec leurs vêtements de fête, galonnés d'argent; elles sont généralement très bien tournées dans leurs corsages à dessins de velours; et je leur trouve, à tous, cette physionomie riante et ouverte, qui tient le milieu entre l'air morne ou évaporé du peuple des villes.

« Je supporte étonnamment cette époque de transition, qui s'est greffée sur une douleur toujours vivace.

« Avouez, chère Princesse, que vous vous êtes bien mal adressée pour rire un peu. Je ne sais plus rire comme autrefois, où tout riait en moi, presque trop. Pendant mes catastrophes, ou plutôt celles qui m'atteignaient dans mes proches, je gémissais; et, huit jours plus tard, la gaieté, une gaieté impérieuse, remontait à la surface. En ce moment j'ai, pour me divertir, la servante de mon frère, qui se croit perdue, parce qu'elle se trouve à quarante lieues de son pays, et qui nous donne des représentations dramatiques à dérider l'être le plus morose. Je trouve des choses inouïes dans cette vieille Bretonne qui ne sait pas le français. Vous vous amuseriez bien, chère Princesse, si vous pouviez entendre les imprécations qu'elle lance contre le bon Dieu *nouveau*, contre le mariage, et le reste; c'est un type extrêmement curieux.

« Je me trouve tout naturellement disposée à suivre votre conseil, à ne me jeter sur rien, à ne m'empresser vers rien. J'ai beaucoup moins d'empressement que par le passé, et je rougis un peu en pensant à quel point j'en avais. Mon cœur flamblait toujours, à vide, c'est vrai, mais un rien l'allumait.

« Dans cette population restreinte et passionnée, je compte beaucoup de lecteurs. Plusieurs de ces dames m'ont écrit leur enthousiasme, bien éloignées de penser qu'un jour elles verraient mes larmes couler. Tôt ou tard, je ferai donc forcément des connaissances. Je vous en parlerai, car je ne manquerai pas de me heurter à des originaux. Il y a ici d'étranges existences. En tournant toujours sur soi-même, en regardant perpétuellement pousser l'herbe, une herbe abondante, entre les pavés, ou tomber, pierre à pierre, les fenêtres ogivales des églises à moitié écroulées, dont les ruines dominent si pittoresquement les toits, on finit par contracter des manies, des habitudes, qui font de vous un personnage à part.

« Cette existence éteinte prolonge d'ailleurs la vie. J'ai déjà aperçu je ne sais combien de vieillards ployés en deux, portant fort paisiblement entre leurs genoux un visage de plus de cent ans.

« Soyez bien assurée, chère Princesse, que ce ne seront pas les soucis d'argent qui feront blanchir mes cheveux. Je me suis essayée de ce côté, j'ai passé de la théorie facile à la pratique plus difficile. J'ai gardé, envers et contre tous, une simplicité de vie presque excessive. J'ai eu mes tentations pour le « paraître ». Il m'est arrivé d'essayer les toilettes des autres et de me trouver si changée qu'il y avait un petit sacrifice à ne pas m'accorder ces chiffons embellissants. Je ne suis allée dans le monde que très rarement, par économie, et aussi parce que je sentais que c'était là *ma manière* de paraître, et que l'entraînement pourrait venir.

« Mais ces actes de raison ne m'ont pas ôté la détestation de la pauvreté, qui a été pour moi si lourde et si blessante.

« Je me rappelle sans cesse qu'il faut chiffrer, et ne pas dépenser les yeux clos. Néanmoins, en ce moment, je cherche à faire entrer Francis aux Jésuites de Vannes, et j'espère beaucoup réussir. C'est de grand cœur que je sacrifierai quelques milliers de francs pour que mon frère me laisse placer son fils dans cet excellent établissement.

« A vous sera mon premier ouvrage, chère Princesse. Je me repose l'esprit pendant ces jours d'incertitude qui précèdent ma retraite. Je résiste à toutes les sollicitations d'écrire. Le moment venu, je reprendrai ma plume; et alors vous jugerez si « du sillon « largement ouvert de mon cœur » il a pu germer une fleur digne de vous être offerte. »

A LA PRINCESSE DE WITTGENSTEIN

« Quimperlé, ce 4 septembre 1868.

« Chère Princesse,

« Je ne vous ai pas envoyé le roman en livraisons, croyant que cela eût fini par vous ennuyer de le lire lambeau par lambeau, et cela m'a coûté; car j'ai hâte de vous entendre parler de cet ouvrage qui tient aux fibres de mon cœur, et que je n'ai pas osé relire en entier.

« Cette fois encore, votre bonté a dépassé mes hardiesses; et je ne vois dans cette critique qu'une preuve nouvelle de la sincérité de votre intérêt. Je remercie, du fond de mon cœur, votre génie de vouloir bien ainsi s'incliner vers mon faible talent.

« Il m'est très doux de vous offrir mes ouvrages, et c'est moi qui serai votre fournisseur. Ma longue *Histoire intime*, un livre de pressentiments, va vous arriver, et *Alix* vous sera expédié, broché ou non; j'espère que vous pourrez le parcourir avant la venue de la princesse de Hohenlohe. Il méritera sans doute quelques bonnes sévérités de votre part; je les accepte toutes à l'avance.

« Seulement, laissez-moi achever le refrain d'une romance que j'ai chantée dans ma prime jeunesse :
« Grondez-moi bien, grondez-moi bien, grondez-moi
« bien; mais aimez-moi toujours. »

« Ma chère Princesse, je me suis bien mal expliquée si vous avez vu chez moi « l'ennui de gagner ce
« qu'on possède », car, personnellement, j'ai éprouvé

un grand bonheur à conquérir, par ma seule plume, mon indépendance.

« Je connais « l'altitude intérieure ». Oui ; se devoir tout à soi-même est, à la fois, bien dur et bien doux. Je me suis chauffée de ce bois-là, pendant la période lumineuse de ma vie, dans ma pleine sève. J'ai été souvent accablée, énervée, car je ne suis pas seule : ma vieille mère, qui touche à quatre-vingt-deux ans, croit toujours posséder sa bonne petite fortune ; j'ai une sœur de cinquante-six ans, la meilleure personne du monde, qui serait parfaite si elle savait un peu mieux compter.

« Mon frère et moi pourvoyons à ces deux existences ; mais ce que nous faisons, ce que nous pouvons faire, est toujours au-dessous de nos désirs et des leurs. Personnellement, l'argent m'est indifférent ; mais quand il faut entendre gémir et regretter une fortune dissoute, je voudrais être riche. J'ai toujours vécu dans la simplicité ; je suis aussi simple, en tout, qu'il y a dix ans, alors que j'apportais la première pierre.

« En Bretagne, nous avons du bon de ce côté-là.

« J'ai visité à Paris, avec ma religieuse amie, une famille tombée dans la malaisance. Nous portions des vêtements. J'arrive ; une jeune fille, beaucoup mieux mise que moi, me propose de visiter sa chambre. Dans cet étroit cabinet, il y avait de tout, en fait de brimborions ; ce n'était pas propre, c'était élégant. Et je revoyais en esprit la chambre d'Alix : la couchette en bois non verni, la petite table d'acacia, les deux chaises, une cellule enfin ! Mme de Keréver tenait à cette simplicité de bon goût.... Je regardais avec tristesse ce mobilier d'acajou, ces marbres écornés; et en partant, je dis à ma chère religieuse : Nous sommes plus fiers que cela en Bretagne! Ce jour-là, j'eus le tort de m'estimer un peu; et je fis *in petto* le serment de continuer sans faiblesse ma vie de simplicité et de privations volontaires.

« Vous me demandez pourquoi je voudrais Francis entre les mains des Jésuites? pourquoi, chère Princesse? parce que je le voudrais sérieusement chrétien. Les familles positivement chrétiennes sont rares; entre les mécréants et les pratiquants, il y a une foule de tièdes. Ce genre de religion n'empêche rien quand les passions parlent. Il faut un enseignement sérieux et une foi éclairée, pour les hommes surtout, qui auront tant à lutter contre les incrédules et les gens de mauvaise foi. Ma dévotion de routine, ma vague religiosité, ne m'avaient ni fortifiée ni conduite; cependant je leur dois beaucoup. Une fois, entre autres, un monsieur perfide s'éprend pour moi d'une belle passion, au nez de sa femme, plus jeune et bien plus jolie que moi. Pour nous, Bretonnes, un homme marié et un prêtre, c'est tout comme; et je ne me défiais pas d'abord. Il était charmant, il papillonnait sous mes yeux : mais je l'ai aussitôt détesté par conscience. Hélas! en Bretagne, nous péchons comme les autres, mais nous laissons au mal toute sa laideur. Dans le monde civilisé, on le pare, on l'embellit, on le rend dangereusement séduisant.

« Je voudrais donc, pour Francis, une éducation pieuse, mais virile et éclairée. Tout le monde n'étudie pas la religion comme vous, chère Princesse, comme tout le monde ne regarde pas le soleil en face. Une pratique sincère, un usage prudent des sacrements, disposent à la vertu, aux sacrifices. La foi, quand elle ne se nourrit pas de Jésus-Christ, est-elle toujours un bouclier suffisant? Il y a de grands croyants qui tombent bien bas. Cela me fait toujours peur.

« La saison est charmante; les pommes luisent aux arbres, les raisins aux vignes, on bat le blé noir, et je me plonge jusqu'au cou dans cette villégiature. J'éreinte à plaisir ce corps qui a repris toute sa vigueur; l'âme, le cœur, l'esprit se reposent, et je fais une provision de force morale et physique pour l'hiver. D'une façon ou d'une autre, cette saison sera laborieuse, sérieusement laborieuse, à votre manière, chère Princesse.

« J'aime à savoir que vous parlez de moi au bon Dieu. Le génie, quand il ne se coupe pas les ailes, doit monter si facilement vers lui! Je m'étonne parfois que vous daigniez regarder la terre de si près. Dans tous les cas, croyez bien que j'ai foi en votre intercession, ma chère Princesse; continuez-moi vos mâles conseils, condamnez mes hérésies en fait d'art, et recevez le double tribut de ma tendresse et de mon admiration. »

A MADEMOISELLE CLAIRE DE KERÉVER

« Quimperlé, 28 octobre 1868.

« Ma petite fille,

« Tu aurais bien fait de m'écrire un mot, un seul, pour me parler de la mort de ton oncle de Keréver, car vraiment j'étais inquiète. J'avais des tentations de partir; enfin me voici rassurée. C'était, en effet, à ton père que je pensais ; c'était surtout pour lui que je craignais toutes ces scènes de deuil qui ravivaient des souvenirs poignants.

« Ton pauvre oncle a fait son purgatoire en ce monde, et je suis heureuse d'apprendre la manière dont il a fini. La résignation a complété le mérite de ses souffrances. Qu'il repose en paix !

« Je me plais à Quimperlé, autant que je puis désormais me plaire quelque part, acceptant la vie comme Dieu me la donne, partageant mon attention entre les choses du Ciel et les choses de la terre, vivant de souvenirs qui nous sont communs, ma chère Claire, et d'espérances qui nous sont communes aussi.

« J'appelle de tous mes vœux la naissance de l'enfant de Château-Billy. Cet *avenir* ne consolera pas du *passé* ; mais il en distraira.

« Ma vie n'est pas établie à Quimperlé ; seulement, le séjour que j'y fais m'est salutaire. Je vis beaucoup à Château-Billy par le cœur, je le revois peuplé comme autrefois ; et, pour adoucir la transition à la vie réelle, j'ai le tapage de mes neveux, qui ne respectent pas longtemps mes silences. Je suis un peu privée de l'église ; mais j'ai la campagne, une campagne ravissante qui me fait prier.

« Vous recevrez prochainement des exemplaires d'*Alix* comme le volume que j'ai envoyé à ton père. Tu as bien fait de ne le lui remettre qu'après l'avoir prévenu doucement, mon enfant. Comme je savais que tu veilles, je n'avais pas retardé cet envoi.

« Ce n'est pas une dernière larme, c'est une dernière fleur jetée sur la tombe de notre chère disparue. Hélas ! ma chérie, j'ai mis un peu le pied dans cette tombe-là. Mais Dieu a ses desseins; la souffrance est la vraie science de la vie; et morte, ma petite fille a plus fait pour mon détachement, pour mon bonheur même, qu'elle n'aurait pu le faire dans le cours de sa vie. Je regrette beaucoup, ma Claire, de ne pas pouvoir lire avec toi les pages que je reçois de ma chère religieuse du Purgatoire, Marie de ***, qui m'a été si providentiellement envoyée pendant une épreuve qui dépassait mes forces. Un jour ou l'autre, j'espère te communiquer ce baume, dont j'ai gardé pour moi seule, jusqu'ici, le parfum pénétrant, tout en livrant, pour le bien de certaines âmes, les passages qui n'avaient rien de trop particulier.

« Maman et Marie arrivent mardi. Ma pauvre mère a eu une petite attaque pendant cette malheureuse année 1867, ce qui l'a affaiblie; mais elle est de fer et se remet.

« Adieu, mon enfant, embrasse tous les tiens de ma part, et garde-moi un souvenir fidèle. Je t'ai aimée, je t'aime et je t'aimerai en quelque lieu, en quelque position que je sois, je me rappellerai toujours les moments heureux de notre vie en commun.

« Je serai à Paris, rue de la Barouillère, 16, dans les derniers jours d'octobre, et je t'écrirai après la retraite que j'y vais faire. Priez bien pour moi. »

CHAPITRE X

Retraite décisive. — Installation à Paris (1868-1869).

Zénaïde Fleuriot arrive donc à Paris, le 29 octobre 1868, pour résoudre, dans le calme d'une retraite, la grave question de son avenir.

Il y aura bientôt deux ans qu'Alix est morte; durant cette phase douloureuse, son esprit s'est éclairé de lumières surnaturelles, et a compris le mystère de la Croix; son cœur s'est versé, avec un abandon filial, dans un cœur tout à Dieu; elle a repris goût à son travail littéraire, et va chercher maintenant dans la solitude et la prière le secret de la volonté divine sur le genre de vie qu'elle doit définitivement embrasser.

Entr'ouvrons discrètement son cahier de notes intimes.

« Paris, 30 octobre 1868.

« Je suis arrivée hier à mon cher couvent, où j'ai été accueillie par la plus tendre charité : Seigneur, il fait bon ici !

« Ce matin, je me suis rendue au Gesù de la rue de Sèvres, pour y parler au révérend père Olivaint, le prudent guide de ma retraite du mois d'août 1867. — Le saint religieux ne m'a pas fait attendre, lui, si occupé : cette bienveillance m'a de suite mise à l'aise.

« Mon Révérend Père, lui ai-je dit, selon votre con-
« seil, j'ai attendu longtemps, vous le voyez, avant
« de prendre la grande décision relative à mon avenir ;
« j'ai même dépassé le terme que vous m'aviez fixé ; je
« viens vous demander aujourd'hui de me dire claire-
« ment ce que Dieu veut que je fasse, comment il
« veut que je le serve ?

« Le révérend père a souri. « Eh quoi ! m'a-t-il
« répondu, vous, si intelligente, vous me prenez
« pour le Saint-Esprit ? Non, mon enfant, Dieu est
« maître, nous sommes ses serviteurs. Malheur à celui
« d'entre nous qui se croirait Saint-Esprit pour tran-
« cher de pareilles questions. Il se tromperait lui-
« même en égarant les autres. Mettez-vous en retraite
« très sérieusement chez vos bonnes mères du Pur-
« gatoire ; que ce ne soit pas mère Marie de *** qui
« vous donne les Exercices, afin que le cœur ne fasse
« pencher la balance d'aucun côté. Vous vous con-
« fesserez à qui vous voudrez, bien que je reste à
« votre disposition. Puis, le jour de l'Élection, vous
« écrirez ce que vous auront conseillé votre raison,
« votre foi, votre inspiration puisées dans la prière et
« la méditation. J'examinerai devant Dieu ce résumé,
« et vous dirai si vos résolutions procèdent *de la*
« *nature*, de l'imagination, de l'amour de Dieu ou de
« l'amour-propre.

« Bon courage, ma chère enfant, à bientôt. Je vous
« bénis paternellement. »

« J'ai communiqué ce colloque à la Mère générale
des Auxiliatrices, dont le révérend père Olivaint est
aussi le directeur. Elle suivra le programme de point
en point.

« Premier sacrifice : ce n'est pas ma Mère qui m'apportera les méditations, c'est dur, très dur..., mais il faut obéir.

« Allons! plus de créatures! Écoutons le Saint-Esprit *tout seul*. Amen.

« Je commence cette retraite mardi 2 novembre, fête des Trépassés. J'ai choisi cette octave pour bien des raisons.... »

1re *Méditation*.

« Ma Mère a écrit sur la première ligne de mon cahier de notes : Faisons de l'éternel! Oui; j'ai enfin rattaché le temps, cette vie du temps qui me presse, qui m'enveloppe, qui m'enivre, qui m'étouffe, à l'Éternité. Que de grâces, ô mon Dieu, ont forgé ce lien! je vous louais de bouche; je vous révérais assurément; je ne vous servais pas. Il est temps que vous preniez votre vraie place dans ma vie. Enfin, vous l'avez prise : ce n'est pas moi qui ai fait cela; je le sens bien, c'est vous! Soyez donc, plus que jamais, au fond de chacune de mes pensées, de chacun de mes actes. Vous avez été d'une bonté qui me confond.

« Ma nature rebelle allait se jeter peut-être dans les excès pour échapper à sa douleur; vous m'avez entourée de créatures qui toutes me conduiront *à ma fin* : vous servir et sauver mon âme.

« Je suis pénétrée de reconnaissance envers Dieu qui m'a toujours inspiré une vive horreur du péché. — *J'aime mieux la mort.* Et pour l'éviter, je dois tendre de toutes mes forces à la pureté du cœur qui est, *pour moi*, la paix du cœur; bon gré mal gré, je veux placer mon bonheur en haut; les choses de la terre briseraient l'élan de mon âme, et je sens qu'elles ne me satisferaient pas.

« Me voici à genoux devant la crèche. Seigneur Jésus, vous avez daigné reposer dans une crèche plus vile et plus pauvre, vous êtes descendu dans mon cœur. Il est vrai que l'affliction y avait passé comme un torrent... et, un jour, vous y êtes vraiment descendu, et je vous ai juré une fidélité éternelle.

« Je vivrai désormais d'une vie contemplative, ne retranchant rien à la prière, à la méditation, qui me rapprochent de vous; m'essayant aux bonnes œuvres, me dévouant aux pauvres, à ceux qui souffrent, à cause de vous et d'Alix. Alors, je l'espère, cette vie rattachée à la vôtre m'amènera à vous comprendre, à vous aimer de plus en plus, à vous servir en vérité.

« Je chercherai la paix en vous et je tâcherai de mériter ce nom que j'ambitionne : « Une enfant de « Dieu ». Enfin, Jésus, vous êtes la résurrection et la vie. Votre grâce m'a ressuscitée, qu'elle me fasse vivre.

« Ma coopération sera d'embrasser le sacrifice, la soumission. Mon indépendance complète expire; mon existence flottante, capricieuse, volontaire est terminée.

« Un tissu de petits sacrifices quotidiens va m'envelopper; et pour l'amour de vous et pour le bonheur d'Alix, je ne remuerai pas trop; je les laisserai s'imposer à moi; je me les mettrai au cou, comme une chaîne d'éternité, de sorte que, en définitive, je serai à vous, bien à vous. Je penserai à vos pieds; j'écrirai, vous présent, et je ne refuserai rien de ce qui pourra tourner à votre gloire. Je paraîtrai le moins possible, sachant bien que si je me nourris d'amour-propre, je vivrai dans l'illusion.

« Je ne suis qu'une enfant en fait de foi; et pour que les grandes vérités me pénètrent, il me faut en vivre. Avec la légèreté d'esprit qui m'afflige parfois. avec mon imagination toujours active, ma mémoire, ma terrible et dangereuse mémoire, il faut doublement m'appuyer sur tout ce divin; il faut me l'assimiler par la réflexion et l'étude. Mon cœur s'échauffera d'autant plus.

« Suis-je appelée à la vie religieuse? Vous seul le savez, ô mon Dieu! Moi, je ne sais que prier, vous écouter et aussi souffrir.

« Mais je ne résisterai pas à la grâce si elle me demande de suprêmes sacrifices; je sais qu'elle me les rendra possibles, faciles. Je ne l'ai jamais tellement senti.

« Mon âme pourra donc s'élever, peu à peu, vers l'Époux invisible des âmes; mes yeux se détacheront, à jamais, du bonheur humain, pour ne voir que l'éternel bonheur.

« Cela me fait souffrir, cela m'effraie, et parfois cela me ravit.

« Ce sera un martyre et une liberté.

« Mon Dieu! c'est à vous que je confie tout cela;

mais je reste docile sous votre souffle, sous votre main, sous votre volonté :

« Car tout le bruit divin me laisse encore entendre
Le calme battement de mon cœur adouci;
Là, pour bénir le ciel, chante une voix plus tendre.
Ne laisse pas, Seigneur, le monde me reprendre;
　Fais que je meure ici! »

Et Zénaïde Fleuriot, après cet élan généreux, envoya à sa chère mère Marie de ***, comme résumé de ses résolutions, sa photographie qu'elle avait naïvement ornée d'une pèlerine et d'un bonnet d'auxiliatrice dessinés à l'encre; puis elle partit pour la Chapelle du Gesù, afin que le révérend père Olivaint approuvât et encourageât « son héroïsme ».

« Dimanche 7 novembre, 11 heures.

« J'ai vu ce matin le révérend père Olivaint. Après avoir lu mes résolutions avec beaucoup de gravité et d'attention, le bon père m'a rendu mon cahier en souriant; puis il m'a dit : « Non; ma chère
« fille, je ne vous crois pas appelée à la vie reli-
« gieuse.

« Vivez dans le monde en vraie chrétienne; et
« servez Dieu par votre plume.

« Votre nature, habituée à l'indépendance, ne sup-
« porterait pas les bandelettes de l'enfance reli-
« gieuse; elle aurait des soubresauts qui les brise-
« raient et vous en concevriez ensuite des remords.

« L'esprit est prompt, mais la chair est faible.

« Abordez franchement la voie des préceptes, sans
« vous engager néanmoins à ne pas faire de temps

« en temps quelques petits voyages dans celle des
« conseils. Demandez, de ma part, à votre chère
« mère Marie de *** de mettre de l'eau bénite dans
« votre encrier, et de vous recevoir sans inquiétude
« au parloir, fût-ce même plus souvent et plus long-
« temps que d'autres. En élevant votre esprit, en
« éclairant votre foi, en élargissant votre cœur par
« une charité de plus en plus universelle, elle fera en
« même temps du bien à vos 500 000 lecteurs. Allons!
« mon enfant! terminez votre retraite dans la paix et
« la confiance, et regardez-moi toujours comme
« votre père. »

« Merci, mon Dieu! quelle paix me donnent les décisions de ce saint religieux; c'est comme si j'avais entendu votre propre voix.

« J'aime tant, Seigneur, à trouver la vérité et la clarté dans ceux qui vous représentent. En deux mots, je suis mise en présence de la question nettement posée : Préceptes ou Conseils?

« J'ai compris. Avant d'écrire mes résolutions, je vais raconter ma vie à ce petit cahier qui contient des choses si intimes. Que je sois droite, bien droite devant vous, mon Dieu! renouvelez, jusqu'au fond de mes entrailles, l'esprit de droiture.

« Je vais avoir bientôt quarante ans.

« Si je mourais en plein temps de paix, et que certains journaux fussent à court de copie pour les nouvelles diverses, on serait capable de parler de moi; ce qui serait se tromper sur moi, personne ne sait ma vie que mère Marie de ***.

« Dieu, dans son extrême bonté, m'a tenue, comme

par un fil, au-dessus de l'océan que je devais traverser. Grâce à ce fil, ma petite barque s'est toujours promenée librement, fièrement, et n'a touché aucun écueil réel. Si je n'ai point connu les ports où l'on croit jeter l'ancre, ni les flottilles où l'on se figure pouvoir naviguer de concert, je n'ai point connu les orages ni les naufrages. Dieu me tenait dans une perpétuelle jeunesse et un irrassasiable amour d'idéal.

« A dix ans, j'avais cinq ans; à vingt ans, j'avais dix ans; et la proportion s'est gardée jusqu'à ce moment où je jouis de la plénitude de la vie.

« C'est l'heure du midi pour moi, l'heure de la grande lumière, et je sens monter à mes lèvres une hymne de reconnaissance. Je n'ai plus seulement des goûts d'hermine, j'ai le culte de la vertu; et je déclare que les sacrifices qu'elle impose sont largement compensés par les avantages qu'elle procure.

« J'ai eu mes douleurs, mes souffrances, mes joies, peu de joies, excepté du côté divin; les unes et les autres sont le secret de Dieu et des âmes saintes et splendides qu'il a placées sur ma route.

« Je veux le remercier de tout : de mes parents vertueux et chrétiens, d'une santé sans défaillance, d'une enfance pure, d'une piété d'abord peu éclairée, mais profonde, de charmantes et fidèles amitiés, de religieux dévouements, de grâces étonnantes qui m'ont singulièrement préservée et fortement enseignée.

« Ma vie, dont personne ne connaîtra les vraies épreuves ni les vrais bonheurs, est tout un miracle de grâce.

« Je n'ai pas travaillé vainement, je l'espère; et mes ouvrages sont un fidèle écho de moi-même. Néanmoins je n'ose croire que le talent qui m'a été confié ait suffisamment fructifié, et je taille la bonne petite plume qui m'aidera à gagner le seul bonheur enviable, celui qui survit à la mort.

« En attendant, je chante mon action de grâces d'avoir toujours eu une vive horreur du péché et une soif inextinguible d'infini, ce qui a formé une sorte de paratonnerre au-dessus de ma tête.

« Ardente, aimante, imprudente par ignorance, assez bien douée extérieurement pour plaire, j'aurais pu, comme tant d'autres, errer du côté de l'esprit ou du côté du cœur.

« J'ai effleuré la jalousie, l'hypocrisie, mais toujours quelque révélation providentielle venait m'éclairer et éteindre les fausses lumières. Mon cœur, très fidèle, a souffert de certaines laideurs; mais ne s'étant jamais absolument engagé, n'a eu à briser que de généreuses illusions.

« Je ne me suis pas mariée parce que Dieu ne l'a pas voulu. Un seul projet de ce genre m'avait ébranlée. Le jour où j'avais écrit un *oui* formel, celui qui devait m'épouser mourait subitement.

« Dans cet événement absolument imprévu, je reconnus le doigt de Dieu. Or on a beau faire : ce que Dieu ne veut pas ne s'accomplit pas.

« A cette heure recueillie de mon existence, je ne puis que le louer de son adorable conduite sur sa pauvre servante, qui l'aime et le bénit de tout son cœur.

« D'après cet ensemble de réflexions, de souvenirs,

et les conseils du révérend père Olivaint, je formulerai des résolutions pratiques, prenant devant Dieu l'engagement solennel d'y demeurer fidèle.

« Ma vie sera laborieuse, car je désire *servir* Dieu, tirant de mes facultés tout ce que j'en pourrai obtenir.

« Je désire me rapprocher de Notre-Seigneur Jésus-Christ, vivant habituellement avec lui. Pour cela, je me fixerai à Paris, dans une retraite relative ; je me plierai à la régularité, et je ferai passer avant tout les exercices de piété qui me seront conseillés.

« Dans le monde, je serai décidément, irrévocablement placée sous l'étendard de Jésus-Christ ; ma conduite se conformera à mes croyances, sans respect humain. Je ne veux plus rien donner à l'orgueil, « au « paraître ».

« Je conserverai des vêtements de deuil.

« Je ne veux pas rester un jour sans faire d'une manière ou d'une autre quelque mortification pour Alix, dont la mort a été pour moi comme une révélation de la vraie vie, et à laquelle je veux demeurer fidèle jusqu'à la mort et au delà. Dieu m'en fasse la grâce !

« ZÉNAÏDE FLEURIOT. »

« Paris, 10 novembre 1868. »

A LA PRINCESSE WITTGENSTEIN

« Paris, 17 novembre 1868.

« Chère et bonne Princesse,

« Mme la marquise de Blocqueville m'a raconté avec émotion l'immense danger que vous avez couru.

Hélas! ces affreux brigands pouvaient vous tuer, afin d'être sans témoins, quand ils ont forcé votre coffre et enlevé tous vos diamants; grâce à Dieu, ils les ont emportés sans vous faire aucun mal, mais on tressaille en songeant à ce qui pouvait arriver : les hommes sans Dieu sont capables de tout!

« Je tiens à vous écrire aujourd'hui, d'abord pour vous exprimer ma joie de ce que vous n'ayez pas été assassinée; ensuite, pour vous adresser mon compliment de condoléance sur la perte de vos diamants (je fais des vœux pour que ces bandits soient pris et pris à temps pour rendre gorge); et enfin, pour vous rassurer sur mon sort.

« Comme conclusion de ma sérieuse et bénie retraite, je n'abandonne ni la Bretagne, ni la campagne, ni Francis, ni mon apostolat par la plume. Je me rapproche du centre, où mon âme et mon cœur trouvent la vie surnaturelle. Je n'habite pas le vrai Paris, le Paris dévorant.

« Un mot va vous peindre sous son vrai jour ma position. Je ne quitte pas, je ne quitterai jamais mon deuil, un deuil adouci, éclairci, mais un deuil; or, à Paris, une femme en deuil est une femme à la mer. Je vivrai indépendante, paisible dans mon coin, entourée de quelques amis vrais, et ne regardant que de loin passer le Paris bruyant, fou, ivre.

« Moi aussi, chère Princesse, j'ai enfin l'ambition d'amasser un peu de ces trésors dont Notre-Seigneur a parlé, que la rouille ne consume pas, et que le voleur ne dérobe pas. Le plaisir n'est pas le moyen, je ne le veux pas prendre. Vous avez saisi ce qu'est ma vie à Paris, tranquille, uniforme, laborieuse comme une vie de province; le cher souvenir d'Alix me garde de l'entraînement et de la vanité. Voir danser maintenant me ferait volontiers sangloter; toute réunion bruyante, tapageuse, me serre le cœur.

« Je n'ai donc point grand mérite à ne pas livrer à l'enivrement un reste de jeunesse dont il vaut mieux concentrer que disperser les forces. Dieu me soutiendra, et aussi les âmes que sa douce Providence a placées sur mon chemin, juste au moment où j'y tombais tout de mon long.

« J'ai trouvé à Paris, chez une descendante des grands Murray, sœur de la princesse de la Trémouille, une vie quelque peu idéale. Je n'aurais jamais osé rêver aussi bien.

« La maison, pour Paris, est très riante; de ma fenêtre, je vois des lierres traînants et grimpants; les oiseaux se baignent sous mes yeux, dans un charmant bassin ovale, dont une enfantine nymphe en bronze occupe le centre, et j'ai une très grande part de ciel. Mon hôtesse est une femme douce, distinguée, spirituelle; les dames pensionnaires sont choisies, et, pendant le repas, leur conversation est un vrai charme. Il y a ici, dans toutes choses, un véritable parfum de bonne compagnie. Être libre et n'être pas seule, n'est-ce pas une heureuse situation?

« Je suis à deux pas de mon couvent du Purgatoire et de mes meilleures amies.

« Au printemps, quand l'atmosphère de Paris me pèsera sur la poitrine, je courrai à mon beau château du Bois-Roger, où un cœur fidèle et une bien forte âme m'attendent.

« Et s'il me faut, à tout prix, aspirer de l'air breton, je reprendrai le chemin de Quimperlé.

« Et voilà comment, encore toute chavirée, je conduis ma petite barque sur la mer de l'avenir.

« Adieu, je vous embrasse très fort, comme quelqu'un d'aimé qui vient d'échapper à un danger. »

A LA MÊME

« Paris, 22 décembre 1868.

« Ma lettre cette fois ne vous apportera pas l'odeur âcre et saine des fleurs de genêt, mais le parfum d'un cœur reconnaissant. Il m'a été bien doux de vous entendre parler de mon livre d'*Alix*.

« Je le croyais manqué, comme œuvre d'art, l'ayant construit je ne sais comment, et je regrettais parfois de n'avoir pas su attendre. Chère Princesse, vous êtes pour moi une étoile. Quand vous brillez, je me rassure, j'ai confiance, merci !

« J'ai livré à l'éditeur quelques-unes de vos pensées sur mon livre, dont elles formeront la plus brillante couronne.

« Je reprends maintenant votre précédente lettre, à laquelle je répondais quand votre appréciation d'*Alix* m'est arrivée.

« Soyez tranquille, Paris ne me mangera pas ce que j'ai de bon ; au contraire. Je vis dans un milieu intelligent et charitable ; et avant, j'habitais un coin de province où, trop souvent, j'ai rencontré ce que vous n'aimez pas dans *la province*.

« La photographie de la princesse de Hohenlohe m'a charmée : elle est votre fille, cela me suffit.

« Je continue à être satisfaite de ma nouvelle installation. Mme Murray n'est point une femme ordinaire! et comme elle est très bonne, nous nous entendons déjà. Son père a été le dernier gouverneur général qu'ait eu l'Angleterre en Amérique.

« Ma vie, à Paris, me revient à 200 francs par mois, sans compter la toilette, les voitures, etc. Je suis heureuse d'être ainsi débarrassée des petits soucis matériels du ménage.

« Voici ma journée en gros : de six à neuf heures, j'appartiens à Dieu, à mes souvenirs; je prie, plus ou moins bien, dans ma consolante chapelle du Purgatoire. Ensuite, je travaille. Mes après-midi sont dévorées par ceci, par cela : visites, promenades, essai de bonnes œuvres, etc. Cependant j'arrache encore une heure ou deux à ce va-et-vient des jours ordinaires. Je dîne à six heures et demie, je cause un moment dans le salon de Mme Murray, et je remonte. Je lis ou j'écris jusqu'à neuf heures, puis je me couche. Même dînant en ville, je ne dépasse pas onze heures. C'est une vie bien sage, n'est-ce pas? j'espère devenir meilleure, afin de donner plus de prix à tout ce que je fais.

« Votre jugement sur la province est d'une vérité saisissante. On dirait que vous y avez vécu. La campagne est autrement attachante, et je suis enchantée que vous approuviez tout ce que j'en dis. C'est donc aussi la campagne qui a éveillé le génie en vous? Je me rappellerai toujours votre tableau des Steppes et la visite au Grand-Chardon, lorsque nous parcourions ensemble la Voie Appienne. Je suis la plus ignorante des créatures, mais vous avez le don de faire comprendre la science ; je saisis très clairement tout ce que vous m'écrivez, et j'en suis fière.

« Ma chère Altesse dépouillée par les voleurs, que vous êtes bonne de penser à m'envoyer votre joli papier. Merci à l'avance, et merci encore des livres et du coupe-papier que je reçois à l'instant, avec une lettre charmante de M. l'abbé Sire, toute pleine de respectueuse admiration pour vous et de gracieusetés pour moi. Cette lettre mérite une visite, et je saisirai avec empressement l'occasion de réparer ma négligence. Je ne l'ai pas revu depuis Rome.

« Je crois avoir compris la forme et la devise du gracieux coupe-papier. Que c'est aigu, tranchant parfois, la Volonté de Dieu! mais c'est elle aussi qui fait tout ; la nôtre mise en travers forme une croix et n'opère rien. Chère Princesse, je sens qu'il y a maintenant des biens que je serais désespérée de me voir ravir, et je me demande déjà, avec effroi, comment mon cœur accueillerait d'autres sacrifices. Enfin ils ne lui seront peut-être pas demandés.

« Je vais porter moi-même votre livre à mon ami Nettement, chez lequel je dîne deux fois par semaine, et qui est pour moi une sorte de second père.

« J'ai revu Mme de Montgommery, et ainsi, à Paris, je vais pouvoir m'entretenir de vous très souvent, ce qui diminue un peu l'ennui de ne jamais vous voir. Heureux le temps où j'entendais votre voiture s'arrêter à ma porte et où j'accourais, sûre de trouver un regard et un sourire qui me disaient : Soyez la bienvenue! Il est déjà loin, mais comme j'en ai gardé le souvenir et comme il m'est présent!

« Au revoir, etc., etc. »

A LA MÊME

« Paris, 30 décembre 1868.

« J'ai reçu, chère Princesse, dans une jolie boîte à mon chiffre, le papier que vous m'aviez annoncé; j'ai vraiment hâte de vous en remercier.

« On a tiré un parti tout artistique de mes deux initiales, et j'en reçois mille compliments.

« Je suis en train de vous découper en petits articles, pour *la Famille*. Donner ainsi aux bonnes idées une forme élevée et pourtant compréhensible, est rare. Et je ne saurais assez vous remercier de m'avoir permis de vous faire connaître. Je ne me rappelle plus du tout si je puis mettre votre nom; et, dans le doute, je n'en fais rien. Je vous dirai ce qu'on pensera de ces articles, que je détacherai et que je raccourcirai pour en former un mets substantiel qui convienne même aux estomacs faibles.

« Hier, pour la première fois, j'ai dû paraître dans un salon un peu mondain. Comme je me complaisais dans ma simple robe noire devant ces toilettes ridicules! Une dame avait tant de faux cheveux sur la tête, que je ne pouvais m'empêcher de la voir coiffée du casque de cuir bouilli des pompiers. Quel dévergondage de toilette en ce moment! Il n'y a plus d'âge, mais du tout! C'est bien laid parfois.

« La date de ma lettre me rappelle que 68 expire. Je vous désire pour 1869, mon illustre amie, tout ce que vous désirez vous-même; et le 1ᵉʳ janvier, votre nom se rencontrera plus d'une fois dans mes prières.

« Adieu encore ; et merci toujours ! »

A LA MÊME

« Paris, 28 janvier 1869.

« Chère Princesse,

« Un gros rhume m'a pris du temps et m'a empêchée de vous écrire plus tôt ; je ferai pour les citations ce que vous voudrez, et j'annoncerai votre volume.

« Je suis toujours retenue par la pensée de ne pas entrer complètement dans vos vues ; mais quand vous parlerez, vous serez obéie.

« Il faut que je vous dise que votre livre des *Petits entretiens aux femmes du monde* est bien manqué comme forme ; j'aurais plus de plaisir à annoncer votre beau livre de *La Prière*, après quelques citations qui donneront au public le désir de connaître tout l'ouvrage, où il se rencontre vraiment des pages d'une beauté écrasante.

« Je commence à m'occuper d'une œuvre *Ad majorem Dei gloriam* ; c'est le révérend père Olivaint qui l'entreprend.

« Le vent n'est pas aux Jésuites par le temps qui court, chère Princesse ; je voudrais savoir la raison de cette haine générale, indestructible. Il doit y en avoir une, dites-la-moi. Aucun ordre religieux n'est aussi calomnié ; et moi, je me prends à les aimer depuis que j'ai vu de près leur science profonde, leur modération, leur absolu dévouement au service de toutes les grandes causes. Je souffre, dans ma justice, de les voir ainsi persécutés à tort et à travers, aussi bien par les lettrés que par les ignorants.

« A l'occasion, je vous demanderai, chère Princesse, quelques nouveaux *Serpents et colombes*. Je les distribuerai à des femmes intelligentes qui font public ; et ainsi, quand, un jour ou l'autre, vous apparaîtrez éditée à Paris, on vous connaîtra. Ai-je bien compris? Puis-je mettre votre nom sous les fragments pris dans *La Prière* ou ailleurs?

« Je compte puiser, puiser pour *la Semaine*, toujours, jusqu'à ce que vous me disiez : Halte-là! Adieu, etc. »

A LA MÊME

« Paris, 3 mars 1869.

« Chère Princesse,

« Il n'est pas de jour que je ne pense à vous et voudrais vous écrire ; puis il m'arrive trente-six petites choses qui m'obligent à remettre ce plaisir à plus tard.

« Merci mille fois des *Serpents et colombes*. J'ai, parmi mes connaissances nouvelles, des femmes de beaucoup d'esprit que vos œuvres ravissent, enthousiasment. Et ce sont des natures très froides, très réfléchies, qui n'admirent qu'à bon escient.

« Le carnaval passe inaperçu pour moi, croyez-le bien, depuis ce carnaval dont le souvenir m'est si présent. Toute notre petite société *intime* de Saint-Brieuc s'était déguisée, et nous n'avions pas sous la main de costume théâtral, mais de simples habits de paysanne. J'étais en Lamballaise ; Alix portait en reine l'habillement pittoresque des filles de Scaër; et je la vois dansant avec ses jupons courts et sa croix d'or, sa grande collerette plissée, tout occupée de venir relever mon grand chignon qui s'échappait sans cesse de dessous ma petite coiffe de tulle.

« Ces souvenirs glacent à jamais certaines joies, et désormais j'ignorerai le carnaval. Pour moi, celui-ci sera plutôt divin qu'humain. Prier en ces jours me console, surtout devant le Très Saint Sacrement exposé dans ma paisible chapelle du Purgatoire.

« Je suis toujours parfaitement contente de mon hôtesse.

« J'ai vu les ombres légères, et dessous brille une très grande âme. Nous nous entendons bien, nous nous retrouvons avec plaisir à l'heure des repas, et je vois défiler chez elle une série de pensionnaires de passage qui offrent de l'intérêt. En ce moment, je puis étudier l'Amérique sur des Américaines, dont l'esprit positif m'émerveille. Je commence à découvrir qu'en Bretagne, nous tournons à la poésie pour ainsi dire naturellement, et ne sommes nullement des gens pratiques.

« Mme de Cathelineau est tout à fait touchée de votre amabilité pour son cher Henri; c'est un type de Breton à son printemps, sérieux et timide. J'aime joliment mieux ce genre-là que celui de nos modernes petits crevés. Vous aussi, je pense?

« Un sermon du père Gratry m'a beaucoup intéressée dimanche dernier; il a eu des comparaisons profondes qui m'ont ramenée à vous. Mais il a surtout parlé d'écoles professionnelles catholiques. C'est une œuvre à créer; et je ne sais si on ne me lancera pas dans ces grands projets apostoliques.

« Adieu, etc. »

A LA MÊME

« Paris, 3 avril 1869.

« Votre silence, chère Princesse, me pèse et m'inquiète parfois; mais mon attente est tout à fait sereine, tant que je ne vous sais pas positivement souffrante. Je ne puis perdre la naïveté de croire à la sincérité de certains sentiments. J'ai beau me heurter au factice, au mensonge, aux petites trahisons; je conserve mon propre Don-Quichottisme, je me rends humblement la justice de penser que je ne suis pas coutumière de ces étranges manières d'aimer, et je ferme la porte à triple tour sur mes illusions et sur mon cœur, pour que ce doute mondain et flétrissant ne puisse y entrer.

« Je ne vous accuse donc point de m'oublier, je vous demande seulement un mot de souvenir de temps en temps, afin que je sache ce que vous êtes : *rhumatique* ou occupée.

« Je travaille assez, et le livre que je vous dédie avance. Mais je ne sais pas ce qui s'est passé en moi.

« Dans le temps de ma grande sève, de ma grande jeunesse, j'aimais le dramatique, j'aimais à faire pleurer, à émouvoir. Maintenant que je connais l'amertume des vraies larmes et le brisement du cœur, je redoute ce qui me rejette dans l'émouvant, et je fais tourner mon esprit au gai, au pétillant.

« Du reste, je crois que mes lecteurs ne m'en apprécient que mieux. Ils me disent un grand bien des pages écrites avec cette verve nouvelle, avec cette plume un peu moqueuse, mais profondément catholique. On m'affirme que mon *Pauvre vieux* n'est pas banal. Autrefois je sacrifiais beaucoup à la convention, à ceci, à cela. Maintenant ma plume est une vagabonde qui ne suit que l'impulsion du moment.

« Des amis m'engagent à lire *Töpffer*, mais je m'y refuse. Si, sans le savoir, j'ai le malheur de le mal copier, au moins ce ne sera pas un plagiat, puisque je ne l'aurai pas lu. En définitive, je trouve que tous les genres sont bons, hors le genre ennuyeux.

« Vous avez porté bonheur à *Alix*, chère Princesse ; la première édition, deux mille exemplaires, a été épuisée en quatre mois, ce qui est un grand succès, dit l'éditeur.

« Je ne manquerai pas de prier pour vos intentions. Votre ami doit être un illustre, et cela fait double peine de voir les grands manquer de courage à l'heure de la mort. C'est un si triste exemple pour les petits. J'assistais, hier, à une séance du Corps législatif. J'y ai entendu M. Thiers, M. Rouher, et aussi de légers rugissements poussés par le puissant Jules Favre, qui a l'air d'un sanglier. J'ai donc vu nos législateurs de près. Ah! quelle désillusion! qu'il y en a de vindicatifs, d'emportés, de ridicules. Comme ces passions individuelles, ces mesquines passions de parti me semblent déplacées!

« Ne doit-on pas discuter avec plus de calme les

intérêts d'une grande nation? Ils se sont tous mis en colère, aussi bien les gentlemen assis aux bancs des ministres que les barbus députés de la gauche. C'était à craindre qu'ils en vinssent aux mains. Votre *Traité de la bienveillance* serait un bon sujet de méditation pour ces Messieurs.

« Adieu, etc. »

A LA MÊME

« Paris, 16 juin 1869.

« Chère Princesse,

« Votre dernière lettre m'est arrivée dans l'oasis de Quimperlé. J'étais là au milieu des fleurs, et je m'y trouvais bien. Un des motifs de mon voyage avait été de surveiller les exercices de la retraite de Francis et d'assister à sa seconde communion. J'ai donc passé, dans l'historique et pittoresque petite ville d'Hennebont, quelques jours de repos. Quand je n'avais pas mon cher enfant, j'allais errer autour des vieilles murailles qui ont vu Jeanne de Flandre, l'héroïque duchesse, que nos ballades bretonnes appellent : *Jeanne la flamme.*

« J'ai assisté, à Quimperlé, aux batailles électorales ; cela a été très ardent ; le candidat officiel l'a enfin emporté, mais j'ai cru un moment que ces Bretons, soulevés par les différents agents, allaient saisir leur pen-bas et s'assommer au nom de la liberté.

« Me voici revenue à Paris, travaillant beaucoup et me laissant mêler à bien des choses importantes.

« Paris, chère Princesse, est, l'hiver comme l'été, le même pour moi. De Rome, quand vous aurez un instant, regardez. Vous me verrez très paisiblement installée dans mon petit coin, racontant, à ma guise, l'histoire de mon *Pauvre vieux*, ayant, en fait de relations, mes chères religieuses Auxiliatrices, quelques intimes et des pauvres, détournant, le plus possible, les yeux du trop séduisant, cherchant à bien connaître, dans le calme et le silence, la volonté de Dieu.

« Vous avez peut-être reçu *Mon sillon*? je m'attends à quelque juste critique, et pourtant j'ai hâte d'apprendre votre avis sur ces pages.

« Je le sens, je suis dans une phase de transition.

« Puissé-je, en tout, prendre un bon pli, et en perdant d'un côté, gagner de l'autre.

« Le travail intérieur s'est fait lentement chez moi, je m'éveille tard; mais enfin, mieux vaut tard que jamais.

« Adieu, etc., etc. »

A LA MÊME

« Paris, 24 novembre 1869.

« Chère Princesse,

« Les journaux vous ont appris le grand chagrin que je viens d'éprouver par la mort de mon excellent ami Nettement. Il avait été un père pour moi. Je n'ai jamais rencontré de plus belle âme d'homme. C'est vraiment un deuil général. Je ne me rappelle pas lui avoir trouvé l'ombre d'une imperfection. Je me dévoue un peu à sa fille, et passe près d'elle le plus de temps possible.

« J'ai eu dernièrement la pensée de faire précéder ma lettre par un exemplaire de la *Revue des Jésuites*, qui renferme un long article sur votre *Église*; puis on m'a dit que ce recueil était très répandu à Rome, et j'ai compris que ma livraison arriverait après coup, inutilement par conséquent. Voulez-vous me dire si vous approuvez les quelques lignes ci-jointes que je place en tête de ce *Pauvre vieux* qui vous sera remis un de ces jours? Je n'ai que le désir de vous exprimer toute ma reconnaissance pour votre fidèle amitié, en plaçant votre nom sur ce volume.

DÉDICACE

A SON ALTESSE MADAME LA PRINCESSE DE SAYN WITTGENSTEIN

« Chère Princesse,

« En vous offrant ce livre, il me semble que je
« dépose un bouquet de bruyères sauvages sur cette
« table, où s'écrivent tant de pages éclatantes. Vous
« l'accueillerez par un sourire, car personne, mieux
« que vous, ne sait dégager de la plus humble chose
« ce qu'elle peut renfermer de charme et d'utilité. Et
« puisque les fleurs d'or qui s'élèvent dans votre
« vaste champ et les bruyères qui éclosent dans ma
« petite lande fleurissent en l'honneur de la même
« cause, elles peuvent, il me semble, mêler un instant
« leur parfum dans votre salon, si gracieusement
« hospitalier.

« Z. F. »

A LA MÊME

« Grenieux, ce 27 septembre 1869.

« Je vous écris pendant une des haltes de mon voyage, chère Princesse. Après avoir, suivant votre conseil, bien secoué l'ourlet de ma robe pour qu'il n'y reste pas de poussière parisienne, j'ai passé quelques jours dans le riant Quimperlé. Puis j'ai pris Francis, et nous avons commencé une tournée en Basse-Bretagne. J'avais tous mes amis à revoir et j'étais bien aise de le leur présenter.

« Notre voyage en tête à tête lui a fait beaucoup de bien. En ce moment nous sommes chez mon amie, Mme de Kerigant, au château de Grenieux près Quintin, une vieille retraite de chouans. Je viens d'y lire le terrible manifeste du père Hyacinthe.

« Cet hiver, je l'ai entendu ici et là; il a été plusieurs fois très vivement attaqué devant moi, et un de ses discours « sur le cœur » m'avait fort impressionnée. Je le défendais chaudement, et je ne puis vous peindre ma désolation. Qu'est-ce donc que la vôtre? Vous le connaissiez, vous l'admiriez.

« Il est bien triste de voir ainsi tomber des astres. On murmure le nom de Lamennais. Je veux encore espérer qu'il n'ira pas aussi loin. On l'a bien agacé, bien tourmenté, bien travaillé; j'en étais parfois tout à fait irritée; mais voici qu'il vient de donner raison à ses adversaires. Que l'humilité est une belle, salutaire et difficile vertu!

« Je vous demande pardon de vous tant entretenir

de cela, mais je ne doute pas que vous n'en soyez très préoccupée vous-même.

« En Bretagne, je suis forcément intéressée à ce qui se passe. Je ne puis, comme à Paris, vivre isolée. J'assiste au va-et-vient ; on lit devant moi les journaux, et cela me fait une très curieuse impression d'être de nouveau mêlée à la vie politique et sociale.

« J'ai vu dernièrement Mgr David qui se fait une fête de vous retrouver à Rome. Il a éprouvé un grand malheur, et il se relève à peine de la secousse que lui a fait ressentir la mort de son frère, encore jeune, homme fort distingué, qui vivait depuis quelque temps chez lui.

« Je vous quitte un peu à la hâte, chère Princesse ; je reprends, ce matin, avec Francis, le chemin de Quimperlé, mais craignant d'être absorbée d'une manière ou d'une autre, j'ai voulu vous envoyer d'ici mon souvenir.

« Adieu, etc. »

A Mlle CLAIRE DE KERÉVER

« Paris, 10 octobre 1869.

« Voilà un brin de dentelle dont tu feras quelque chose, ma Claire, et qui m'arrive tout droit de Venise. J'attendais avec impatience de tes nouvelles ; les maux de dents ne sont pas dangereux, mais bien douloureux.

« Non, je ne connais pas encore *M. Pickwick*, mais je m'en rapporte à Dickens pour t'avoir amusée. C'est un auteur précieux pour la jeunesse et les moments de transition. Je l'aime, parce qu'il fait rire d'un bon rire, bien franc. Nous sommes-nous amusés, t'en souviens-tu? J'entends, j'entendrai toujours les phrases qui passaient dans notre conversation habituelle, pour la nourrir de gaieté.

« Dickens est excellent, et ce qu'il y a de meilleur jusqu'au moment où, après une longue souffrance, on met au dedans de soi l'Ami divin qui ne meurt ni ne disparaît jamais, et vers lequel on va, et pour lequel on souffre avec joie. A part cette vie intérieure dans laquelle nous nous rencontrerons un jour, je l'espère, ma Claire, pour notre mutuelle consolation, il n'y a rien de plus charmant qu'une lecture de Dickens; et quand j'aurai un moment, je verrai un peu ce Pickwick-là. Mais j'ai tant à faire. Ceci, cela; et dans cette saison, tous les pauvres qu'on visite sont malades, et prennent beaucoup plus de temps.

« Je suis mille fois heureuse de vous savoir, à Château-Billy, ce petit neveu Georges à aimer. Vous allez en jouir pendant plusieurs années; cette première enfance est ce qu'il y a de plus doux.

« Après *Les deux clercs*, paraîtra un roman intitulé *Ce pauvre vieux*, mais il me *faudrait trois têtes et six mains.*

« Chacune de tes lettres est pour moi un bonheur, ma Claire; je commence à me faire à la navrante nécessité de certains silences, et je suis d'autant plus heureuse de recevoir des nouvelles de mes chères vivantes.

« Je t'embrasse comme je t'aime, bien tendrement. »

A SA SŒUR

« Paris, 27 novembre 1869.

« Bravo, ma chère Marie, ta lettre est fort lisible. Je suis enchantée que tu aies pu en arriver là, avec ton pauvre doigt malade, car ainsi nous continuerons de correspondre, et tu pourras personnellement me donner des nouvelles.

« Mais comme l'adresse pourrait t'embarrasser, voici une enveloppe toute préparée.

« Ton billet m'a causé une vraie joie, ma bonne sœur. Te voilà dans le vrai! Dieu t'envoie une épreuve: tu ne t'en préoccupes pas et tu le laisses faire *tranquillement*. C'est une victoire; et un mal ainsi supporté vaut mieux qu'une santé impatiente et tourmentée. Oui, reste bien paisible; donne congé à ce qui voudra te quitter dans ton doigt malade, et fais-toi un trésor de patience.

« La patience, quelle vertu! avec elle, on se met au-dessus de la douleur. Un peu d'humilité est bon aussi, ne croyant pas qu'il faille nous occuper de nous avant les autres; un peu de douceur nous fait retenir les paroles vives. Dieu nous frappe pour notre bien; mais il a des grâces pour tous les états; il ne s'agit que de le laisser faire sans nous agiter. Notre religion, c'est Jésus-Christ, Dieu et homme. Qu'a été sa vie de Bethléem au Calvaire? Nous le savons, et nous ne voulons rien supporter.

« Monte doucement vers cet idéal, et, peu à peu, tu seras presque heureuse de souffrir. Le bonheur de ce monde n'est pas un bonheur, et il passe vite dans tous les cas. Enfin, nous voici sur le même terrain, de la patience, du support. On souffre quand même ; mais une fois qu'on sait souffrir en paix, on a conquis un trésor.

« Il neige à flots et voici la grande misère qui commence. C'est à Paris qu'il y a des gens à plaindre ! Cela porte à se trouver encore bien heureuse.

« Allons ! bon courage, ma bonne Marie, etc. »

A SA MÈRE

« Paris, 29 décembre 1869.

« Ma chère maman,

« Comme le tremblement de vos mains vous empêcherait de me répondre, c'est Marie qui nous servira d'intermédiaire ; mais je veux vous souhaiter moi-même une heureuse année, la continuation de votre bonne santé et la joie autour de vous par celle de vos petits-enfants.

« Le grave mal du doigt de Marie a été une épreuve, mais vous lui avez rendu tant de services que cette épreuve doit vous être une consolation.

« C'est une vraie grâce que sa guérison. Les panaris tournent très mal souvent et durent fort longtemps.

« Je me recommande à vos prières. Je serais bien aise que dans « l'allée du chapelet », vous disiez une dizaine pour moi.

« Je ne sais trop si je ne retournerai pas à Rome. Beaucoup de circonstances m'y poussent ; mais je vous préviendrai quand il en sera sérieusement question.

« M. Lecoffre me proposant de publier le voyage que je pourrai faire en Italie, j'irai peut-être, si Paule de Servigny consent à m'accompagner.

« Adieu, ma chère maman, Dieu vous garde en santé, c'est le souhait que forme votre fille bien affectueuse et bien respectueuse. »

A Mlle CLAIRE DE KERÉVER

« Paris, 3 janvier 1870.

« J'ai formulé mes désirs pour toi devant Dieu, ma chère Claire, le 1er janvier. C'est de Lui seul qu'on peut dire : « Il sait tout, il peut tout, et il m'aime ». Quelle parole profonde! Nous haletons trop souvent après le bonheur humain qui ne peut pas nous satisfaire. Notre réel bonheur est en espérance. La vie n'est qu'un passage, bien court parfois et parfois bien douloureux. Mais nous avons tant d'illusions, sous le regard et sous la main, qu'elles nous aveuglent. Se rapprocher de Dieu par la charité, la résignation, le recueillement de notre être, est ce qui donne la paix. La paix dans le sacrifice! La vie nous apprend peu à peu cela, mais il fait bon se réfugier dans ces régions paisibles de l'âme.

« Aime à prier, mon enfant; que ton cœur monte souvent vers Dieu; abandonne-toi entre ses mains; rien n'est vain et inutile comme l'agitation, c'est une souffrance perdue.

« Je désire à peine mon voyage de Rome, un rien peut le faire manquer.

« Soigne ta santé, ma Claire; prends bien régulièrement tes remèdes; pour le corps comme pour l'âme, la régularité est la première chose nécessaire.

« Tu as maintenant fait connaissance avec *Ce pauvre vieux*, écris-moi tes impressions. Dis-moi aussi quelle est la pièce de vers qui t'a le plus intéressée.

« A revoir, mon enfant, prie pour moi le Père qui est aux Cieux, et crois à ma tendre affection.

« A ton père, à Château-Billy, à tous nos amis, mille affectueux souvenirs. »

A LA PRINCESSE WITTGENSTEIN

« Paris, 18 janvier 1870.

« J'ai été touchée jusqu'au fond du cœur, chère et illustre amie, de la part que vous avez prise à la perte que j'ai faite. Je puis vous dire que j'ai regretté M. Nettement comme une fille, sans penser une fois que c'était un conseil, un appui qui allaient me manquer.

« Il admirait beaucoup votre génie, et, bien souvent, j'ai vu sa belle figure s'animer quand, saisissant un de vos ouvrages, je lui en lisais des passages avec l'enthousiasme qui me caractérise.

« Quelle maladie que l'enthousiasme, chère Princesse! On n'en guérit pas, c'est en vain qu'on vieillit. Pour moi, je m'abreuve de raison, je tâche de devenir correcte, noblement indifférente. Mais qu'une fibre de mon intelligence ou de mon cœur soit vraiment touchée, je pars comme une fusée, comme un flacon de champagne et... je reste confuse de tout ce que j'ai dit. En dedans, hélas! je suis toujours la même.

« Vous savez que nous sommes de plus en plus près de la bouche du volcan politique; c'est à désirer de sauter pour que cela finisse.

« Je vois souvent la marquise, car elle est plus souffrante. Nos conversations ont de la liberté, de la vérité, que dire de mieux?

« Je commence à trouver qu'il y a un siècle que je ne vous ai vue, chère Princesse. J'ai grande envie de retourner à Rome; j'en ai si peu profité à mon premier voyage!

« Ce serait un moment bien choisi que celui du Concile pour vous aller retrouver; qu'en pensez-vous? »

A SA SŒUR

« Paris, 10 février 1870.

« Ma chère Marie,

« Ce mot te dira seulement que je pars demain pour Rome avec Paule de Servigny.

« Je vous écrirai de mes nouvelles. Priez tous pour moi. »

CHAPITRE XI

Deuxième voyage à Rome (1870-1871).

A MÈRE MARIE DE ***

« A bord du *Pausilippe*, 20 février 1870.

« Ma chère Mère,

« J'arrive à Rome ou plutôt à Civita-Vecchia, et je m'empresse de vous donner des nouvelles. La pauvre Paule a été bien malade; elle ne s'est pour ainsi dire pas levée; moi, je l'ai été horriblement de quatre à six heures du matin. Alors je suis vaillamment montée sur le pont où j'ai combattu longtemps. Il a fallu se soumettre et me coucher dans cette cabine où j'entre tout juste. Ma poitrine, qui veut respirer largement, étouffait. J'ai eu quelques heures de purgatoire. Je me suis remise et pas mal comportée depuis. Remontée sur le pont pendant les assoupissements de Paule, j'ai renouvelé connaissance avec Mgr Solier, évêque de Cochinchine, et parlé avec des sœurs de Saint-Merri qui vont à Rome. J'ai beaucoup prié, et vous écris sur une table qui danse, avec une plume détestable et une main qui tremble.

« La première fois, j'espère envoyer pour *la Semaine des familles* la continuation de mon voyage. Cela est encore bien incolore; mais j'arrive seulement. Adieu, etc. »

A LA MÊME

« Rome, 16 février 1870.

« En arrivant, j'ai couru à la poste. Il m'a fallu revenir tristement. J'avais compté sur un mot de ma chère Mère. Voilà des siècles que je n'ai pas eu de ses nouvelles. Ne soyez pas avare, je suis trop loin et trop votre fille pour que vous me rationniez. La Révérende Mère générale ne le voudra pas, j'en suis sûre.

« Ma communion de tous les dimanches sera en union avec vous; je serai bien fidèle, je taillerai la part de Dieu, et rien ne me fera la raccourcir; c'est ma volonté; j'espère recevoir la force de l'accomplir. Je n'oublierai pas la prière que le R. P. Olivaint m'a demandée au tombeau de son saint patron.

« Je vais remettre des épingles à ma petite pelote noire de poche, qui est bien la chose la plus précieuse de mes bagages. Et ma chère croix! elle est toute une consolation pour moi. Cette petite croix-là m'en dit long. J'ai une vive reconnaissance envers la Révérende Mère générale pour me l'avoir donnée.

« Je vous envoie de drôles d'impressions romaines!

Quelles nouveautés je vous raconte! Tout cela est vrai, tandis qu'il faut que je grossisse le reste. Ce n'est pas en Italie que l'on peut chercher la sainte sincérité. Je suis très rude avec ces politiques, ou bien je regarde Paule essayer de lutter avec eux. Cela m'amuse de les voir aux prises. Tant de paroles pour entortiller ce qui est! quand cela ne m'attriste pas, j'en ris (pas trop haut) pendant des heures. Soyez tranquille, je ne vais pas montrer mes amygdales à Rome; du reste, j'ai peu envie de rire.

« Neuf heures du soir! J'arrive de la poste, j'ai le petit billet, un vieux petit billet, vieux de date. Ma chère Mère, je vous remercie de ne m'avoir pas oubliée, je vous remercie de n'avoir pas oublié Alix, le 12.

« La Princesse m'a accueillie le cœur et les bras ouverts. Elle m'a écrit, à Paris, sur mon dernier ouvrage; malheureusement, cette lettre était partie quand je suis arrivée, ainsi que la broche de turquoises et diamants qu'elle me donne; je tiens plus à la lettre qu'à la broche.

« J'ai vu la comtesse de Caraman, j'en ai été charmée : une femme simple, distinguée, sainte, intelligente. Voilà le type qui fait mon envie. *Avoir tout* et être aussi modeste : la grâce divine reluit dans ces âmes. Elle m'a demandé de la revoir; ce sera pour moi un plaisir *vrai*.

« Mon adresse est : Via della Vite, 71. J'ai fait visite au R. P. Laurençot; remerciez pour moi le P. Olivaint de sa carte d'introduction. »

A LA MÊME

« 26 février 1870.

« Ma chère Mère,

« Je me suis laissé enrhumer; mais c'est fini, je vais voir autre chose que mes quatre murs. Les soins ne m'ont pas manqué. Ma charitable chanoinesse de Trémaudan a été tout à fait amicale. C'est une femme délicate, aimable, d'une piété douce, qui est délicieuse auprès des malades.

« La Princesse vient encore de m'envoyer une superbe boîte de bonbons pour la toux. J'ai été très sévère dans mon régime, et de moi-même je me suis condamnée au repos. Aussi le malaise a-t-il rapidement disparu.

« Mon voyage à Rome a eu déjà ses petites gouttes d'amertume : l'état d'Henri de Cathelineau, attaqué d'une fluxion de poitrine, pour commencer; puis ce gros rhume, qui me prive de beaucoup de choses intéressantes. C'est une quasi-retraite que le bon Dieu a voulu me faire faire, comme préservatif peut-être. Je trouve que j'ai été *admirable*; je n'ai pas eu de tristesse, d'abattement, malgré la pensée de ne pas être en pleine santé, loin de mon couvent. Mes amis de Saint-Maclou, à certaines physionomies, ont déclaré que j'avais le mal du pays.

« Pendant ce temps de repos, je chargeais mon bon ange de toutes sortes de commissions. Qu'il a dû aller de fois à Paris! Cette consolante croyance m'a fait un grand bien! Dans mes moments de solitude, après la prière, j'aime à m'entretenir avec mon charitable gardien. J'y ai maintenant une foi profonde, c'est comme si je l'avais vu. Il ressemble un peu à ma Mère.

« Maintenant je reprends votre lettre. J'aurais voulu entendre le discours du bon père du Fougerais sur la correction des défauts. Je ne sais pas me prendre en détail; et, comme j'ai bien des défauts, j'aurais besoin qu'on me montrât à *diriger*, à *supprimer*, à supporter. Vous voudriez les supprimer tous; mais il faudrait m'écorcher vive.

« Et malgré cela, j'aime tant ma Mère. Chaque fois que mon âme s'élève vers Dieu, je m'unis à elle le plus étroitement possible. »

A SON NEVEU

« Rome, 27 février 1870.

« Mon cher Francis,

« J'ai traversé la France, vu Marseille, passé la Méditerranée sur un bateau à vapeur; et me voici à Rome.

« Quelle ville, mon enfant! les édifices superbes des vieux Romains, les souvenirs des martyrs chrétiens, Saint-Pierre, le Saint Père!

« La Princesse m'a beaucoup demandé de tes nouvelles, si tu sais travailler, prier, si tu te prépares à devenir un homme?

« Quand tu seras grand, mon cher enfant, j'espère que tu pourras faire un voyage d'Italie. Je t'y ménage de charmantes relations.

« Le carnaval ici est bien animé. Figure-toi qu'on se bat, pour rire, dans la rue, avec des dragées de plâtre, appelées confetti, et des bouquets. Cela vous tombe comme grêle sur le dos; et chacun rit.

« Les sujets du Saint Père sont bien gais.

« J'ai acheté pour toi de petites vues de Rome; je te ferai bénir un objet à ma première audience du Pape, et si tu m'envoies de bonnes notes, je te garderai de jolis souvenirs.

« J'ai été voir, avec une dame de mes amies, son fils qui est interne au collège des Jésuites. Il est né à l'île de Malte, il a ton âge, est toujours le premier, et a toutes les décorations.

« J'ai beaucoup pensé à toi ce jour-là, mon enfant chéri. Il faut que tu m'écrives une longue lettre ici. L'affranchissement te coûtera cinquante centimes, deux timbres bleus et un jaune.

« J'espère t'écrire pour Pâques; mais, à l'avance, je veux te rappeler mes recommandations. Pas trop de visites à la ferme, *bon exemple* à tes frères, *prières* dites, messe du dimanche bien entendue.

« J'ai assisté à la messe dans la prison Mamertine, où saint Pierre a été détenu. C'est un trou creusé dans le roc. Les anciens Romains y faisaient précipiter les rois qui ornaient leur char de triomphe.

« L'histoire de ce grand peuple t'intéressera, et tu verras comme il est divin que la religion annoncée par de pauvres pêcheurs ait renversé l'empire romain, ce colosse!

« Nous causerons de l'Italie quand nous aurons le bonheur de nous retrouver, mon cher enfant, je te raconterai des choses merveilleuses.

« J'ai rencontré ici Mme Craven de la Ferronays,

qui a écrit *le Récit d'une sœur*, et j'ai causé dans son salon avec plusieurs personnages remarquables.

« Au revoir, cher fils.

« Dis une petite prière le dimanche, pour que je fasse un bon voyage. Je prie pour toi dans les belles églises de marbre.

« Je t'embrasse et je t'aime de toi mon cœur. »

A MÈRE MARIE DE ***

« Rome, 29 février 1870.

« Ma chère Mère,

« Ne vous inquiétez pas, je vous en prie. Ici je suis entourée de *clairvoyants*; et puisque votre fille, qui n'apporte rien à cette fine fleur du monde chrétien, est recherchée, c'est qu'elle vous fait un peu d'honneur, je pense.

« Rien ne me soumet, ne me subjugue; je suis prudente, je prie beaucoup, je me défie de moi, et vous devez reconnaître que je pratique en cela vos conseils.

« Mon indisposition, qui est finie, a mis le trouble, il est vrai, dans mes exercices de piété; mais je vais tout reprendre, et rien ne sera admis qui puisse me faire manquer la communion du matin.

« Mes conversations sont naturellement de la plus *haute volée* comme couleur religieuse; je me sens d'une inébranlable fermeté dans ma foi, et cela me donne beaucoup d'action.

« Hier, chez des baronnes suédoises, libres penseuses, j'ai servi des pensées de ma Mère, je n'ai pas pu m'enorgueillir. Quand je manie ainsi vos enseignements, je sens comme je ne sais quel feu apostolique qui court dans mes veines. J'aime à voir un certain ébranlement dans les âmes qui m'écoutent. Je ne fais pas la prêcheuse; mais on me pousse en avant, comme un personnage. Je dis librement ma pensée; et quand je puis y rattacher la vôtre, je la développe dans la conversation. Je sors de là comme quelqu'un qui a chanté par le gosier d'un autre.

« Me voici invitée chez la comtesse Benoît d'Azy. Ce sont des soirées sérieuses, où se retrouve le haut clergé romain et français. Je m'y présenterai avec ma robe toute simple; si je m'aperçois qu'elle est trop disparate, j'y renoncerai. Mes cheveux bouffissent beaucoup à Rome, cela me servira de coiffure, et il n'y aura rien de trop mondain. »

A LA RÉVÉRENDE MÈRE
FONDATRICE DES AUXILIATRICES
MARIE DE LA PROVIDENCE.

« Rome, 1ᵉʳ mars 1870.

« Ma chère Révérende Mère,

« Je vous remercie d'avoir bien voulu, souffrante et occupée comme vous l'êtes, me donner vous-même signe de vie. Je retournerai certainement voir le P. Piccirillo et lui parlerai de vous. Nous allons aujourd'hui chez la marquise di Rende.

« Non; la persévérance de votre affection ne m'échappe pas, chère Révérende Mère, mais elle ne surpasse pas la persévérance de la mienne. Je suis très fidèlement, très sincèrement attachée au couvent. J'y ai reçu d'immenses grâces; et il me semble qu'entre lui et moi, c'est à la vie, à la mort. Et ce n'est pas d'un cœur épuisé ou éteint, ou dédaigné, que part ce sentiment profond; c'est, hélas! d'un cœur qui n'a que trop de vie, et sur lequel bien des choses et bien des gens aimeraient à établir leur empire. Aussi, croyez que si mon esprit n'est pas toujours souple, mon cœur est toujours sincère. C'est dans votre maison que j'ai rencontré la vérité, la foi vivante. J'ai eu là plus d'une vision du ciel. Je ne saurais l'oublier.

« Celle qui est « ma Mère » m'a entraînée, non pas dans sa voie, qui est celle des saints, mais aux pieds de Jésus-Christ qui dit : « Venez tous à moi! » Dieu sait que je n'ai en ce moment qu'un chagrin, c'est d'être d'une nature tellement différente de la sienne; c'est de ne pas être ce que je pourrais être, après tant d'apostolique dévouement. Mais les chardons ne sont pas des lis, et elle m'a déjà ôté bien des épines sans tenir compte des piqûres. Puissé-je vivre et mourir dans le rayonnement de sa foi, rattachée à cette chère maison et à vous, ma Révérende Mère, par des liens éternels. Je ne forme pas d'autre vœu. »

A MÈRE MARIE DE ***

« Rome, 5 mars 1870.

« Bonjour, ma chère Mère; je ne puis attendre pour vous écrire. J'ai à vous rendre compte d'une soirée chez Madame Craven. Votre fille était la seule qui eût une robe montante, et tout unie. Cela ne m'embellissait pas, mondainement parlant; au contraire; mais je savais que je plaisais à Dieu ainsi, et je n'ai fait que des réflexions qui vous auraient consolée.

« J'ai eu l'honneur de faire la connaissance de M. l'abbé Bougaud, un vicaire général, encore jeune, qui a prêché le carême à la Madeleine. J'ai pu le remercier de m'avoir fait aimer sainte Jeanne de Chantal. C'est un prêtre sympathique, sérieux, modeste, dans cette aristocratique cohue.

« J'ai vu des archevêques de tous les pays, Mgr de Mérode, et plusieurs autres prélats de la Cour romaine.

« Je ne me croyais pas vraiment si connue, ma Mère; mais ne craignez rien, je n'ai pas laissé mon amour-propre faire des siennes. Je suis rentrée de bonne heure; j'ai fait comme les prélats, qui disparaissaient après dix heures.

« Cette semaine, j'ai suivi le Triduum prêché par Mgr Mermillod à la Trinité du Mont. Il grandit en simplicité, ce qui donne, pour moi, à sa parole élégante une puissance véritable. C'est de la pure et forte doctrine qu'il nous sert. Et on sent qu'il doit aussi prêcher d'exemple. J'allais un peu machinalement la première fois; j'ai suivi avec le désir de profiter en conscience de ces saintes causeries. Il me semble que je commence à me débrouiller en *moi-même*; mais c'est toujours par mes éternelles comparaisons avec le prochain, par mes éternelles observations que j'opère. C'est plus fort que moi; cette fois, le résultat est de me rendre énergique. Il faut que je brise avec l'illusion, que je me prenne comme je suis, et que je laisse les autres comme ils sont. J'aurai, pour me consoler, ma chère Mère que j'ai vue *au vrai*, puisque je la vois toujours la même, absolument la même. Si je n'avais trouvé *cette vérité*, en voyant le reste, en approfondissant le reste, je serais devenue tout à fait mauvaise.

« Mgr Mermillod a eu, hier, un mouvement d'une sincérité effrayante. S'adressant à celles qui vivent de Dieu sans humilité, sans douceur, livrées à leurs égoïsmes ouverts ou cachés, il s'est écrié : « Vous « tuez notre apostolat. Le monde a l'œil pénétrant, « il vous voit *sans vertus* malgré vos dehors de piété, « et il s'éloigne de nous, et il rit, et il a raison ; c'est « vous qui tuez notre apostolat. »

« Alors, je pensais qu'il fallait bien me résoudre à souffrir pour acquérir un peu de vraie vertu et ne pas tuer l'apostolat de ma chère Mère. Aussi ai-je pris la résolution d'être toujours bien simple et bien effacée.

« Veuillez dire à notre Révérende Mère que j'ai vu la marquise di Rende, qui est vraiment charmante d'amabilité; elle a dû lui écrire ou elle doit lui écrire. Mme de Caraman n'était pas chez elle, nous avons laissé la lettre.

« Je vous quitte et je vais au Gesù, me confesser. Pour gagner les indulgences, à Rome, il faut recevoir l'absolution tous les huit jours. Je ne manque jamais mon office, ni ma visite au Saint-Sacrement.

« A bientôt! Qu'il y a longtemps que je suis partie, n'est-ce pas? Comme je serais seule au monde, si je n'avais pas mon éternelle Mère!

A LA MÊME

« Rome, 6 mars 1870.

« Oui, ma chère Mère, je comprends parfaitement la différence qui existe entre la Jérusalem terrestre et la Cité de Dieu; ce n'est pas la compréhension qui me manque, c'est la volonté de me replacer entre les scies et les marteaux, dont j'ai l'effroi et la détestation.

« Je ne le sais que trop, je suis un bloc informe, plein d'aspérités, placé, par la bonté de Dieu, sous une belle pierre, bien polie; mais son frottement, si doux qu'il soit, ne produit-il pas un peu de polissage? C'est de la haute perfection, de demander, à grands et *vrais cris*, de vraies scies et de durs marteaux; c'est la voix divine dans une âme humaine. Évidemment, ma Mère, je n'ai pas votre goût de la Croix. Avons-nous, hélas, la même nature? Avons-nous eu la même vie? Avons-nous reçu les mêmes grâces? Puis-je être à votre degré? C'est l'impossible encore. Y serai-je jamais en ce monde? J'ai le ferme espoir de vous retrouver au Ciel; mais, dans ma sincérité, je dois l'avouer, en me ménageant un long purgatoire.

« Ma pauvre amie *** aura fort à combattre pour son philosophisme. J'espère lui faire du bien, car je ne lui cache pas la vérité et elle ne me sent pas inférieure à elle. J'avais espéré que la mort de sa mère aurait ébranlé « l'arbre ».

« Le jour de la mort d'Alix, je n'avais plus d'orgueil. Il a malheureusement repoussé depuis;

mais ces jours-là, il était comme un arbre brisé. Celui de X... a tenu bon, c'est de la haute espèce. Elle est jeune; elle est à l'âge des grandes présomptions; et elle n'a encore rien aimé plus qu'elle-même. Elle paradera quelque temps; et puis, Dieu aidant, comme c'est une nature élevée, elle se rendra.

« Mes souvenirs à nos pauvres malades, à Mme Décoville, à la bonne Julie, à Mme Vilmin, et à Louise, qui me fournit l'occasion de m'habituer à la patience. Continue-t-elle à étudier son catéchisme?

« J'ai refusé net de me décolleter pour assister à des réunions sérieuses, mais parées. Le sacrifice a été fait de bon cœur. Je dis nettement ma façon de penser; et quand on veut me lancer dans de trop subtiles questions, je réponds que, comme les évêques, j'ai mon théologien, et que je ne résous rien sans lui : c'est ma bénite Mère qui, sur sa photographie, dit paisiblement son chapelet dans mon livre de prières.

« La Supérieure des Filles de la Charité, Mlle Lequête, me témoigne beaucoup d'amitié depuis qu'elle sait mon nom. Je lui laisserai quelques livres pour ses malades. Voulez-vous faire prier M. Lecoffre de m'envoyer, à Rome, une demi-douzaine de *Ce pauvre vieux?*

« Paule, qui va mieux, très bien même, me charge de ses souvenirs respectueux pour vous.

« Mon Évêque de Saint-Brieuc m'a présentée à l'archevêque de Reims, Mgr Landriot : vous savez qu'il a beaucoup écrit sur les femmes, et j'étais heureuse de le connaître.

« Je remercie la Révérende Mère de son ombre de

mot et j'adresse mes sincères amitiés à chacune de mon couvent. »

A SA SŒUR

« Rome, 7 mars 1870.

« Je te réponds un mot à la hâte, ma chère Marie. Après un voyage fatigant, mais heureux, je suis arrivée, en fort honorable et fort nombreuse compagnie, où je me suis enrhumée. Cela est fini, mais je vais être obligée de rattraper le temps perdu et de compter mes instants.

« Je devrai, à Rome, beaucoup travailler; et je ferai seulement de rares apparitions dans les salons les plus distingués, qui m'y sont ouverts.

« Quelques heures passées dans ces cercles sérieux, sans toilette, seront une de mes distractions. Je n'oublierai aucun de vous près du Saint Père, qui a l'air de plus en plus saint. Dis aux chers enfants que je leur rapporterai des souvenirs de mon voyage.

« Pendant les vacances de Pâques, soyez bien prudentes; les enfants ne sont pas une *distraction*, ni un jouet, ni une *propriété*. Ce sont des âmes prêtées, auxquelles on ne doit montrer que le bien. Il faut garder vis-à-vis les uns des autres le *respect*; l'enfant, plus tard, remercierait à genoux ses parents de lui avoir donné de bonnes habitudes : habitude de se vaincre, habitude de penser aux autres, habitude de s'oublier.

« Ne regrette pas ton mal de main, ma pauvre Marie, il a été voulu de Dieu; mais garde soigneusement la patience qu'il a dû te donner. Ne pas pouvoir beaucoup agir est une préparation à la prière qui apporte tant de consolations, et par elle, tu te rendras utile à nous tous. Les préoccupations inquiètes ne servent de rien. L'âme, vide de rêvasseries, monte naturellement vers Dieu. Dis chaque jour un chapelet pour moi.

« Embrasse maman et les enfants de ma part, etc. »

A MÈRE MARIE DE ***

« Rome, 8 mars 1870.

« Je viens d'avoir un grave entretien avec le bon père Laurençot. Il a pris la peine de m'expliquer *à fond* les questions litigieuses du moment. Je lui avais cependant déclaré que je marchais les yeux fermés, entre mes deux guides, tant je me défiais de moi-même et des autres. Ce qu'il m'a dit pourra néanmoins me servir à l'occasion.

« Demain, je communierai pour la première fois à Saint-Pierre. Je me repose encore et je reste bien calme. Le temps coule vite! Cependant, si tout à l'heure des ailes me poussaient, je serais à Paris ce soir. Mes bons amis de S*** sont ébahis de ma sainte indifférence, et voudraient me fanatiser de Rome. Ils parlent à leur aise, eux qui voyagent avec ce qu'ils ont de plus cher.

« Sentez-vous un certain allégement de mon départ, ma Mère? Dites-moi si vous avez reçu mes cinq courriers. Une lettre, s'il vous plaît? J'espère qu'il y en a une en route. »

A LA MÊME

« Rome, 11 mars 1870.

« Il n'y a jamais de ma faute pour les courriers, chère Mère. C'est la grande distance et ces affreux paquebots! Je n'ai même pas attendu votre réponse et j'en suis heureuse, car, tout en gémissant de votre silence bien inexplicable et bien tourmentant, je vous ai écrit.

« Votre lettre affermit ma résolution. Ce matin, je me sentais la tête lourde et l'esprit distrait, et je me disais : Il est temps de mesurer même mon sérieux mondain. Et, comme si j'avais entendu votre chère voix, j'ai renoncé au vendredi C***, uniquement pour me coucher tôt, me lever tôt, et faire ma matinée chrétienne. Si j'étais malade, je me traînerais à Paris; si l'encens me montait à la tête, je m'encapuchonnerais.

« Hier soir, chez Mme ***, au milieu de toutes ces fleurs, de toutes ces éloquences, de toutes ces attentions, je pensais pourtant en moi-même : Si ma Mère me regardait, qu'aurait-elle deviné en moi? Le désir de la suivre, de me mettre dans sa poche, et d'aller dire une dizaine de chapelets dans notre salle de travail. Voilà, sincèrement, Mère vénérée, où sont mes désirs, à Paris, en Bretagne, à Rome, partout.

« Je regrette de n'avoir pas dit à mes amies : « Écri-
« vez-moi sans calculer ». Je vis debout; mes courses sont horriblement fatigantes. Quand j'arrive, je me délasse en écrivant à mon couvent; mais à d'autres, il est difficile d'en avoir le courage. Elles ne se doutent pas de la fatigue physique que coûte Rome.

Bien amicalement, qu'elles ne comptent pas avec moi. Quand on a regardé des fresques de plafond durant deux heures, au bout d'une lorgnette, on n'éprouve qu'un besoin : celui de fermer les yeux.

« Savez-vous que cette chère lettre, *restée* poste *restante*, a été la cause de ma paresse et du retard de mon envoi ? Quand je n'ai pas « ma manne », j'ai tout au plus le courage d'aller et de venir ; mais quand j'ai reçu ma céleste nourriture, je me mets à l'œuvre avec la pensée de faire aimer ce que vous aimez, et que j'aime éternellement avec vous.

« Je pars pour faire mon chemin de Croix au Colisée. Paule me presse. Cet exercice remplace ma soirée ; ma chère Mère est-elle contente ? »

A MADEMOISELLE CLAIRE DE KERÉVER

« Rome, 12 mars 1870.

« Tu es à Rennes, ma Claire, je fais une halte pour t'écrire. Mon arrivée à Rome a été bien sérieuse ; Henri de Cathelineau était très mal, d'une fluxion de poitrine, de façon que sa tante Mlle de Servigny, qui était ma compagne de voyage, a été tout attristée à son arrivée. Il est guéri, grâce à Dieu, mais nous avons déjà payé notre tribut au climat, qui n'était rien moins que doux. Garder la chambre, à Rome, n'est pas intéressant ; et ces quinze jours auraient été inutilement ennuyeux, si par la prière et l'acceptation de cet ennui je ne les eusse convertis en petits mérites.

« Maintenant nous arrangeons avec la famille de Saint-Maclou nos courses pieuses et profanes. Mais combien le divin l'emporte ici sur le profane! Que sont tous ces vieux Romains auprès de nos martyrs? C'est toujours la souffrance qui est la vraie grandeur de l'homme. J'étais trop brisée, il y a trois ans, pour goûter ces beautés; aujourd'hui, je vois tout clairement dans les rayons d'une foi plus vive et d'espérances mieux affermies. A Rome, on comprend le néant de l'humain, la divinité réelle de Notre-Seigneur Jésus-Christ et de sa religion. « Rome, ainsi « que le dit M. de Pontmartin, donne un double « exemple et une double leçon : elle apprend com- « ment passent les grandeurs humaines et comment « résistent les vertus divines. »

« Le monde est ici, la fine fleur du monde chrétien; et les réunions les plus brillantes sont sérieuses. Mon deuil ne m'en exclut pas; j'y rencontre toute l'élite de Rome et de l'étranger. Je suis très connue en Italie, où tout le monde lit le français. Je vois souvent ma chère princesse Wittgenstein qui me comble d'amabilités. Mais, toutes ces brillantes et charmantes relations n'empêchent pas que je ne sente aucun désir de prolonger mon séjour au delà de Pâques, comme on m'y invite.

« J'ai retrouvé à Rome un coin de notre Bretagne : les de Quélen, de la Villechevalier; j'ai aperçu Adèle Le Beschu, je vois souvent Mlle de Trémaudan. Et toi, ma Claire, que fais-tu à Rennes, y soignes-tu bien sérieusement ta santé? Ton âme y trouve-t-elle des consolations religieuses, pendant ce temps de carême?

« Je prie souvent pour toi, chère fille, afin que la foi, la vraie et solide piété, vivifient ton esprit et ton cœur.

« C'est par l'amour qu'il faut aller à Dieu, et par le sacrifice. Autrement nous ne le trouvons pas, et c'est pour lui que nous sommes faits.

« Je te prie d'embrasser bien affectueusement Emma et Julien. Dis à ce dernier que j'aimerais à le voir faire ses Pâques à Saint-Pierre de Rome, où tant d'hommes accourent de toutes les parties du monde.

« Pour toi, ma Claire, tu sais que je t'aime de tout mon cœur. »

A MÈRE MARIE DE ***

« Rome, 14 mars 1870.

« Ma chère Mère,

« Heureusement que le bon père Laurençot est venu me faire visite comme pour me donner le courage d'attendre un autre courrier.

« Ne pouvez-vous plus souvent m'écrire un mot?

« Je deviens toute lâche, toute triste quand votre parole me manque. Je suis prête à m'asseoir entre ces vilains quatre murs, pour ne pas voir que je suis si loin.

« Je désire beaucoup visiter Naples, mais si je dois voyager seule, je n'irai pas.

« M. l'abbé Bougaud a admirablement parlé à Saint-Louis des Français. C'est un apôtre de grand talent. Je suivrai la station qu'il donne, car je sens que ma vie de foi s'en trouvera bien.

« Quelle matinée j'ai passée! A la prison Mamertine, à Sainte-Françoise Romaine. Je me rappelais mes visites d'il y a trois ans; j'y ai mis beaucoup plus de foi, j'ai moins subi l'ascendant du profane.

A Saint-Côme et Saint-Damien, j'étais fatiguée ; je me suis assise n'en pouvant plus. « Ces saints étaient « médecins », m'a dit Paule, qui a toujours son guide à la main. Je me suis de suite mise à genoux, et je les ai priés pour la santé de ma chère Mère, et aussi pour la Révérende Mère générale.

« Mgr de Mérode vient de se casser la jambe. Je l'avais vu la veille chez Mme Craven ; le Saint Père sera fort affligé de cet événement.

« Malgré toutes mes brillantes relations, malgré toutes les splendeurs qui m'entourent, je suis vraiment en exil, heureuse que chaque jour me rapproche et de ma patrie et de vous. »

A LA MÊME

« Rome, 18 mars 1870.

« Ma chère Mère avait oublié mon numéro 71 et j'étais toute triste, à Saint-Louis, avant le sermon de l'abbé Bougaud. Paule arrive et m'apporte une lettre du 1er mars qui était *restée* « poste restante ». C'est là, près de Dieu, devant lequel je répandais toutes mes sollicitudes, que j'ai laissé mon cœur se dilater et qu'une véritable hymne de reconnaissance s'est échappée de mes lèvres.

« Oh que si ! pensons tout haut ensemble ; buvons ensemble la sincérité, la vérité, et n'accusez que ma faiblesse. Elle est grande, cette faiblesse, elle a le poids de ma nature ; mais *le fil* s'est enroulé autour de mon cœur, et bon gré, mal gré, il me tire vers les sommets, où vous demeurez ferme pour deux.

« Que ma Mère grandisse, combatte, monte ! Je la

suis de bien loin, en traînant l'aile, mais son chemin est mon chemin, son Maître est mon Maître, sa foi est ma foi. Je me représente un papillon et une chrysalide aux ailes flasques, elle sort de son cocon, mais son frère hâte sa métamorphose. Gardez les principes, Mère, les principes sauvent. Chez les gens passionnés de mon espèce, la plupart des sottises viennent de l'affranchissement des principes.

« Hélas! le goût de la *vie* est vivant en moi, parce que je suis pétrie de vie et parce que je n'ai pas vécu. De là, les illusions, les rêves de bonheur, les regards sur les fleurs de la terre qui s'épanouissent. Mais *le temps passe*, la raison tend à dominer l'impression, et la grâce prend le souverain empire, parce que vous êtes là, priant pour votre indigne fille, la gardant d'aimer ce qui pourrait la perdre, et utilisant ses forces pour la cause de son Seigneur. Seulement, il y aura toujours quelques cris de cette affreuse nature, qui, chez certaines gens, paraît faite pour cette vieille terre de péché.

« Je voudrais bien que la Révérende Mère générale eût au moins de bonnes nuits; offrez-lui mon tendre et respectueux souvenir. »

A LA MÊME

« Rome, 21 mars 1870.

« Ma Mère,

« Après avoir entendu la messe dans l'église bâtie sur l'emplacement de la maison de sainte Paule, qui aimait tant Blésilla, je viens vous écrire, répondre à votre lettre au sujet de la Ligue de l'enseignement dont s'occupe le révérend père Olivaint. Cette œuvre peut bien être la réforme du monde, ce n'est pas trop dire. J'ai vu ce que deviennent les jeunes catholiques de province qui ne sont ni des saints ni des sots. Cette majorité qui croit en Jésus-Christ est tout de suite entamée, et ce n'est pas complètement de sa faute : les courants sont tous mauvais. Au moins, qu'il y ait à choisir, qu'on voie un camp d'intelligents, qui gardent leur foi sans rien perdre de ce qui fait réussir dans le monde.

« Cette œuvre m'est singulièrement sympathique, ma chère Mère ; d'abord vous m'avez donné l'amour des âmes ; ensuite, j'ai vu mes frères dans le passé et je vois mes neveux dans l'avenir. Ma main, forte ou faible, est à votre disposition ; je sais que j'ai tout reçu de Dieu, vous m'apprendrez à tout utiliser pour lui.

« Auprès de vous, la vie humble, travailleuse, silencieuse me paraît possible, me paraît la meilleure. Vous avez expérimenté les gloires et les bonheurs humains, et vous leur avez préféré le tas de copeaux de Nazareth ; votre fille peut bien n'avoir d'autre ambition que cette sublime ambition-là. Hélas ! ma Mère, comment se guérit-on d'être ardente ? Je le serais à flamber, sans vous. Au moment où vous m'avez prise, j'allais même devenir violente et me mêler d'asservir les autres : ce qui eût été un grand piège.

« J'envie les personnes usées, vieillies, et je suis fâchée d'être comme je suis ; mais l'hiver approche....

« J'ai reçu la broche en turquoises et diamants de notre chère Princesse, un bijou exquis ! et la montre de la Marquise avec son Z flamboyant. C'est artistique et charmant! mais comme j'attache peu de valeur à ces choses! Ce n'est pas ce qui retiendrait mon cœur. »

« Lundi après-midi.

« Chère Mère, je reçois votre mot au moment de fermer cette lettre. Soyez bien tranquille; tout ce qui est adressé « Via della Vite » nous arrive « rue de l'Humilité »; j'avais bien pensé que le nom ne vous échapperait pas.

« Vous aurez votre petite sonnette, bien sûr, quand je devrais aller la chercher à Lorette. »

A LA MÊME

« Rome, 23 mars 1870.

« Que j'ai envie de recevoir une nouvelle lettre de vous, ma Mère; la dernière m'a affligée.

« Je demeure tout à fait calme, je vous assure, au milieu d'un déchaînement d'exaltation à propos du Concile. Oh! que vous m'êtes utile! Quelle tentation c'eût été pour moi d'entrer dans l'une ou l'autre de ces ligues; j'aurais été la plus jeune des ligueuses, et le diable y eût trouvé son compte. Je me répands en actes de contriction quand j'ai voulu faire de l'éblouissement.

« Le monde que je vois à Rome, ce n'est pas celui qui a été maudit par Notre-Seigneur, ce sont ses apôtres; et, après leur disparition de ces brillants salons, il reste encore de grands chrétiens et de grandes chrétiennes.

« Que Notre-Seigneur vous fasse bien sentir que mon cœur demeure étroitement uni au vôtre, malgré son indignité. »

A LA MÊME

« Rome, 24 mars 1870.

« Ma Mère,

« Votre lettre d'aujourd'hui m'a *desserré* le cœur, et je vous remercie de l'avoir écrite. Me voilà encore revenue sur l'eau, et je vais pouvoir continuer mes notes. Quand je suis seule ou triste, ou ramenée par le souvenir, sous le poids du passé, je puis encore prier, agir, parler, mais non pas écrire.

« On dirait que mon esprit et mon cœur ne font qu'un; et mes efforts pour les désunir sont toujours vains. Oui, laissons les fièvres de Rome, toutes les fièvres; laissons faire Dieu. J'ai bien des vertus à acquérir, mais acquerrai-je jamais l'humilité? Je suis humble avec vous qui ne comptez pas. J'ai bien des motifs de m'humilier; et cependant je ne me méprise que devant ceux qui me paraissent les vrais parfaits. Je renoncerais encore assez facilement aux applaudissements; j'espère arriver à ne plus les désirer, à les entendre avec indifférence, pourvu que ma mère soit contente, et qu'elle me le dise de la part du Maître. Mais il me faut toujours un coin bleu; le sombre m'attriste, le dur me révolte.

« Au fait, devant les *autres*, l'orgueil court dans mes veines; et cependant je lui résiste. Avec les éléments que j'avais dans les mains, pour satisfaire cette affreuse passion qui porte à régner sur les autres, je pouvais beaucoup parader à Rome, m'embellir, me rajeunir. La volonté de paraître, le désir de briller, et deux vraies toilettes me suffisaient pour cela. La tentation ne m'a pas épargnée, rien ne me semblait plus simple; ce n'est pas moi qui ai triomphé : c'est mon *Ange gardien*.

« J'ai fait une plus intime connaissance avec le monde, je le retrouve partout; aussi je commence à devenir prudente et charitable. Je ne veux faire souffrir personne; et j'ai pris, au sujet de la modération, toutes sortes de bonnes résolutions. Je mettrai ma vilaine perspicacité dans mes livres, ce qui ne pourra blesser personne, et je tâcherai de regarder mon prochain, de quelque habit qu'il se revête, par les yeux de ma Mère.

« Elle doit bien se porter si le quart des prières que je fais pour elle est exaucé. Ah! que bénie a été votre rencontre pour moi! Qu'il me serait dangereux de m'aimer par-dessus tout, de me livrer, sans lest, aux élans de mon intelligence, à cet âge où beaucoup s'amoindrissent, mais où beaucoup se développent. Oui! bénie soyez-vous!

« Nous délogeons; grand embarras pour si peu de temps! A bientôt, ma Mère. Quand je vais à la bénédiction, je la reçois toujours pour nous deux. J'ai repris tous mes exercices du matin; le vague est enfoncé. »

A LA MÊME

« Rome, 25 mars 1870.

« Ma chère Mère, j'ai envoyé hier un article à M. Lecoffre, pour *la Semaine des familles*, annonçant le service funèbre de M. de Montalembert, à l'Ara-Cœli. Or, il n'y a en pas eu. C'est un coup d'État. Je ne m'en mêle pas; mais il est absolument impossible d'en parler maintenant.

« C'est pour cette correction importante que je me vois obligée de vous écrire aujourd'hui en hâte, vous suppliant d'envoyer *de suite*, rue Bonaparte, le papier inclus. Je craindrais que la correction ne s'égarât au bureau du journal, et qu'il n'y eût du retard. Pardon de ce dérangement et merci! »

A LA MÊME

« Rome, 26 mars 1870.

« Croyez-moi, Mère, les salons de Rome ne m'ont pas rendue femme du monde. Ne savez-vous pas qu'avec le triste talent que Dieu m'a donné, il m'est bon d'approcher les choses enviées et les gens enviables?

« J'idéalise vite, mais un seul coup d'œil suffit pour me montrer la réalité des choses. C'est de loin que les personnages me paraissent grands; de près, ils se rapetissent toujours. Pour modérer toutes mes fougues, il me suffit d'entendre votre voix dire avec conviction : « Tout cela est du temps ». Vous m'inspirez le goût de l'Éternité.

« La princesse m'a fait porter l'autre jour un carton de fleurs artificielles, un col et des manchettes de guipure; j'ai refusé les fleurs de couleur.

« A Rome, les petites lampes qui brûlent devant le Saint-Sacrement n'ont ni ruban ni anneau; c'est un cœur qui y est appendu. La lampe, pensai-je, c'est-à-dire ce qui est le parfum, la lumière, ce qui brûle et ce qui éclaire, c'est ma Mère, et ce cœur, sur lequel elle jette son reflet, et qui est là comme un poids inutile, c'est moi. Mais ils se tiennent, ils sont étroitement unis; et ce vilain cœur, reflétant la petite clarté, apparaît aussi dans les ténèbres comme une lumière bien faible, mais enfin comme une lumière. Maintenant j'aime à regarder brûler toutes ces lampes avec leur cœur pendant.

« Je suis enchantée que Mme de Montalembert soit venue demander des prières au Purgatoire. J'admire beaucoup son mari, et je le regarde comme un des plus vaillants champions de l'Église; la douleur de sa veuve m'est très sympathique. Je pense que vous aurez aussi la visite de Mme Craven. Il faut bien que je parle un peu de vous, pour m'expliquer moi-même; et je vous indique à certaines âmes qui souffrent, comme lorsqu'on connaît un bon médecin.

« Je n'irai plus dans le monde inutilement; je n'avais accepté que des soirées parlantes, où je rencontre le haut clergé romain et étranger. Le monde m'ennuie; néanmoins j'y prends des tableaux. Les comédies qui s'y jouent, les importances qui s'y déploient, m'en dégoûtent de plus en plus, puisque je n'aime que le vrai. Je n'en peux plus de la bruyante musique qu'il m'est donné d'entendre, et je me mords souvent les lèvres pour ne pas dire qu'elle me semble insupportable, car il faut tout admirer à Rome, devant certaines gens, à tort et à travers. Quel repos sera de revenir parler avec vous de ce qui est vraiment admirable! D'ici là je me tairai, ma chère Mère; je voudrais, à votre exemple, envelopper tout le monde de charité, mais les excitations ne manquent pas.

« Pour moi, grâce à vous, j'ai été prudente et je le serai davantage encore; cela coûte bien parfois, quand ceux qu'on attaque sont les meilleurs enfants de l'Église; mais les langues des femmes font un mal affreux.

« Adieu, ma chère Mère, etc. »

A LA MÊME

« Rome, 27 mars 1870.

« Je ne me lasse pas de penser à ce qui court de providentiel dans notre correspondance. Mais quand je dirai à ma Mère que sa lettre s'adapte toujours juste au bien nécessaire à mon âme, au moment où je la reçois, ne sera-t-elle pas encore plus encouragée à m'écrire?

« Mère vénérée, j'aime à vous le redire : votre souvenir m'est une sauvegarde; il change soudain ma physionomie, il me sauve des prestiges, il arrête mes regards et mes paroles. Il y a ce qui offense Dieu et ce qui vous déplaît; or ce qui vous déplaît ne serait pas toujours une offense grave; mais les pentes sont si dangereuses!

« Le récit de mon voyage, dans *la Semaine*, est quelque peu amalgamé; mais, pour être lue par ceux qui ne lisent pas les gros livres, il faut plaire. Je n'écris pas seulement pour quelques-uns, il faut parler un peu de tout, au risque d'ennuyer. Les gens qui acceptent les auteurs ennuyeux et les discours ennuyeux, sont tout convertis; mais les autres! Personnellement, mon voyage est plus sérieux, beaucoup plus sérieux qu'il y a trois ans.

« Le grand nombre ici est chrétien; et c'est un idéal qu'il m'était bon d'approcher : les riches, les intelligents, les distingués, les heureux, les beaux. Cet ensemble offre le plus grand des prestiges humains. La sainteté seule les dépasse. Eh bien! quand, sortant de ces salons si brillants, si séduisants, je rêve de m'asseoir avec vous, sur un tas de copeaux, dans l'atelier de saint Joseph, je me figure m'être plutôt fortifiée qu'affaiblie ; mes coquins d'yeux voient si avant, et mes propres passions me révèlent si bien celles des autres! Mais, je remonte, avec ma Mère, bien au-dessus de tout ce fond attirant, et j'ai des élans vers la vérité et la justice.

« Je suis obligée de vous quitter, pour aller à Sainte-Croix de Jérusalem vénérer l'insigne Relique. »

A LA MÊME

« Rome, 28 mars 1870.

« J'attends la lettre de ma chère Mère. C'est, après le divin, la vie de ma pauvre âme. Les aspects éternels de Rome ne me parlent pas d'éternité comme elle.

« Mgr Mermillod nous a recommandé plusieurs fois d'avoir le cœur plein! « On n'agit jamais complè« tement sans cela, dit-il; on est là, cherchant et « ramassant, les uns ceci, les autres cela ».

« J'envie ceux qui l'ont vraiment plein de Dieu seul, la paix les inonde; mais je ne me plains pas du remplissage du mien.

« Ce que vous dites des humbles est si vrai, ma Mère; quel bonheur en ce monde et quelle sécurité pour l'autre! Mais, mon Dieu! mon Dieu! c'est si rare. Je n'ai un grain d'humilité que devant vous; et pourtant, intérieurement, je me méprise beaucoup. Je me propose, depuis quelque temps, de subir aimablement la vanité et l'importance des autres; hélas! je n'ai guère encore remporté de victoires.

« J'assiste souvent à de beaux sermons bien pratiques.

« Mgr Forcade, évêque de Nevers, disait spirituellement ce matin, dans une réunion de dames qui lui avaient demandé de bénir leur ouvrage pour les pauvres, qu'elles aidaient l'Église *pratiquement* avec leur travail, leur charité, leur piété, l'amendement sérieux de leur vie; tandis que ces discoureuses qui se mêlent de théologie et veulent en remontrer aux évêques ne sont propres qu'à tout brouiller. « Hier,
« ajoutait Monseigneur, une aimable marquise me
« prêcha contre l'infaillibilité pour me ranger de son
« parti.... Quel ridicule! à chacun sa science, à cha-
« cun son métier. Demandez des adresses de modistes
« et de parfumeurs à nos élégantes, et laissez les doc-
« teurs s'occuper du Concile. Hélas! quoi de plus
« rare que le bon sens; « *Ecce ancilla Domini* », dit
« Marie; et c'est pourquoi l'Ange répond : « *Dominus*
« *tecum*. Le Seigneur est avec toi. » Il s'approche
« d'une servante, il s'en sert et lui confie ses dons.
« Mais les orgueilleuses pleines d'elles-mêmes, il les
« regarde de loin. Aussi comme leur âme est froide
« et leur foi languissante; qu'il n'en soit pas ainsi de
« vous, mesdames! »

« J'ai voulu redire ces paroles à ma chère Mère, pour lui montrer qu'elle est bien secondée dans les conseils qu'elle me donne. »

A LA MÊME

« Rome, 30 mars 1870.

« Ma chère Mère,

« Je voudrais bien vous conter ma journée, heure par heure ; c'est impossible, la moindre visite aux églises et aux antiquités m'enlève d'un coup la demi-journée. Je me sens bien paresseuse le matin ; mais, à moins de fatigues prolongées la veille, je me lève à six heures. Dans le cas où Paule aurait un cher projet que je ne voudrais pas retarder, je fais ma méditation avant de m'habiller. Les jours de communion, je vais à la messe tout de suite ; autrement, j'écris et j'ai la messe en visitant un nouveau sanctuaire. Le va-et-vient continue dans la journée. J'ai d'habitude la bénédiction du Saint-Sacrement vers cinq heures, et je dis mon office. Je rentre de bonne heure, j'écris un peu, je lis ma méditation, je fais une prière courte et je me couche. Mon oraison du matin devient plus distraite, mais je l'aime toujours ; un peu partout, je me recueille, et même bien au fond. Chaque fois que j'effleure les tristesses et les égoïsmes, je cherche mon Dieu en moi. Je le sens, la grâce me conserve dans ces dispositions de recueillement, car cette vie d'impression, de liberté, convient si bien à ma nature que je pourrais m'y oublier.

« Ce soir, je fais ma dernière visite à Mme de Guébriant, où se rencontrent tous les évêques infaillibilistes ; j'y apparaîtrai avec Mlle de Trémaudan qui a promis pour moi, et ce sera ma dernière soirée. J'y avais parfaitement renoncé ; mais on m'a prouvé que ce serait une incivilité, puisque j'ai accepté ailleurs, et j'irai une demi-heure.

« La semaine prochaine, je verrai ce que je n'ai pas vu encore. Je passerai la Semaine sainte à Saint-Pierre ; et les jours qui suivront Pâques, je commencerai ma malle.

« Je trouve, en ce moment, l'occasion de faire reproduire mes ouvrages par des journaux catholiques américains. C'est un évêque américain qui s'en chargera. Il m'a dit que le Concile s'occuperait de l'influence de la littérature sur les masses, et que cette question serait une des plus importantes.

« Je vais entendre assez souvent un jésuite, le père Fessard, au Noviciat du Sacré-Cœur ; le jour où je recevais votre lettre de l'Annonciation, il paraphrasa l'*Ecce ancilla Domini*. Il parle comme un vieux saint. »

A LA RÉVÉRENDE MÈRE GÉNÉRALE
MARIE DE LA PROVIDENCE

« Rome, 1er avril 1870.

« Ma bien chère Révérende Mère,

« Aujourd'hui j'ai eu le plaisir de m'occuper de vous une partie de la journée. Je suis sur la piste d'une excellente occasion pour la précieuse Relique.

« Voici l'explication des paroles du père Piccirillo. Il avait entendu parler de l'ordre donné par le Saint Père d'enlever une parcelle de la table de la Cène pour donner à je ne sais quelle basilique étrangère. Il a couru chez la personne qui en avait été chargée, et, après avoir longuement supplié, il a obtenu deux morceaux. Celui qu'il vous envoie est un de ceux-là.

« Je ferai tout ce que vous me dites, ma Révérende Mère; j'irai voir Mgr Forcade et la marquise di Rende. Je ne me sens plus en disposition d'écrire, et mon journal finira comme il pourra.

« J'ai acheté pour ma Mère, une petite sonnette de Lorette, et je n'ai pas eu à aller à Lorette même pour cela. Je n'ai d'ailleurs que le désir de revoler vers Paris.

« N'oubliez pas dans vos prières votre fille tendrement et respectueusement dévouée.

« *P. S.* — C'est Mgr Lequête, évêque d'Arras, qui vous portera la Relique. J'ai eu une vraie consolation à le connaître et à lui parler de vous; son aspect m'a fait du bien : apôtre et père, saint et paternel.

« J'ai commencé une semaine de la Passion. A Rome, comme ailleurs, on passe par là. Paule vous écrit; je ne la perds pas encore, et il se pourrait que je quittasse Rome la première.

« Ma chère Révérende Mère, adieu; et à l'occasion, un filial respect au R. P. Olivaint.

A LA MÊME

Rome, 2 avril 1870.

« Ma chère Révérende Mère,

« Paule vous a écrit le succès du père Piccirillo. Quel bonheur qu'il ait su à temps l'ordre que donnait le Saint Père! Je l'ai remercié avec effusion, sachant bien que vous serez très heureuse de posséder cette Relique insigne. Il m'a dit qu'il ne m'était pas possible de partir avant la Semaine sainte, et il rit de bon cœur en m'entendant dire que je crains d'être malade loin de la rue Barouillère. Ma mine lui paraît si rassurante! Il est très doux, mais très malin. Je lui énumérais, l'autre jour, mes motifs pour ne pas suivre Paule à Jérusalem, et ce qu'il me faudrait de raisons sérieuses pour prendre une aussi grande résolution. « Ajoutez : un peu de cheveux blancs », a-t-il ajouté en souriant.

« J'ai communié, dans la chambre de saint Ignace, de la main du Révérend Père général des Jésuites. J'étais sincèrement émue de me trouver dans la chambre d'un saint, et de voir à l'autel un autre saint. C'était le cas de s'envelopper de poussière. J'étais attendrie aux larmes; et en me mettant à genoux devant lui, j'ai baisé, bon gré mal gré, sa main diaphane.

« Ma chère Révérende Mère, je voudrais vous rapporter de Rome quelque chose qui vous fît réellement plaisir; je pensais aux reliques, mais le père Piccirillo s'en est si heureusement chargé que je ne saurais faire aussi bien.

« Je vis ici parmi les souvenirs des saints, je m'en abreuve, espérant y puiser un peu de ce qu'il me faut; mais ces héroïsmes me découragent, en faisant trop ressortir à mes yeux ma propre lâcheté.

« Quant à ma chère Mère, il n'y a pas un bienheureux à Rome qui n'en entende parler par ma bouche.

« Hélas! c'est comme pour vous, ma chère Révérende Mère, plus zélé qu'efficace, mais cela me fait beaucoup prier. »

A LA MÈRE MARIE DE ***

« Rome, 4 avril 1870.

« Rassurez-vous, ma Mère; je puis le dire, rien ne m'entame; tout glisse sur la cuirasse de foi et d'amour que je porte. J'ai refusé bien des choses tentantes, par respect pour l'opinion du révérend père Olivaint.

« Comme Mgr Forcade, je trouve absurdes les femmes qui se mêlent de prêcher les évêques; mais ici tout est en fièvre. On pourrait bien attendre, cependant, que l'Église ait décidé. Les femmes vraiment distinguées restent chez elles pour faire leur propagande, les autres discutent sur les marches de Saint-Pierre; j'en ai été bien attristée.

« Je refuse net de m'instruire sur des questions au-dessus de ma portée. Je ne m'élève point orgueilleusement contre les orgueilleux. Je visite Rome en chrétienne, en artiste; n'est-ce point là le vrai bon sens? Ne craignez donc rien pour moi du bel esprit; je le connais, c'est un joujou, pas davantage.

« Je ne fais pas fi des plus brillants dons de Dieu; je crois vraiment n'avoir pas le caractère porté aux jalousies mesquines, et j'aime à admirer; mais mon admiration a maintenant ses limites et ses bornes. Je n'admire plus que la sainteté, qu'elle se montre à moi sous une coiffe de religieuse ou sous un diadème de roi. Là où je la vois, là où je vois l'humilité, je suis prise, dominée, je m'agenouille; le reste m'est profondément indifférent. »

A LA MÊME

« Rome, 6 avril 1870.

« Oui, ma chère Mère, je vais prendre mes mesures. Je vous aurais parlé de ces ennuis de restaurant si je n'avais craint de vous inquiéter. Ces Italiens sont si ardents et si étranges! Et moi, je suis vraiment par trop naïve! Mes amis de Saint-Maclou m'emmènent chaque jour, pour déjeuner avec eux; mais comme après le repas ils restent longtemps à causer de ce qu'ils ont vu et de ce qu'ils vont voir, la conversation s'anime, et votre pauvre fille aussi. Elle a bien remarqué que, dans la salle, on faisait parfois silence pour l'écouter, ce qui l'agaçait un peu; mais comment l'éviter? La pièce est petite; y passer inaperçue est impossible. Ah! si j'avais un père, une mère, un frère avec moi, ce remarqué les flatterait, et personne n'en parlerait : mon genre est très aimé quand il anime une famille.

« Je trouve étrange ce qu'on vous a écrit; je ne sais même pas comment la chose a pu être traduite; mais je vous assure que ces étrangers sont parfaitement respectueux. Je pense que cette attention prêtée à mes récits vient surtout d'un air national très accusé. En me voyant, en m'entendant, on dit : Une Française! Une Italienne fort ordinaire, mais parfaitement italienne, produirait la même impression dans un restaurant français. Néanmoins, comme je ne puis, durant les repas, baisser mon voile et me taire, je vais prendre mes précautions; et si les échos redisent encore de ces aimables récits, je repars aussitôt.

« Que votre lettre m'a fait de peine! Je l'ai pourtant baisée avec amour, car cette épine, avant d'entrer dans mon cœur, avait traversé le vôtre. Peut-être me fallait-il cette souffrance? car ce voyage avait eu son prestige, par toutes les admirations et les louanges qui m'étaient prodiguées. Désormais je déjeunerai chez moi, avec du pain sec et des figues, pour ne pas sortir. Le bon père Laurençot m'a donné certaines permissions qui me mettent à l'aise pour les quinze derniers jours du Carême. Je vais me préparer à mes Pâques; cette petite épreuve sera un bon commencement. Hier soir, j'ai assisté à la bénédiction de la Villa Lante; j'ai présenté à Notre-Seigneur ma pauvre vie, sans aucun bonheur que celui que vous me donnez, et j'ai prié pour que vous soyez bien rassurée. Non, ma Mère, je n'ai jamais pensé que l'Esprit-Saint eût besoin de conseils; mais de chaque camp, il en pleut.

« Je serais curieuse de connaître la bonne personne qui vous a fait ces pénibles rapports. Je ne me rappelle pas avoir énoncé, à Rome, une idée qui ne fût orthodoxe; aussi, aujourd'hui même, d'autres échos apportaient-ils sur votre fille un jugement bien différent.

« Dans une lettre adressée à Paule, il était dit : « On « n'en revient pas de l'attitude calme de Mlle Fleuriot, « dans cette fiévreuse Rome ».

« Je viens de vénérer la colonne de la flagellation; et j'étais honteuse de tant souffrir pour des égratignures. Mon Dieu! qui, sur cette terre, où je n'avais rencontré que des épines, m'avez fait trouver un asile, un cœur parfaitement sincère, parfaitement dévoué, parce qu'il est parfaitement à vous, écartez de lui toute la malignité humaine, et donnez-moi de ne le blesser jamais!

« Je me doute bien d'où peut venir le reproche de me mêler aux personnes de toutes les opinions; mais je ne puis vraiment pas partager absolument les orgueilleuses et folles exagérations des partis.

« Enfin, ma Mère, écoutez : Si, après avoir reçu avec amour la bénédiction du Saint Père, je ne restais pas à examiner ses chevaux, les dorures de son carrosse et les livrées de ses cochers, je n'étais pas orthodoxe; si je ne désirais pas renaître pour être son valet de chambre, je n'étais pas orthodoxe. Si M. de Montalembert n'était pas à tout jamais enveloppé d'opprobre, je n'étais pas orthodoxe. Et qui parle ainsi? Ce sont des gens pleins de vertus domestiques, nul ne le conteste; mais quand il s'agit de certaines questions, ici, on perd la tête.

« Me voyez-vous proclamant l'Infaillibilité, sans y rien comprendre? elles font cela; elles vont *proclamant* et *déchirant* tous ceux qui ne s'exaltent pas. Peut-on croire à la vérité absolue de pareils échos? Non! je ne puis accepter ces critiques inacceptables. Je n'ai jamais renié mon Maître. Je n'ai pas eu de respect humain; jamais je n'ai commis une lâcheté. J'ai dit à Mme Craven elle-même que la lettre de M. de Montalembert était une grande faute, que j'en étais désolée. Croyez que la grâce m'a encore bien gardée, car la foi court ici, en ce moment, des dangers tout particuliers. Je m'en expliquerai avec le révérend père Olivaint, qui me comprendra pleinement.

« Relativement, j'ai vécu très cachée, je puis le dire; mais impossible de voir sans être vue. Je rabattrai sur ma tête le capuchon qui glissait peut-être un peu dans cette vie de liberté.

« J'envoie à ma Mère toute ma vénération, ma tendresse, et je lui dis avec élan : A bientôt. »

A MADEMOISELLE CLAIRE DE KERÉVER

« Paris, vendredi 22 avril 1870.

« Ma chère Claire,

« J'arrive. Je n'en puis plus, mais je veux vous annoncer mon retour à Paris. Mes dernières semaines à Rome ont été si remplies, si fatigantes, si splendides, que je n'avais pas un instant à moi. J'ai été bien heureuse d'apprendre que tu allais mieux et que ton état ne présentait absolument aucun danger. Mais il faut te soigner sérieusement.

« Que je voudrais que tu réalisasses le projet dont tu me parles. Louise a, en effet, besoin d'une étude mesurée. Ne peux-tu te procurer quelques beaux et bons livres : la vie de sainte Chantal, de sainte Monique, de sainte Paule, ou encore les livres de monseigneur Landriot, que j'ai vu souvent à Rome? Tu en ferais des dictées, tu les corrigerais ; et ainsi votre travail aurait une double valeur, un double intérêt. Que chacune de vous prenne le courage de commencer. Faites passer cette heure, cette demi-heure, avant tout ce qui n'est qu'agréable. Vous ne vous en repentirez pas. Mais il faut le *vouloir*. Après la prière, il n'y a rien de plus doux et de plus fortifiant qu'une lecture intéressante !

« Tu as beaucoup mûri, ma Claire ; il ne faut pas te fatiguer, mais t'occuper suavement, le cœur en haut, en Dieu et en Jésus-Christ, Dieu fait homme et Pain eucharistique, par amour. La paix, la sérénité, la joie sont là. D'en bas nous arrivent les agitations, les appréhensions, les désirs insensés, le goût de ce qui passe. Et tout passe si vite !

« Je m'unirai par la prière et par le cœur à mes filles chéries. Un jour ou l'autre, il y aura, je l'espère, communauté d'aspiration et de pensées entre nous.

« Donne-moi de tes nouvelles, ma chère Claire. Dis à Louise et à Marie que je leur écrirai au sortir de la retraite que je vais faire.

« Tu veux savoir ce que je pense de Chateaubriand ? Il peut être dangereux. *Atala, René, les Natchez, les Martyrs*, sont pour toi impossibles.

« Le *Génie du christianisme* est une œuvre superbe, mais vieillie, dont tu pourras lire des fragments. La religion a sa poésie ; mais, bien étudiée, bien comprise, elle entre dans la réalité, elle se mêle à la pratique de notre vie. L'étudier dans Chateaubriand, c'est risquer de rester dans le vague. Défie-toi du vague. Tout est réel : la vie, la mort, l'éternité, le bonheur à venir. Une fois l'esprit placé sur la vérité, sur ce roc ferme de la vérité, qui est Notre-Seigneur Jésus-Christ connu, aimé, servi, on peut lire ces belles choses, mais comme récréation.

« J'aimerais à te voir prendre goût aux lectures qui sont une vie pour l'esprit, une force pour le cœur. Une fois que tu les auras goûtées, tu les aimeras. Je te recommande l'*Imitation* : c'est un trésor. Il n'y a pas à dire, tous nos bonheurs sont en espérances, et cette terre est et doit être la vallée de larmes. Mais, au delà, c'est la vie en Dieu, notre Père, le Créateur des merveilles qui nous entourent. »

CHAPITRE XII

Siège de Paris (1870-1871)

En mai 1870, après deux mois de séjour à Rome, Zénaïde Fleuriot rentre à Paris à l'ombre de son cher couvent, où l'attachent des liens de plus en plus forts. Elle loue un appartement dans les bâtiments attenant à la communauté, rue du Cherche-Midi, 116; elle y habitera jusqu'à sa mort.

Des bruits inquiétants commencent à circuler dans le public; mais personne ne croit encore à la guerre, et elle peut écrire à ses amies, à sa sœur, les lettres qui suivent.

A LA PRINCESSE WITTGENSTEIN

« Paris, 6 mai 1870.

« Chère Princesse,

« Cette lettre n'est pas, comme bien vous le pensez, le premier souvenir que je vous envoie de France; mais en arrivant à Paris, je suis entrée en retraite, c'est-à-dire dans le silence absolu.

« Aujourd'hui je reprends mon travail; et aux lettres d'affaires en succèdent d'autres plus douces à écrire.

« Je reviendrai longtemps, je reviendrai toujours sur ce rêve qui s'est appelé : mon second voyage de Rome. J'ai vraiment là une gerbe de souvenirs; et vous êtes au premier rang, chère Princesse.

« Le jour même de mon arrivée, j'ai porté vos tendres souvenirs et votre petit paquet à la marquise. Ses belles coiffures étaient remplacées par de la mousseline blanche; elle n'est pas entièrement remise de son accident. Mais toutes les misères physiques n'altèrent pas sa charmante humeur; décidément, c'est un type acquis de grande et aimable femme.

« A Paris, ce ne sont pas les « Matriarches » qui passionnent l'opinon publique; les bombes sont le fond général des conversations. La peur est en hausse.

« J'ai reçu dernièrement des lettres de Mme de Trémaudan. Elle était tout heureuse de vous avoir vue chez elle; j'ai éprouvé un vrai regret de manquer cette réunion.

« Croyez bien, chère Princesse, que je n'oublie aucune de vos maternelles recommandations. Dans mon humble coin, je vais sculpter ma petite pierre de mon mieux, et sans craindre que la sueur me mouille le front. Que cette image est saisissante de vérité, surtout en ce grand moment où chacun de nous apporte sa pierre ou dépose sa bombe. Tous les mauvais romans, dont le peuple s'est librement nourri, sont bien pour quelque chose dans son goût actuel pour le picrate de potasse.

« Dans quelque temps, j'espère vous donner un tableau de mon installation définitive à Paris. Elle n'aura pas le plus léger point de ressemblance avec celle de la marquise, au quai Malaquais. Son nouveau logement est la plus charmante des fantaisies : la vie court sous ses fenêtres, et elle la voit passer sans lever la tête. C'est une distraction ; mais je vous confie que je regrette en artiste qu'elle ait laissé ce cadre un peu antique, mais beau, pour se glisser dans cette dorure beaucoup plus banale. Il faut que tout change autour de nous.

« Adieu, chère et illustre amie, je vous ai quittée avec un sincère et profond regret, et je ne sais même si j'ai pensé à vous remercier de toutes vos exquises bienveillances. Je ne m'en excuse pas. Vous avez compris, senti, que j'en conservais le souvenir, et que, cette fois, je me séparais de vous avec un redoublement de tendre et admirative affection.

« Je fais rechercher par l'Admistration générale la précieuse lettre que vous m'avez écrite à propos du « Pauvre vieux », rien ne se retrouve.

A LA MÊME

« Paris, 28 mai 1870.

« Le projet dont vous a parlé Mme de *** n'était que l'ombre d'un projet, chère Princesse. Si même j'avais trouvé moins d'irrésolution chez elle, je vous en aurais certainement parlé ; mais ce rien, ce vague, était si peu de chose. Et puis, tout était subordonné à ma retraite, et aussi aux conseils du révérend père Olivaint. J'ai l'espérance d'avoir un appartement dans une maison dépendante de mon cher couvent; ce serait de beaucoup la meilleure des solutions.

« Si je n'avais pas ce projet en vue, j'aurais essayé de réaliser une sorte de vie commune et indépendante avec Mme de ***; elle a le caractère aimable; je crois que nous aurions fait bon ménage. La confection de ses livres eût peut-être été un sujet délicat. Après avoir reconnu qu'elle écrivait avec intérêt, et lui en avoir fait sincèrement compliment, j'apprends que monseigneur de *** et un certain chanoine lui viennent en aide.

« Un jour, elle prend une page, me prie de lui dire mon sentiment, et la corrige sous ma critique. Dans cette page-là, il n'y avait plus un mot d'elle. Et tout en souriant, je me disais que cette manière d'écrire pourrait bien amener quelques nuages entre nous. Mon verre est bien petit et de matière commune, mais je bois dans mon verre.

« A part ces riens, qui ne seraient qu'un léger ennui, c'est la personne avec laquelle je consentirais le plus volontiers à vivre. Seulement je veux maintenant, autant que possible, poser mes pauvres pieds sur une terre ferme; et où serai-je mieux que près de mon couvent?

« Je n'ai pas encore reçu votre livre, et je ne sais si ma Mère le lira; elle est accablée d'ouvrage. Je lui ai tant parlé de vous qu'elle me dit avec son humilité si vraie : « Je ne sais plus rien, ma fille, et ne veux rien savoir; je suis tout à fait incapable de juger ce beau livre ». Je la pousserai un peu, et si elle vous en écrit, chère Princesse, ce sera avec cette absolue sincérité dont elle ne pourrait se départir. Elle se tait souvent, mais elle parle toujours vrai.

« J'ai vu plusieurs fois la marquise. L'autre soir elle était tout en jaune; les portières éclatantes de son petit salon étaient fermées, les rideaux abaissés; je lui ai fait amende honorable; c'était un coin féerique sous la lumière. Je dois dîner chez elle, avec plusieurs grands personnages; et je m'empresserai de vous raconter ce dîner-là.

« J'écris, non sans tremblement, mon voyage de Rome, chère Princesse, biffant sans pitié les oh! et les ah! que votre amitié m'a signalés. Parler de ces choses dont tout le monde parle, bien ou mal, est difficile; mais certaines personnes m'encouragent cependant. Ce qu'il y a de positif, c'est que j'écris simplement mes impressions, et qu'à défaut d'autre mérite elles auront celui de la vérité. Je mets ce que j'ai pensé, absolument, sans savoir ce qu'ont pu penser les autres.

« Nous verrons bien; et maintenant il me semble qu'après avoir reçu vos chers encouragements, vous pourrez, sans me décourager, me dire, dans un petit coin de lettre, mes *vraies vérités*.

« Adieu, illustre et chère amie; vous ne sauriez croire à quel point vous êtes vivante dans ma mémoire et dans mon cœur. »

A LA MÊME

« Paris, Pentecôte 1870.

« N'avez-vous pas reçu ma lettre, chère Princesse? elle répondait à la vôtre. Ce que j'attends avec impatience, c'est votre beau livre sur l'*Oraison*. Il a été confié, me dit Mme de Trémaudan, à sa femme de chambre, qui, étant une personne fort docte, aura peut-être eu la tentation d'y jeter les yeux? J'avais une cuisinière qui faisait ses délices des *Confessions de saint Augustin*.

« Je soignerai mon livre[1] ; je comprends de plus en plus ce qu'est le *travail*. Je ne puis pas faire que ma pensée ait la profondeur d'élévation, l'éclat de la vôtre ; mais je puis la compléter, la mieux habiller, et ne la présenter au public que quand je n'ai plus rien à lui donner. J'ai commencé mon essai de vie réglée, laborieuse ; j'ai enfin une adresse : 116, rue du Cherche-Midi. J'avais donné celle de M. Lecoffre en attendant ; tout ce qui était porté là m'est parvenu. Le nom de ma rue est bizarre, et l'on se trompe souvent. Mon cadre actuel est charmant, mon appartement est riant. J'ai des arbres pour vis-à-vis, une terrasse ombragée, de laquelle j'aperçois si bien le jardin du couvent, que je distingue le très calme visage de ma Mère, parmi ses sœurs, durant les récréations.

« D'un autre côté, en même temps que l'apostolat de ma petite plume, je vais continuer sur une assez grande échelle l'apostolat de la parole. Mme Legentil m'a entraînée dans son École professionnelle catholique de la rue des Lions-Saint-Paul. Ces adolescentes s'imaginent de me trouver éloquente ; et je vais, non sans tremblement, commencer une série de commentaires sur l'Évangile. Il y a là un grand bien à faire, et

---

1. *Notre capitale Rome*. Plon, éditeur.

le moyen me va. Cependant j'aurai fort recours à mon bon ange dans ces heures solennelles. Voilà une douce et consolante dévotion, que ma Mère et vous m'avez inoculée. Je l'ai pour de bon, et j'en ressens le bienfait.

« Notre chère marquise a été malade. C'est fini. J'ai été sérieusement alarmée deux jours. Quand elle reste couchée, l'effroi est permis. Hier elle m'a invitée à dîner. Elle a paru toute pâle encore, mais parée et charmante. MM. Davout et Montégut étaient parmi les convives ; ce dernier est venu me parler de vous et de Rome. Il trouve votre portrait superbe. Qu'Hébert l'envoie donc à l'exposition prochaine ! Si vous le permettez, ce serait une manière de vous revoir.

« Je sue à grosses gouttes pour ma paresseuse personne, sur mon voyage d'Italie ; je corrige et je perfectionne la forme autant que possible.

« Je vous écris le bras en écharpe ; il m'a fallu consentir à me laisser vacciner. L'aspect des enfants de Paris me faisait reculer ; enfin j'ai subi l'opération en présence d'une belle petite génisse noire, fort éveillée, qui m'a fait rêver campagne.

« Je regarde toujours, comme sœur Anne du conte de Barbe-Bleue, si je ne vois pas votre *Oraison* venir. Où donc s'est égaré ce beau livre ?

« Adieu, chère et illustre amie ; de loin comme de près, je vous aime tendrement et fidèlement. »

A MADEMOISELLE CLAIRE DE KERÉVER.

« Paris, 1ᵉʳ juillet 1870.

« Ma Claire, sois sans crainte ; je traverse saine et sauve toutes les maladies de Paris, dont l'état sanitaire est peu rassurant ; mais on meurt partout et on se porte bien partout ; notre vie est chose trop précieuse, dans sa fragilité, pour être livrée au hasard, et ce que Dieu garde est bien gardé.

« Le nom seul de la brise de mer me fait envie ; ici toute brise est un mythe. Je m'arrête parfois aux alentours de nos grands jets d'eau, pour me rappeler ce que c'est que la fraîcheur. Il y a des gens fort incommodés de cette chaleur ; mais, Dieu merci, j'ai toujours supporté assez allégrement ces petits malaises ; il y en a un réseau autour de nous, et, il faut bien le dire aussi, j'aime mieux le chaud que le froid.

« Mon nouvel appartement est entouré d'arbres, cela me fait illusion ; je me crois à la campagne.

« La chère Marie Nettement va et vient dans les châteaux de ses parents qui la veulent distraire ; mais chaque jour l'éclaire sur la perte qu'elle a faite, et elle ne se console pas. C'est un bonheur de rencontrer des âmes aussi belles que celle de son admirable père, un cœur si plein de justice, d'amour, d'élévation ; mais on ne se fait pas à leur absence, c'est impossible. Je ne crois pas que tu puisses concevoir ce qu'était ce pauvre ami ; je n'ai trouvé personne qui lui ressemblât, sauf celle qui, en ce moment, m'entoure de ses soins maternels. Vivre avec ces personnes est un avant-goût du Ciel; il n'y a plus d'Adam, plus de passions basses, plus d'égoïsme; c'est la sainteté. Quel idéal a eu là cette pauvre Marie! Nous nous voyons très souvent, mon propre chagrin m'a donné une compassion sans bornes pour tout ce qui souffre; et ici j'ai une dette de cœur à payer. On me rapporte quelquefois ce qu'il disait à propos de mes brisements; il les comprenait pleinement.

« Puisque tu es à Château-Billy, embrasse pour moi ce gentil Georges; le bon Dieu a fait de l'enfance la chose la plus ravissante du monde. Ce petit enfant a été, pour vous, une goutte de baume divin. Que Dieu le bénisse et vous le garde!

« J'entends chanter la Marseillaise tous les jours; et dès que je fais une apparition dans un salon, ce qui m'arrive rarement, on m'emmène en Prusse. Que de sang et que de larmes en perspective!

« Adieu, chère et aimée fille, restons unies de cœur et de prières, afin de nous aimer éternellement. »

Vers le milieu du mois de juillet, le ciel politique ne s'était pas rasséréné; les optimistes espèrent encore que la France évitera un sanglant conflit, et Zénaïde commence les préparatifs de son voyage annuel en Bretagne.

A SA SŒUR

« Paris, 10 juillet 1870.

« Un mot en courant, ma chère Marie; j'espère que dans quelque temps nous en dirons beaucoup sans prendre la plume. Ma vie est ici surchargée, et plusieurs de mes amies ont été malades. J'ai fait la sœur de charité.

« Mes pauvres déchus sont aussi très éprouvés ; je ne puis leur donner d'argent, mais je vais panser leur orgueil qui est une terrible maladie. Il y a des moments où cet amour-propre est d'un comique sans nom. Que l'imagination est sotte et fait souffrir en pure perte! J'en aurai d'amusantes à te raconter. Je ne désire à mes chers neveux que l'esprit de conduite, l'ordre et la claire vue de leurs petites capacités. Avec cela on se tire d'affaire, on avise quand la charge devient trop lourde, on se prive à temps et gaiement, on s'attache au travail qui produit, au lieu de s'occuper des affaires du monde entier.

« L'autre jour, j'arrive chez une pauvre femme dont l'état fait pitié, qui n'a plus que quelques jours à vivre; je commence la prière :

« Eh bien! Et la Prusse? » s'écrie-t-elle les yeux allumés.

« Oui, les vacances me sont nécessaires; mais je devrai travailler; donc, un peu de douceur et de patience dans la maison, s'il vous plaît? Laissons la guerre entre les Français et les Prussiens, et écoutons-nous parler en paix. La vie sérieuse, c'est-à-dire composée de mille petits sacrifices faits de *bonne grâce*, est encore ce qui rend le plus heureux. Prudence et silence devant les enfants, ma chère Marie; j'ai hâte de les retrouver. Puissent-ils accepter le joug bien doux de mes ordres qui ont tous une portée, et sont basés sur le désir que j'ai de leur bonheur! »

A peine Zénaïde est-elle dans sa famille que les événements se précipitent : le premier échec de Wissembourg, les désastres de Reichoffen et de Forbach retentissent douloureusement dans son cœur patriotique.

L'ennemi a passé la frontière, il foule le sol français; elle ne peut plus y tenir, et, trouvant que les nouvelles arrivent trop lentement en Bretagne, elle revient à Paris pour se rendre compte de la situation.

A SON FRÈRE

« Paris, 12 août 1870.

« Mon cher ami,

« Je veux t'écrire un mot sur la physionomie de Paris. Le moment est vraiment sérieux. J'ai voyagé avec une armée de paysans qui hurlaient et dansaient, allant gaiement se faire tuer pour la France. Il y avait des adieux à toutes les gares, de vraies scènes de guerre.

« A Paris, c'est bien pis; il n'y a presque plus personne dans les rues, les visages sont mornes et profondément soucieux. Les ateliers se dégarnissent, le commerce chôme complètement. J'ai retiré mon manuscrit à Brunet, qui, en effet, ne pourrait le publier, mais je n'ai point trouvé M. Lecoffre; il est à Lyon, et ses caisses sont closes. Pendant ce temps, où les éditeurs n'acceptent plus rien, je vais travailler un livre qui me tient fort au cœur, dont je voudrais faire un chef-d'œuvre, et que je ne publierai qu'à la fin de ma carrière littéraire, pour en être comme le couronnement.

« Au revoir, je l'espère, mon cher Frantz. On annonce une bataille décisive. Il paraît que l'Empereur s'est laissé grossièrement tromper. Les fusils portés sur les registres du Ministère de la guerre ne se trouvent pas dans les arsenaux; on a, pour ainsi dire, préparé cette déroute. Je te dis ceci à l'oreille.

« Dieu nous préserve de plus grandes calamités! Le pays est véritablement en deuil.

« Ta sœur affectionnée. »

A LA PRINCESSE WITTGENSTEIN

« Paris, 12 août 1870.

« Vous me croyez en Bretagne, chère Princesse, et c'est de Paris que je vous écris. J'étais bien partie à Quimperlé, avec l'intention d'y passer tout l'été, au milieu de ma famille, et d'y respirer pendant deux grands mois l'air vivifiant qui a passé sur les vagues, sur les sapinières, sur les haies fleuries. Mais de terribles nouvelles sont venues me saisir dans ma verte oasis; et je l'ai quittée soudainement pour venir voir, de mes yeux, la physionomie de Paris, qui est maintenant plus que jamais la tête, sinon le cœur de la France.

« Quelle fantasmagorie militaire que mon voyage, chère Princesse! De chaque gare s'élancent des bataillons de conscrits. Les wagons à bestiaux sont pleins d'hommes; et, à travers le grillage de bois, il est étrange d'apercevoir ces figures riantes, ces gars ébouriffés se hélant d'un wagon à l'autre, par des cris qui font pâlir les femmes nerveuses : « A bas les Pruchens », crient-ils en chœur dans leur jargon. « Les Pruchens n' gagneront pas. »

« Et essayant de saisir l'air de la Marseillaise, ils en composent un plus sauvage, dont ils accommodent les paroles à leur prononciation celtique :

> Marchons, marchons jusqu'à Berlin,
> Étrangler les Pruchens.

« Mais le départ de ceux qui n'ont pas encore fait le pas décisif hors de leur pays est vraiment touchant. A la gare d'Hennebont, c'était un vrai tableau. Les jeunes hommes, debout, attendaient, silencieux et graves, l'arrivée du train; contre les barrières stationnaient les paysannes, muettes et tristes, consternées mais calmes, comme il convient à des Bretonnes, et coiffées de l'élégante capeline d'indienne claire.

« Dans le fond, le joli clocher gris et dentelé s'élevait au-dessus d'une masse superbe de feuillage. Les plus âgées des femmes étaient à genoux. Au sifflet du départ, les gars ont agité leurs chapeaux, en poussant de formidables hurrahs, et le biniou a fait entendre son chant d'adieu, ou plutôt son lai guerrier. Il a vraiment des accents émouvants, pour nos oreilles bretonnes, cet instrument rustique qui s'appelle un biniou. Aujourd'hui, hélas! ce n'est pas à la danse qu'il convie, c'est au combat.

« Il y a eu changement de train à Redon, et les conscrits se sont mis à danser un élégant passe-pied sur l'asphalte. Avec cet amour du clinquant qui distingue le peuple, les uns avaient enfoncé dans leur mauvais chapeau de feutre de longues plumes des corbeaux tués aux dernières semailles, les autres y avaient attaché une branche de genêt fleuri, quelques-uns y avaient enroulé des rubans éclatants et multicolores qui, naguère, ceignaient, sous la coiffe de tulle, la tête de leur mère ou de leur fiancée. Précédés par un drapeau tricolore, sous la conduite du sous-officier qui les recrutait, ils se sont calmés soudain; assis par terre sur leurs talons, comme ils s'asseyent d'habitude sur le revers des sillons, ils ont étalé leurs provisions de route : un morceau de pain de seigle beurré, enserré dans un mouchoir de coton à carreaux, et suspendu à leur penbas; une bouteille d'eau claire puisée à la source voisine de leur cabane. Les gamins aux cheveux blonds, aux pieds nus, qui errent toujours par les gares, sont venus les considérer avec admiration, et prendre, près d'eux, des leçons de patriotisme. Les voyageurs eux-mêmes s'y sont intéressés; plus d'un étranger a fait une distribution de cigares. Les vieillards regardaient, avec une tristesse profonde, cette rustique jeunesse arrachée violemment à la terre, à son foyer. Il est certain que la vue de cette double rangée de jeunes hommes donnait l'idée d'une coupe faite en plein taillis humain. J'ai voulu conserver le souvenir de cette scène terrible et touchante, et sur mes genoux je l'ai décrite [1].

« Je vous envoie mes vers, chère Princesse; vous me direz si j'ai perdu mon temps pendant la halte de Redon. Au bout d'une heure, nous sommes repartis pour Rennes. Nos soldats, en veste brodée et en bonnet de laine, mettaient sans doute la tête à la portière, car le long du chemin, hommes et femmes

---

[1]. Erwan, dans *Les mauvais jours*, Gauthier, éditeur.

saluaient les futurs défenseurs de la patrie. A chaque station, le même décor qu'à Hennebont; la foule pittoresque se détache sur le fond vert et riant des arbres : paysans, gentilshommes, religieux, soldats, enfants, toujours, ici et là, un vénérable prêtre, et des vieilles femmes à genoux.

« A Rennes, nos deux locomotives traînaient près de cent wagons. Les femmes se faisaient de plus en plus rares; il en est cependant entré quelques-unes dans mon compartiment; et leurs yeux, qui avaient pleuré, leurs visages défaits et désolés racontaient bien éloquemment les déchirements d'une récente séparation.

« Pour augmenter mes dispositions mélancoliques, nous avons repris notre route à la tombée du jour, alors que la nature porte le deuil de la journée qui finit. Aux stations, j'entendais mes braves gars dire, au fond de leurs obscurs wagons à bestiaux, que bienheureux étaient ceux qui avaient de la chandelle. En Bretagne, la chandelle, la vulgaire chandelle, est encore en honneur. Heureusement, le plus beau clair de lune est venu tout illuminer; mais les femmes désolées du wagon avaient des enfants nerveux, impressionnables, déjà fatigués, et il a fallu fermer les stores pour que ces pauvres petits pussent dormir.

« Quelle étrange physionomie j'ai trouvée à Paris en arrivant! Après la fièvre est venu l'abattement; à l'abattement succède la prostration. Paris morne, c'est, il me semble, bien mauvais signe : aussi le traverser met la tristesse dans l'âme. Les groupes s'amassent silencieusement autour des marchandes de journaux, les visages assombris proclament notre défaite. Aujourd'hui, dans l'étroite et encombrée rue du Bac, je suis demeurée seule un quart d'heure, ne voyant passer que l'omnibus, dont rien n'arrête la course fatidique ; ce silence était véritablement extraordinaire et singulièrement émouvant ; maintenant que je suis revenue, chère Princesse, en ce pauvre Paris, je pense vous intéresser en vous écrivant quelques nouvelles. Je suis sûre que tout ce qui touche notre chère France ne saurait être sans intérêt pour vous. »

A SON NEVEU

« Paris, 31 août 1870.

« Je t'ai promis une réponse plus longue, et je tiens ma promesse. Parlons d'abord des événements qui intéressent tout le monde : car le sort de notre patrie est en jeu. Si le bon Dieu ne protège la France, elle est perdue. Une nation est perdue quand la guerre la décime, quand l'invasion l'appauvrit et que, la voyant s'affaiblir, les autres nations lui font la loi. Il faut voir ces tristes choses de près, ces pauvres soldats mutilés, ces familles de l'Est dont les maisons brûlent, qui passent par Paris, avec les petits enfants mourant de faim, et ce qu'ils ont pu arracher de leur mobilier.

« Hier j'ai visité les fortifications ; on creuse des fossés, on place des ponts, c'est un tableau de guerre. Toutes les familles renvoyées de chez elles délogent ; on dirait les habitants d'une ville incendiée. Ce monde ne sait où aller ; mais on abat à coups de canon les habitations qui gêneraient les manœuvres de l'artillerie, et il n'y a plus de propriétaires, l'État prend ce qui lui convient, il le faut bien. Les intérêts généraux l'emportent sur les intérêts de chacun. Les nombreux Parisiens qui se figuraient que la vie nous est donnée pour nous amuser sont, bon gré mal gré, obligés de comprendre le sacrifice, et surtout de le pratiquer.

« On met à l'abri en ce moment les beaux tableaux du Louvre : La Cène, par Léonard de Vinci, un chef-d'œuvre, a demandé le concours de trois cents emballeurs, et huit heures seulement pour le mettre dans sa caisse. Ton papa t'en parlera.

« La chapelle de Notre-Dame des Victoires ne désemplit pas. Quand le bon Dieu envoie ses fléaux, les hommes pensent à lui. Hier j'ai cousu une médaille dans la veste d'un brave artilleur. « Je n'en reviendrai pas, m'a-t-il dit, mais je pars avec mes comptes bien réglés. Ma conscience ne me gêne pas; envoyez cette nouvelle à ma mère, elle en sera consolée. »

« Au Champ de Mars, il y a un véritable camp. Les tentes sont dressées, on fait la soupe en plein air, on manœuvre. C'est une rude vie que la vie de soldat. Un vieil invalide tout éclopé me parlait des guerres de son temps : « C'est triste, me disait-il, de voir tom-
« ber les hommes autour de soi, il faut y avoir été.
« Quand on pense qu'il faut vingt ans pour faire un
« homme et une seconde seulement pour le tuer! »

« Maintenant, le chapitre des recommandations, mon cher Francis, car tu sais qu'il faut conduire au bien ceux que l'on aime. Les petits arbres ont besoin de tuteur pour monter droit, donner de bons fruits, et non pas du mauvais fruit gâté ; donc 1° il faut m'écrire de la même encre et de la même écriture ; l'ordre, c'est la paix ; l'ordre, c'est le bonheur ; 2° être toujours bien soigné dans sa tenue, par respect pour soi-même ; 3° prier sérieusement, en créature intelligente qui parle à son Créateur ; 4° faire son devoir par *volonté personnelle* et se dire : pendant ce temps, je *dois* travailler, je *veux* travailler ; toujours l'ordre à la place du caprice égoïste qui n'est jamais satisfait, et qui mène au désordre, au gaspillage de la vie ; 5° être toujours respectueux et poli avec ses parents, pour le devenir naturellement avec tout le monde, donner le bon exemple.

« Embrasse mon petit filleul pour moi, mon cher Francis ; mille amitiés à chacun, en commençant par grand'mère. Que Dieu te garde ! je le prie bien souvent pour toi, mon enfant, car je t'aime tendrement. »

A LA PRINCESSE WITTGENSTEIN

« Paris, 4 septembre 1870.

« Chère Princesse,

« J'ai vu, cette semaine, la marquise de Blocqueville en présence de plusieurs amis, feuilletant un bouquin d'un aspect étrange : le Livre des prophéties de Henri Heine. Elle nous a lu des fragments de ces visions ; et une discussion des plus amusantes s'est engagée avec l'abbé ***, qui est l'homme incrédule par excellence, en fait de seconde vue. Puis nous sommes montées toutes deux en coupé, pour faire quelques emplettes.

« Elle voulait changer des billets de banque et nous

avons longtemps couru en vain, personne ne les acceptant. Les demoiselles de magasin avaient patriotiquement et coquettement planté, dans leurs cheveux, une cocarde tricolore; mais le caissier était devenu un cerbère tombé en arrêt devant ses tiroirs.

« Au *Bon Marché*, on a refusé net de vendre les objets que nous désirions, parce que nous proposions des billets de banque pour les payer. Ces étrangetés causent une sorte d'effarement à Paris, où d'ordinaire tout semble devoir marcher sur des roulettes.

« Notre brillante capitale est devenue méconnaissable. Naguère, pour voir les Parisiens faire queue, il fallait se transporter vers les lieux de plaisir; aujourd'hui c'est aux environs de la Banque, et surtout à l'hôtel de la Préfecture de la Seine, que se déploient leurs masses onduleuses.

« L'argent et les passeports : telles sont les préoccupations du moment. Il est à la fois triste et très singulier d'être mêlé à ces foules. Comme les cœurs s'ouvrent! comme les esprits s'animent! comme les langues se délient!

« J'observe et j'écoute; il me semble que si Paris était assiégé, tous ces hommes descendraient et courraient aux remparts.

« Je le dis avec conviction : la lâcheté n'est pas française.

. . . .

« Hélas! chère Princesse, je n'ai pas le courage d'achever ma lettre; la terrible nouvelle de Sedan vient de m'être apportée. Je me sens frappée en plein cœur. Dieu nous châtie, mais combien nous l'avons mérité! Ceux qui savent encore prier prient pour la France. »

Nouvelles batailles, nouveaux revers; les Parisiens commencent à quitter en foule la capitale; que va faire Zénaïde Fleuriot?

La lettre suivante nous le dira.

A LA MÊME

« Paris, 7 septembre 1870.

« Chère Princesse,

« Je réponds de suite à votre lettre si tendre et si inquiète; oui, c'est vrai; un à un, tous les chemins de fer sont coupés; un à un, tous les fils télégraphiques se rompent; la mer houleuse, menaçante, enroule, arrondit ses flots autour de Paris. Les gares tumultueuses se ferment, la vie intellectuelle et commerciale s'arrête.

« En prévision de ce qui peut arriver, Paris s'arme; Paris se taille une formidable armure; Paris n'a plus de théâtres, mais des remparts; Paris n'a plus de flâneurs, mais des soldats. Les départs continuent; il y en a qui sont des lâchetés, comme il y a des retours qui sont des héroïsmes. Les femmes les plus résolues se déterminent à partir; nous commençons à nous compter; et vous avez deviné juste, chère Princesse ; je reste, car il me semble que je puis être utile.

« C'est à la suite d'une conversation avec le père Olivaint que j'ai pris cette grave résolution. Harcelée par les instances de tous les miens, je me sentais ébranlée, et je voulais lui demander conseil.

« Voici textuellement notre entretien :

« Mon père, il est arrêté que je pars après-demain
« pour la Bretagne.

« — Très bien ; bon voyage ! mon enfant.

« — Pardon, mon père ; avant de partir, il me faut
« votre avis sur l'état actuel de Paris ; j'entends mille
« opinions contradictoires, la vôtre me décidera ;
« un siège avec toutes ses horreurs est-il vraiment à
« craindre ?

« — Vous voulez mon avis là-dessus ?

« — Votre *avis vrai*.

« — Tout est à craindre : la famine, les obus, l'incendie ; il y a certainement danger, donc il vous est temps de partir : voilà mon avis.

« — Merci, mon père, je reste.

« — Vous restez ?

« — Oui ; s'il y a danger, je ne partirai pas, car je
« puis être utile.

« — Vous êtes une vraie Bretonne, une enfant du
« bon Dieu. »

« Puis il m'a bénie [1].

« Et voilà comment Dieu lui-même, chère Princesse, a décidé de mon sort, en ce moment de troubles et d'angoisses.

« J'ai été hier chez la marquise ; était-elle partie, était-elle restée ?.. La vaillante grande dame n'avait pas quitté son poste, logeant des mobiles dans son palais doré. Pouvant fuir, elle ne l'a pas fait. Elle était donc là, avec sa belle robe jaune garnie de guipures, sa fanchon de dentelle noire maintenue par des épin-

---

1. Ce fut la dernière bénédiction que Zénaïde reçut du saint martyr, qu'elle ne devait plus revoir.

gles d'or, sur ses cheveux ; parée, souriante, résolue, au milieu de tous ces objets d'art qu'elle a dédaigné de sauver. Avec son air gracieux, elle nous a parlé de ses résolutions définitives : rester quoi qu'il arrive ; faire tailler des pièces de un franc dans ses plats d'argent, afin de ne refuser l'aumône à aucun pauvre ; loger quinze mobiles et attendre des blessés. Bon sang ne peut mentir : elle se montre bien la digne fille du général Davout, prince d'Eckmühl, issue de cette vaillante famille dont on disait en Bourgogne, à chaque fils qui venait au monde : C'est une épée qui sort du fourreau.

« Très bien, madame, ai-je dit ; sachons être hé-
« roïques. »

« Deux ou trois personnes sont arrivées. Nous avons parlé des événements, pleuré sur notre patrie, flétri les lâchetés passées, présentes et futures. Les femmes qui étaient là avaient leur mari ou leurs enfants sur la brèche, et s'étaient refusées à les quitter.

« Afin de nous dénoircir un peu l'âme, nous avons imaginé d'énumérer nos moyens de sauvetage, en les prenant sous un aspect comique. Comment échapperions-nous aux Prussiens d'abord, aux rouges ensuite ? Chacun de nous avait naturellement choisi le déguisement qui lui convenait. L'abbé***, qui parlait auvergnat, deviendrait porteur d'eau ; ma voisine, une très jolie femme, se voyait déjà en marmotte.

« Et vous, chère marquise ? » avons-nous dit.

« Elle a souri.

« Nous la regardions ; et la même pensée nous est venue à chacun. Tout déguisement lui serait inutile.

Comment feindre avec cette peau veloutée, cette physionomie d'aristocrate pur sang, ces mains, cette tournure, ce regard?

« La beauté est de tous les rangs dans l'extrême jeunesse, la distinction aussi ; mais, à un certain moment de la vie, on a pris son cachet, sa marque en quelque sorte indélébile. En haillons, la marquise serait marquise à ameuter la populace ; le plus aveugle ne prend pas un cactus pour une giroflée.

« Il nous fut donc impossible de trouver un déguisement populaire qui lui convînt, de la transformer même en une simple bourgeoise.

« N'en parlons plus, a-t-elle dit avec un inimitable
« sourire ; je suis, je le vois, destinée à mourir pou-
« drée, frisée et en robe à queue. »

« Aussitôt rentrée, chère Princesse, je me suis mise à vous écrire ; des chœurs de voix fraîches et célestes se sont élevés tout à coup. Les religieuses de mon béni couvent chantaient le *Veni Creator*. Cette belle hymne avait retenti souvent à mes oreilles aux jours où rien ne troublait ma pensée, à l'heure où la France était honorée, puissante et prospère. Maintenant le canon tonne, des rumeurs sanglantes bourdonnent dans l'air, les plus paisibles familles sont bouleversées, des souffles ardents soulèvent les places publiques ; les familles religieuses seules vivent dans leur inexprimable sérénité. Tant qu'il y aura un dîner, il sonnera à la même heure ; tant qu'il y aura un espace où se mettre à genoux, l'office se dira. Les autres s'agitent ; elles se pacifient ; leurs voix montent vers le ciel aussi calmes ; leurs yeux, aussi sereins, regardent la terre. « Que la volonté de Dieu s'accomplisse ! »

murmurent-elles. Tout est là pour le chrétien; et c'est ce qui le rend invincible devant la mort même.

« Chère Princesse, vous le voyez, je n'ai rien à craindre au milieu de ces âmes d'élite si fortes et si pures. Dieu me gardera, j'en suis certaine, et j'ai la conscience de faire en ce moment sa volonté. »

A SA SŒUR

« Paris, 10 septembre 1870.

« Ma chère Marie,

« Les papiers que je confie à Frantz vous ont montré que je reste à Paris. C'est sur place que l'on juge la situation; il y a péril, mais, comme beaucoup de monde s'en va, je puis être utile. Si je partais sans sujet, j'aurais pu bien parler, mais j'aurais lâchement agi. En fait de femmes, il n'y a plus guère ici que les religieuses, montrant, une fois de plus, où se prend le courage des actes ou bien celles qui sont retenues par devoir, dans leur petit centre.

« Si on me chasse comme bouche inutile, je m'en irai avec joie, je ne le cache pas; autrement, je reste jusqu'au bout. Ceci n'exclut pas la prudence. Je suis éloignée des quartiers dangereux; j'ai une bonne santé, bon pied, bon œil, et, dans une bagarre, je sais et je puis me sauver; ainsi, à la garde de Dieu! Il est tellement le maître des nations et des vies! Il le prouve clairement, c'est son châtiment qui passe.

« Il ne s'agit plus de s'amuser, de pérorer dans les cabarets; il faut prendre la pioche et le fusil, jeûner, et cela ne va pas à tout le monde. Beaucoup commencent à geindre, bien qu'en se vantant toujours.

Le moins intelligent de nos paysans ressent plus vivement les douleurs de la patrie que les voyous parisiens, qui ont reçu une dose d'instruction, mais chez lesquels une dépravation précoce a éteint le sens moral.

« Un journal avait annoncé une arrivée de Bas-Bretons, musique en tête (c'est-à-dire biniou en tête), dans la capitale, par la place du Château-d'Eau et les boulevards. J'ai voulu entendre la note aiguë et mélancolique du vieil instrument campagnard, et j'ai été les attendre sur le parcours qu'ils devaient suivre.

« Quel spectacle m'attendait à la Madeleine! Les degrés du beau temple sont couverts de gardes-mobiles bretons. C'est comme à l'église de leur village. Ils se sont réfugiés auprès de leur Dieu. Les uns sont assis, les autres restent debout; quelques-uns sont étendus tout du long, et se reposent de leurs fatigues, en attendant l'heure du combat.

« O rustiques et vigoureux gars, certains Parisiens vous regardent avec étonnement dans le lieu de repos que vous avez choisi; ceux-là ne savent plus le chemin de leur église et ne s'abritent plus sous son toit. Les Bretons, au contraire, arrivant dans la grande ville en temps de guerre, et n'étant pas entraînés vers les lieux de plaisir, vont naturellement où leur cœur les porte. Après avoir prié à deux genoux dans le temple, ils se reposent sur ses degrés de pierre.

« Il m'a fallu rimer cette scène; du reste, il se publie si peu de prose en ce moment que je me mets à écrire en vers.

« Gardez précieusement toutes mes lettres; je vous

les redemanderai si j'écris, un jour, mes impressions sur la terrible épreuve que Dieu impose à la France.

« Je tâche d'obtenir de mes éditeurs un peu de l'argent qu'ils me doivent; mais ils ont fermé leur caisse. Cette guerre amène des malheurs de toutes sortes.

« Soyez très rassurés sur mon compte; mais priez pour moi, et faites de petits actes de *sacrifice* pour moi. L'amour ne se prouve que par le sacrifice; autrement, c'est un égoïsme déguisé.

« J'ai un peu vu tous les événements; je vous en reparlerai plus tard. Ne vous inquiétez de rien. Quand les blessés vont abonder, je serai probablement aux ambulances. Je ne ferai pas de forfanteries et ne m'exposerai pas inutilement.

« Il y a des moments où, quand on est, par le fait des circonstances, demeuré indépendant, il est nécessaire de se dévouer. Je suis entourée de personnes qui sont aussi résolues que moi, et qui attendent le cœur ferme.

« Je suis très heureuse que dans votre Kérampoix vous n'ayez rien à craindre.

« Donc, bon espoir, ma bonne sœur, et un peu de patience. Je vous embrasse tous, en vous disant : au revoir. Que les chers enfants soient bien sages. »

Le 19 septembre, les portes de Paris s'étaient fermées; l'ennemi, continuant son œuvre d'investissement, avait complètement isolé la capitale de la province. Les lettres de Zénaïde, écrites sur papier pelure, envoyées par ballon, vont se faire de plus en plus rares. Heureusement, pour les compléter, nous avons retrouvé le cahier de notes[1], où, suivant son habitude, elle a consigné, pendant ces tristes jours, les événements les plus marquants de sa vie quotidienne : il nous sera ainsi permis de la suivre durant les quatre mois du siège de Paris.

« 17 septembre. — Paris devient guerrier de jour en jour; on ne s'entretient que de canons et de mitrailleuses. Aujourd'hui, les enrôlements se font sur une grande échelle. En traversant la place Saint-Sulpice, j'ai aperçu au fronton de la Mairie ces mots : « La patrie en danger ». Beaucoup de jeunes gens escaladaient les degrés pour se faire inscrire.

« 23 septembre. — C'est aujourd'hui que part le premier ballon pour la province; nous sommes bloqués, et l'ennemi resserre chaque jour autour de nous sa ceinture de fer et de feu. Certes nous voulons avoir tous les courages; mais ce supplice moral d'être sans nouvelles de nos chers absents de province est une des plus douloureuses conséquences du siège. Heureusement que les ballons et les pigeons nous restent.

« Je viens de lire des placards tellement rouges que j'en ai vraiment comme des voiles sanglants sur les yeux.

« Nous! » disent-ils toujours : « nous ». Eh! messieurs les forcenés, et nous?

« Les maires provisoires affichent, affichent, affi-

---

1. Ce sont ce cahier de notes, les lettres à sa famille et à la princesse Wittgenstein, qui ont fourni la trame de l'ouvrage qu'elle publia en 1872, dans *la Semaine des familles*, sous le titre de « Notes d'un bourru ». — Ce volume, un des plus élevés et des plus intéressants qu'elle ait écrits, a paru sous le titre de *Les mauvais jours* (Gautier, édit.).

chent, composent, composent, composent; et, à la porte des misérables boucheries municipales, les épouses et les mères du peuple souverain grelottent et bleuissent. Que ne suis-je une de ces souveraines? Je me dresserais devant mon frère le citoyen maire, et lui dirais « : Citoyen, tu nous as enseigné la haine
« des abus; te plaît-il de faire cesser celui-ci? Tu
« nous as appris le mépris de l'autorité, est-ce pour
« qu'on respecte la tienne? Avise bien vite à faire
« servir le pot-au-feu de ton souverain, ou nous
« nous ruons sur ta boucherie, que ton écharpe ne
« protégera pas. Nous avons juré haine à tous les
« tyrans, qu'ils portent une couronne ou un bonnet
« de coton. »

« Ce matin, une petite voiture m'a fascinée; elle regorgeait de beaux choux aux feuilles crépues.

« Je me suis approchée de la marchande.

« Combien ce chou, madame?

« — Dix francs. »

« J'avais, une fois de plus, oublié notre situation, et je me suis retirée en murmurant :

« Si les choux de mon pays savaient cela ! »

« Le maire de Paris, en ces temps de désastres inouïs, ouvre des crédits, et augmente d'un trait de plume celui des écoles de plusieurs millions. La nation typique, pour eux, est la nation école. L'utopie ne se discute pas; mais ne s'élèvera-t-il pas une voix en faveur de l'agriculture, cette reine dédaignée et sacrifiée?

« L'œuvre divine va être décidément refaite par ces messieurs.

« L'enfant de la campagne devra viser à passer sa

vie entre les plâtres des grandes villes ; et l'enfant des grandes villes devra, dans son corps d'enfant, porter un cerveau d'homme.

« Ne reviendra-t-on jamais, pour le peuple, à la vie saine et fortifiante des champs? Ne rétablira-t-on jamais pour tous l'harmonie magnifique qui existe entre les forces physiques et les forces intellectuelles de l'homme? Enfoncera-t-on toujours à coups de marteau la pensée dans une intelligence qui n'est pas encore formée pour produire la pensée?

« On ne peut mieux s'y prendre pour amoindrir l'humanité, et pour déprécier la science.

« Qui nous rendra l'enfance et ses saines ignorances ; l'adolescence et ses fleurs délicatement entr'ouvertes; la jeunesse avec son éclatant développement et ses ardeurs généreuses; la maturité, ses fécondités et ses puissances, se répandant à larges flots après s'être prudemment concentrées? Il faut que la fleur s'épanouisse librement, il faut que le fruit mûrisse lentement; c'est la loi éternelle des choses.

« 10 novembre. — Les pauvres pigeons voyageurs, qui portent, sous le duvet de leurs ailes, un souvenir aux chers absents, sont, dit-on, pris à parti par nos ennemis. Ils lancent sur eux d'avides éperviers. Nous serons donc poursuivis jusque dans l'air, le plus libre des domaines.

« Cette poste ailée m'a longtemps occupé la pensée. Hélas! que d'absents ont été consolés par ce petit oiseau au vol capricieux. Tous les jours quelque cœur blessé s'ouvre à moi; les séparations ont été si cruelles!

« Je vais faire un peu l'indiscrète et mettre en vers une double lettre, qui m'a été communiquée, et que j'intitulerai « Le bachelier soldat [1] ».

A SES PARENTS (*par ballon monté*).

« Paris, 17 novembre 1870.

« Mes chers parents,

« Je confie au ballon ce nouveau mot. Je ne cherche plus à savoir si vous avez reçu mes autres billets; mais j'espère toujours que la Providence en aura dirigé quelqu'un vers Kérampoix.

« Ici les événements se succèdent, imprévus, foudroyants; l'histoire du siège de Paris sera étrange. Là où la loi de Dieu s'oublie avec son cortège de respect, il n'y a plus d'ordre possible. L'irréligion les rend extravagants; il leur faut la statue du vieux chenapan de Voltaire, dont ils ne connaissent ni la vilaine vie, ni les œuvres. D'un autre côté, ces terribles épreuves préparent une génération; bon gré, mal gré, les yeux s'ouvrent, et je lis des imprimés bien faits pour étonner.

« Qu'il est pénible pour moi de ne pas savoir ce qu'on fait dans ma chère province, ce que vous devenez tous. J'ai reçu la visite de l'abbé du Marchallah, aumônier du Finistère; je vois d'autres compatriotes, et nous nous encourageons mutuellement.

« Ma santé est excellente, et je ne suis pas inutile.
« Adieu, etc. »

---

1. *Entre absents.* Lecoffre, éditeur.

« 28 novembre. — Un journal insère aujourd'hui une très noble lettre signée de la mobile bretonne.

« Les Bretons osent dire la vérité, et défendent la justice à Paris. Comme ils se battent, et beaucoup le font volontairement, ils en ont le devoir et le droit. Cette lettre nous apprend qu'on les appelle des « Priards ». A la bonne heure! En effet, ces vaillants sont des hommes de prière ; ils se reconnaissent une âme immortelle capable d'entrer en communication avec Dieu. Comme cette foi grandit le plus humble d'entre eux, et le place au-dessus de ces êtres qui ne savent que flairer le sol !

« En approfondissant cette pensée, j'en viens à constater ce que produisent les circonstances sur la portée des jugements humains. Qu'un simple gamin de Paris appelle « Priard », en temps de paix, un brave garçon qui n'a pas encore versé dans l'ornière parisienne, ou un doux jeune homme, clerc ou étudiant, encore tout pénétré des enseignements maternels : le sarcasme irritera l'épiderme et le fera peut-être rougir. Aujourd'hui, le brave garçon et le doux jeune homme portent un fusil sur leur épaule, un revolver à la ceinture ; et, à la barbe hérissée des beaux parleurs des boulevards et des tribuns des Clubs, ils entrent à Notre-Dame des Victoires, comme des Priards qu'ils sont et qu'ils *veulent* être.

« C'est ce que dit intrépidement l'officier, auteur de la lettre : « Quand on est prêt à mourir mille fois
« pour la défense de son pays, il me semble qu'on a
« le droit d'être et de se montrer chrétiens, et aussi
« d'émettre sa pensée. »

« Encore une fois, bravo! La timidité ne conduit-elle pas parfois à la lâcheté? Tout Paris aujourd'hui crie volontiers : « Vivent les Priards! » Et moi dans mon coin, je les chante. »

A SA FAMILLE (*par ballon monté*).

« Paris, 1er janvier 1871.

« Chers parents,

« J'espère que vous recevez les billets qu'à tout hasard je jette à la poste de Paris. Celui-ci vous portera mes vœux de nouvel an. Après de telles épreuves, il est bon de se souhaiter de meilleurs jours. Croyons-le fermement, Dieu aura enfin pitié de la France. A Paris, les yeux commencent à se lever; la prière se généralise. Les intelligences font des *Mea culpa* de leurs égoïsmes et de leurs fautes; mais le malheureux peuple a été bien gâté. C'est comme un enfant dont on a caressé tous les mauvais penchants. L'énergie et même l'intelligence de son propre mal lui font défaut. En attendant, il souffre; nous souffrons aussi, avec beaucoup de courage.

« Je ne me suis jamais mieux portée, je travaille beaucoup, je m'emploie près des malades, des pauvres, que ce froid tue; je ne suis pas inutile. Il y a de grandes misères, des courages à relever, des épreuves à consoler.

« Je suis de cœur au milieu de vous; et par la grâce de Dieu, j'espère ne pas me tromper en disant : au revoir! »

Reprenons le livre de notes.

« Aujourd'hui, cent cinquième journée du siège, le beurre est coté 40 francs la livre; un lapin, 37 francs; on peut dire que le spectre de la faim s'agite sous le couvercle de ce vulgaire instrument de ménage qui s'appelle : une marmite.

« 1ᵉʳ janvier 1871. — C'est à la voix sourde et brève des canons bombardant Paris que 1870 disparaît, en laissant traîner sur la France les pans souillés et sanglants de son manteau.

« Sur toi, ô terrible année! tomberait l'unanime malédiction, si te maudire n'était attaquer le souverain arbitre de toutes choses, le suprême dispensateur des biens et des maux.

« Qu'es-tu en effet? Quelle responsabilité assumes-tu dans ces événements qui se sont si fatalement enchaînés; accusons-nous le ruisseau de se changer en torrent? faisons-nous un procès au nuage qui a recélé la foudre? Disparais donc, ô sombre et mystérieuse année, et sois à la fois maudite et acceptée.

« Tu n'as été peut-être que le soc de fer, déchirant les entrailles d'une terre qui, sous son apparente fécondité, devenait stérile? Tu as ouvert le sol en instrument aveugle, sans pressentir la moisson qui sortira de ses sillons, fécondés par tant de larmes. Va! nos yeux humides se lèvent vers les montagnes éternelles; et derrière ta silhouette sinistre, nous voyons apparaître l'espérance du pardon. »

« Du 8 au 9. — Nuit effroyable! Il semble que les puissances des ténèbres se sont déchaînées, et veulent réduire en poudre la splendide cité. Comment rendre ce bruit épouvantable?

« On dirait que l'atmosphère, devenue solide, est percée par une vrille gigantesque maniée par des mains de Titans; d'autres fois, le projectile meurtrier s'abat en silence, et l'on entend soudain un écroulement formidable. Sur le boulevard Montparnasse, deux gamins parlaient avec animation de l'obus tombé dans le cimetière. « En l'air, disait l'un, ça « ronfle comme une toupie d'Allemagne. »

« C'en était une, hélas ! Ce sont des joujoux de fer que l'Allemagne nous envoie cette année. »

A SA SŒUR (*par ballon monté*).

« Le 10 janvier 1871.

« Ma chère Marie,

« Je vais bien, Dieu me garde ; mais la plainte, aujourd'hui, vibre dans l'air de la fastueuse capitale. Nous sommes rationnés depuis quelque temps déjà, et les privations commencent à exercer durement la patience des Parisiens.

« Les événements infligent à Paris les deux choses catholiques qu'il a toujours fait profession d'avoir en horreur : une retraite et un carême.

« Pour le carême, il est bien et dûment commencé ; le rationnement, devenu de jour en jour plus sévère, ne tardera pas à dégénérer en abstinence complète. La retraite aussi va devenir inévitable ; plus de théâtres, plus de concerts, plus de festins ; le silence, l'austère et éloquent silence, rompu par le canon qui tonne, et devant ce recueillement obligé, un spectre se lève, comme dans la retraite : la Mort.

« Cette nuit, les détonations se succédaient sans

intervalle ni trêve ; mon appartement devenant dangereux à habiter à cause des obus qui tombent dans le quartier, je me suis installée depuis plusieurs jours au rez-de-chaussée, dont j'ai fait calfeutrer les fenêtres avec des matelas, et je dors là sous la garde de Dieu.

« Le froid a fait, depuis quelque temps, son apparition, et augmente encore pour nous les souffrances de ce terrible siège. Le peuple parisien, habitué à faire queue à la porte des théâtres, semble malheureux et même humilié de faire queue à la porte des boucheries municipales.

« L'orgueil, qui a été tellement développé parmi ces travailleurs, les fait grandement souffrir. Hélas ! en ce temps, pourquoi rougir d'être pauvres? nous sommes tous à la veille de l'être.

« Ma vie est très occupée ; chaque jour, je sors avec ma chère mère Marie de *** pour visiter nos malades ; en dépit des obus qui passent au-dessus de nos têtes, nous montons dans les mansardes où ils gémissent, nous leur portons des liqueurs pour les soutenir, du chocolat, du riz, du saucisson de cheval ; mais que de misères navrantes ! Nous revenons chaque jour le cœur déchiré.

« Une ambulance est aussi installée au Couvent. Comme la souffrance et la religion s'harmonisent ensemble !

« Adieu, ma chère Marie, je vous embrasse tous, petits et grands, et vous recommande à Dieu.

« Avez-vous envoyé mes poésies à la Princesse?

« Combien je regrette de ne pouvoir lui écrire ; mais actuellement cela est impossible. »

« 28 janvier. — C'est d'une main tremblante que j'écris aujourd'hui : lutté en vain, souffert en vain, hélas! On se refuse à croire à cette paix désolante; certes, en France, et à Paris surtout, on conservait un certain espoir dans la résistance. Malheureusement le spectre de la faim est venu poser son doigt décharné dans la balance, et elle a penché en faveur de l'ennemi. Qu'il passe donc, le fléau de Dieu! Mais on entendra sortir de toutes les poitrines françaises ces deux mots : résurrection, vengeance. Je vois des héroïsmes et d'affreuses lâchetés; l'océan des sacrifices entraînera toutes les fanges. L'ouragan soufflait évidemment d'en haut; quelle puissance humaine pouvait s'interposer entre lui et nous? Par delà les ruines, les deuils, les bouleversements, regardons poindre l'aurore d'une régénération. »

A LA PRINCESSE WITTGENSTEIN

« Paris, 14 février 1871

« Chère Princesse,

« Avez-vous reçu les quelques lettres que je vous ai écrites, pendant les mois affreux que nous venons de traverser? J'en doute; et puisque les missives pour l'étranger ont maintenant chance de parvenir, je me hâte de vous donner de mes nouvelles. Hélas! hélas! chère Princesse, notre pauvre patrie! comme Dieu l'a cruellement châtiée!

« Mon cœur saigne d'autant plus que je suis encore sous le coup du grand chagrin intime que je viens d'éprouver.

« La révérende mère Marie de la Providence, fondatrice des Auxiliatrices des âmes du Purgatoire, n'est plus; elle est morte, il y a huit jours, le mardi de la Septuagésime, 7 février, épuisée par la maladie, les inquiétudes, les souffrances du siège. Quoiqu'elle fût atteinte, depuis longtemps, d'un mal qui ne pardonne pas, sa mort m'a causé un véritable ébranlement. Elle s'était toujours montrée si bonne, si compatissante pour moi, permettant à ma chère mère Marie de *** de me soutenir, de m'instruire et de me guider.

« Le révérend père Olivaint a bien voulu choisir lui-même l'épitaphe de cette grande religieuse. C'est un passage des *Machabées*, qui résume en effet toute sa vie : « Elle avait un grand cœur et elle savait vou-« loir[1]. »

« Adieu, chère Princesse, j'espère que vous compatirez à ma peine et que vous allez m'écrire ce que vous êtes devenue. J'ai tant besoin d'une de vos lettres, lumineuses et soutenantes, pour me consoler des scènes de deuil et de désolation dont j'ai si douloureusement pris ma part depuis huit jours. »

A SES PARENTS

« Paris, 15 février 1871.

« Mes chers parents,

« On me dit qu'on fait passer les lettres très lentement par Versailles; aussi, ne sachant ce que sont

---

[1] Le père Olivaint écrivait, dans le Journal de ses *Retraites*, en s'exhortant à la confiance dans la prière : « C'est le secret de sainte Thérèse, la toute-puissante, de Hohenlohe, de cette bonne mère Marie de la Providence, l'enfant gâtée, qui demande tout à Dieu, qui Lui impose des conditions, qui se montre exigeante, capricieuse pour ainsi dire, et à qui Il ne refuse rien. » (1866. *Méditation de la Chananéenne*. 2° vol. Albanel, éditeur.)

devenues les miennes, et trouvant une occasion, je vous jette à la poste de province ce petit mot. Je voudrais bien aller vers vous; mais la route est terriblement allongée et assez difficile, dit-on, pour une femme; d'un autre côté, je n'ai pas encore traité pour le travail que je dois écrire sur le siège de Paris.

« Ce livre étant une actualité et ayant son chemin à faire, je dois m'en occuper. Je partirais tout de suite si je m'en croyais; mais il faut savoir pratiquer la patience. Pendant le siège, j'ai dû en prendre de sévères leçons : c'est ainsi, d'ailleurs, que la force s'insinue dans l'âme.

« Dites aux chers enfants que je fais provision de récits sur mes batailles à moi, pour les intéresser et les instruire. »

A MADEMOISELLE CLAIRE DE KERÉVER

« Paris, ce 11 mars 1871.

« Ma chère Claire,

« Les lettres, jusqu'ici, ont mis un grand retard pour parvenir à destination. Je vous ai écrit à toutes, bien des fois; et ta lettre m'apprend que vous n'en avez pas davantage de mes nouvelles. A peine l'ai-je reçue, que je suis allée au Ministère de la guerre. On n'a pu me fournir aucun renseignement, ce qui est mauvais signe.

« Je ne veux pas douter de ta prudence, ma Claire, mais crois-moi, prends toujours conseil avant de décider les choses graves. Une des grandes règles de conduite, c'est de n'agir qu'après avoir consulté une personne prudente; l'amour-propre, nos propres désirs nous aveuglent, nous ne voyons bien que pour les autres.

« Je désire vivement, moi aussi, que la fille de Fernand porte bien son nom. Puisse-t-elle avoir la distinction physique et morale de notre toujours regrettée Alix! Quand la mort l'a prise, nous étions encore dans le tohu-bohu de nos petites joies et de nos petites peines. Aucune de nous n'avait abordé la véritable vie, celle qui unit à Dieu par les habitudes et les plus doux sentiments du cœur. Nous paraissions, nous n'étions pas. Et *paraître* devenait insupportable à notre chère Alix, le vide du dehors commençait à l'accabler; ses qualités réelles ne se fussent bien développées qu'après cette phase un peu inquiète, où l'âme cherche sa voie. Dieu l'a prise avant : qu'il soit béni de tout !

« Je me demande ce que devient Yvonnette***, que j'ai eu le bonheur de faire quitter Paris, presque la veille de l'investissement? A-t-elle eu le bon sens de reprendre sa vie de paysanne et sa toilette simple? Pour quelles puérilités on s'expose à perdre son âme et son bonheur! »

A SA SŒUR

« Paris, 20 mars 1871.

« Ma chère Marie,

« Je me sauve! ce n'est pas la peur, c'est la honte qui me fait fuir, je n'ai pas redouté l'obus prussien, je redoute l'obus français. Entendre insulter ces soldats courageux qui se battent et qui meurent obscurément pour la France, par ces hommes qui ne se sont pas battus contre la Prusse pour leur patrie, et qui assassinent maintenant leur pays pour de l'or, le goût de l'oisiveté, les honneurs; cela dépasse absolument mes forces.

« Je prendrai après-demain le train de Rennes, pour arriver vers le soir. Donc à bientôt! »

En effet, après avoir vaillamment supporté les tristesses et les privations de ce long siège de cinq mois, après s'être oubliée totalement pour soulager les pauvres et les souffrants, Zénaïde Fleuriot dut céder à des conseils pressants, et partir pour la Bretagne.

La joie de retrouver sa famille saine et sauve fut bientôt troublée par la nouvelle des sanglantes horreurs de la Commune et de la mort du révérend père Olivaint, fusillé et massacré le 24 mai, à l'abominable tuerie de la rue Haxo.

Le père Olivaint n'avait pas voulu, après le 18 mars, déserter son poste de Supérieur de la rue de Sèvres, bien qu'il ne se fît aucune illusion sur le sort qui l'attendait.

Mais rien n'avait pu ébranler son « inconfusible confiance ». Dans une de ses dernières visites à la Communauté des Auxiliatrices (auxquelles il portait une sollicitude toute particulière), il s'exprima en ces termes : « Qu'avons-nous à craindre ici, mes chères filles? Tout et rien! La famine, les obus, l'incendie, la prison, la mort! Eh bien! Alleluia quand même! Nous sommes dans la main de Dieu. Donc, un dévouement à tout rompre, un dévouement à périr, dans le *Magnificat*. »

Le jour de son arrestation, une personne le suppliait de fuir : « Non, répondit-il, je suis comme un capitaine de vaisseau qui doit rester le dernier à son bord.... Si nous sommes pris aujourd'hui, je n'aurai qu'un regret, c'est que ce soit le mardi et non le vendredi saint. »

Zénaïde Fleuriot pleura amèrement le père Olivaint et la mère de la Providence. Ils lui avaient tendu la main au moment où elle était submergée par la douleur que lui avait causée la mort d'Alix, et son cœur n'était pas de ceux qui connaissent l'ingratitude.

Après avoir passé deux mois seulement dans sa famille, elle quitta ses fraîches brises de mer, et revint à Paris, au moment des plus fortes chaleurs de l'été, en juin 1871, pour mettre généreusement au service de Dieu tout ce qu'elle avait de forces vives, de talent, de cœur et d'énergie.

CHAPITRE XIII

Fondation d'une École professionnelle.
Action qu'elle y exerce (1871-1872).

En 1871, Zénaïde Fleuriot, non contente de l'immense bien moral qu'elle fait aux âmes par ses livres, va se dévouer aussi à une œuvre apostolique qu'appellent les malheurs du temps.

Nous voulons parler de l'École professionnelle de la rue du Cherche-Midi, « réalisation d'une pensée du révérend père Olivaint, dont le séjour prolongé sur les bancs de l'École normale avait fait un des champions les plus énergiques de la liberté de l'enseignement chrétien [1] ».

Le Jésuite, martyr de la Commune, avait en effet une prédilection marquée pour la jeunesse, à laquelle il voua, comme on le sait, la majeure partie de sa vie :

« C'est uniquement sur elle, disait-il avec raison, que reposent les espérances de l'avenir. »

---

1. M. Charles Hamel, *Rapport sur l'œuvre des Écoles professionnelles*, années 1871-72.

Frappé des tentations et des périls auxquels sont exposées les ouvrières, pendant le temps de leur apprentissage, dans cette période de transition où la fréquentation de l'atelier devient presque toujours si dangereuse, il avait compris que le seul remède au mal était la création de nombreuses écoles catholiques d'apprentissage, où les jeunes filles, en continuant leurs études classiques, deviendraient d'habiles ouvrières.

Le révérend père Olivaint prononça en faveur de cette œuvre un discours dont nous avons retrouvé le compte rendu, très succinct, dans les papiers de Zénaïde Fleuriot ; il fut probablement imprimé dans l'un des journaux hebdomadaires où elle publiait des articles d'actualité.

« Paris, 7 avril 1869.

« Une séance, qui avait pour but de faire comprendre aux Dames Patronnesses de la Société d'éducation et d'enseignement l'importance, la nature et l'opportunité des Écoles professionnelles catholiques, s'est tenue mercredi 7 avril, dans la chapelle des Religieuses Auxiliatrices du Purgatoire.

« Le petit sanctuaire, étroit même pour ses religieuses et ses fidèles, était, ce jour-là, bien insuffisant pour l'assemblée brillante et nombreuse qui écoutait avec un recueillement intelligent les explications données par l'orateur.

« Dans un langage simple et familier, mais, comme toujours, clair et élevé, l'éminent religieux a rapidement développé son programme. Il a fort spirituellement fait entendre qu'il ne parlait pas en « clérical »,

et a ajouté, plus gravement, qu'il ne parlait ni en prêtre, ni en jésuite, ni même en catholique. Il a mis la question à sa place, en dehors de toutes les croyances, de toutes les opinions, de tous les partis. Parlant de la gravité du mal social, il a dit qu'il ne s'agissait plus seulement aujourd'hui de maintenir, dans le monde, telle ou telle religion, mais les grands principes sauveurs, l'idée de Dieu, l'immortalité de l'âme. — « Les âmes sont en danger, il faut voler à
« leur secours. Notre époque est bien malade ; les
« grands courants se dessinent ; mais l'excès du mal
« a ce bon résultat de garder l'accord entre les
« volontés. Il est nécessaire que ceux qui croient
« s'entendent pour défendre leurs principes et la foi
« de leurs enfants. Quand la tempête souffle, on tend
« toutes les voiles, on fait appel à tous les moyens de
« salut. »

« Le père Olivaint a été compris des chrétiennes qui l'écoutaient ; et chacune a promis son concours à l'œuvre désirée. »

Ce fut spécialement au Comité laïque, présidé par Mme Davillier, femme du Régent de la Banque de France, que le père Olivaint s'adressa pour fonder une école d'apprentissage, dans le quartier avoisinant la rue de Sèvres.

Laissons ici la parole au rapporteur du Comité, M. Charles Hamel, avocat aussi distingué que zélé chrétien :

« Dans une de ces causeries intimes dont le père Olivaint voulait bien m'honorer, il m'exprima son vif désir de voir le nombre des Écoles professionnelles s'accroître, et notre Conseil en fonder une nouvelle ;

il ajouta même qu'il pourrait y intéresser, d'une manière toute spéciale, une femme d'une remarquable intelligence qui s'est fait un nom distingué parmi les écrivains de notre littérature contemporaine, Mlle Zénaïde Fleuriot.

« Quant au choix du personnel enseignant, ainsi que du local, il m'engagea à en conférer avec la révérende mère Marie de la Providence. »

C'était, en effet, à Zénaïde Fleuriot et aux Auxiliatrices du Purgatoire que le père Olivaint avait pensé; il ne venait pas une fois à la Communauté sans parler du projet qui lui tenait tant au cœur. Dans le dernier entretien qu'il eut, avant son arrestation : « Vous avez, disait-il, comme pensionnaires, des Dames pieuses, qui, tout en restant dans le monde, veulent avancer de plus en plus dans la pratique de la vertu; mais ces âmes ne sont point en péril, elles se sauveront, n'importe où! C'est la jeunesse ouvrière qui est menacée; consacrez le local que ces dames habitent à une école populaire et vraiment apostolique, dont la directrice et le personnel seront laïques, mais que votre influence maintiendra essentiellement catholique. Mlle Fleuriot, ajouta-t-il, semble tout indiquée pour tenir, haut et ferme, l'étendard de cette œuvre de dévouement. »

Le père Olivaint n'avait pas eu de peine à faire passer dans le cœur de la mère de la Providence l'immense pitié et l'ardente sollicitude dont le sien était animé pour les jeunes apprenties parisiennes, fatalement exposées aux mauvais exemples et aux mauvais conseils de l'atelier.

« J'eus, effectivement, plusieurs entretiens à ce

sujet avec la vénérable fondatrice, nous dit encore M. Charles Hamel dans son intéressant rapport; mais la question du personnel arrêtait la réalisation de ce désir, comme celle des fonds à trouver; et malgré les instances réitérées du bon père, les choses restaient toujours à l'état de projet. »

Il fallut donc attendre que la volonté de Dieu se manifestât plus clairement; mais Zénaïde Fleuriot, dans sa noble impatience de dévouement, voulut coopérer tout de suite à l'œuvre des Écoles professionnelles déjà existantes, et s'engagea à aller, chaque semaine, faire des lectures à celle de la rue des Lions-Saint-Paul. Elle lisait merveilleusement bien, et les fillettes, ravies, l'écoutaient sans mot dire. Elle émaillait sa lecture d'observations morales, de fines saillies où son esprit vif et pénétrant tâchait de se mettre à la portée de toutes, et l'heure du départ semblait sonner trop tôt pour son jeune auditoire.

Cependant les mois s'écoulaient et la création de l'École professionnelle de la rue du Cherche-Midi ne se dessinait pas. Les fonds manquaient; le père Olivaint et la mère de la Providence ne parvenaient pas, malgré leurs efforts, à réaliser cette œuvre de sauvetage.

Les événements néfastes de 1870 les forcèrent à abandonner momentanément leurs généreux desseins.

Après les tristesses de la défaite, vinrent les honteuses atrocités de la Commune.

Mais citons encore M. Charles Hamel :

« Quelques mois plus tard, dit-il, les deux généreux protecteurs de notre œuvre nous étaient enlevés. Le 7 février 1871, la révérende mère de la Providence répondait à l'appel de Dieu, non sans avoir pensé, encore une fois, à son projet apostolique, car, peu avant sa mort, elle dit aux religieuses qui l'entouraient : Mes filles, vous aurez ici une École professionnelle.

« Le 24 mai suivant, le père Olivaint couronnait une vie pleine de mérites par l'auréole du martyre. Nous ne pouvions plus désormais que déplorer notre impuissance. Mais ce que notre faiblesse n'aurait pu entreprendre, l'intercession de ces saintes âmes le rendit facile. »

En effet, comme si le sang du père Olivaint eût soudain fécondé le champ qu'il voulait défricher, sa tombe était à peine fermée que, confondant leurs larmes et leurs regrets, toutes les bonnes volontés, auxquelles, depuis deux ans, de si pressants appels étaient adressés, se groupèrent dans un chaleureux élan, pour réaliser le vœu du martyr.

Voici la lettre que reçut Zénaïde Fleuriot, de Mme Legentil, un mois, jour pour jour, après le massacre de la rue Haxo :

« 24 juin 1871, Néris-les-Bains (Allier).

« Mademoiselle,

« J'ai eu de vos nouvelles et de celles de notre chère communauté, par Bruxelles, au commencement des troubles de Paris. J'ai donc su que nos saintes religieuses et vous-même étiez en sûreté ; mais plusieurs sont restées à Paris, et j'aimerais à apprendre ce qu'elles sont devenues. Ah! que de crimes! que d'infamies et de profanations! Comme notre bonne mère de la Providence aurait souffert!

Comme son cœur aurait été brisé! Quelle douleur lui aurait causé le supplice du saint père Olivaint! Dieu, en la rappelant, lui a épargné de cruels déchirements!

« Mais le sang de notre martyr aura apaisé la colère de Dieu.

« Pensons, plus que jamais, à réaliser sa dernière pensée : nos Écoles professionnelles ont été bien désorganisées par la tourmente sociale; n'importe! il faut en créer une de plus.

« Mais la réussite de notre œuvre dépend absolument des Auxiliatrices et de vous.

« Nous avons besoin d'un centre religieux; et je serai si heureuse de penser que cette école sera entre leurs mains!

« Si elles consentent à s'en occuper, nous comptons toujours nous adresser au Comité Davillier. Mme Dufaure, la femme du Ministre de la justice, a promis de nous aider et de réunir les fonds nécessaires; il y a, derrière elle, un noyau de femmes d'élite, prêtes à faire assaut de zèle et de générosité.

« Adieu, chère mademoiselle, etc., etc.

« MARIE LEGENTIL, née MARCOTTE. »

La lettre suivante nous dira l'ardent dévouement que renfermait le cœur de Zénaïde apôtre.

A SA MÈRE, A SA SŒUR

« Paris, 25 juillet 1871.

« Je viens, quoique un peu à la hâte, vous souhaiter à toutes deux, en l'honneur de sainte Anne, la meilleure des fêtes; car, ces jours-ci, je suis très sérieusement occupée.

« La chaleur est insoutenable, c'est une véritable souffrance à offrir à Dieu. Je vous assure qu'il faut prendre son courage à deux mains, pour se mouvoir et pour sortir. Mais il y a ici, en ce moment, une armée de gens héroïques, qui préparent, à la sueur de leur front, des institutions destinées à sauver ce malheureux peuple, malade d'envie et de vanité. C'est un désordre général dans les idées. Ils ont cependant vu que brûler une maison ne donnait aucun droit à la possession de cette maison. Mais on les a rendus stupides, et ils se croient tous des hommes de génie : ce serait bien bouffon si ce n'était si triste. Il y a dans tout cela de grandes leçons. Hélas! qui nous donnera l'intelligence?

« Je mets aujourd'hui à la poste ce que j'ai de journaux pour les enfants. Qu'il m'en coûte de ne pas les voir! mais les grands intérêts généraux qui m'occupent me demandent le sacrifice de rester dans ce four à chaux de Paris; je suis un petit ouvrier du bon Dieu, il m'a donné un outil, il a béni mon travail, je dois servir mon Créateur et mon Maître, avant de satisfaire mes goûts. Donc je supporte de mon mieux les incommodités de cette saison et les mortifications qui attendent une Bretonne pur sang, transplantée, après trente ans, hors de son pays. Une de mes amies de Nantes m'a envoyé du cidre. Je donnerais, bien souvent, tout mon dîner pour un peu de gros pain beurré.

« Les Bretons ont vraiment des entêtements à part, et règle, générale, sont faits pour leur pays.

Quant à moi, ce sont bien les circonstances providentielles qui m'ont amenée à tracer mon sillon au loin; mais ce que j'ai, je l'ai reçu, et il faut que j'en fasse le meilleur usage possible. »

Enfin la révérende mère Marie du Sacré-Cœur, première compagne de la vénérée fondatrice, élue Supérieure générale, accepte la création de l'École professionnelle. La lettre suivante nous montre le bonheur de Mme Legentil à cette nouvelle :

« 17 août 1871.

« Quelle joie m'a causée votre lettre, chère Mademoiselle! une vraie joie d'enfant. La révérende mère du Sacré-Cœur a accepté; elle s'intéressera à cette nouvelle œuvre, elle l'aimera! Dieu soit loué, car maintenant nous pouvons répondre du succès.

« Je n'aurais rien voulu entreprendre sans les Auxiliatrices. Vous voyez, chère Mademoiselle, que la tâche est noble et élevée; elle est délicate et difficile; mais maintenant, avec elles, je ne crains plus rien, j'ai pleine confiance.

« Mme Dufaure a vu Mgr Guibert qui est on ne peut mieux disposé pour nous. Il est probable que la maréchale de Mac-Mahon sera Présidente générale; Monseigneur l'a désignée, et c'est un bien bon choix; mais il faut qu'elle y consente.

« Croyez-moi... etc.

« Marie Legentil. »

On était au mois d'août, et l'ouverture de l'École professionnelle de la rue du Cherche-Midi avait été décidée pour la rentrée d'octobre; Zénaïde Fleuriot, dans une lettre à la princesse Wittgenstein, va nous dire au prix de quels efforts on put y arriver.

A LA PRINCESSE WITTGENSTEIN

« Paris, 17 octobre 1871.

« Chère Princesse,

« Je ne sais si vous devinez que je suis, en ce moment, la femme la plus occupée du monde; je n'ai plus seulement la plume à la main, je suis aussi un ouvrier apostolique actif, dans une œuvre de salut social, à laquelle se dévouent actuellement tant d'âmes sublimes.

« Je vous ai dit, dans ma dernière lettre, comment la nouvelle Supérieure générale des Auxiliatrices avait consenti à réaliser le projet accepté depuis si longtemps par la mère de la Providence, d'après le vœu du révérend père Olivaint. La mère du Sacré-Cœur a été la compagne de la vénérée fondatrice depuis les premiers jours de la fondation; ses rares qualités la firent désigner pour aller gouverner le premier essaim échappé à la ruche : la maison de Nantes; et, trois ans plus tard, elle partait pour jeter les bases de la mission de Chine, dont elle était encore Supérieure il y a deux mois.

« Bien qu'une instruction assez rare chez une femme ait singulièrement développé sa haute intelligence, elle a toujours recherché de préférence les humbles et les petits; aussi a-t-elle accepté avec joie.

« Il a fallu ensuite songer au personnel laïque. La

Providence nous a envoyé une « première » de la maison Félix, femme de talent et de goût, pour l'atelier de modes; une couturière de la rue Royale pour diriger les ateliers de robes; une très bonne fleuriste pour l'atelier de fleurs, cette charmante industrie parisienne qui touche vraiment à l'art. Nous avons un excellent professeur de comptabilité pour le cours de commerce; une Anglaise, aussi dévouée que distinguée, pour le cours d'anglais, et enfin une artiste de talent pour l'atelier de dessin et de peinture sur porcelaine.

« Pour réunir les jeunes filles auxquelles nous voulons nous dévouer, nous avons pris le moyen le plus simple : ma chère mère Marie de *** et moi avons battu le quartier, parcouru les rues et les boulevards avoisinants, demandant à Dieu de mettre sur notre chemin les petites âmes qu'il nous avait destinées. Quand nous voyions une fillette de douze à quatorze ans flâner sur le trottoir, le nez le plus souvent collé à la devanture des marchands de journaux ou aux vitres des magasins, je l'interpellais sans cérémonie et j'entrais en conversation : « Ma « petite fille, quel est votre âge? Avez-vous fait « votre première communion? Continuez-vous d'aller « à l'école? Êtes-vous en apprentissage? » A cette dernière question, lorsque l'enfant me disait qu'elle devait y aller, mais que ses parents ne savaient où l'envoyer, je l'invitais à venir, avec sa mère, rue du Cherche-Midi, 116, pour y choisir un atelier selon son goût.

« Dieu a béni nos courses apostoliques, car nous ouvrons dans huit jours, avec vingt-cinq élèves. Vous allez crier au miracle et avec raison, car c'en est bien un que la divine Providence a fait pour cet établissement, né du concours de tant de généreux efforts. Les femmes du monde les plus distinguées rivalisent de zèle et de dévouement avec les religieuses.

« La franc-maçonnerie et l'athéisme ont créé à Paris beaucoup d'Écoles professionnelles où s'enseigne « cette morale sans dogme » qui a été appelée avec raison : « une justice sans tribunaux ».

« Hélas! les derniers événements prouvent ce que peuvent ces mots de dignité, d'honneur et de patriotisme sur de malheureux êtres condamnés à la souffrance et au travail, lorsqu'on leur enlève la croyance à une justice suprême et à une vie meilleure. Comment veut-on que l'intérêt, l'attrait du bien-être, l'impérieux besoin de jouir, la voix de la nature enfin n'étouffent pas chez eux les sentiments d'abnégation et de sacrifice qu'il leur faudrait pour marcher dans la voie rude et austère du devoir?

« Dans leur implacable haine de Dieu, les libres penseurs redoublent leurs efforts; ils s'en vantent, du reste, franchement : Ferry n'a-t-il pas dit, dans une conférence faite, en avril 1870, à la Société d'instruction élémentaire : « Celui qui tient la femme tient « tout : l'enfant, et même le mari. C'est pour cela « que l'Église veut retenir la femme, c'est pour « cela aussi qu'il faut que la démocratie choisisse, « sous peine de mort, et que la femme appartienne « à la Science ou à l'Église. »

« Mais les catholiques ont serré leurs rangs; et pour répondre à cette provocation, nous appelons à nous toutes ces pauvres petites déshéritées dont nous tâcherons de faire de solides chrétiennes, de bonnes mères de famille et d'habiles ouvrières.

« Je ne puis malheureusement pas aider l'œuvre de mes aumônes ; j'ai de trop lourdes charges de famille, qui ne feront qu'augmenter à mesure que mes neveux grandiront ; mais je serai d'autant plus prodigue de ma personne, et me fatiguerai sans compter.

« Adieu, chère Princesse, vous voyez qu'après bien des théories, me voici la main à la pâte ; ce que, j'espère, vous ne condamnerez pas du haut de votre aristocratique tribunal. »

A MADEMOISELLE CLAIRE DE KERÉVER

« Paris, 2 novembre 1871.

« Ma chère Claire,

« Tu m'as écrit un bien gentil billet, trop court cependant.

« Je voudrais te donner l'exemple d'une bonne petite conversation intime ; et quoique pour moi, désormais, le temps soit une eau qui fuit, je vais te donner des détails sur l'œuvre à laquelle je me dévoue.

« Je suis installée au-dessus des salons de vente, et mon nouvel appartement est riant, vaste et bien commode. Enfin, je suis à un premier, dans une maison neuve. Mon salon, ma chambre et mon cabinet de toilette se tiennent. Mon salon a deux fenêtres immenses garnies de rideaux impalpables, et ouvrant sur les jardins ; vue de ciel et d'arbres. Un Christ par

Raphaël, saint Augustin d'Ary Scheffer, une très grande gravure de la Vierge de Dresde, ma chère Alix, les sibylles de Raphaël, en ornent les murs. Un très majestueux bureau d'acajou se prélasse au milieu; mon petit ameublement bleu garnit le reste. Et j'ai une jolie cheminée de marbre gris, où je brûle du bois. Ma chambre donne sur la rue du Cherche-Midi; j'y ai introduit une armoire à glace; étant obligée de tant paraître, il me fallait un conseiller véridique pour ma toilette.

« J'aime beaucoup ces pauvres jeunes filles, déjà pétries de mille délicatesses, de mille illusions, et qui ont une vie si dure en perspective. Et les déchues! quelle classe tyrannisée et digne de compassion!

« Toutes ces dames luttent de zèle et de dévouement pour l'œuvre. Elles viennent commander robes et chapeaux, parler, professer; c'est vraiment édifiant! En tête, quoique sa modestie lui fasse toujours chercher le dernier rang, se voit Mme Legentil, la pieuse instigatrice de notre école.

« Tu n'ignores pas, ma chère Claire, puisque je t'en ai déjà parlé, ce nom si connu dans le monde des bonnes œuvres, porté par deux chrétiens éminents. M. et Mme Legentil, n'ayant pas d'enfant, ont adopté les pauvres, et consacrent leur vie à la charité sous toutes les formes. La Providence leur a donné la richesse; mais contrairement à tant d'heureux d'ici-bas, qui, ne pensant qu'à leur propre bonheur, insultent par leur luxe à la misère des malheureux, ceux-là se refusent toute jouissance superflue. Ils se condamnent à la simplicité, pour donner, selon l'axiome de la générosité chrétienne, la plus grande partie de leurs biens à des frères moins privilégiés.

« M. Legentil, un de ces rares millionnaires qu'on ne voit ni au club, ni aux courses, est un homme d'une intelligence élevée, d'un esprit cultivé, d'une conversation souvent brillante, toujours intéressante. Il portera certainement dans l'histoire le nom d'initiateur du Vœu national au Sacré Cœur de Jésus, car c'est dans son âme que naquit, en 1870, au plus fort de nos revers, la pensée d'une suprême réparation de la France envers le Cœur de Jésus; à lui revient la première idée du grand mouvement religieux qui s'accentue en ce moment, et de la vaste basilique qui doit s'élever sur la colline de Montmartre[1]. Il a, comme sa noble femme, la passion de la charité; et on peut dire que jamais une souffrance n'a fait appel en vain à leur miséricordieuse compassion.

« C'est à l'École de la rue des Lions-Saint-Paul que je vis pour la première fois Mme Legentil; et je ne saurais dire quel respect elle m'inspira soudain.

« Grande et mince, toujours simplement vêtue de gris ou de noir, son exquise distinction n'était jamais rehaussée par une fleur, une dentelle ou un bijou.

« Je m'aperçus bientôt du grand ascendant moral qu'elle exerçait sur les enfants, leur lisant des livres qu'elle et son mari avaient soigneusement annotés, sans que les plus turbulentes et les plus dissi-

---

[1]. M. Legentil était fils de M. Charles Legentil, régent de la Banque de France; ce fut en mémoire de son père qu'il dépensa environ 400 000. francs pour la création du patronage qu'il voulut appeler, en ce souvenir, Patronage Saint-Charles. (Voir l'admirable Vie de M. Legentil, par le P. Bony. V. Retaux, éditeur.)

pées songeassent seulement à manquer d'attention.

« A côté de Mme Legentil, Mme Dufaure, qui joint à une intelligence et à une sûreté de jugement remarquables une charité qui n'a d'égale que son humilité : c'est une de ces belles âmes qui aiment à faire le bien et à rester obscurément cachées; Mme Oudot, que son activité et son dévouement ont fait nommer présidente; l'excellente Mme Mestayer, qui a voulu absolument cumuler différentes fonctions; juges-en plutôt, ma chère Claire : cette charitable chrétienne s'est chargée de la classe des arriérées, d'un cours d'anglais dans les ateliers, et dirige en second celui de peinture. Possédant un très réel talent d'amateur, elle décore une quantité de jolis objets en porcelaine et en faïence, qui figureront aux ventes de charité organisées au profit de l'École. Enfin son concours nous est assuré pour les réunions du dimanche. Très bonne musicienne, elle y apprendra le chant aux enfants, leur fournira la musique; et il lui sera *permis* de récompenser leur assiduité, en leur offrant des goûters où elle les comblera de gâteries. Il est édifiant de voir cette femme riche, intelligente, du meilleur monde, rapporter tous les deux jours, sous son bras, après les avoir corrigés, les devoirs de ses petites élèves. Elle ne cesse de répéter qu'après ses grands chagrins, elle n'a pas trouvé d'autre consolation que de se donner corps et âme à notre belle œuvre.

« Non moins active et charitable que Mme Mestayer, Mme Guyot fait des lectures et se prête à tous les dévouements. Je l'ai vue faire exécuter de charmantes toilettes, et les laisser exposées plusieurs mois sur les mannequins, afin de servir de modèles pour les commandes. Il y a, paraît-il, un certain héroïsme dans ce fait.

« Du reste, les Parisiennes ont vraiment mille talents, et savent les faire valoir ; celle qui ne sait pas parler sait peindre, celle qui ne sait pas peindre est musicienne, etc. Elles vont, elles viennent, elles agissent ; tout leur semble faisable et facile.

« Adieu, ma Claire, j'aimerais à te voir prendre part à des œuvres si utiles et si intéressantes. Soyons au moins unies de cœur dans la prière. »

La modestie de Zénaïde Fleuriot l'empêche de dire à son amie que c'est en grande partie à elle-même qu'étaient dus les heureux résultats obtenus. Elle s'était dévouée avec une abnégation que peuvent seules donner la foi et l'ardente charité qui étaient les siennes.

Elle réservait ses matinées pour écrire ; mais dès qu'à onze heures et demie la cloche annonçait le dîner des enfants, elle descendait et surveillait leur installation. Tout en imposant silence aux petites bavardes, son œil vigilant inspectait sans en avoir l'air le menu, par trop sommaire quelquefois, de certaines d'entre elles, plus déshéritées que les autres. Quand cette frugalité se prolongeait trop longtemps, elle en conférait avec la mère Marie de ***, et il se produisait alors un de ces actes de délicate bonté auxquels fait allusion ce fragment d'une lettre écrite à une religieuse, par une ancienne élève, en 1891, après la mort de Mlle Fleuriot :

« Je me rappellerai toujours que lorsque j'étais

encore toute nouvelle à l'École, ma mère, ne pouvant faire mieux, mettait presque chaque matin, dans mon panier, du pain et un peu de beurre qui composaient tout mon déjeuner. Je me réfugiais (et pour cause) dans le réfectoire du fond : nous y étions peu nombreuses, on pouvait donc s'isoler les unes des autres.

« Mlle Fleuriot, qui allait et venait dans les salles, l'avait sans doute remarqué, bien qu'elle ne parût jamais faire attention à ce que nous apportions. Un jour, elle vint directement à moi, et me demanda de quoi se composait mon repas; force me fut donc de lui montrer ce que contenait mon panier.

« Il est inutile de vous dire que cela m'avait causé un véritable chagrin, car, si j'étais malheureuse, je le supportais avec résignation et sans jeter un regard d'envie sur les provisions de mes compagnes.

« Mais ce fut à partir de ce jour que je déjeunai avec un bon bol de bouillon et un morceau de viande que je trouvais chaque matin à ma place; aussi jamais, non jamais je n'oublierai l'École et la bonté que l'on m'y a témoignée en toutes façons...

« Nous n'en revenions pas de voir tant de simplicité dans cette demoiselle, dont le nom était si connu qu'il se lisait chez tous les marchands de livres et de journaux. Nous ne la regardions pas comme une personne ordinaire. »

Lorsqu'on sortait du réfectoire, bien qu'elle n'eût pas encore déjeuné, Zénaïde suivait les enfants s'acheminant deux par deux vers la cour de récréation. Elles s'y rangeaient en grand cercle, et attendaient, dans le plus profond silence, que sa main, d'un geste bien connu, eût donné le signal qui leur permettait de s'éparpiller et de jeter leurs cris joyeux.

A midi et à quatre heures, elle se trouvait là, par tous les temps, ne craignant ni la chaleur, ni la poussière, ni le vent, ni la pluie; « rien ne l'arrêtait ». L'hiver même, quand la terre était trop détrempée, elle ne dédaignait pas de mettre des sabots, au grand étonnement de ces adolescentes, leur apprenant ainsi cette rare vertu de simplicité, presque toujours méprisée des esprits vulgaires. Plusieurs femmes de sa connaissance avaient grand'peine à comprendre qu'une personne d'un tel mérite se fît si petite et si humble, avec des enfants du peuple.

Zénaïde appréciait beaucoup les exercices physiques, et obligeait petites et grandes à jouer, organisant des rondes chantées, et s'y mêlant avec un entrain et une bonne grâce parfaits, qui se communiquaient aux plus molles et aux plus poseuses.

Cette surveillance des récréations n'était certes pas le moment de la journée où son apostolat s'exerçât de la manière la moins efficace. Grâce à elle, on peut dire que les conversations malsaines, ou même simplement frivoles, étaient inconnues à l'École de la rue du Cherche-Midi. Elle avait coutume de tomber à l'improviste au milieu des causeries les plus animées : « Que disiez-vous, ma chère fille? » demandait-elle alors, en passant affectueusement son bras sous celui de la péroreuse. Et tel était le respect qu'elle savait inspirer pour la vérité, que pas une n'eût voulu mentir, quelque confusion qu'elle éprouvât sous le regard scrutateur de ces yeux bleus si sincères et si pénétrants.

Rien n'était plus édifiant que de voir cette femme distinguée par ses talents et sa remarquable intelligence passer de groupe en groupe, encourageant les unes, redressant d'un mot vif le jugement erroné des autres, flagellant sans pitié l'égoïsme, la paresse, cherchant enfin à insuffler dans toutes ces âmes neuves la pure foi chrétienne, les idées saines et élevées qui remplissaient la sienne. Plus d'une nouvelle venue, après les fines remarques de leur charitable surveillante, s'exécutaient sur l'heure, détachant le clinquant de leur toilette, enlevant le collier de verroterie qui s'étalait vaniteusement sur le tablier d'uniforme en cotonnade bleue, faisant disparaître dans leur poche le bracelet porte-bonheur qui descendait du bras, sur des petites mains plus ou moins nettes.

Zénaïde faisait régulièrement des catéchismes pleins de vie et d'originalité, où elle expliquait les sublimes beautés du christianisme dans un langage familier, approprié à l'âge et à la condition de son jeune auditoire. Nulle mieux qu'elle ne s'entendait à développer ce grand principe auquel son existence fut consacrée : « la fidélité au devoir ».

Chaque dimanche, on la voyait prendre part à la réunion joyeuse des apprenties, jouant, chantant avec elles, aidant ainsi les Dames patronnesses à leur faire passer des heures agréables.

Elle composa des chansons, charmantes de fraîcheur et de vivacité, que l'on redisait chaque jour, dans les ateliers, avec un nouvel entrain; puis aussi de fervents cantiques et d'amusantes comédies pour les distributions de prix.

Cette sollicitude de Zénaïde Fleuriot pour le bien

moral que se proposait l'œuvre ne lui en faisait pas oublier les intérêts pratiques. Elle apportait le concours le plus actif aux ventes de charité faites au profit du Comité Davillier. Ces ventes avaient lieu au Ministère de la justice, sous le patronage de l'humble et dévouée Mme Dufaure ; et, comme elles étaient annoncées par les journaux, bon nombre de ses lecteurs et lectrices s'empressaient de saisir cette occasion de faire connaissance avec l'auteur qui les avait charmés.

Elle était toujours assiégée à son comptoir de livres, où l'on n'achetait guère que les siens. Là, ayant revêtu sa plus élégante toilette, son intelligent regard illuminant son visage d'une aimable gaieté, elle s'amusait en vérité, à la marchande, et jouait avec une naïveté joyeuse, qui trahissait la pureté de son cœur. Elle choisissait, pour les acheteurs et acheteuses, ceux de ses ouvrages qui convenaient le mieux à leur âge et à leurs goûts. Seulement, comme elle avait conservé la même incapacité pour le chiffre et le calcul, les dames chargées de la direction du comptoir se plaignaient souvent de sa générosité et la surveillaient de près. Zénaïde ne pouvait admettre, en effet, que des livres donnés ne dussent pas être vendus presque sans gain.

Le plus grand nombre lui étaient aimablement offerts par la maison Hachette, toujours si bienveillante et généreuse pour les ventes de charité.

Zénaïde Fleuriot avait aussi compris que les apprenties ne pouvaient se former le goût que sur un travail sérieux, suivant la mode, et renouvelé par une clientèle distinguée. Aussi cherchait-elle à l'accroître, tantôt en attirant ses brillantes relations, tantôt en écrivant des articles dont nous retrouvons un spécimen dans *la Semaine des familles* du 22 avril 1873 sous le titre : « Une carte-poste ».

Une fois l'œuvre vraiment fondée, Zénaïde Fleuriot voulut faire descendre sur elle la bénédiction de Dieu même, par les mains de son Vicaire, et adressa à Sa Sainteté Pie IX la supplique suivante :

« Paris, 15 août 1872.
« *En la fête de l'Assomption de N.-D.*

« Très Saint Père,

« Humblement prosternée aux pieds de Votre Sainteté, Zénaïde Fleuriot, directrice générale de l'École professionnelle catholique de la rue du Cherche-Midi, la supplie de laisser tomber sa bénédiction apostolique sur cette œuvre de régénération religieuse et sociale, afin qu'elle procure de plus en plus la gloire de Dieu, par la connaissance et l'amour de Notre-Seigneur Jésus-Christ. »

Et Pie IX écrivit de sa main :

Benedicat vos Deus, et dirigat opus et operarios.

Son Éminence le cardinal Guibert ajouta :

« Je joins mon humble bénédiction à celle de Pie IX, dont je reconnais parfaitement l'écriture. »

« † J. Hipp., Archevêque de Paris. »

Selon la prière de Pie IX, Dieu a béni et dirigé l'œuvre à laquelle se dévoua Zénaïde Fleuriot, pendant près de vingt ans, avec tant de persévérance, de foi et d'humilité.

CHAPITRE XIV

Locmariaker. — Bref de S. S. Pie IX.
Correspondance (1871-1872-1873).

Zénaïde Fleuriot, d'abnégation en abnégation, est arrivée jusqu'au sommet où elle fixera définitivement sa tente. Nous la verrons se consacrer de plus en plus au double apostolat de la plume et du dévouement à la jeunesse ouvrière.

Comme elle l'écrit à la princesse Wittgenstein, « les sillons sont largement ouverts, et attendent qu'elle y sème à pleines mains le grain de la vérité et du bien sous toutes les formes ! »

Désormais, quelques lettres choisies entre les plus intéressantes de sa correspondance nous tiendront au courant des moindres incidents de sa vie, depuis 1870 jusqu'à 1890, année de sa mort.

A MADEMOISELLE CLAIRE DE KERÉVER

« Paris, 6 octobre 1871.

« Tu fais bien ta dame avec ta pauvre Zaza, ma Claire; si tu savais cependant combien elle pioche, depuis qu'elle se regarde comme une créature uniquement destinée à servir Dieu, à l'aimer et à le faire connaître!

« Maintenant qu'elle est devenue une sorte de petit ouvrier, dans cette admirable création de son Seigneur, elle travaille comme un nègre.

« J'ai bien envie que tu lises *Marga*, la suite de *Ce pauvre vieux*. Tu me diras si j'ai réussi, si j'ai pu, dans ce bavardage d'imagination, jeter deux ou trois bonnes semences. Je te demande, dès maintenant, de le *parcourir très lentement*, un crayon à la main, et de m'analyser l'impression qu'il t'aura laissée : non pas au point de vue de *Milord Robert*, mais au point de vue réel, pratique, religieux.

« Mon genre d'apostolat *voulu* est d'envelopper sous une coque d'agréable aspect des vérités dont l'application aura dans les âmes un retentissement éternel; mais il faut que je sache si, la coque brisée, on a mangé l'amande, ou si l'âme y a trouvé seulement une de ces petites pelures racornies qu'on rencontre parfois dans celles qui ont la plus belle apparence.

« Maria *** m'intéresse au point de vue apostolique; je lui crois de l'intelligence, de la volonté, et elle est abandonnée. Jusqu'à son mariage, je pourrai lui répondre par billets, et arranger pour elle les conseils que je puise à une source bénie; c'est ainsi que j'entends ma promesse de lui écrire. Tout ce qui fait luire un rayon de vérité sur les âmes, est un double gain éternel; le reste est temps perdu.

« Adieu, etc. »

C'est sur *Marga*, dont Zénaïde conseille la lecture

à Mlle de Keréver, que M. de Pontmartin a écrit un charmant article que nous aimons à reproduire.

Au tome VII de ses *Nouveaux Samedis*[1], après avoir parlé de quelques romans malsains, qui font à la fois la honteuse renommée et la fortune de leurs auteurs, l'indépendant et judicieux critique, s'adressant à ses lecteurs, s'exprime ainsi :

« Et maintenant permettez-moi de vous associer à mes respectueuses sympathies pour ces conteurs qui nous offrent des modèles d'abnégation. Assez spirituels pour savoir à quel prix s'obtiennent les succès d'argent et de tapage, ils se placent résolument à l'extrémité contraire, s'y font les volontaires, j'allais dire les martyrs de la vertu, et réussissent à nous émouvoir en réduisant des trois quarts les ressorts ordinaires de la fiction romanesque. Lorsque Paganini, après nous avoir éblouis des prodiges de sa virtuosité fantastique, se mettait à jouer la *Prière de Moïse*, sur la quatrième corde de son violon, après avoir brisé devant nous les trois autres, nous disions : « C'est beaucoup plus beau, c'est beaucoup plus dif« ficile. » Eh bien ! c'est avec la quatrième corde que Mlle Fleuriot nous compose ces intéressantes et charmantes histoires : *Aigle et colombe*, *Sans beauté*, *Réséda*, *Ce pauvre vieux*, *Marga*. »

Ce bienveillant article fut communiqué à Zénaïde, et elle se hâta d'en remercier l'auteur qui, peu de jours après, vint à Paris et se présenta rue du Cherche-Midi, sans rencontrer celle qu'il y était venu chercher.

---

1. Les *Samedis* de M. de Pontmartin, Michel Lévy éd.

Le même jour, elle recevait la carte de M. de Pontmartin avec ces vers :

A MADEMOISELLE ZÉNAÏDE FLEURIOT

Respectueux remerciements.

Au vieillard, bien souvent traité de radoteur,
Vous venez d'octroyer des lettres de noblesse!
Heureux si votre nom faisait croire au lecteur
Que de l'art délicat, où vous êtes maîtresse,
Vous lui communiquez la grâce enchanteresse!

A MADEMOISELLE CLAIRE DE KERÉVER

« Paris, 25 novembre 1871.

« Ma Claire,

« Je ressens toute ta douleur avec toute la mienne, et je pense bien particulièrement à toi. La mort de ton père m'est un immense chagrin. Il était pour moi comme un frère aîné, et je n'ai jamais vu se démentir en lui ni la délicatesse du cœur ni la noblesse des sentiments. Aussi nous étions toujours d'accord, toujours! Je ne saurais oublier que je lui suis arrivée ignorante de tout, incapable de tout, pétrie d'amour-propre, de paresse, d'enfantillage, et que j'ai trouvé en lui le plus paternel soutien et les plus affectueux conseils. Me voici en libre communication avec sa belle âme, qui a rejoint celle que j'ai tant et si sincèrement pleurée. Soigne en ton cœur, ma Claire, ce que tu as de *lui*. Sa protection visible te manque; mais tu as atteint l'âge où il faut adopter une conduite *personnelle*, et son intercession te suit.

« Aie confiance; Dieu seul est puissant, et Il dispense la grâce et la force à qui les lui demande sincèrement. C'est entre ses mains que je te vois.

« Je vais mieux, je me relève. J'ai maintenant tout un peuple devant lequel je ne dois pas avoir la faiblesse de pleurer.

« Adieu, etc. »

A LA MÊME

« Paris, 12 février 1872.

« Un mot, ma Claire, un mot de félicitation et de joie! Si tu voyais de près les *boues* des grandes villes, tu te reconnaîtrais encore plus favorisée d'avoir, pour fiancé, un homme de foi et d'honneur.

« Prends la vie très au sérieux, ma chère fille, du côté de Dieu, et occupe-toi de rendre ton mari heureux. Que tout soit et reste bien commun entre vous, que la confiance la plus entière unisse vos âmes; menez ensemble, jeunes et dignes d'estime comme vous l'êtes, la vie du temps et la vie surnaturelle qui préparent celle de l'Éternité. Priez ensemble, approchez-vous ensemble des Sacrements, et vous serez bénis.

« Ne dédaigne pas les vertus d'une femme modeste et sensée. Le ménage demande beaucoup de temps et d'intelligence. Rends-toi compte des choses; apprends le mieux possible la cuisine, art difficile et indispensable pour savoir bien commander. Une femme qui sait tout faire chez elle, et qui tient à honneur de le bien faire, ne s'ennuie jamais et n'est pas troublée par un départ d'ouvrière ou un changement de servante. Notre chère et noble amie de

Kérigant, si excellente ménagère, n'est-elle pas distinguée et aimable? Hélas! ce sont les natures vulgaires qui déplacent leurs devoirs, et qui s'amusent à courir après des distractions niaises, quand le bonheur solide du devoir accompli était à leur porte.

« Je te parle bien gravement, ma chère Claire; mais te voilà dans la vie réelle, Dieu merci! et je t'écris le jour anniversaire de la mort d'Alix! Elle n'a connu ni les amertumes vraies, ni les cuisantes déceptions de la vie; je l'ai déraisonnablement pleurée, car, bien que je lui désirasse tous les bonheurs, je ne pouvais lui en donner aucun.

« Mes vœux et mes prières te suivent, ma chère fille; je me sens vivement heureuse de te savoir un appui légitime, un compagnon dévoué, une maison, une mission. Je n'ai pas besoin de te prêcher l'ordre et l'économie, et aussi la simplicité qui est une grandeur.

« Te rappelles-tu ma belle robe à carreaux bleus et gris, qui m'avait coûté neuf sous le mètre, et que j'avais faite moi-même? Quelle splendeur! Et le chapeau à rubans marron? Je le mettais au loin, sur une chaise, pour le mieux admirer. Dieu te garde en cette simplicité qui plane au-dessus de toutes les ambitions, jalousies et vanités! Mille amitiés à Ernest et à tes deux familles. »

A SA MÈRE

« Paris, 26 mai 1872.

« Ma chère maman,

« Marie m'a écrit que vous fêtiez aujourd'hui votre

quatre-vingt-deuxième année, et je tiens à vous adresser un souvenir personnel. Comme santé, le bon Dieu vous a fait des grâces toutes particulières. Je ne vois guère, autour de moi, des vieillards ayant aussi bien conservé la plénitude de leurs facultés physiques et morales. Plus la vie avance, plus on en porte généralement le poids; heureusement, pour vous, c'est le contraire; vous n'avez jamais été mieux, ni plus dégagée de soucis. Votre mission désormais est bien douce, n'ayant plus qu'à prier pour vos enfants et petits-enfants qui auront et qui ont à combattre et à souffrir. Priez donc, pour que notre intelligence s'éclaire, pour que nous pliions notre volonté intime aux circonstances, et que notre cœur soit plein d'amour et d'indulgence. La vie n'est qu'une longue épreuve; mais qu'au moins, dans la famille, on trouve la douceur, la justice, ce sentiment de bonté qui fait qu'on aime à voir grandir et devenir meilleurs ceux qui nous sont liés par le sang.

« Demandez pour moi, à Dieu, que j'accomplisse toujours sa volonté, et que je remplisse la mission pour laquelle il m'a créée.

« En lui, l'Auteur de la vie, je reste, ma chère maman,

« Votre fille respectueusement dévouée et affectionnée. »

Peu de jours après avoir écrit cette lettre, le 8 mai 1872, Zénaïde eut la douleur de perdre sa mère. Nous n'avons rien retrouvé se rapportant à cette si pénible séparation, parce qu'en fille tendrement dévouée, elle s'était rendue auprès de la chère malade, ainsi que sa sœur, Mlle Marie Fleuriot.

A MADAME PERRIGAULT DE KERÉVER

« 10 décembre 1872.

« Ma chère Claire,

« Je suis heureuse des bonnes nouvelles que tu me donnes de ta santé ; tu fais bien sagement de prendre de l'exercice. Étudie sérieusement la simple hygiène domestique, deviens une mère intelligente pour les soins physiques, avant de devenir une mère prudente pour la culture de l'âme et du caractère.

« Veux-tu te charger de demander autour de toi dans quelle bibliothèque se trouve le *Théâtre du roi*, livre qui renferme *Le frondeur*, comédie jouée devant le roi et ayant pour auteur mon grand-oncle Camille Royou. Je viens d'écrire une comédie en vers, et je serais curieuse de comparer. Ce livre était dans la bibliothèque de Château-Billy.

« Adieu, ma chère petite maman future, que le bon Dieu te garde, etc. »

Au printemps de 1872, les médecins avaient ordonné à la belle-sœur de Zénaïde de passer deux mois avec ses enfants au bord de la mer ; elle s'était installée près d'Auray, à Locmariaker, où elle savait ne trouver ni Casino, ni baigneurs, la plage étant caillouteuse et le pays sans organisation pour les ressources.

Vers le milieu du mois d'août, Zénaïde voulut rejoindre sa famille. Ses premières impressions ne furent pas favorables à ce petit coin du Morbihan ;

mais bientôt la vie simple et primitive qu'elle y trouva devint un attrait et lui parut propre à servir son goût de solitude et de travail.

Elle conçut alors le désir de s'y fixer, et y bâtit en 1873 un cottage rustique pour y recevoir les siens. Jusqu'à sa mort, elle revint fidèlement chaque année sur les mêmes grèves, et s'y fit apprécier et aimer de tous. Comme elle en avait exprimé le désir, ses cendres reposent dans le pittoresque cimetière qui s'élève sur l'emplacement d'un ancien cirque romain.

Il ne nous semble pas inutile de donner ici quelques détails sur cette côte du Morbihan, à laquelle Zénaïde s'était attachée.

Locmariaker, à 16 kilomètres d'Auray, est un petit bourg de 800 âmes environ, situé à l'entrée du golfe du Morbihan, et auquel on peut arriver, soit en descendant la rivière d'Auray, soit en parcourant une assez jolie route, tracée à travers la lande déserte ou des champs cultivés, et bordée de quelques bois de sapins.

A part l'estuaire de Poulben qui, au départ d'Auray, forme un large et profond ravin, le reste du parcours s'effectue sans accidents de sol, ce qui permet d'apercevoir les monuments celtiques et mégalithiques, tumulus, dolmens, menhirs, dont cette partie de la basse Bretagne conserve les plus importants et les plus curieux.

D'abord, la grotte du Né-Lud, qu'on croit être un dolmen recouvert de cendres en forme de tumulus, puis le plus grand menhir connu, couché par terre, brisé et abattu par la foudre. Il ne mesure pas moins de 21 mètres de hauteur et de 5 à 6 mètres de tour. Son poids est évalué à 250 000 kilogrammes.

A quelques pas de là, se voit le dolmen remarquable de Dol-er-Marc'h-ent, plus connu sous le nom de *Table de César*, etc., etc., et quantité d'autres; puis beaucoup de tumulus évocateurs des âges préhistoriques et témoins d'une humanité religieuse et puissante.

Une vue splendide sur le Morbihan fait admirer son archipel d'îles et d'îlots, séparés par des courants redoutables. La presqu'île de Rhuys ferme le golfe de l'autre côté, et à son extrémité s'élève le bourg de Port-Navalo.

Au delà et à droite, l'Océan, dont l'horizon se ferme au large par les deux îles sœurs de Houat et de Hoedic; plus en arrière encore, se voit une ligne grise à peine estompée, c'est Belle-Ile-en-Mer, et enfin le golfe de Quiberon, où, croit-on, Jules César livra aux Vénètes sa grande bataille navale[1]. A l'horizon on aperçoit la presqu'île de Quiberon.

Ces beautés naturelles, rendues intéressantes par les souvenirs historiques qui s'y rattachent, peuvent plaire aux penseurs, aux artistes dédaigneux des avantages que procure la civilisation; mais il faut accepter de vivre à Locmariaker à la Robinson, ayant, il est vrai, comme compensation, la pleine liberté de s'y baigner, d'y pêcher, d'y chasser à son gré, et de marcher une journée entière sans rencontrer un seul citadin, si ce n'est

1. Dans un livre de la Bibliothèque rose, *En congé*, on retrouve les souvenirs historiques de Locmariaker au temps de la domination de la Gaule par les Romains (Hachette, éd.).

quelques touristes amateurs des antiquités celtiques.

Le premier voyage de Zénaïde, d'Auray à Locmariaker, ne fut pas sans aventures. Nous en jugerons par la lettre suivante :

A MÈRE MARIE DE ***

« Locmariaker, 20 août 1872.

« C'est indescriptible, ma chère Mère ; à Auray, on me déclare que le char à bancs ne peut contenir ma malle, où rien n'est cassé heureusement, mais qui s'est défoncée sous le poids. Il y a trois lieues à faire.

« Je compte neuf personnes, plus le conducteur assis sur une tringle de fer, et son cheval. Par esprit de mortification, je n'ai pas jeté une plainte ; mais j'éprouvais une telle fatigue, une telle chaleur, que j'ai dormi contre le rideau de toile, que soulevait le vent.

« A mon arrivée, je ne vois que des grèves vaseuses et tristes, pas une plante, pas un ombrage !

« La chambre qu'on m'avait gardée chez ma belle-sœur était si petite, si étouffée, et les cinq garçons faisaient tant de bruit, que je me décidai immédiatement à chercher un gîte.

« Ce matin, à cinq heures, je me rends à l'église ; le bon curé, de quatre-vingt-quatre ans, dit une longue et dévote messe ; je communie, *je me retrouve*, et puis je vais à la sacristie. Le vénérable prêtre, *qui ne m'avait jamais vue*, me dit un aimable bonjour, et un « Ah ! c'est vous », d'une ravissante simplicité ; et, sur le récit de mes aventures, il vient nu-tête chez une loueuse de chambre; je découvre un escalier, une quasi-échelle, j'y monte : un vrai grenier s'offre à ma vue; 15 francs par mois, et pas de mer. Je redescends et je demande à attendre; puis, après avoir remercié le recteur, je fais seule mes recherches, énergiquement. Je trouve alors la sainte vieille fille auprès de laquelle j'ai communié; elle m'accepte; et pour 15 francs, j'ai une jolie chambre dont la petite fenêtre ouvre sur les grèves, maintenant couvertes d'eau et charmantes; me voici donc casée *chez moi*, malgré les réclamations de ma belle-sœur, et je vais pouvoir travailler. On manque de bien des choses dans ce petit bourg, et j'ai dîné aujourd'hui de mes provisions de Paris; il n'y a pas même de beurre, à cause des travaux de la moisson. Mais quelle mer, quels bons visages, quelle liberté! J'ai déjà un masque de hâle, il n'en saurait être autrement.

« Figurez-vous une grève sans rochers, sans falaise, des dunes de sable blanc et des champs sans arbres. On est là sous un soleil de feu, sans autre abri que son chapeau. On peut penser, prier, se reposer, farnienter, quand on est assez fort pour supporter la chaleur et le vent; mais travailler, c'est impossible.

« Que j'aime la mer, malgré tout! elle me repose vraiment, elle me rafraîchit.

« On ne rencontre ici personne. Il faut traverser les grèves nu-pieds; c'est une vie sauvage et simple qui convient à des êtres comme moi. Quelles harmonies, quelles splendeurs! et cela est très pur.

« Ces belles vagues, avec leur perpétuelle agitation, s'harmonisent avec les souffrances de mon âme.

Je vis avec vous, devant Dieu notre Père, que vous m'avez appris à aimer si profondément. »

A LA MÊME

« Locmariaker, 25 août 1872.

« Ma chère Mère,

« Je suis fâchée que ma lettre vous soit arrivée décachetée ; je l'ai mise à la poste moi-même. Il n'y a ici qu'une boîte, la vraie poste est à Auray. Notre facteur rural, étant souvent hors de lui-même, par suite de trop de fortifiants, doit maltraiter les pauvres enveloppes ; une déchirure dans ses mains peut se faire vite.

« Locmariaker est, il est vrai, au bout du monde, et il faut avoir, par le fait de son tempérament ou de sa vie, une fibre d'ermite pour s'y ancrer. Mais cette nature libre, sévère, poétique, me rend ce que j'ai improprement appelé des rayonnements. Pas un rayon n'a brillé sur ma jeunesse ; la nature seule m'a donné un peu de ce qu'on puise ailleurs ; elle m'a vaguement révélé Dieu ; elle a occupé, charmé des forces et des puissances sans aliment. Je la regarde avec attendrissement parce qu'elle m'a été aimable et consolante, alors que rien autour de moi n'était aimable ni consolant. Qu'il m'eût fallu cependant peu de chose pour être à peu près heureuse, dans un milieu rustique et grand !

« Que voulez-vous, Mère ? il y a des impressions qu'on ne peut dominer, des admirations toutes jeunes et toutes vivaces. Hélas ! si je laissais l'idéal, il me faudrait des réalités.

« Ici, le règlement n'est pas très bien observé; il ne peut l'être; la journée suit le reflux et le flux. Les bains des enfants sont la loi des repas et du reste. Je me lève à cinq heures; toilette, méditation à l'église, messe tous les jours; une heure donnée à Dieu seul. Après, travail ou départ pour les grèves. Une demi-lieue sous le soleil, pour que les enfants trouvent du sable fin. Le premier jour, j'étais coiffée comme d'habitude; le vent a tellement fouetté mon chapeau, que tout me tombait sur le cou; désormais, *chinoise solide*. Repas sur les grèves; moi dans le sable, nu-pieds comme tout le monde, pêchant la crevette avec les petits, ou m'écartant, avec mon très commode pupitre, pour écrire, dire mes vêpres, mon chapelet. Ces dames travaillent en gardant les enfants. A six ou sept heures, potage maigre, crevettes, poisson; il y a six jours que je n'ai vraiment mangé de viande, et je me porte à merveille.

« Ma chambre, comme je vous l'ai dit, est admirablement située; mais, en compensation, lit très dur, rats d'eau dans les greniers : ce qui, deux soirs, m'a fait crisper les nerfs. Sommeil quand même, la fatigue étant écrasante.

« Vous épandez votre charité sur votre peuple, ma Mère, et je me repose avec le mien; les vieux pêcheurs, les vieilles pauvres, les enfants, les jeunes filles à l'air ouvert, au front sans rides, me distraient par leurs conversations. Quelle vie dure et saine! pas un livre; Dieu et la famille.

« Je plonge ici dans la pure simplicité. J'en veux presque à Gutemberg en voyant combien l'ambition, les sourdes agitations de l'âme, la sombre envie, sont excitées par cette puissance déchaînée de la mauvaise presse; tout le monde est atteint. Ces femmes recueillies devant le tabernacle, et qui ne savent pas lire, me font envie. »

A LA MÊME

« Locmariaker, 2 septembre 1872.

« Ma chère Mère,

« Vous ai-je dit que mon confesseur m'avait presque enjoint de paraître aux offices le dimanche? J'y ai passé deux heures et demie tantôt; mais quels chants! et quels nerfs il faut! Enfin j'avais dû renoncer à la promenade, j'avais fait un sacrifice; et d'être restée, me vaut de pouvoir vous écrire aussitôt votre lettre reçue.

« Pour que vous puissiez bien comprendre mes enthousiasmes devant la nature, il vous faudrait être à la table où j'écris en ce moment.

« Ce petit coin, avec sa falaise découpée, est ravissant. En ce moment, la mer, enflée de la bourrasque d'hier, est encore furieuse; et c'est pour cela que je l'entends si bien. Mais le radieux soleil d'aujourd'hui la caresse et la colore; et ces bouillonnements insensés et cette lumière sereine forment un contraste tel que Dieu seul peut en inventer.

« Ces contrastes se rencontrent dans le monde des âmes, me direz-vous; je ne le sais que trop, hélas! et c'est pourquoi je me personnifie volontiers dans cette mer houleuse, frémissante, qui souffre et gémit si bruyamment des orages soulevés en son propre sein. Je vois Notre-Seigneur, dans cette lumière qui plane si majestueusement au-dessus d'elle.

« A bientôt ; je vous ai envoyé ce soir la bénédiction que j'ai reçue.

« ZÉNAÏDE de terre et de larmes. »

A LA MÊME

« Locmariaker, 7 septembre 1872.

« Ma chère Mère,

« Combien je suis reconnaissante à la Révérende Mère Générale, qui est si bien ma chère Grand'Mère, de ce qu'elle m'a écrit du don de mes ouvrages à vos bibliothèques ! Naturellement dévouée au couvent, de toutes les manières, je sens vivement la charité qu'on m'y témoigne, et je suis confuse d'être remerciée pour si peu de chose.

« J'espère arriver dimanche prochain ; je pensais justement que je serais un peu utile à l'École professionnelle durant votre retraite, quand votre lettre m'est arrivée. Vous me dites combien je vous suis nécessaire dans cette Œuvre. Que cette assurance m'a fait de bien ! mon pauvre cœur inquiet en est démeurtri, je crains toujours de ne vous être bonne à rien.

« Je ne sais si je vous aime d'après le système de saint Thomas, mais vous ne saurez jamais à quel point ma reconnaissance est forte, profonde et religieuse. Elle est excessive, il est vrai, elle me fait souffrir ; mais il fallait de l'excessif pour obliger une nature telle que la mienne à rester dans les eaux de la grâce ; or je suis une merveille de grâce. J'avais besoin de Notre-Seigneur enseigné et donné par une créature que je devais vénérer autant que chérir.

« Le matin, quand je suis dans cette petite église et que mon cœur s'épanche librement devant le tabernacle, vos paroles me reviennent; et quoique souffrant de mon intime solitude et de mes tiraillements de nature, je fais des actes d'amour de Dieu qui me brûlent l'âme.

« Ah! comme les grands saints parlent des passions, comme ils les définissent! Pourtant, si je n'avais pas eu ma Mère, toutes ces lumières n'eussent été que des charbons en plus : car j'aurais soufflé dessus. Que Notre-Seigneur répande ses grâces sur elle pendant sa retraite, je l'en prierai chaque jour, quoique indigne, avec ce cœur qui n'a eu en ce monde et qui n'a qu'un asile, qu'un appui, qu'un dévouement qui l'ont, bon gré mal gré, conduite à Lui. »

A LA PRINCESSE WITTGENSTEIN

Paris, 1ᵉʳ novembre 1872.

« Bien chère et illustre amie,

« Ne sachant où trouver notre si douce Princesse Pax, je vous envoie, sous ce pli, la dédicace rimée de mon volume : *Aigle et colombe*, que je lui adresse.

« Pardon de ce petit dérangement; et merci toujours. »

A SON ALTESSE
LA PRINCESSE MARIE DE LA PAIX ODESCALCHI

A Rome, j'ai marché dans l'ombre
Que votre palais, vaste et sombre,
Étend sur le pavé de feu.
Princesse, à cet instant, peut-être,
Accoudée à votre fenêtre,
Vous contempliez le ciel bleu.

Puis, vos yeux erraient sur des pages
Où se profilaient les rivages
De mon noble pays d'Armor.
Le livre aujourd'hui se blasonne,
Et j'y grave un mot qui rayonne,
Le nom que vous portez encor.

Aigle et colombe, ouvrez votre aile ;
A Rome, la cité fidèle,
Vous trouverez un doux accueil.
Portez les vœux de l'étrangère,
Au palais trois fois séculaire,
Dont le bonheur franchit le seuil [1].

Paris, 1er novembre 1872.

La fin de cette année 1872 apporta au cœur si fervent de Zénaïde Fleuriot une véritable joie. Elle avait fait hommage de son ouvrage : *Notre Capitale Rome* [2], à Sa Sainteté le pape Pie IX qui ne tarda pas à lui envoyer sa bénédiction dans un bref laudatif, où le but et les fruits de son apostolat sont admirablement compris et heureusement exprimés.

Nous en donnons la traduction :

A Notre chère fille en J.-C., Zénaïde Fleuriot, *Paris,*

Pie IX, Souverain Pontife.

« Chère fille en J.-C., salut et bénédiction apostolique !

« Ce que des hommes de grand mérite n'ont pas jugé indigne d'eux, les uns, de composer parfois des récits de faits imaginaires; les autres, de donner à des histoires véritables l'attrait de la fiction, dans le

---

1. La princesse Pax Odescalchi allait épouser le comte François Kuefstein.
2. Récit de son second voyage en Italie (Plon édit.).

but d'éloigner par là les hommes de la lecture des livres impies et de jeter dans leurs cœurs, en quelque sorte à leur insu, des semences de piété.

« Nous vous félicitons, chère fille en J.-C., de l'avoir fait aussi, dans les nombreux volumes que vous avez publiés. C'est pourquoi nous avons reçu avec plaisir le dernier de ces ouvrages, où vous faites la description de notre ville de Rome, que vous venez de visiter.

« Dans ce travail, vous vous êtes proposé d'amener les esprits à considérer la majesté et la sainteté de ses monuments, à contempler la splendeur de ses cérémonies sacrées, et à admirer la noblesse de la ville elle-même.

« Cette Rome, qui autrefois dominait au loin par la puissance des armes, étend aujourd'hui, par la religion, son empire jusqu'aux extrémités du monde; elle est devenue la patrie commune des chrétiens, par l'éclat que lui donne la chaire glorieuse du vicaire de Jésus-Christ, et elle attire à elle tous les esprits et tous les cœurs.

« Nous appelons, sur votre pieux dessein, tout le succès que vous souhaitez; et, comme présage de la faveur d'en haut et comme gage de notre bienveillance paternelle, Nous vous accordons aujourd'hui et du plus profond de Notre cœur, très chère fille en Jésus-Christ, la bénédiction apostolique.

« Donné à Rome, à Saint-Pierre, le trentième jour du mois de décembre de l'année 1872, de Notre Pontificat la vingt-septième.

« Pie IX, Pape. »

Au mois de juin de cette même année, Zénaïde s'associe à l'immense élan de réparation qui entraîne la France aux pieds du Sacré Cœur de Jésus. Elle entreprend, avec quelques amis, le pèlerinage raconté dans son charmant opuscule *Aller et retour*[1].

A la date du 28 janvier 1873, nous retrouvons une lettre signée « Templier », introduisant Zénaïde Fleuriot dans cette grande et importante librairie Hachette et Cie, qui devait publier et illustrer pendant dix-sept ans, c'est-à-dire jusqu'à sa mort, bon nombre de ses meilleures œuvres.

M. Templier lui écrit donc :

« Nous sommes heureux, mademoiselle, d'avoir votre collaboration pour nos bibliothèques. Vos ouvrages pourront paraître tout d'abord dans notre *Journal de la Jeunesse*, et formeront ensuite des volumes in-8° illustrés.

« J'ai lu votre manuscrit, et je crois que nous pourrons très bien le publier dans la « Bibliothèque « rose » lorsqu'il sera fini ; n'eût-il pas été fâcheux que vous l'eussiez remporté l'autre jour, en renonçant à tout jamais à la librairie Hachette, à son journal et à ses bibliothèques ?... »

Nous pouvons dire, en effet, qu'il eût été bien fâcheux pour notre auteur d'être privée de ces excellents rapports avec les chefs de la maison Hachette. Elle avait rencontré dans le Directeur du *Journal de la Jeunesse*, M. René Fouret, un critique aussi bienveillant que sévère, à qui elle aimait à soumettre

---

[1]. Lecoffre, édit.

ses ouvrages, sachant à l'avance que bien des observations judicieuses lui seraient faites, ce qui la rassurait sur la facilité avec laquelle courait sa plume. A peine si elle se relisait. Jamais elle ne faisait copier son manuscrit, et c'est ce premier jet qu'elle soumettait à son éditeur. « Il connaît son public, disait-elle, et je sens que j'ai en lui un critique, mais mieux encore, un ami! »

En effet, Zénaïde, avec sa nature si droite, si simple, si reconnaissante, se faisait de vrais amis de ceux qui pouvaient apprécier, plus encore que son talent, son noble caractère, sa sincérité et ses vertus aimables.

Nous l'avons vu déjà par les familles Bray, Nettement, Lecoffre, etc.

Les premiers ouvrages publiés par la librairie Hachette furent : *Le petit chef de famille*, que beaucoup jugent son chef-d'œuvre, *En congé*, *Bigarrette*.

Continuons, par ordre de date, la vie de notre auteur à l'aide de sa correspondance.

A LA PRINCESSE WITTGENSTEIN

« Paris, 16 juillet 1873.

« Chère Princesse,

« J'ai été bien heureuse d'apprendre la guérison de vos yeux; et les sachant redevenus puissants, j'ai préparé de suite l'envoi de mes *Pieds d'argile*. J'ai soudé les feuillets avec de la colle; mon travail a été fait inhabilement, et je suis fâchée de vous envoyer quelque chose de lisible, mais de si mal collé. Excusez donc la mauvaise tournure de ce cahier; laissez aussi passer le style, il fourmille de négligences en certains endroits, mais, pour le livre, je vais prendre la serpe et le cordeau, et travailler de mon mieux. Je ne vous dirai rien de l'effet produit par l'ouvrage en journal, je désire votre jugement *absolument personnel*; ce n'est pas même le journal que je vous envoie; ce sont les épreuves qui n'ont reçu aucune correction. J'ai choisi la plus lisible; je me hâte de vous dire que les *Pieds d'argile* auront une suite indépendante : *Une Idole* ou *Armelle Trahec*. Je n'ai pas voulu finir par une conversion.

« Je ne vous parlerai ni du Schah, ni des fêtes splendides données à son intention; je n'ai vu ni l'un ni les autres. Les journaux vous auront apporté cet écho parisien.

« Je vis dans un fromage de Hollande, racontant un tas d'histoires, et suivant ma pente, selon votre conseil. J'ai une pente un peu trop accentuée peut-être; mais je suis de pure race bretonne, et je n'assouplis pas même ce que j'ai de talent; c'est pourquoi j'ai toujours peur de perdre l'équilibre entre le banal et l'original. L'originalité plaît aux masses, c'est certain, mais je ne voudrais rien exagérer.

« Je passerai le mois d'août à Locmariaker, menant une vie de pêcheuse de crevettes, admirant Dieu dans ses vagues, ses nuages, ses petits mondes, et l'adorant dans son Tabernacle logé entre des piliers druidiques. Dans mon ouvrage illustré pour le *Journal de la Jeunesse*, *En congé*, je dessinerai les galets géants antédiluviens. Je vous aurais voulu devant ces monstres de pierre, chère Princesse; je vous entends d'ici sur un sujet digne de vous : le déluge. Il est là présent; le doute n'est plus possible. Que ne puis-je parler votre langue pour raconter ces impressions !

« Ma Mère est très bien, Dieu merci ! L'École professionnelle marche et se développe. Je vis le nez en l'air et la plume à la main, dans une oasis où je pense souvent à vous, etc. »

A LA MÊME

« Paris, le 1ᵉʳ août 1873.

« Chère Princesse,

« La dernière page d'épreuve a tardé, et mes *Pieds d'argile* ne se mettront en route pour Rome que la semaine prochaine. Je vous assure que je ne voudrais, pour rien au monde, fatiguer votre précieuse vue, et que je ne compte pas recevoir votre critique aussi vite que celle d'*Aigle et colombe*.

« Seulement, si vous avez le loisir de lire les *Pieds d'argile*, vous m'en parlerez et j'en profiterai : 1° pour la seconde édition; 2° pour la suite indépendante que je vais composer.

« J'apprends l'anglais, et très facilement; je pourrai donc lire dans l'original ces romans que je trouve si attachants. J'ai été de nouveau sollicitée pour la traduction des miens, par la *Miss* de Mme de ***, et lui ai donné carte blanche.

« Elle m'écrit pour quatre volumes, qu'elle qualifie de *Contes exceptionnels*.

« Avant-hier, je visitais une déchue, encore bien jeune, bien jolie et bien exaltée, dont mes livres calment un peu les dangereuses fièvres. Du fond de ses maladies physiques, elle enviait ce trésor fragile de la santé qui m'a été donné, et ne comprenait pas ma vie. Il m'a fallu lui dire mon secret, et lui avouer que la foi seule produit les vies irréprochables, chez la plupart des êtres.

« En quittant cette pauvre dévorée, mon chef de gouvernement, mon moi religieux, se frottait les mains.

« Ma Mère me parle souvent de vous, et je ne puis vous dire combien j'ai été touchée de vos paroles sur le bonheur de notre céleste et éternelle affection. Je me laisse traîner par elle vers le Ciel. C'est un papillon qui entraîne un hanneton; mais le hanneton fait ce qu'il peut.

« A bientôt les *Pieds d'argile!* à toujours, ma reconnaissance. »

DE LA PRINCESSE WITTGENSTEIN.

« Rome, 7 août 1873.

« Ma chère Bruyère,

« J'ai reçu les *Pieds d'argile* et les ai lus tout d'un trait. Progrès! Progrès! Progrès! Je veux que ces trois mots vous portent immédiatement au cœur un rayon de ces joies toutes spéciales que le bon Dieu réserve aux vocations d'artiste, qui ont leurs peines spéciales aussi; joies et peines inconnues, incompréhensibles à d'autres!

« Oui, ma chère Zénaïde, vous marchez d'un pas ferme vers un but que vous atteindrez, si vous continuez à travailler vos œuvres avec la même intelligence des qualités qu'il faut acquérir pour compléter celles dont la nature vous a douée. Décidément, vous me faites honneur, si vous me permettez ce mot de maternité littéraire.

« Votre dernier tableau a vraiment une touche virile entre tous; vous ne perdez pas le souffle en arrivant à la fin.

« Vos dernières pages ne décèlent pas une main fatiguée, elles sont écrites avec la même énergie et la même finesse que les premières. Rien de faux, rien de manqué, ni dans les situations ni dans les caractères. Les incrédules ne sont point caricaturés; les croyants ne sont point apothéosés. C'est bien pourtant la nature humaine, avec ses forces et ses faiblesses diversement réparties. Faiblesses fortifiées par la Foi, forces affaiblies par l'incroyance; c'est on ne peut mieux conçu.

« Quant au choix de l'étoffe dramatique, non seulement je la trouve des plus heureuses, mais tout à fait sympathique, pour moi personnellement; car je me suis presque reconnue dans cette passion filiale s'écriant : « Me voilà seule au monde! » J'ai éprouvé une joie tout égoïste, en me souvenant de ce que vous avez peut-être oublié, qu'il y a cinq ans environ (c'était au moment où la voiture découverte rasait une haie en fleurs, je ne sais plus où), je vous disais qu'on se trompait fort en croyant que les passions nées de l'amour étaient les plus poignantes de toutes, et que, si vous ne vous sentiez pas le goût de le repeindre pour une cent-millionième fois, sans y mettre rien de nouveau, vous deviez chercher d'autres filons dans le cœur humain, qui renferme encore tant d'éléments volcaniques aux explosions terribles. Vous sembliez n'y rien comprendre, en me regardant avec de grands yeux étonnés; et peut-être ne compreniez-vous pas? Mais il est des semences oubliées dans l'âme, comme il y en a qui s'oublient en terre, et qui, après bien des années, apparaissent, fleurissent et donnent leurs fruits. Le mélange, si heureusement indiqué, de la passion filiale et de la passion du *propriétaire* dans le cœur d'Armelle, est quelque chose de neuf en littérature. Ce qui est mieux encore, c'est que ce thème si neuf, vous le modulez sans une note fausse ou criarde. J'irais, de ce pas, huit pages de suite; mais je ne veux pas vous faire attendre. Je vous ai donné deux matinées de mon travail, ne pouvant lire une impression si fine, ni le soir, ni en voiture. J'ai les yeux très fatigués, et je réserve pour une autre lettre tout ce que j'avais encore à vous faire d'éloges. L'épisode du tailleur, touché de main de maître, est profondément émouvant, sans une seule exagération; la messe de Pâques, si naturellement imposante dans son effet et si simple dans son action, tout cela est parfait.

« Vous me pardonnerez d'avoir effacé la phrase de « Nabuchodonosor » vers la fin? M. Trahec ne paraît un colosse qu'à son entourage; hors de là, c'est un bon propriétaire à son aise.

« Encore une petite remarque : si vous ouvrez le dictionnaire au mot « papillotes », vous verrez qu'elles ne sont pas des boucles de cheveux, mais des morceaux de papier coupés en triangles, où l'on renferme, pour la nuit, les cheveux qui doivent friser. Être en papillotes, signifie n'être pas coiffée. Comme on mange des chocolats et des côtelettes en papillotes (ces dernières sont fort de mon goût), vous comprenez qu'à ces papillotes-là on ne peut attacher d'autre idée que celle du papier triangulaire qui les enveloppe.

« Et sur ce, ma chère Bruyère, je vous félicite encore bien cordialement de ce livre vraiment remarquable.

« Que le bon Dieu vous le redise, car je dois cesser d'écrire, mes yeux me l'ordonnent.

« Princesse CAROLINE W. »

A LA PRINCESSE WITTGENSTEIN

« Loc Maria Ker, 16 août 1873.

« Le rayon m'est arrivé sur mes grèves, et m'a ensoleillé le cœur. Votre témoignage de satisfaction m'est une grande joie, et je m'empresse de vous initier à la suite, qu'un journal attend. En *post-scriptum* je vous envoie *mon plan*; il me paraît plus à ma taille que le vôtre, et c'est pourquoi je le lui préfère.

« Je me souviens parfaitement de votre conseil, chère Princesse, je n'ai rien oublié. Je vous comprenais, même en vous regardant avec des yeux étonnés. Ce qui m'étonnait, ce qui me faisait ouvrir les yeux, c'était, pardon de vous le dire, c'était vous. Je n'avais jamais rencontré pareil regard, pareil jeu de physionomie. J'ai tout mis à profit, comme vous le voyez. Vous avez bien fait d'expulser Nabuchodonosor, je ne le rappellerai pas de son exil; cela manquait de proportion.

« Vous le dirai-je? J'ai peu de zèle pour le public restreint, blasé; celui-là tourne et retourne un livre entre ses mains satinées, pour l'éplucher, le critiquer, l'approuver du bout des lèvres, et puis le rejeter sans que l'idée qu'il contient ait produit une ombre d'action sur son esprit. L'autre, le grand public, se laisse influencer; le livre lui fait du mal ou du bien. La fille d'un général américain ne m'a-t-elle pas fait dire, par la femme d'un attaché d'ambassade, qu'elle me devait d'être ce qu'elle était? Suivaient des détails intimes qui prouvent combien il faut peu de chose pour arrêter ou pour pousser les esprits tentés.

« Adieu, chère Princesse, etc. »

DE LA PRINCESSE WITTGENSTEIN

Comme vignette, une petite lanterne;
le diable y est en guise de lumière [1].

« La petite lanterne de mes inventions s'éclipse devant votre bec de gaz, et je suis ravie de voir que votre plan est *naturellement* et de *beaucoup* préférable à mes idées incohérentes.

« J'ai donc eu raison de renoncer au roman et au paysage! Car *j'en ai fait, en somme!* Personne n'a eu occasion d'encourager ma plume, que je jetai moi-même aux chiens. Mais on voulait me *pousser* dans le paysage, lorsque, après bien des illusions écartées, je finis par m'écrier un jour : Non; jamais, je ne ferai d'épinards! Et voilà comment j'en suis venue à écrire de la philosophie et de la métaphysique, faute de mieux. Revenons à vous, mon cher auteur; votre plan est parfait. Quant au titre : *Une idole*, je ne voudrais pas de ce nom, c'est vieillot et rappelle Ducange;

---

[1]. Chacune des lettres de la Princesse portait une jolie vignette toujours différente, et peinte à l'aquarelle. C'était d'un luxe princier.

dont vous n'avez jamais entendu parler, mais qui a existé, disent les vieux catalogues. Votre canevas est des plus heureux. Pour le remplir, je vous en prie, pas de poltronnerie; ne reculez pas devant les scènes intéressantes, pas de défaillance dans les moments difficiles. Quand le canevas présente un passage dur à travailler, ne collez pas dessus un morceau de papier gris.

« Pour la première partie, je suis tranquille; cela marchera, trottera, courra, bondira, volera de soi; mais pour la seconde partie, ne vous contentez pas de silhouettes, et ne pensez pas déjà tenir un nouvel ouvrage. Soignez votre fin, car c'est toujours vers la fin que votre main faiblit dans l'écheveau, et n'en débrouille plus patiemment les fils.

« Je répondrai encore à votre lettre, chère Bruyère; ne vous en croyez pas quitte à si bon marché. »

DE LA PRINCESSE WITTGENSTEIN

« Rome, 25 août 1873.

En vignette :
un petit pinson.

« Que ce petit pinson vous chante à l'oreille ses plus jolies chansons, ma chère Bruyère de Bretagne, pour accorder votre âme à une tonalité placide et lumineuse, avant que vous lisiez ma lettre qui répondra d'abord à la vôtre, et puis à votre plan. Je veux relever, avec « une rude franchise », ce qui me semble n'être pas pensé comme moi, par mon cher auteur des *Pieds d'argile*. Savez-vous l'origine de cette expression proverbiale « une rude franchise »? C'était sous la Restauration. La littérature était dans une période de pâleur et d'atonie, tout comme M. de Jouy, dont les échos ont déjà oublié le nom monosyllabique. Il tenait une première place, à l'occasion de je ne sais quel anniversaire; on lui offre un gros bouquet, force toasts et des discours, naturellement à l'honneur de l'« eroè del giorno ».

« Un jeune naïf, croyant surpasser toutes les adulations super-ridicules, se lève vers la fin, et dit : « Si le « grand homme que nous célébrons ne peut se com- « parer entièrement à Voltaire, il est bien le seul qui « puisse se mesurer avec lui ! »

« A peine fut-on levé de table, que Jouy alla vers le jeune homme, et lui tendant la main, s'écria : « J'aime « votre rude franchise ». Or, comme parmi les deux cents personnes présentes il y en avait très certainement les deux tiers qui savaient que Jouy était à Voltaire ce qu'un moineau est à un vautour, on saisit au vol le mot de cette vanité d'auteur, et... l'on en rit encore à l'Académie.

« Je vais faire comme le jeune naïf, et vous parler avec une rude franchise, mais *en vérité*.

« Ainsi vous me dites que vos éditeurs vous harcèlent pour avoir la fin de vos romans, ce que je n'admets en aucune façon du moment que votre pain quotidien est assuré, et que Dieu vous a donné de si admirables moyens d'action sur votre prochain. Dans ce cas, se contenter de *moins* quand on peut faire *plus*, c'est dire tacitement à Dieu : Vous m'offrez bien d'entrer dans votre pensée et de travailler en sous-œuvre avec vous, comme un architecte qui comprend son maître; mais je me contente de faire le maçon ou le décorateur, en mettant, machinalement, une pierre sur l'autre, ou un petit feston près de l'autre; cela suffit! Le bon Dieu nous laisse faire, car, avant tout, il respecte notre liberté; seulement, comme nous ne pourrons être dans l'éternité que ce que nous nous serons faits nous-mêmes dans le temps, au lieu de devenir là-haut des participants de sa pensée, nous ne serons pas ses coopérateurs architectes, mais ses coopérateurs maçons; c'est ce que saint Jérôme expliquait à sa sublime Paule, lorsqu'elle lui demandait si l'étude et le travail de l'intelligence contribueraient un jour à la béatitude céleste.

« Ne me tenez pas pour pédante, ma chère Zénaïde, mais je voudrais vous rendre indépendante de vos éditeurs et de vos lecteurs; il ne faut pas plus contenter l'impatience des uns que des autres.

« Je proteste encore formellement contre votre supposition que je ne vois et ne connais que des gens à couronne quelconque; pas du tout! Comme petite fille, je me suis promené, des heures, entre ma mère et le fameux philosophe Schelling, qui me tenait par la main. Le célèbre poète russe Joukowski, excellent traducteur de Schiller et de Gœthe, m'appelait Mlle Caton; ni l'un, ni l'autre n'avaient d'autre écusson que leur plume sur fond d'azur. Depuis, vous pouvez vous imaginer que j'en ai vu bien d'autres moins célèbres. J'ai même connu des personnes de théâtre. Et en Allemagne il y a des individus d'un rare comme il faut sur la scène. Avant-hier, ma fille m'écrivait avoir reçu un baryton remarquable d'Allemagne, et me disait : « M. M*** est venu me voir, il n'a « pas changé du tout pendant ces quinze ans; c'est « toujours le même gentleman anglais, un peu froid,

« un peu compassé, et très dévoué. » Ne croyez donc pas, une fois pour toutes, que c'est par grande-damerie ou par ignorance que je me fâche à chaque trait de vulgarité pris sur le vif que vous reproduisez dans vos belles et charmantes pages.

« Lorsque vous reviendrez à Paris, vous pourriez me faire un grand plaisir : ce serait de demander à M. Lecoffre s'il n'aurait pas l'obligeance de chercher pour moi les œuvres de Sophie Germain, une mathématicienne, dont on publia, après sa mort, en 1832, quelques volumes. M. Ravaisson en parle au point de vue philosophique, avec beaucoup d'estime; et je voudrais savoir ce qu'il en est de ses éloges. Si ces ouvrages ne sont pas bien chers, qu'on me les envoie sans autre ordre; je les feuilleterai, en tout cas, avec intérêt. Si ce sont des livres purement mathématiques, ils seront peut-être chers et moins attractifs pour moi, qui, en fait de nombres, aime l'équilibre plus que les quatre règles. En ce cas, qu'on vous donne d'abord le titre et le prix de ces ouvrages, je verrai ce que j'en veux prendre ou laisser. Et sur ce, je vous recommande aux bons Anges; que les vôtres, ceux de la France et ceux de notre siècle, vous aident à construire de jolis monuments littéraires élégants et durables. »

ZÉNAÏDE A MÈRE MARIE DE***

« Loc Maria Ker, 30 août.

« Je n'ai pas de papier à lettres en ce moment, et je vous écris, ma Mère, sur ces petits bouts, pour le plaisir de vous écrire : cela trompe ma solitude.

Nous voici déjà au 30. J'aime à voir couler les jours.

« La lettre de la Princesse sur les *Pieds d'argile* m'a fait plaisir. En regard de son plan, vraiment bien passionné, je lui soumets le mien, auquel je suis décidée à m'arrêter. Les petits séminaires eux-mêmes me font féliciter pour les *Pieds d'argile*, si vraiment écrits sous l'œil de Dieu.

« Tous les soirs, à huit heures, il y a ici triduum, bénédiction. J'y assiste avec nos bons pêcheurs. J'ai fait ma visite au vénérable curé, qui est venu me la rendre. Comme je me sens maintenant une respectueuse sympathie pour tout être qui sert Notre-Seigneur! Ma chère Mère m'a bien mise dans le vrai, sous ce rapport.

« Enfin je me plais de plus en plus dans ce pays désert. Que penseriez-vous, si je m'y faisais construire un petit pavillon que baigneraient les flots? C'est un véritable rêve pour moi que d'avoir une maisonnette devant la mer, qui me rafraîchit, me berce, me tient dans le goût de l'infini, et m'enlève aux tentations violentes des bonheurs humains, dont ma nature a été et est avide.

« Ailleurs, ce qui est riant, joli, me plonge dans des amertumes secrètes que Lady Fullerton a décrites supérieurement dans ses romans. Devant l'océan, je brise un peu ces liens terrestres; son agitation, sa majesté, son infini, plaisent à la partie élevée de mon être, la seule à laquelle je puisse permettre l'élan. Ses abîmes me rappellent la fragilité de la vie, son immensité me fait aspirer après ce qui est immense, par conséquent divin; je l'aime enfin, je l'aime beaucoup!

« J'espère que vous encouragerez cette innocente fantaisie. Mes relations avec les bons habitants de Loc Maria Ker me rendraient très facile de louer ma maisonnette, si je ne pouvais pas y venir.

« Que j'ai quelquefois sommeil le soir, ma chère Mère, sommeil de cœur aussi; mais lutter est ma croix! Je dois être toujours veillant et toujours debout. Ma patience me tient l'âme en paix, sinon en joie.

« Je vous serai éternellement unie dans la Foi, et éternellement reconnaissante de m'avoir fait aimer Dieu, que rien ne désidéalise, puisqu'il est l'idéal. »

CHAPITRE XV

Prix de l'Académie. — Direction de la « Semaine des familles ». — Voyage à Londres (1873-1874).

En 1873, Zénaïde Fleuriot recevait du tribunal littéraire le plus compétent un témoignage de haute estime pour toutes ses œuvres, et particulièrement pour son ouvrage *Aigle et colombe*, que couronna l'Académie française, en sa séance du 28 août.

Cette distinction lui fut d'autant plus sensible, qu'elle ne l'avait aucunement briguée ni fait solliciter. Elle avait envoyé simplement son volume, selon les formalités d'usage.

Nous lisons dans *la Semaine des familles* du 13 septembre comment le fait y fut annoncé.

Après avoir relaté que la moitié du grand prix Gobert était décernée à M. Alfred Nettement, pour son *Histoire de la Restauration*, terminée par sa fille, M. Ambroise Petit s'exprime ainsi :

« Dans cette même séance du 28 août, l'Académie a couronné encore un autre nom bien connu et bien aimé de nos lecteurs, pour des pages qui ont paru ici-même, dans les colonnes de *la Semaine des familles*. On n'a certainement pas oublié cette jolie histoire bretonne, dans laquelle, sous ce titre gracieux poétique : *Aigle et colombe*, Mlle Zénaïde Fleuriot a peint les sites et les mœurs de la Bretagne.

« C'est à ce charmant récit que l'Académie française vient d'attribuer un prix de 1 500 francs. Voici les termes flatteurs dans lesquels M. Patin, secrétaire perpétuel, parle de notre collaboratrice à la docte assemblée :

« Mlle Zénaïde Fleuriot, douée d'une imagination
« féconde, avait déjà plus d'une fois appelé l'attention
« de l'Académie. Le moment était arrivé où elle devait
« atteindre à une récompense poursuivie par de si
« constants et si louables efforts, et dont elle avait
« toujours fort approché. Son nouveau roman est
« écrit, comme tous ceux qui sont sortis de sa plume,
« dans une excellente intention morale, et il reçoit, des
« faits de notre histoire contemporaine qui en forment
« comme le cadre, un bien sérieux intérêt.

« Une fable simple y donne lieu à d'agréables, à de
« vives peintures de mœurs et de caractères, à des
« scènes bien posées, bien développées; le style est
« animé, élégant, spirituel, trop spirituel, si on peut le
« dire.... »

« Cette critique même est un éloge. *La Semaine des familles* est heureuse et fière du succès de sa « trop » spirituelle collaboratrice. Nous en félicitons sincèrement l'auteur d'*Aigle et colombe*, et nous espérons bien que ce ne sera pas le dernier. »

LA PRINCESSE WITTGENSTEIN A ZÉNAÏDE

« Rome, 3 septembre 1873.

« Je viens de voir, ma chère Bruyère, qu'*Aigle et colombe* vous a valu un prix académique. Je ne puis vous dire combien j'en ai eu de plaisir, d'abord pour l'honneur, puis pour le succès si mérité de ce livre, le plus viril d'entre tous ceux que vous avez écrits, et enfin pour les 1 500 francs, dont vous saurez faire un si bon usage.

« Je suis sûre que mère Marie de *** aura été, comme moi, bien contente de ce succès. Aussi je viens mettre mes félicitations à l'ombre de son paisible regard, tout rempli de sainte affection pour vous, et je lui adresse ces quelques mots au Couvent.

« Si vous êtes encore en face de l'Océan et de ses grandes poésies, elle vous les fera parvenir, et mon baiser congratulatoire ne se perdra pas en route.

« Courage donc, ma chère Zénaïde, vous voyez que le travail porte bonheur; ne vous en lassez point. Et que les bons Anges vous soient en aide! »

P.-S. « — Je pense que mes lettres adressées à votre plage armoricaine ne seront pas perdues? »

A LA PRINCESSE WITTGENSTEIN

« Paris, 20 septembre 1873.

« Chère Princesse,

« Aucune de vos pages ne s'est égarée, et ma chère mère Marie de *** m'a remis, à Paris, votre dernier billet de félicitation sur mon prix académique. Je vous en aurais donné plus tôt l'assurance si je n'avais eu, en perspective, le plaisir de vous adresser ma lettre par la jeune comtesse de Suarez, membre de notre tiers-ordre, qui vous la portera.

« J'ai refusé de faire une démarche, d'écrire à n'importe quel immortel ou de lui faire parler en ma faveur. Le livre s'est présenté seul, et le jugement qui en a été porté revêt certains caractères d'indépendance qui m'ont réjouie. Je crois, aussi, que l'effet est très bon pour le public, car la vente a doublé. Je désire le succès, c'est vrai; non pour ma propre réputation, car je ne cherche pas le bonheur dans la fumée, mais pour me faire accepter comme écrivain catholique. Je vous le répète, j'ai la passion de la vérité, et la pensée que je puis la dire à tant d'êtres est mon principal stimulant.

« Pendant mon voyage de Bretagne à Paris, j'ai fait connaissance avec un chef-d'œuvre de clarté : la *Vie de Charles XII* par Voltaire; mais, je vous l'avoue, j'ai ri au nez de ce vieux sacripant, en lisant, répétée sur une dizaine de pages, une note relative à un très léger emprunt que lui avait fait un chanoine, assez médiocre historien; ces petites méchancetés mesquines et de parti pris m'ont encore obscurci M. de Voltaire.

« Mme de Suarez vous dira que je travaille énormément. Je crains de me laisser entraîner par mon siècle qui est un *grand brocheur*, mais qui ne laissera guère de livres solidement reliés.

« Les *Pieds d'argile* auront beaucoup profité de votre examen; je crois avoir bien comblé les lacunes. Aussi, je vous remercie de tout mon cœur, et suis plus disposée que jamais à prendre ce que vos excellents conseils auront d'applicable à ma petite mission et au genre qui m'est propre.

« Que ne puis-je vous le dire de vive voix, chère Princesse? »

DE LA PRINCESSE WITTGENSTEIN

« Rome, 7 novembre 1873.

« Combien je vous remercie, ma chère Bruyère de Bretagne, de m'avoir fait connaître l'aimable comtesse de Suarez, dont les beaux yeux espagnols et le bel ovale classique m'ont fait regarder avec tant de charme la fille du fameux gouverneur Santander.

« Nous avons beaucoup parlé de son pays, de Bolivar, de la Bolivie Colombie. Si je la voyais plus longtemps, je me ferais conter bien des anecdotes, traditionnellement conservées dans sa famille, sur les héros et les temps de la guerre d'indépendance en ces contrées. Ne pouvant approfondir le sujet autant que je l'eusse voulu, nous sommes vite revenues à Paris, rue du Cherche-Midi, à la mère Marie de *** qu'elle vénère, à Zénaïde Fleuriot qu'elle aime beaucoup, à l'École professionnelle qu'elle trouve merveilleusement organisée, et dont elle comprend bien le résultat apostolique.

« Nous avons pensé ensemble que, peut-être, vous pourriez avoir, pour l'atelier de robes, quelques modèles des grands faiseurs. Je suis allée souvent autrefois chez Worth et Gagelin, durant les six ans que ma fille venait à la Cour avec moi. J'y ai pris des traînes, j'y ai commandé des robes de bal,

« Celles du trousseau, six en nombre, ont eu chacune les honneurs d'un sonnet. Il y avait la Naïade verte, la Moissonneuse couleur d'épis mûrs, avec fleurs des champs, la dentelle blanche doublée de bleu céleste, comme un flocon de neige courant sur l'azur, etc., etc.; tout cela, vous l'imaginez, d'un goût et d'un comme il faut exquis, même la plus hardie de toutes, en tulle grec noir parsemé d'étoiles d'or, dite « la robe fée ». C'était encore à l'époque où l'on ne copiait pas les modes des courtisanes du Bas-Empire ou du Japon moderne.

« Il faut savoir distinguer entre la toilette bourgeoise, la toilette des enrichies et la toilette aristocratique des grandes dames, nées grandes dames, qui se font une robe de laine à 200 francs, avec un parfum de distinction ineffable, auquel n'atteindra jamais le velours de 2.000 francs d'une autre. Mais, pour apprendre à faire cette distinction, il ne faut pas admirer, ni surtout imiter les toilettes que se commandent les filles de maçons et de serruriers américains, qui viennent semer leur argent en Europe, sans rien comprendre à ce qu'elles voient ni à ce qu'elles mettent. Pourvu que cela leur éblouisse les yeux, elles sont contentes. Une de mes amies, en regardant des excentricités de ce genre étalées chez un faiseur à la mode, lui dit avec une certaine indignation : « Comment pouvez-vous faire de telles « arlequinades? » Il répondit sans se déconcerter : « Madame, mes clientes américaines ne sont pas « contentes si elles n'ont pas au moins trois couleurs « dans leur costume. »

« Et voilà que je bavarde en oubliant mes yeux.

« Donnez-moi bientôt de vos nouvelles. Tout ce qui vous arrive m'intéresse. »

DE LA PRINCESSE WITTGENSTEIN

« Rome, 15 novembre 1873.

« Voici une silhouette de camée qui pourrait bien rappeler la jolie princesse Pax, que vous avez vue chez moi, et qui vous appréciait si bien. La voilà donc maman ! Et grand'maman m'écrit que le petit vermisseau vagissant lui fait tourner la tête de bonheur. Je place ici un billet que la princesse Odescalchi vous écrit, et qui vous fera plaisir. Je viens de le recevoir et je m'empresse de vous l'envoyer, chère Bruyère ; et puisque nous parlons silhouette, que je n'oublie pas de vous dire comment vous pourrez me voir ce printemps... en effigie. Hébert vient d'achever mon portrait. Il en est si content qu'il l'emporte à Paris, pour l'exposer. Je voudrais lui persuader qu'il aura plus d'un joli minois à mettre là, en place de mon vieux masque. Mais s'il ne va pas au grand capharnaüm de tableaux, on le verra dans son atelier, et je pense que vous ferez volontiers la petite course ; peut-être même, Mère *** voudra-t-elle me faire l'honneur de cette sorte de connaissance ? J'en serais d'autant plus charmée que cela me permettrait de lui demander en échange sa photographie, que je conserverais bien précieusement, en manière de relique anticipée.

« Pour ce qui est de ma toile, attendez-vous à voir beaucoup de couleurs ; ce n'est pas un portrait de dévote ; mais il vous persuadera que, s'il est un point de ressemblance entre votre amie et Mme de Staël, c'est bien le manque de beauté!

« La comtesse de Suarez est charmante, et vous portera une lettre; elle a bien voulu se charger aussi d'un petit paquet pour la marquise de Blocqueville; peut-être son salon lui sera-t-il agréable.

« Est-ce que les romans de Lady Fullerton ont été tous traduits en français ? En tous cas, je vous recommande beaucoup les premiers, surtout le premier de tous. Il y a là un parallèle, entre la jeune fille catholique et la protestante, des plus heureux. En ce moment, j'ai entre les mains un roman anglais que la princesse Del Drago a voulu absolument me faire lire; j'en ingurgite cinq pages par jour. Il est d'un catholique accentué, et un *rapin* le dirait *corsé*. C'est un tableau du ve siècle, qui se passe à Alexandrie. L'héroïne est la grande Hypathia, païenne aussi renommée par sa science et sa beauté que par sa vertu et sa haine du christianisme.

« Si vous voulez le lire, cela vous donnerait un peu l'idée de ce genre à effet; mais je sais que vous n'aimez pas à exposer des caractères vicieux ni des théories antichrétiennes, qui peuvent fournir des armes dont les gens se blesseraient peut-être eux-mêmes avant de s'en servir pour défendre la Foi. Vous avez sans doute raison, et votre prudence est au moins digne de respect.

« Que Dieu vous inspire, ma chère Bruyère! Je vous aime tendrement. »

DE LA PRINCESSE WITTGENSTEIN

« Rome, 20 décembre 1873.

« Heureux et joyeux Noël! ma chère Bruyère, en vos bons et chers pays, où il fait si froid, et où l'on souffre bien moins de rhumatismes qu'en cette chaude Italie. Les orangers s'y couvrent, il est vrai, de leurs belles pommes d'or en plein décembre; mais nos os se ressentent de l'âpre rencontre du Sirocco africain et de la Tramontana boréale. Chaque matin, on se demande qui régnera, l'Égypte ou la Suède; et l'on paie cher la brise suédoise.

« Votre *Petit chef de famille* était depuis deux heures dans mes mains, et je le feuilletais en dînant, lorsque m'est arrivée une grande enfant, qui, tout comme *Lotte*, était en délicatesse avec *le bon Dieu*. Vite, je la charge de lire bien attentivement le livre pour m'en rendre compte, scène par scène. Elle le tient encore; j'en ai pourtant assez vu pour vous féliciter bien sincèrement. Vous me rendez des plus attractifs ce charmant petit monde de l'enfance. En cela, vous êtes incomparable. Les gravures sont fort jolies, et celle de Lotte se jetant aux pieds du médecin pour le conjurer de sauver *Maman* est un petit chef-d'œuvre; elle accentue votre idée et lui donne du relief.

« Ce délicieux volume m'a fait grand plaisir, me compensant le déplaisir que j'ai souvent éprouvé en voyant les naïves figures de l'enfance profanées, et servant de prétextes à figurer des passions qui ne sont ni de leur âge ni de leur temps. Vous leur prêtez quelquefois aussi, ce me semble, plus de force de sentiment qu'ils n'en ont, mais à si bonne fin qu'on en est émerveillé et édifié tout à la fois.

« Le volume des *Pieds d'argile* m'est arrivé aussi et je vous remercie beaucoup de m'avoir indiqué les pages où vous avez fait quelques modifications ; il me paraît que cela va *très bien* maintenant. Donc, courage de plus en plus, ma chère Zénaïde, bonne fête de Noël, et bonne année à la révérende mère Marie de*** et à vous.

« Est-ce que Mme de Suarez n'est pas revenue à Paris ? Quand vous le saurez, vous me l'écrirez s'il vous plaît. »

ZÉNAÏDE A LA PRINCESSE

« Paris, 26 décembre 1873.

« Chère Princesse, Mme de Suarez est arrivée, charmée d'avoir fait votre connaissance ; elle a trouvé une de ses petites filles malade, ce qui a retardé quelque peu sa visite.

« Quant à moi, je sors d'une vente pour l'Œuvre générale des Écoles professionnelles, et je n'en peux plus. Cependant j'ai fait de très bonnes affaires ; mais commerçante, même pour rire, ne suis !

« J'ai grand'peine d'apprendre que vous êtes encore « rhumatique », et suis aussi fort occupée de votre mal d'yeux, que je rencontre chez plusieurs personnes de ma connaissance. En vérité, je tiens beaucoup à ces yeux-là, et désire ardemment leur guérison.

« Vous avez raison de m'encourager à écrire pour les enfants, c'est tout à fait mon attrait : 1° parce que je les aime; 2° parce qu'ils m'introduisent chez le roi des libraires; 3° parce qu'ils me préparent un public. Oui, l'enfance est *profonde*; et je reprends les bonnes traditions qui sont de la laisser à sa pure ignorance. J'ai débattu cette question avec l'éditeur. Il est convenu que mes enfants seront des enfants; et, si je les fais parler trop sérieusement, ce sera sur des sujets à leur portée. Je suis contente des succès du *Petit chef de famille*. La première édition a été de 6 000 exemplaires; et le prochain tirage sera de 10 000. On désire me voir remplacer la comtesse de Ségur, qui a passionné toute une génération, avec ses ouvrages pleins de verve. Je crains de paraître fade auprès d'elle. Son style aux libres allures ne s'embarrassait de rien.

« Chère Princesse, je vous remercie de vos souhaits de bonne année, et vous les retourne avec ceux de ma sainte Mère, à laquelle je recommande souvent votre précieuse santé.

« Puisque l'Italie vous joue des tours pendables en hiver, que ne venez-vous à Paris? Il m'arrive souvent de dire à Mme de Blocqueville : « Si nous « voyions entrer la Princesse? » Je ne puis vous exprimer la joie que me donnerait la réalisation de ce rêve.

« En ce moment, je publie *Miss Idéal*, suite de *Mes héritages*, dans *la Mode illustrée*; *Armelle Trahec*, suite des *Pieds d'argile*, dans *la Semaine*; et *En congé*, dans le journal de Hachette, *la Jeunesse*. Jugez si je puis flâner.

« Adieu, chère Princesse! A l'an prochain!

« Pour l'affection que je vous porte, les années se suivent et se ressemblent. »

DE LA PRINCESSE WITTGENSTEIN

« Rome, 16 janvier 1874.

« Ma chère Bruyère de Bretagne,

« Oui, j'aime à vous le redire, je suis heureuse que vous écriviez pour les enfants. Vous les aimez, vous les connaissez, et vous ne faites pas comme certains auteurs, assez mal inspirés pour leur parler mariage et autre chose de cette nature insolite. *Le petit chef de famille* me semble être le chef-d'œuvre du genre. Quant à votre *Armelle Trahec*, je finis sa lecture, et vous félicite bien sincèrement de ce fruit nouveau, après un été si riche de fleurs.

« Voici une véritable œuvre d'artiste! la même tonalité y est gardée en tout. Pas de heurts, de soubresauts, de transitions oubliées, d'accords sautés à pieds joints; c'est un coloris doux, égal, partout profond, sans être creux. Ce qu'il y a de plus remarquable dans votre *Armelle*, c'est son contraste avec les *Pieds d'argile*. Ce qui est vraiment attractif dans le second roman, c'est qu'il est l'envers du premier. La fille, devenue mère, voulant être aimée de son fils comme elle aimait son père, et n'y réussissant pas.

« La fatalité de cette transposition, funeste à la nature, a quelque chose de tragique qui saisit et émeut le lecteur. C'est un coup d'œil philosophiquement jeté dans l'âme humaine. Mais vous comprenez que si vous séparez *Armelle* des *Pieds d'argile*, ce contraste ne frappant pas le lecteur, il ne reste plus qu'une mère égoïste qui n'intéresse que médiocrement. Aussi ne manquez pas à mettre sur la couverture : *Armelle Trahec*, suite des *Pieds d'argile*.

« Je n'ai absolument aucune remarque à faire, cette fois, sur la marche des incidents. Le style y est excellent. Vous voyez que je loue sans restriction quand je peux le faire sincèrement. Autrefois, quand je ne connaissais pas votre valeur, je ne songeais qu'à vous louer sans aucune critique, qu'à trouver tout bien, tout charmant. Maintenant je mêle le tonique et l'absinthe à mes gelées d'ananas; mais la gelée ne nourrit pas, et l'absinthe, médicalement prise, ravigote. Et ce qu'il faut, c'est d'être ravigotée. En somme, soyez contente de ce dernier ouvrage. Continuez, ma chère Bruyère, continuez; et remuez bien l'encrier, afin que votre plume y trouve une substance assez forte pour ne pas s'effacer devant le soleil du lendemain et ne pas s'éteindre dans l'oubli du surlendemain.

« Je vous embrasse bien cordialement, et vous prie de prendre tout ce que je dis comme je le dis; non en vue de votre talent, mais du bien que vous pouvez faire. Il ne s'agit vraiment pas de Zénaïde Fleuriot, mais de ceux qui la lisent.

« Que les chers bons Anges fassent le tour de votre encrier et le remuent tout à l'aise! »

ZÉNAÏDE A LA PRINCESSE

« Paris, 2 février 1874.

« J'avais la plus grande envie de répondre immédiatement à votre dernière lettre, chère Princesse, et voilà qu'en allant, un soir, entendre Mgr d'Orléans, j'ai pris le premier gros rhume de ma vie.

« Par les petits soins obligés, ma journée a été diminuée de moitié, et je n'ai pu fournir que de la copie aux deux Revues, deux minotaures qui sont en arrêt toutes les semaines pour dévorer mon papier.

« N'allez pas voir dans cette expression quelque misérable contentement de ma vogue éphémère; je n'en ai pas l'ombre. Je comprends votre persistance à me pousser en avant ; vous me donnez ainsi une vraie marque d'intérêt, et ma résolution de prendre la peine du travail s'affermit. Mais croyez bien que je n'agirai jamais pour le succès en lui-même. Popularité et réputation littéraire me sont indifférentes en soi. Je ne tiendrai jamais au jugement capricieux des hommes. Oh! comme je le dédaigne. Il y a quelques jours, je me trouve avec une personne qui a connu la Marquise et que j'ai vue à ses réceptions; on parle de son livre : cette personne déclare, en riant, qu'on raconte dans les salons qu'il n'a ni queue ni tête. Écrivez donc pour vous faire une réputation! Gênez-vous donc, pour charmer les visiteurs! Jamais! Je suis un petit soldat de la vérité; je sais, mathématiquement, que près de cinq cent mille personnes me lisent, bon gré, mal gré, en ce moment; et je regrette de n'avoir qu'une arme bien légère. Je tâcherai de lui donner plus de solidité, de brillant même, mais uniquement pour satisfaire ma conscience.

« Je veux bien, suivant votre expression, chère Princesse, entailler l'âme humaine; mais le pourrai-je? Il me semble que mes illustres contemporains entament surtout les nerfs. Quelles critiques j'écrirais sur quelques pages que je lis! Parlez-moi de George Elliot; mais elle tombe aussi dans ce que je trouve horriblement banal et très facile à peindre, les crudités de la passion.

« Encouragez-moi à bien porter mon drapeau, chère Princesse, pour qu'il soit mon linceul. Et si par vos conseils virils je manie mieux mon arme, soyez-en bénie.

« Je compte écrire, quelque jour, un livre qui sera *Mon vrai livre, Mon dernier livre*; je n'y mettrai pas seulement mon esprit, mon cœur, mais mon âme. Pour le moment, mon but est de vulgariser le contraire de ce qui a été vulgarisé en notre temps, pour la plus grande désolation de la France; et j'espère pouvoir dire, à mon dernier jour, ce que disait un poète :

Pas un mot, pas un vers, ne pèse sur mon cœur!

DE LA PRINCESSE WITTGENSTEIN

« Rome, 1ᵉʳ mars 1874.

« Vraiment, chère Bruyère, vous avez toutes les vertus de votre joli surnom; vous n'êtes ni molle, ni flasque, et l'on a plaisir à vous voir toujours fraîche de cœur et debout, au milieu des coups de vent qui ne font qu'effleurer vos surfaces, tandis qu'ils enlèvent, des autres plantes, tout ce qui n'a pas de consistance. Je vous souhaite de continuer fermement sur ce chemin qui est celui de la vraie vertu, solide et durable. Je me sentais pressée de vous écrire ce petit mot et de vous embrasser avec effusion. »

En 1874, M. Lecoffre fils, directeur de *la Semaine des familles*, voyant Zénaïde Fleuriot de plus en plus appréciée par son public, pensa à lui confier la direction de son journal.

Elle accepta, et ce fut dans les termes suivants que le changement de direction fut annoncé :

« Chers lecteurs, en terminant cette quinzième année, je suis heureux de vous faire part d'une bonne nouvelle. Obligé, par suite de l'occupation écrasante que m'impose la librairie, de renoncer à la direction de notre chère *Semaine*, j'ai du moins le plaisir de vous présenter un successeur pour lequel je connais vos sympathies.

« Il a fait ses débuts littéraires dans ce journal ; et depuis quinze ans, il nous donne des récits qui obtiennent le plus grand succès. Je citerai *La vie en famille*, *Réséda*, *Alix*, et enfin *Aigle et colombe* que vient de couronner l'Académie française.

« J'ai nommé Mlle Zénaïde Fleuriot. »

Disons de suite que Zénaïde fut directrice de *la Semaine des familles* durant quatre ans. Elle s'en occupa avec la conscience d'écrivain que nous lui connaissons, et tout l'intérêt qu'elle avait voué à cette excellente Revue. Mais elle ne fut pas longtemps à s'apercevoir que la lecture de tant de manuscrits de valeurs diverses, qu'elle était obligée de juger avec une certaine sévérité, absorbait tous ses instants, et la fatiguait extrêmement. La composition des numéros la préoccupait sans cesse. Son temps, déjà si bien rempli, était dévoré par ce travail administratif à heure fixe ; sa verve lui semblait tarir.

D'un commun accord, M. Lecoffre redevint directeur de *la Semaine*. Ils demeurèrent excellents amis, et, pour que le public n'en pût douter, l'éditeur imprima cette note dans ses colonnes :

« Mlle Fleuriot, qui avait bien voulu prolonger d'un an le terme fixé d'abord à sa direction, n'abandonne pas notre recueil ; sa précieuse collaboration nous reste acquise, et, dès le mois prochain, nous publierons un grand roman signé de son nom, si justement aimé des abonnés de *la Semaine*. »

De son côté, Zénaïde fit insérer les lignes suivantes :

« Comment ne pas adresser une dernière réponse à ces innombrables lettres, à ces aimables vers, qui, depuis huit jours, m'apportent, avec l'expression de si vifs regrets, celle d'une sympathie dont je suis extrêmement touchée ? Le temps me manquerait pour des lettres individuelles. Voici ce que j'ai à répondre aux questions qui me sont posées :

« 1° Je suis toujours heureuse de recevoir mes lectrices, et il n'y a pas l'ombre d'une indiscrétion à m'écrire ou à se présenter le jour où on est sûr de me rencontrer ;

« 2° Les vers qui m'ont été adressés sont charmants ; mais je ne crois pas devoir les publier ;

« 3° Je n'ai pas retiré de *la Semaine des familles* la nouvelle que j'avais préparée pour cette chère jeunesse que j'aime tant ; la publication commencera en avril ;

« 4° Mes éditeurs savent toujours mon adresse.

« Et maintenant, j'envoie un dernier remerciement à tous mes correspondants, sans oublier les anonymes.

« Ceux-là ont, comme moi, une foi indomptable, une espérance invincible, l'amour profond de la patrie, le culte de l'honneur, le respect de la famille.

« Je demande à mes amies inconnues, aux Jeanne, Clémence, Marcelle, Cécile, Frédérique, etc., de croire que je suis très sensible à leurs aimables réclamations; s'il plaît à Dieu, je ne laisserai pas jeûner leur intelligence, qui demande toujours de l'aliment, et à laquelle il faut bien en donner quelque peu. Je ne conseille jamais les lectures d'imagination; personnellement, j'ai lu peu de romans, mais je reconnais qu'il est des moments où un bon livre opère une heureuse diversion dans les idées; qu'il est, même dans les choses de l'esprit, des détentes nécessaires, et que le livre, tel que je le conçois, joue vraiment le rôle de la fleur dans la création. Celle-ci n'est point indispensable; mais combien sont utiles, combien renferment des sucs précieux, et quel enchantement pour les yeux!

« Dans ce temps fanatique de lecture, il faut se montrer impitoyable pour les mauvais livres, mais protéger celui qui représente une de ces fleurs balsamiques dont je parlais tout à l'heure. Hier on m'envoyait l'article d'un journal qui n'a rien de clérical, mais qui relève néanmoins, avec beaucoup de dignité, une des accusations les plus hypocrites faites contre la littérature saine et morale :

« Quand les femmes qui ont jeté leur bonnet par-
« dessus les moulins ont une classe de lecteurs à
« elles, n'est-ce point charmant de se créer une clien-
« tèle de jeunes filles et d'honnêtes femmes? Ceux
« qui sont au courant des choses artistiques n'igno-

« rent pas, d'ailleurs, que c'est pour ce public-là
« qu'il est *difficile* d'écrire ; ils savent que l'art s'arrête
« dès qu'on se croit le droit de tout dire, et qu'il n'est
« point si aisé qu'on l'imagine de rendre intéressante
« une œuvre qui peut être mise dans toutes les mains,
« et franchir les seuils les plus sévères. »

« N'est-ce point pour les écrivains catholiques auxquels le public fait bon accueil, un article parfait ? Pour moi, j'applaudis des deux mains aux vérités qu'il contient.

« Je le répète avec l'écrivain de *la Liberté*, il est charmant de se créer une clientèle de jeunes filles et d'honnêtes femmes, à laquelle beaucoup d'hommes sérieux ne dédaignent pas de se joindre ; et il est difficile d'être intéressant sans flatter le mauvais goût ou les mauvais penchants de la foule. Néanmoins il faut le tenter. A part cette suprême récompense, que Dieu décerne, même en ce monde, par la voix de la conscience en face du devoir accompli, il est de très douces compensations qu'il n'est pas défendu à l'écrivain moral de goûter.

« De ce nombre sont les témoignages d'estime, de respect et de sympathie, tels que ceux que je reçois journellement, et dont je me plais à remercier une dernière fois le public de *la Semaine des familles*.

« ZÉNAÏDE FLEURIOT. »

Revenons à la correspondance de Zénaïde avec ses amies.

DE LA PRINCESSE WITTGENSTEIN

« Rome, 14 avril 1874.

« Nos lettres se sont croisées et je n'ai pas eu le temps de répondre immédiatement à la vôtre, ma chère Bruyère. Un mot m'y a frappée. Vous me dites : encouragez-moi ; mais c'est ce que je n'ai cessé de faire depuis le premier jour de notre connaissance. Je crains toujours que vos succès, sans cesse croissants, vous empêchent de travailler et de monter. J'ai pris à tâche de me montrer plus exigeante que vos lecteurs.

« Quand on voit une personne inexpérimentée tracer des lignes incorrectes, on loue le bien qui s'y trouve pour l'encourager, et on ne lui fait pas le chagrin inutile de lui découvrir tout ce qui manque à son œuvre. Mais quand cette personne est proclamée maître, la question change. On la traite avec exigence, quelque peu durement.

« Croyez que, si je vous parlais doucement, non seulement le bruit de vos succès ne vous permettrait pas de m'entendre, vous n'y feriez pas attention pour vous-même, et tout ce que je vous écris serait considéré comme un jeu de ma plume. Maintenant que vous avez vos deux bâtons de maréchal, l'admirable bref du Saint Père et le prix de l'Académie, avez-vous encore besoin d'encouragement? Le mien se traduit bien moins dans ce que j'approuve que dans ce que je demande. Approuver et ne rien demander de plus, se donne à tout le monde et pour toute chose, pour une jolie toilette, pour un morceau bien exécuté, une aquarelle bien copiée ; c'est le pain bénit de la banalité.

« Je vous ai traitée mieux, en vérité. Si ma chère Bruyère trouve que cela rappelle trop le parfum de sa lande de Bretagne et pas assez les parfums de Paris et de ses serres chaudes, nous pouvons rentrer aussitôt dans cette atmosphère artificielle ; j'en connais toutes les teintes et les demi-teintes.

« Mais, en Bretagne ou à Paris, je ne cesserai jamais de vous porter une très sincère affection pour votre caractère, votre talent, l'élévation de votre esprit et de votre cœur.

« Je finis en vous embrassant tendrement pour vous remercier de m'aimer *solidement*. Vous n'aurez pas à vous en repentir, car je ne vous ferai jamais faux bond. »

Le 25 mai 1874, Zénaïde obtint d'accompagner quelques Auxiliatrices se rendant à leur maison de Londres. L'Angleterre lui était inconnue et excitait vivement sa curiosité... Mais, comme toujours, laissons-la parler elle-même.

A MÈRE MARIE DE ***

« *Sur le paquebot de Boulogne à Folkestone.*

« 25 mai 1874.

« Chère Mère, voyage charmant. A Amiens, j'entre au buffet et me commande un potage : j'avais une vague idée de boire chaud pour me réconforter, et, voyant des Anglaises attaquer de belles côtelettes, j'aurais fini par me faire servir un confortable déjeuner. Mère ***, avec l'air fin que vous savez, me glisse dans l'oreille : « Vous vous décidez donc à faire gras? » Le Vendredi s'est alors dressé devant moi, et j'ai modestement dîné de tartines et d'œufs. Le soleil est splendide. Je n'ai senti qu'un léger soulèvement de cœur, et espère bien n'avoir rien à ajouter sur ce sujet humiliant.

« Voici les blanches côtes d'Angleterre; nous avons dit l'*Ave Maris Stella*, pour saluer l'Étoile de la mer.

« J'ai acheté des timbres sur le paquebot; vous aurez de suite de nos nouvelles.

« A bientôt, et à toujours, temps et éternité compris. »

A LA MÊME

« Londres, 28 mai 1874.

« Me voici donc chez les « You », ma Mère. Tout me paraît nouveau, intéressant; et j'espère récolter quelque chose pour mes écrits.

« J'ai vu les Auxiliatrices de Queen Ann Street ; elles m'ont accueillie à bras ouverts; les premiers chrétiens ne mettaient pas plus de charité entre eux. J'irai souvent à la Communauté. Tout me paraît fort bien commencé, et le noyau de l'École professionnelle de Londres a enlevé mes sympathies. Grâce au pittoresque de leur toilette, ces petites filles paraîtront certainement dans quelque article.

« Le grand libraire catholique de Londres m'a fait un excellent accueil; et je vais, je crois, me préparer de jolies gravures pour *la Semaine*.

« J'arrange mes journées afin de les bien employer,

La chapelle est un bijou et je ferai exactement mes exercices, vous pouvez en être sûre.

« Comment vont toutes nos filles de l'école?

« Ces braves Anglais sont fanatiques de leur « Home » et je les comprends.

« Je commence à penser à mon retour, et à choisir un chemin. En attendant, j'arpente Hydé-Park qui me ravit. »

A LA MÊME

« Londres, 1er juin 1874.

« J'ai été toute déconcertée de ce que le dimanche me remettait à demain pour avoir de vos nouvelles, ma chère Mère, car, vous le savez, par respect pour le repos du dimanche, les lettres ne se distribuent pas en ce jour consacré au Seigneur.

« Je trouve la ville superbe; je ne comprends pas qu'on quitte Londres sans nécessité, quand on est voisin de Hyde-Park. Ces jours-ci, j'irai m'y rafraîchir la vue. C'est la campagne au milieu d'une ville, ce qui est à la fois pratique et grandiose. Bien des édiles français paraissent dépourvus de sens commun, à ce propos, de vouloir toujours disputer le terrain aux arbres du bon Dieu.

« Mes premières visites ont été pour les Tabernacles. J'ai été consolée. Les églises sont soignées. Il y a du monde. Notre-Seigneur n'a pas trop l'air d'être en exil. Je pensais ce matin, dans ma méditation faite à la chapelle, que c'est une bien grande œuvre de placer un tabernacle de plus dans cette île des Saints devenue terre de l'hérésie; et je trouvais admirables ces jeunes religieuses qui y viennent porter la charité de J.-C.

« J'ai acheté une noix de coco pour émerveiller nos enfants de l'École.

Lundi.

« Je m'habille en beau ce matin, et vous promets de chercher à donner une opinion favorable de votre fille. Je serai humble et paisible; c'est ce que je trouve de mieux. »

A LA MÊME

« Londres, avant-veille de mon départ.

« Ma Mère, je repartirai vendredi; huit jours, voyage compris, est tout ce que je peux me donner.

« Je voudrais partir jeudi; mais Lady Fullerton, que je n'ai pas encore vue, est venue me demander pendant une de mes absences, et a témoigné un si bienveillant désir de me piloter jeudi, que je ne crois pas devoir refuser. Elle m'offre : visite à la Chambre des Lords (accepté); déjeuner (refusé); promenade dans sa voiture à Hyde-Park pour voir défiler « The « Season » (accepté).

« Je suis étonnée de me trouver visitant Hyde-Park et avec l'auteur de *L'oiseau du bon Dieu*. Quel rêve c'eût été pour ma jeunesse! Maintenant, j'ai mieux.

« La réunion de lundi était édifiante et brillante. C'est plutôt un meeting, où se donne rendez-vous l'aristocratie catholique. J'y ai vu la marquise de Lothian, Lady Londonderry, Lady Clifford Chischester, the honorable Mrs Fraser, Mrs Manning, etc., etc., et plusieurs femmes distinguées de tous les pays. Le

chapelet se dit en anglais; une lecture se fait dans la même langue, et une autre, en français. Quelques protestantes y assistent. C'est bien là qu'on peut se dire avec consolation : « Toute la terre est au Sei-
« gneur ».

« J'ai visité la Tour, la Cité, Westminster abbey. Je comprends les affiches, ce qui m'enorgueillit beaucoup.

« A bientôt, Mère, presque à demain ; je vais prendre mes renseignements, et bien ajuster tout pour mon arrivée. »

Crystal Palace.

« Je suis dans cette merveille, ma Mère, Miss Philippa me traduit l'important, et mes yeux font le reste.

« Cette serre gigantesque est vraiment charmante ; il fallait la voir, je l'ai vue.

« Je partirai de Londres à sept heures quarante, vendredi, et serai à Paris à six heures et demie au plus tard. »

LA PRINCESSE A ZÉNAÏDE

« 5 janvier 1875.

« Je suis bien touchée, ma chère Bruyère de Bretagne, de vos vœux et de vos affectueux sentiments ; je vous en remercie de tout cœur, en vous assurant que je vous souhaite, de mon côté, ce que les bons chrétiens se souhaitent entre eux de meilleur, surtout la paix céleste, donnée aux âmes de bonne volonté comme la vôtre, puis courageux travail et heureux succès de vos efforts. Au moyen âge, on croyait que les peintres se réjouissaient au ciel, chaque fois que leurs tableaux réveillaient, dans le cœur des assistants, des élans de ferveur, de joie et d'admiration divine. Je crois pour ma part que tous ceux qui ont bien fait en ce monde se réjouissent là-haut de la moisson que produisent les grains qu'ils ont semés. Puissent les graines qui tombent de votre main pure et loyale, chère Zénaïde, porter de bons fruits, afin que vous vous réjouissiez là-haut, bien souvent, dans la vue de leur éternelle et bienfaisante fécondité.

« Mère Marie de ***, que vous aimez tant et si justement, en prendra sa part.

« Offrez-lui mes vœux bien respectueux, en me recommandant à ses prières.

« Princesse Caroline Wittgenstein. »

CHAPITRE XVI

Correspondances diverses.
Voyage en Belgique. 1875-1876-1877.

A LA PRINCESSE WITTGENSTEIN

« Paris, 9 janvier 1875.

« Chère Princesse,

« Votre silence me causait une tristesse intime, et cependant je me disais : elle ne peut pas m'oublier, elle ne saurait me méconnaître, et je me promettais, quand même, de vous garder toute ma reconnaissance, toute mon affection. Mais je vous retrouve, et votre parole me va droit au cœur. Vous exaltez trop la pureté de ma vie, que je dois à mes bons anges et à de hautes luttes de prudence. Si vous me croyez pétrie de loyauté, vous jugez vrai; je n'ai aucun mérite à l'être, je le suis.

« Chère Princesse, je vous remercie de me *savoir*; car je n'ai pas toujours le don de me bien expliquer par lettre, et Rome est loin de Paris!

« Je continue mon métier de semeuse dans les sillons ouverts devant moi; mon succès dépasse de beaucoup mon talent. Dieu, qui dispense tout, me grandira peut-être. Je ne me sens pas épuisée, au contraire.

« J'avais donné l'ordre de vous adresser l'humble *Bigarrette*, mais les 8 000 exemplaires de la première édition ont été enlevés en quinze jours, et je crois qu'il n'y en a plus un. Par ce genre jeune, je pénètre chez un nouveau public. Ma petite poule Bigarrette n'est pas si bête qu'elle en a l'air, et sait donner des leçons aux gens.

« Adieu, chère Princesse; ma sainte Mère ne vous a pas oubliée pendant votre maladie. Vous n'êtes ni une inconnue, ni une indifférente pour elle. »

A LA MÊME

« Lorient, 29 mars 1875.

« Chère Princesse,

« Je suis en pleine Bretagne, en pleine mer, et bien qu'ayant résolu de laisser dormir ma plume, je la reprends pour vous.

« A Paris, je traîne mon boulet d'occupations régulières, quotidiennes; j'ai toujours un canevas tendu devant moi, et le temps s'écoule avec une étonnante rapidité; mais quand j'ai repris le chemin de mes landes, je deviens flâneuse, comme tout Breton pur sang, et je n'écris plus que ce qui me plaît.

« Je n'ai pas reçu le mot que vous m'annonciez par la plus jeune fille de la comtesse ***; il m'arrivera, peut-être, comme arrivaient les billets lancés par ballon lors du Siège, six mois après. Du reste, il me suffit d'avoir reçu celui que vous m'avez écrit au commencement de cette année.

« Je ne demanderai plus votre attention que pour le roman que je dois donner à la Revue Didot, dont les cent mille abonnés forment un grand public. Pour le reste, je vous vois hocher la tête, et penser de façon à me corriger de l'amour-propre de la vogue, si j'en avais. Le mépris de la gloire est le plus beau des mépris; mais arriver à la gloire, même pour la mépriser, n'est pas facile. M. le vicomte Henri de Bornier y arrivera-t-il? Que j'aimerais à causer avec vous de ces œuvres nouvelles et de ces hommes nouveaux! En lisant *La fille de Roland*, il me semblait que la France se regrandissait.

« Cet hiver, j'ai vu jouer *Athalie*, et j'en étais enthousiasmée; j'ai entendu *Le Messie*, et tout mon être tressaillait d'espérance.

« C'est du beau qu'on doit vivre; et le peuple parisien en vivrait si tant d'esprits faux ne l'égaraient pas. Je crois que vous aimez la France, chère Princesse, et ce que certains journaux ont dû vous dire, je vous le redis. Il y a comme un *Sursum corda* universel. »

A LA MÊME

« Paris, 7 juin 1875.

« Chère Princesse,

« Vous le savez peut-être par la marquise, nous pleurons notre chère et charmante comtesse de Suarez, qui s'est envolée pour le ciel, hier à deux heures de l'après-midi. Vous l'avez vue; et, comme la voir, c'était la connaître, vous comprenez nos regrets. On ne trouve pas tous les jours de ces êtres délicats, intelligents, aimables et nobles. Elle a fait avec moi sa dernière promenade. Je l'avais rencontrée à une réunion pour les cercles catholiques d'ouvriers ; et après, elle m'entraîna en voiture au Bois de Boulogne. Nous parlâmes de Rome, de vous, de la marquise, de la mère Marie de *** qu'elle vénérait. Elle était pâle, mais très souriante, par bonté pour moi, sans doute, qui paraissais très vivante. Il y a un mois de cela, et elle n'est plus. Sa maladie et sa mort l'ont montrée grande chrétienne. Ses conversations avec mère Marie de *** étaient empreintes de foi et d'espérance ; elle a vraiment plané pendant ces jours amers, et a reçu des grâces de choix, des grâces suprêmes. Elle est encore parfaitement sereine sur son lit de mort, habillée à l'espagnole, de satin noir et de blonde ; mais comme je la regrette !

« C'est assez sur ce sujet. Je suis sûre que vous vous intéresserez à ses trois petites filles ; et plus tard, je vous en écrirai !

« Dans votre dernière lettre, vous me parlez des fièvres de la vie parisienne, chère Princesse ; mais vous savez, je crois, que rien n'est moins enfiévré que ma vie à moi ? Les douleurs d'autrui, les angoisses pour ma patrie, de temps à autre quelque déchirure de cœur, comme celle d'aujourd'hui, traversent mon travail littéraire, sans l'arrêter. Je voudrais que vous vissiez mon grand et calme salon, tout azur et tout fleuri, qui ouvre sur un bouquet d'arbres ; j'y passe mes journées bien paisiblement, et trouvant plus chaque jour que ce n'est pas la peine de tant s'agiter.

Nostradamus et *Ce pauvre vieux* sont tous deux des vieillards; mais là s'arrête la ressemblance. Quant au vilain personnage dont la vulgarité vous déplaît, il est là comme repoussoir. Les repoussoirs ne sont-ils pas dans la nature? Dans tous les milieux, je vois de vilains caractères; et quand je fais « vulgaire », ce n'est point mon entourage qui m'inspire. Je vous assure que ma région est choisie, et même dans les œuvres de la charité. Si vous lisiez les noms qui s'inscrivent autour de la table de nos lundis de travail pour les pauvres, vous reconnaîtriez que je suis en fort aristocratique compagnie. Tout est vain, tout est néant; mais néant pour néant, j'aime le néant distingué.

« Il vous arrivera sous peu, en volume, *Le jeune chef de famille*. Je me dispose à recevoir de vous ma volée de bois vert.

« Adieu, et que Dieu vous garde longtemps à ceux qui vous aiment. »

A LA MÊME

« Paris, 6 juillet 1875.

« Chère Princesse,

« Vous ai-je donc donné à penser que la mort de Mme de Suarez était pour moi une douleur capitale? Non; je regrette cet être bon, aimable, distingué, qui m'aimait; je lui conserverai un souvenir qui prendra parfois la forme d'une prière, mais je n'ai point exagéré cette perte. Du reste, je pleurerai toujours les personnes que j'ai aimées; et l'idée de leur béatitude ne saurait m'en empêcher. Je vous pleurerai, si jamais vous mourez avant moi, alors que je vous croirai dans la gloire; et je pense que vous-même n'aimez pas assez superficiellement pour commencer par philosopher si un être cher vous était enlevé !

« Vous avez reçu certainement *Monsieur Nostradamus*. J'ai préféré vous l'envoyer illustré. La maison Hachette dépense 6000 francs pour cela. Mon *Jeune chef de famille* précédera *Le vieux bonhomme*, et j'espère que vous le feuilleterez dans vos moments perdus. Vous savez que j'aime vos coups d'ongles; c'est donné de main de maître, et je sens, en dessous, votre bon désir de me voir monter. Avouez que je ne suis pas si sensible que cela, et que mon épiderme littéraire est, comme l'autre, bien fort et bien sain.

« Je suis en train de me préparer un pied-à-terre sur une plage sauvage, où j'écrirai de nouveaux volumes, s'il plaît à Dieu. Je me figure toujours que je n'ai pas fait *mon livre*, mon *vrai livre*. Je l'ai commencé durant le Siège de Paris; mais je veux le finir.

« Adieu, mon illustre amie; votre génie a beau faire, il ne dévore pas votre cœur. »

A LA MÊME

« Locmariaker, 18 août 1875.

« Chère Princesse,

« Je pose un instant sur le bord de ma grève solitaire, et je profite de cette halte pour vous écrire. J'ai beaucoup voyagé depuis mon départ de Paris. La comtesse Choiseul de Robersart m'a entraînée en Normandie, à son domaine de Blanche-Lande, ancienne abbaye de Prémontrés, des plus curieuses à tous les points de vue. Le pays est enchanteur. Nous l'avons quitté pour le mont Saint-Michel, bien nommé la merveille de l'Occident; et enfin, je me repose avant de repartir pour Nantes, où Francis va subir l'épreuve du baccalauréat. Puis, avec mon frère et son fils, je visiterai Saint-Nazaire et autres lieux intéressants.

« En arrivant ici, je comptais travailler; mais la mer m'enveloppe d'une sorte de charme paresseux, auquel je me laisse aller. C'est ma seule phase de far-niente, et je m'en donne à cœur-joie. Il faut le dire, je me sens tout à fait impuissante à rendre la grâce et la beauté des paysages que j'ai sous les yeux, et je n'ai non plus nulle envie de m'embarrasser dans une histoire où devront se retrouver les passions et les agitations des hommes. De ceci je conclus que, si je n'habitais pas Paris et mes quatre murs, je laisserais ma plume se rouiller, et qu'il me faut le cadre de vie que j'ai choisi, pour continuer ma petite œuvre littéraire.

« Je suis très franche, chère Princesse, en vous réclamant la vérité, dût-elle me réduire en poudre; je me la suis dite à moi-même bien souvent, et aussi durement que vous. Plus j'avance dans la vie, plus le goût du vrai beau se développe en moi, et l'infériorité de ce que je fais me saisit dans la même proportion. »

A LA MÊME

« Paris, 24 juin 1876.

« Chère Princesse,

« Votre dernière lettre était rayonnante du soleil de Rome et, naturellement, elle m'a charmée.

« Vous avez lu mon vieux *Nostradamus* d'un bout à l'autre, et l'avez jugé favorablement. Je ne vous le cache pas, j'en suis enchantée. La critique sur la photographie de la lune me servira pour la seconde édition. Mais, le croiriez-vous, je suis allée exprès à l'Observatoire, et je me suis fait expliquer cela *ex professo*? J'avais affaire, il paraît, à un savant de troisième ordre, et désormais je m'adresserai mieux; car je vous assure que je possède la conscience intellectuelle, et que j'ai souvent refusé de tenter des travaux qui m'étaient indiqués, par la crainte de ne pouvoir m'instruire suffisamment sur les sujets imposés. Pour ce qui entre forcément dans mes histoires, je serai désormais plus prudente, et j'irai aux vraies sources.

« Votre encouragement me manquait; maintenant que vous avez parlé, me voici toute disposée à croire les autres témoignages.

« Je vous dirai que le public me gâte beaucoup, par lettres anonymes. Les témoignages féminins me laissent quelque peu indifférente; mais voici quatre lettres d'hommes fort intelligents, adressées à l'éditeur, où, avec des formules différentes, on m'appelle — j'en crois à peine mes yeux — un écrivain *profond*. Oh! ce « profond »-là, Princesse, m'a fait un bien et un plaisir!!!

« Vous savez que je vous disais quelquefois, non sans découragement : « Je crains de n'être jamais « profonde ». Et le devenir était justement ma petite ambition, car je pensais que tout écrivain superficiel n'a jamais de véritable action sur son public. Ces braves messieurs ne sauront jamais le plaisir qu'ils m'ont fait avec leur *profondeur*.

« Une pauvre femme souffrante, isolée et fort intelligente m'écrivait tout récemment six pages d'expansion, et allait jusqu'à remercier le Ciel de m'avoir fait naître. Cette belle et touchante lettre a été enfoncée par celle des magistrats et officiers, me qualifiant de profonde. Et voilà comment on aime à voir flatter ses petites manies ! Je sens très bien que je ne serai jamais un *puits* de profondeur, mais, si mon petit ruisseau d'eau claire ne se dessèche pas absolument, j'en rendrai grâces à Dieu.

« Qu'avez-vous pensé de la manière dont est morte George Sand ? J'ai lu et relu tous les détails de ses derniers moments, et cela m'a laissée triste. Le talent ne vaut pas la foi, aux heures solennelles. La plus humble créature qui meurt dans la grâce a des paroles et des accents qui vibrent. Cette mort terne, et j'oserais dire bourgeoise, est une singulière finale pour un être de cette trempe. J'avais toujours espéré qu'elle aurait un regard en haut, et que publiquement elle aurait donné un regret à ses doubles erreurs. En ceci, je ne parle que du bienfait de l'édification ; car Dieu me garde de juger autrement le *réel* de sa fin.

« Plus tard, je vous décrirai ma cabane de pierres à Locmariaker. Elle est dans la plus jolie situation du monde. J'ai semé dans *Miss Idéal*, *Les pieds d'argile* et *En congé* les paysages de ce coin, où se retrouvent la paix, la foi et les mœurs d'un autre âge.

« La gravité, la piété, la pureté de ces bonnes gens me plaisent tout naturellement; et, rien de *bourgeois* n'y apparaît encore. C'est une merveille. Je ne crains qu'une chose, c'est d'y avoir trop attiré l'attention, et qu'on ne s'imagine que ce qui me plaît peut plaire à d'autres.

« En attendant, je m'enivre de cette solitude, et je la garde des importuns.

« Chère Princesse, c'est bien longtemps vous occuper de moi; adieu, et merci toujours. »

A MÈRE MARIE DE ***

« Kermoareb, samedi 2 août 1876.

« Ma chère Mère,

« C'est *mercredi* 6 que je compte quitter Loc Maria; les autres aussi, afin de profiter de ma voiture.

« Je couche à Vannes ou à Redon, et je repars jeudi pour « ma Mère ».

« J'ai donné un regret sincère à votre petite chapelle de la Fondation; et, quoique la grande soit une merveille, je ne l'oublierai jamais. Je vois d'ici tout ce qui s'y est passé, *tout*, je le raconterais. J'y ai bien prié, bien pleuré, bien souffert; mais aussi c'est là que mon Dieu m'a vraiment parlé, c'est là qu'Il a daigné se révéler à mon infirmité; et c'est là aussi que je l'ai adoré de toutes les forces de mon âme. Si vous n'étiez pas si sainte, je vous raconterais mes souvenirs; mais vous y êtes tellement mêlée qu'il ne serait parlé que de vous et de votre céleste influence sur moi. C'est encore, c'est toujours par vous, ma Mère, que m'arrivent ces élans vers le bien qui neutralisent les élans contraires de ma pauvre nature, si peu mortifiée.

« J'ai fini *Un fruit sec,* quel débarras! j'en suis soulagée. J'ai tout à revoir; mais j'ai écrit le mot de la fin : *La vérité délivre!*

« Que je suis heureuse de vous dire : *à bientôt!* »

A LA PRINCESSE WITTGENSTEIN

« Locmariaker, 3 septembre 1876.

« Chère Princesse,

« Je vous écris de mon chalet; il n'a point la forme élégante de celui qui figure en tête de votre lettre. Sur les côtes du Morbihan, il faut du solide; et cette maisonnette est des plus rustiques. Tel qu'il est, avec ses larges fenêtres et son fronton rouge, il me plaît; et ce n'est pas sans regret que je le quitterai. Plus tard, je le ferai flanquer d'un pavillon, et alors je pourrai y recevoir ma nombreuse famille. Actuellement, je vois tout le Morbihan; je le suis dans la courbe superbe qu'il décrit jusqu'à l'Océan, éloigné de deux kilomètres. De mon petit salon, je plonge dans une anse que le flot festonne d'argent deux fois par jour. Cette vie à l'air libre est tout à fait de mon goût, et je suis aussi solitaire ici que vous, à Rome, dans la belle saison, que vous me décrivez si bien.

« Je suis très aimée, très respectée, dans mon hameau de pêcheurs, et il me repose complètement de Paris, où mon cœur et mes affaires me rappellent, mais où je ne saurais demeurer toujours. — C'est ici que j'ai fini *Un fruit sec*, en sacrifiant un dénouement heureux, mais bourgeois, à un dénouement plus noble. Cette pauvre Odile! Vous pourrez bien vous attribuer sa mort! Votre lettre m'est arrivée au moment décisif. Et trouvant que vous disiez vrai, j'ai changé les couleurs de ma palette; j'y ai broyé du noir. Je pensais aussi qu'une semblable destinée ne pouvait avoir une fin banale.

« Votre objection pour mon titre *Un fruit sec* m'avait rendue perplexe, et j'ai dû consulter. Cette expression, je vous l'affirme, n'est pas vulgaire en France; je la trouve dans le Dictionnaire de Littré. Littré dit qu'elle s'applique aux jeunes gens de Saint-Cyr et de l'École polytechnique, qui en sortent échoués; et ces deux écoles sont les premières de France. Je pensais faire une heureuse découverte en écrivant l'histoire d'un Fruit sec *social*, c'est-à-dire de l'homme qui, reçu dans les bonnes positions de la vie, manque tout, ébauche tout et perd tout, par un orgueil insensé et une légèreté incroyable. Fruit sec! c'est si bien cela! Non pas fruit gâté, pourri, mal noué; fruit sec! Donc, je garde mon titre; mais votre objection m'amène à penser qu'à l'étranger, il pourrait être de l'hébreu. Je l'expliquerai dans une petite note.

« Je vous dirai simplement et sincèrement mon opinion sur votre dernier livre, telle que vous la désirez : ce que vous avez imprimé m'a toujours paru saisissant, vous avez des pages superbes et originales; mais le style est heurté et incorrect. Il me semble qu'un bon écrivain aurait bien vite fait disparaître ces défauts qui n'existeraient sans doute pas, si vous écriviez dans votre langue maternelle [1].

« J'ai assisté, dimanche, à une belle séance en l'honneur de Lamartine, qui reste un poète de très grande taille. Puis je me suis trouvée ici en pleine arène politique à cause de l'élection du comte de Mun, et j'ai fait de mon mieux près de quelques grands propriétaires de ce canton. Je regrette de n'être point allée sur le lieu même de l'élection. Il y a eu bataille et de bien curieuses scènes, dont j'aurais fait mon profit. Je suis paresseusement restée attachée à mon calme rivage. C'est de là que je vous adresse mon fidèle souvenir. »

A LA MÊME

« Paris, 6 novembre 1876.

« Chère Princesse,

« Quelle heureuse idée vous avez eue de me faire la surprise de cette superbe photographie! Vous ne vivez plus seulement dans mon souvenir; je vous vois, dans ce coin de salon si charmant, orné des merveilles de l'art antique et moderne. Tandis que je vieillis, il me semble que vous rajeunissez. Dans tous les cas, je vous trouve un air de vigueur qui me charme. Autrefois, la lame faisait mine d'user le fourreau; et aujourd'hui, lame et gaine ont leur brillant, en cette parfaite photographie, que je suis très heureuse de posséder.

1. Ce vœu a eu son accomplissement par le travail de M. Lasserre. Voir chap. VII, p. 180.

« Quand la petite caisse m'est arrivée, je lisais votre beau chapitre sur l'abnégation. Il m'a semblé piquant d'achalander votre livre dans un cabinet de lecture; quelques jours après, je lui ai rendu visite, il venait de rentrer, après plusieurs sorties, et était déjà très froissé. Il porte l'estampille, et le voilà quelque peu lancé dans Paris. Je l'ai lu et relu avec attention, chère Princesse; je le trouve un vrai manuel du grand monde, et s'il n'a pas encore la réputation qu'il mérite, cela tient à l'éditeur qui ne l'a pas lancé dans la bibliographie. Je vous dirai aussi, simplement, puisque vous l'exigez, que si les idées sont de toutes les nations, quelques expressions suffiraient pour empêcher qu'un critique qui se pique de purisme le recommandât sans restriction. Souriez-vous en m'écoutant parler, chère Princesse? un peu, n'est-ce pas, mais en me pardonnant ma liberté.

« Je vous envoie mon nouvel ouvrage, *La petite Duchesse*, grand volume illustré, Hachette. Dites-m'en, je vous prie, votre avis. Que tout cela serve la cause éternelle de Dieu!

« Par la sévérité de ma vie, j'ai mis une digue aux empiétements de l'amour-propre. Le témoignage de ma conscience, celui de deux ou trois bons juges, me suffisent. Donc, encore une fois, merci! »

A MÈRE MARIE DE ***

« Paris, 31 décembre 1876.

« J'écris à ma Mère vénérée sur un bureau sans poussière, bien rangé, presque digne d'elle; et je la remercie devant Dieu de toutes ses bontés, de toutes ses préservations, de tous ses conseils, pendant cette longue année remplie de ses bienfaits, et que Dieu a bénie.

« J'ai demandé humblement pardon à mon Seigneur et Maître de mes défaillances, de mes présomptions, lui promettant de ne plus me départir de l'esprit de simplicité et de circonspection; simple comme la colombe envers Lui et ma Mère; prudente comme le serpent avec le monde; fuyant et craignant l'ennemi de mon salut sous toutes ses formes et ses ruses. Que nos bons anges me soient en aide! »

« 1ᵉʳ janvier 1877.

« Bon jour, bonne année, ma chère, vénérée, et éternellement chère Mère! Que le bon Dieu vous garde, vous inspire, et qu'il garde et qu'il inspire votre petite et toujours reconnaissante fille, en N.-S. Jésus. »

A LA PRINCESSE WITTGENSTEIN

« Paris, 14 janvier 1877.

« Chère Princesse,

« Vous me donnez les plus agréables étrennes du monde, en me parlant aussi élogieusement de ma *Petite Duchesse*. Comme toujours, j'ai cru à vos compliments et j'ai admiré la justesse de vos critiques.

« Le public a pensé comme vous, car jamais volume n'a été enlevé avec cet entrain. Trois semaines avant le jour de l'an, il était introuvable.

« Je puis dire que cette année j'ai été plus encouragée que jamais. Mes critiques choisis ont été contents, mon public inconnu a opéré une razzia chez les libraires ; et, pendant la vente de charité que je viens de faire, au Ministère de la justice, j'ai été couverte de compliments sympathiques. Françaises, Américaines, Polonaises, Anglaises, me prouvaient par leurs paroles que mes petits livres font le tour du monde, et que certains types sont devenus familiers partout. Une grande Américaine m'a raconté ce qu'elle appelait *Le vieux bonhomme*, et m'a fidèlement retracé tous les traits de *Ce pauvre vieux*.

« J'ai enfin retrouvé, parmi mes papiers de voyage, la lettre de Mme la princesse ***, si louangeuse sur *Ma petite Duchesse*, et que vous réclamez ; je vous la retourne sous ce pli.

« Vous êtes bien aimable de me redire l'enthousiasme de cette intéressante enfant, dont l'histoire est fort touchante. Mais comment lui écrire vaporeusement, ainsi que vous le demandez? N'est-ce pas en dehors de mes aptitudes? Vous savez le vers de La Fontaine :

> Ne forçons point notre talent,
> Nous ne ferions rien avec grâce.

« Je suis de moins en moins vaporeuse, Dieu merci, et j'ai un culte pour la précision. J'aime à redire avec Louis Veuillot : « O prose, mâle outil !.... » de sorte que je crains beaucoup que ma lettre ne soit un pavé, et non point un nuage.

« Enfin, j'écris comme je pense ; et si la jeune fille est intelligente, elle aimera cet accent vrai que rien ne remplace.

« Je trouve charmant, dans la bouche et sous la

plume de certaines gens, le marivaudage de salon, qui est parfois une distraction ; mais je suis trop de mon pays :

La terre de granit recouverte de chênes,

pour l'employer avec succès. Parlez-moi de vous écrire, à vous, et surtout, parlez-moi de votre manière d'écrire ; vous donnez un coup d'aile, et mon esprit vous suit. Voilà ce qui s'appelle correspondre. Que n'êtes-vous à Paris ! Quel plaisir j'aurais à vous écouter et à vous parler ! Vous êtes un être très rare, chère Princesse, et, dans le monde, je me contenterais bien de votre doublure ; mais je ne l'ai pas encore rencontrée. Dans le cloître, c'est différent ; j'y ai trouvé des altitudes.

« Adieu, etc. »

A LA MÊME

« Paris, 30 juin 1877.

« Chère Princesse, voulez-vous faire parvenir ce mot à votre intelligente amie, l'admiratrice de *La petite Duchesse* ? Vous me direz si je suis entrée dans vos intentions en lui écrivant comme je le fais.

« J'apprécie fort le talent vocal dont vous me parlez. J'ai chanté toute ma vie, mais à la manière des oiseaux ; je reconnais maintenant qu'un brin de talent est absolument nécessaire à la voix ; et la princesse *** fait bien de cultiver la sienne. Quel charme pour l'intimité que ces accents sympathiques, dont l'écho retentit jusqu'au fond du cœur ! C'est une grande puissance qu'une belle voix qui sait chanter, et dans ma chapelle du Purgatoire, il en est plus d'une au timbre céleste, conduite par un talent acquis de premier ordre.

« J'ai l'intention d'envoyer *Aigle et colombe* à la jeune Dame d'honneur de l'Impératrice de Russie; mais il est en réédition, et j'attends qu'il soit sorti des presses.

« Ma maison d'été est un cottage solide, aux toits gris; je l'ai baptisée « Kermöareb », *Villa de la Tante*. Dernièrement, un raz de marée a ravagé cette partie du Morbihan. L'écume du flot est venue mouiller mes volets fermés.

« Les *anciens* du pays n'avaient pas vu semblable audace de la mer. Pour moi, elle a été bénigne, et n'a fait que creuser plus largement ma petite grève. »

A MÈRE MARIE DE ***

« Kermöareb, 6 août 1877.

« Je vous écris devant notre joli golfe; la maison se termine à l'intérieur et ce n'est pas sans peine; car les ouvriers sont de bien braves gens, vous les trouveriez parfaits; mais se dépêcher, oh! non point!

« En arrivant à Auray, j'avais soupé à Kerleano, chez les Cadoudal, qui sont vraiment la crème des amis. Mme de Cadoudal a eu la bonté de me chercher une servante, et a trouvé une jeune fille de dix-sept ans, pas trop laide, modeste, ne sachant que coudre et repasser, mais prête à obéir; l'air que vous préférez, sous une coiffe de mousseline. La famille arrive mardi. Francis et Charles iront à pied à Sainte-Anne mercredi, et reviendront le lendemain.

« J'apprends des choses un peu ennuyeuses; ma

maison fait tapage dans notre île de Robinson ; on ne parle plus que de bâtisses, de chemins, d'hôtels ; on vient la voir, c'est comique. J'enrichis le pays, dit-on ; le terrain se vend plus cher. Ah ! si j'avais supposé cela, comme je me serais hâtée d'acheter ! Le capitaine Ker me demande 10000 francs de sa parcelle et prairie ; je ne sais si nous conclurons.

« Mme Ker m'apporte du beurre, du lait, du lard, en cadeau. J'ai trois arbres en feuilles, et une vigne très forte.

« Je regarde avec complaisance le cottage qui est vraiment charmant. La cuisine, toute blanche avec ses meubles de sapin, sa batterie brillante, l'horloge suisse qui fait accourir les enfants du bourg et qui reste un joujou permanent. A table, quand le coucou chante, Charles se lève et le salue.

« Ma chambre a sa grande table de travail, son large lit de châtaignier, et forme un délicieux réduit.

« Mes patates, dont j'apporterai une provision, sont exquises. Les enfants s'amusent à cœur joie. On me parle de quelques pauvres malades à visiter ; les reconnaissantes paroles de Louis, le petit bossu, mort l'an dernier, quinze jours avant mon départ, ont excité l'espoir que j'exercerais ici cette charité. Je le ferai dans l'esprit de mon Association : je sais que vous m'approuverez.

« Une fois à Paris, Mère, je vous demanderai à lire des extraits de saint Thomas, car j'ai bien besoin de nourriture spirituelle fortifiante. Les grands Docteurs plaisent à ma faible petite âme, je ne sais vraiment comment cela se fait.

KERMOAREB

« Ma nouvelle bonne s'appelle Hortense, et gardera certainement sa coiffe. Il me semble que l'égalité de toilette établit beaucoup, pour les femmes qui sont vaines comme d'instinct, toute autre égalité. Politiquement, on compte beaucoup sur cela pour révolutionner, et l'on n'a point tort. Je vous l'avouerai : à l'École professionnelle, j'ai éprouvé une grosse déception en reconnaissant que, dans une œuvre ouvrière même, il est presque inutile de prêcher la simplicité ; pas plus que l'humilité, elle n'est comprise.

« J'ai appris avec peine la mort de Mme Dufaure, et je prierai pour elle, en union avec vous. Elle a jeté une précieuse semence que ma chère Mère a fait lever, et qui devient moisson dans le champ de Jésus-Christ. Elle ne se présentera pas les mains vides. Votre pensée de faire prier pour elle, durant neuf jours, nos élèves de l'École me paraît bien juste, car elles lui doivent de la reconnaissance, et il est bon de combattre l'ingratitude, sous toutes les formes.

« Adieu, ma chère Mère, je pense au retour, et ne vous écrirai plus qu'une fois avant mon départ. »

A LA MÊME

« Locmariaker, 20 août 1877.

« C'est sur cette grève, gagnée à la sueur de mon front, que je vous écris, chère Mère. Devant cette radieuse image de l'infini, que j'ai sous les yeux, j'aime tant à penser à vous ; il me semble que vous n'êtes plus loin, et que vous entendez le son de ma voix.

Hier, j'ai voulu revoir l'Océan avant de partir, et j'ai pris cette petite fatigue. Je tiens à profiter des derniers jours, et je flâne les après-midi, quelque temps qu'il fasse. Et aussi chaque matin. Que cette sortie matinale est ravissante, de Kermöareb à l'église !

« A bientôt, ma Mère, à bientôt. Ce mot-là me met dans le cœur plus d'azur que je n'en ai devant les yeux, ce qui n'est pas peu dire.

« Au moment de terminer ces lignes, j'apprends qu'il y a une barque en perdition ; elle s'agitait sous ma fenêtre, les lames y entraient ! quel spectacle ! Enfin la pauvre famille a abordé ; mais cela a retardé mon courrier.

« Je puis vous assurer que mon gouvernement sur ces cinq garçons n'est pas chose facile. Ils ont des moments de loups. Vous n'avez pas idée de ces résistances celtes ; ces petits hommes ont l'air de vieux tyrans. Il ne faut rien moins que ma vigueur pour arrêter court les disputes. J'ai été contente aussi de mon influence au dehors. Je ne suis qu'une âme obtuse pour le bon Dieu ; mais ma Mère m'a donné des clartés sur certains sujets, et quand il s'agit du *Maître*, je deviens d'une éloquence ferme et intrépide, qui porte des fruits. J'aime tant, malgré mon indignité, à rappeler sa doctrine, sa divinité, son amour. *Il* n'est pas connu, Il est méconnu ; et je suis comme un humble soldat qui, ayant pris les ordres de son chef, se bat et triomphe.

« Ces voyages, ce séjour, sont assez lourds ; je me suis ruinée ; mais j'ai fait le bien que vous estimez au-dessus de tout : j'ai sauvegardé des âmes.

« Cette nuit, tempête superbe. Le flot montait jusqu'à mon sentier; cela me faisait frémir d'enthousiasme. »

A LA PRINCESSE WITTGENSTEIN

« Kermôareb, 4 septembre 1877.

« Chère Princesse,

« Vous le dites avec raison : je comprends que les sollicitudes de votre jeune Russe soient concentrées sur cette terrible guerre, dont elle ne saurait se désintéresser. Ce n'est pas à son âge que l'on plane au-dessus de semblables événements.

« Je m'y intéresse aussi, du fond de mon anse agreste. Depuis que j'ai vu la guerre de près, je la hais, d'une de ces haines vigoureuses qui ne peuvent s'affaiblir. Les hommes se battent toujours, à coups de plume ou à coups de langue; mais quand le canon s'en mêle, cela devient si injuste, si inhumain, si sanglant, que l'on souffre, même quand il s'agit d'un peuple étranger.

« J'ai beaucoup pensé à vous, pendant ma phase rustique si aimée. Ma famille entière est ici. Le son du clairon et du tambour résonne souvent à mes oreilles, sous le souffle ou sous la main de ces garçons intrépides, qui seront de vrais hommes, prêts à armer un fusil ou à se saisir d'une épée. Cependant j'ai mes délicieux moments de repos. Le matin, tout dort lorsque je me dirige vers l'église, dont le chœur remonte à des âges inconnus, et qui est entaillé d'images druidiques. Une foule de femmes la remplit, et du confessionnal sortent de jeunes gars, dont le poing écraserait un bœuf. C'est une belle race que ce peuple des côtes, une race vigoureuse et intelligente.

« Je viens d'agrandir mon domaine. Le brave capitaine au long cours a enfin consenti à me vendre les terrains qui environnent mon cottage; et me voici bien indépendante, et hors d'un voisinage qui pouvait devenir déplaisant. Une partie du rivage m'appartient; et si jamais Paris recommence ses révoltes insensées, je viens me blottir parmi mes pêcheurs, qui seront hommes à me défendre.

« J'ai peu travaillé pendant mes vacances, mais j'ai le sang vivifié et je vais reprendre mon petit outil. Puis j'irai en Angleterre, et enfin en Belgique. J'ai là deux aimables comtesses de Robersart dont les châteaux se touchent, et chez lesquelles je présenterai mon neveu Francis, qui va continuer son droit, bien droit, à Paris.

« Adieu, chère Princesse; je vous quitte au bruit du flot, qui monte en mugissant.

« Votre Bruyère de Bretagne. »

A MÈRE MARIE DE***

« Château de Nouvelles, près Mons (Belgique),
2 novembre 1877.

« Ma chère Mère,

« Je vous écris deux mots seulement, pour vous donner de mes nouvelles. J'ai été reçue hier par M. le comte de Robersart et la chère Berthe, avec toute l'affabilité que vous leur connaissez.

« Hier soir, Mme la comtesse de Bousies et sa famille dînaient au château. Ce matin après déjeuner, M. de Robersart m'emmène chez sa sœur, la baronne Pyke de Peteghem, famille aimable et distinguée; puis on me fait visiter Gand, etc., etc. Il faut bien circuler pour voir, et ce pays intéressant me donne de nouveaux cadres. Cette grande hospitalité, cette vraie largeur de vie, plaisent beaucoup à votre fille; et ici le Divin est on ne peut mieux disposé. Dans le mur du parc s'ouvre une porte, qui donne entrée dans la petite église. C'est un voisinage des plus doux, qui rend le séjour de Nouvelles véritablement unique.

« Francis s'amuse en gentleman; il chasse de tout son cœur, et prend ses ébats à pied et à cheval. M. et Mme de Robersart sont fort aimables pour lui. Aujourd'hui nous devons faire en voiture les plus agréables excursions. Je n'ai donc pas le temps de beaucoup écrire; nos incomparables hôtes ne peuvent allonger les jours ni diminuer les distances, si bien que la fatigue du soir fait invinciblement désirer le repos.

« L'atmosphère est saine ici, et le bon Dieu tout près, si près, que je suis tentée de dire sans cesse : Il fait bon d'habiter dans votre Maison, Seigneur!

« Avant-hier le Saint Sacrement a été exposé; j'étais au bas des degrés de l'autel.

« Nous partons demain chez la comtesse Juliette, qui nous attend dans son immense château de Wambrechies, où logeraient dix familles.

« On m'avertit que le déjeuner va sonner; et je termine par le mot qui m'est le plus agréable à écrire : A bientôt! »

A LA PRINCESSE WITTGENSTEIN

« Londres, 27 octobre 1877.

« Chère Princesse,

« Je suis arrivée à la fin de mes pérégrinations en Belgique et en Angleterre, et je veux répondre à la lettre que j'ai reçue de vous, à la veille de les commencer. Pendant un mois environ, j'ai vécu d'une vie nomade et véritablement agréable. J'avais le plaisir de faire connaissance avec l'aristocratie belge, qui a de véritables palais, dans ses grandes prairies flamandes, et chez qui on mène la vie de château unie à la vie de famille.

« Dans ce pays hospitalier, je me suis rencontrée avec des personnes pétillantes d'esprit et parfumées de bonté. Les hommes me plaisaient par un genre de politesse à moitié française, de la bonne moitié. Il y a la chanoinesse de Robersart, qui habite le château de Wambrechies, près Lille, qui est la femme la plus spirituelle et la plus gaie que je connaisse. Un seul esprit de cette trempe suffit pour charmer tout un cercle, et je puis vous assurer que l'animation, celle que vous devez aimer, ne manquait pas. Elle a beaucoup voyagé et publié ses voyages en Terre Sainte et en Espagne : on y retrouve sa verve inépuisable.

« Maintenant je fais visiter Londres à Francis, puis je repartirai pour me plonger dans mon encrier.

« On m'imprime, hélas! toute vive en ce moment.

« Votre jugement sur M. Thiers est bien ce que j'attendais d'un esprit comme le vôtre. Un homme peut-il être vraiment grand sans grandeur? Sa mort elle-même a été d'une vulgarité offensante. Et voilà cependant celui qu'il faut entendre porter aux nues. Seigneur! où étaient ses ailes? Quand aurons-nous de ces hommes de France que chacun acclamait et admirait, sans esprit de parti?

« Chère Princesse, adieu. A Londres, je n'ai pas trouvé le guide savant et enthousiaste qui m'a fait admirer Rome.

« Je me débrouille de mon mieux dans ces grandes brumes, et je repartirai la semaine prochaine. »

CHAPITRE XVII

Paris. — Lcomariaker. — Correspondance, 1878-1879.

A LA PRINCESSE WITTGENSTEIN

« Paris, 1ᵉʳ janvier 1878.

« Chère Princesse,

« Quels souhaits vous adresserai-je pour cette nouvelle année ?

« Lorsque je ne comptais encore que quinze printemps, voici comment, à la campagne, on me souhaitait la bonne année. A l'aurore, la porte de ma chambre s'ouvrait brusquement ; les gens de la ferme apparaissaient à la queue leu leu ; et bons hommes et bonnes femmes, et vachères et pâtours, m'embrassaient sur les deux oreilles, tout le temps que durait ce souhait : « Mamzelle, je vous souhaite bonne année, bonne santé, et le paradis à la fin de vos jours, quand vous aurez vécu assez. » J'admire ces simplicités à peine croyables ; les souvenirs de ce bon vieux temps me reviennent aujourd'hui, et je vous adresse de loin, puisqu'il le faut, mon naïf souhait, demandant bien sincèrement à Dieu de ne vous donner le Paradis que le plus tard possible.

« Vous avez laissé ma dernière lettre sans réponse, cela m'alarme un peu. Ce détestable hiver, humide comme une éponge mouillée, a-t-il réveillé vos rhumatismes? Voilà mon inquiétude, car de votre amitié je ne saurais douter. Moi qui veux être contente de tout, je commence à geindre sur l'étrangeté des saisons.

« Durant l'été, à mon cottage, les murs ruisselaient autour de moi; et c'est encore la pluie qu'occupe la scène cet hiver. Où sont nos beaux jours glacés, notre air vivifiant, nos cristallisations charmantes, cette froide haleine que mes poumons aspiraient avec force, comme de solides poumons qu'ils sont? L'atmosphère est tiède, fade, mouillée; nous n'avons pas cependant changé de planète, que je sache. Cette semaine, j'étais sur pieds pour ma vente de charité annuelle au Ministère de la justice. Votre souvenir m'y attendait. Il y avait, parmi nos collègues vendeuses, une charmante comtesse Potocka, avec laquelle j'échange toujours quelques paroles, et à qui j'ai parlé de la comtesse Kuefstein. Or, de cette dernière à vous, il n'y avait qu'un cheveu.

« Nous avons fait de belles affaires, plus belles que celles qui se brassent en nos ministères. J'ai vu la politique face à face, pendant ces jours de commerce pour rire, et je l'ai trouvée laide et louche. Où avons-nous l'esprit?

« Mais silence! Vous devez être saturée de politique générale et particulière. J'aime mieux vous redire les souhaits que renferme pour vous ma prière. Je vous désire, chère Princesse, le peu ou le beaucoup que vous désirez vous-même, d'un cœur dévoué qui vous garde un tendre et persistant souvenir. »

A LA MÈRE MARIE DE ***

« Paris, 2 février 1878.

« Il est donc vrai, ma chère Mère, vous partez pour Cannes, avec votre Mère générale! J'aurais désiré que vous me fissiez demander un instant dans votre parloir; mais quand même, je vous souhaite par ce petit billet un voyage selon votre cœur de religieuse et d'apôtre, et j'attends bien quelques souffrances à offrir à l'appui de ce souhait.

« J'ai déposé au pied du tabernacle le poids de mes vagues inquiétudes, et j'ai promis de me livrer le plus possible à l'École professionnelle. Confiante en l'adorable Providence, j'attendrai votre retour l'arme au pied, comme une sentinelle fidèle et vigilante. »

A LA MÊME

« Paris, 7 février 1878.

« Quel bonheur de recevoir une lettre à l'encre, de ma chère et toujours plus chère Mère. La voilà donc arrivée à Cannes, sous son toit béni de religieuse, entourée des soins les plus fraternels, au milieu des merveilles de la création! Elle a vu du soleil, des horizons, des fleurs; tout cela est charmant, tout cela vient de son Dieu; tandis que la vilaine rue du Cherche-Midi, organisée par les hommes, est noire et laide. Aussi, je me réjouis quand même de vous savoir à Cannes, et non point parmi notre vergs et notre triste atmosphère. Le temps est véritablement affreux. Nos arbres, passés au noir, ont l'air malades du charbon.

« Ma mère comprendra un jour, j'en suis sûre, la part invisible de sacrifices que s'impose sa fille, si imparfaite d'ailleurs. Elle verra ce qu'il faut de grâces pour que le pauvre « Zoizeau » ne soit pas trop hérissé dans sa cage. Son âme et son cœur sont au repos; mais que d'élans naturels à briser! Pourvu que cela me compte pour le ciel, il suffit!

« L'École marche comme sur des roulettes; votre seul souvenir maintient chacune dans le devoir.

« Les efforts que j'ai faits pour garder mon entrain ont prolongé mon rhume, je crois; et je n'ai pu voir encore Mme de Robersart. Voulant me soigner sérieusement, j'ai acheté un joli emplâtre rouge au piment. Ce petit rouleau est déposé précieusement sur mon bureau, depuis trois jours. Je crois qu'il va aller rejoindre la boîte de pilules anglaises qui s'y trouve depuis trois ans. On m'a cependant affirmé qu'il serait d'un effet bénin : quelques plaques rouges sur la peau. C'est trop! je ne veux pas d'inconnu pendant votre absence. »

8 février.

« Ce matin, je vais *parfaitement*; et je chanterai sûrement dimanche.

« Je suis heureuse de penser que ma Mère préfère à ces orangers, à ces beautés, à ces splendeurs, le torrent des eaux de la grâce qui les entraîne bien loin. Vous resterez, et resterez partout, sentinelle aimante du Calvaire; et moi, qui frémis sur le Calvaire, j'y vais quand même à votre suite, et je ne me prosterne avec larmes que devant notre Sauveur crucifié. Voilà une belle chose que vous avez faite de me conduire là, et surtout de me révéler ces surnaturelles joies. Vous avez fait de moi une toute petite pastille d'encens qui ne brûle que devant l'autel, un lampion qui se sait bien fumeux et se dérobe derrière les colonnes du temple, mais qui est là, pourtant, au milieu des cierges bénits et des lampes ciselées, à la flamme odorante et pure. Quand reviennent mes deux lampes? Je commence à trouver que l'obscurité s'avance.

« A bientôt, ma Mère, à bientôt! Semez à pleines mains, pendant que vous êtes là-bas; mais n'oubliez pas qu'ici la moisson attend. »

A LA MÊME

« Paris, 17 février.

« Aujourd'hui, Mère, il me tombe des tuiles de travail pour *la Semaine*, et aussi de la maison Hachette, d'où l'on me demande un résumé de la vie de Pie IX. J'ai pensé qu'il était bien de remplacer des plumes, peut-être indifférentes, par la mienne, puisqu'on la réclamait.

« Que je regrette cette névralgie dont la nouvelle m'arrive! j'avais toujours pensé que vous admiriez trop, *de visu*, le clair de lune illuminant la Méditerranée et les Esterelles; cela doit vous être défendu, archidéfendu. Clair de lune! jamais ma pauvre névralgique Mère ne pourra en supporter la vue qu'à travers de bonnes vitres.

« Le bon abbé Roussel, de la première Communion d'Auteuil, est venu me voir ; il m'a dit que mes livres produisaient un bien énorme. Je lui ai fait traverser les ateliers. Lui ! qui a fondé une œuvre si belle, était stupéfié du silence ! « Voilà ce que je ne peux pas « obtenir, disait-il, c'est impossible, c'est impossible ! « je n'ai jamais vu pareille physionomie à des ateliers. »

« Cela vous fait plaisir, n'est-ce pas ? Fonder le vrai, obtenir la simplicité, la vérité, l'obéissance, est réellement une œuvre difficile et agréable à Dieu, qui, dans son infinie bonté, aime l'adoration de toutes ces pauvres petites brebis.

« L'élection du pape Léon XIII me met dans la joie ; on y sent le Saint-Esprit, on y goûte la Paix de Jésus-Christ assise sur ces sommets.

« J'ai assisté avec beaucoup de dévotion au salut solennel de la chapelle. Et j'ai pris le deuil pour Pie IX, justement pour me plonger dans l'affirmation que vous me prêchez. J'ai dépensé six francs en ruches de tulle noir, et j'ai mis un voile de gaze sur mon chapeau. J'ai été si touchée du Bref que S. S. m'a octroyé dans sa bienveillance paternelle !

« J'ai reçu un charmant billet de Mère ***. Une vieille Bretonne, qu'elle soigne à Nantes, avait fait écrire sur son rideau : Vive Pie IX ! Une autre, sur un jupon rouge, avait semé des larmes de papier blanc. La foi du pauvre est touchante.

« Croiriez-vous que nos sœurs m'ont procuré l'honneur de monter à la tribune du chant ? Je ne puis vous dire mon émotion. Ces prières liturgiques sont divines, et je me demande si je ne suis pas trop indigne de les chanter avec des religieuses, devant le tabernacle. A quel degré d'humilité certaines choses nous précipitent !

« Mon cœur profère en français ces belles paroles latines ; il me semble que j'en sens la grandeur pour la première fois. Cela met un terme ou plutôt une sourdine à ce que me fait éprouver la persécution religieuse.

« Mère, à demain. Que Notre-Seigneur vous garde et vous ramène ! »

A LA PRINCESSE WITTGENSTEIN

« Paris, 23 février 1878.

« Chère Princesse, oui, j'ai bien regretté notre saint pontife Pie IX, et j'ai beaucoup pensé à votre douleur. Votre lettre m'en apporte la vivante expression, et vous me l'avez fait regretter de nouveau. Pour moi, cependant, il y avait comme une glorification nouvelle dans cette mort sublime, que rien n'est venu troubler. Les vieillards ont parfois de longues agonies, auxquelles leur âme participe en quelque point ; mais lui, sans défaillance, sans enfance, sans misères, il a dépouillé son enveloppe mortelle, et il nous laisse un souvenir radieux. J'avais appris combien il vous aimait ! Vous m'avez vous-même parlé de son intercession pour votre vue, et je sais aussi que votre cœur, bien que cuirassé d'énergie, est un *vrai* cœur accessible au regret.

« Vous sentant sous une impression douloureuse, j'ai envie de ne vous dire rien autre chose ; mais la charité est bien un sujet à traiter dans une lettre qui parle de Pie IX, car il ne fut que charité.

« J'ai toujours compris qu'il vous ennuyait de me voir si pratiquement intéressée à cette belle œuvre des Écoles professionnelles. Croyez, chère Princesse, que dans l'éternité ces âmes de modistes et de couturières sauvées pèseront plus lourd dans ma petite balance que les livres pour lesquels je reçois des coups d'encensoir et des visites de personnages illustres.

« L'Évangile sera tout à fait de mise alors, et heureux ceux qui se seront embarrassés d'œuvres basses, aux yeux du monde, mais seules grandes aux yeux de Dieu.

« En donnant à ma vie, malgré mes goûts, une part active à la charité, je n'ai eu qu'une pensée : mon jugement! Dieu n'est pas un mot, nul ne le sait mieux que vous, qui en parlez si magnifiquement! Mais il faut un cadre et une action pour obtenir le bien surnaturel expliqué dans les théories des économistes. Impossible de faire le catéchisme aux pauvres intelligents de Paris sans se mêler de leur vie matérielle. La classe ouvrière se déchristianisant de jour en jour par la lecture des mauvais journaux et des mauvais livres, ni prêtres, ni religieuses, ni chrétiens dévoués ne peuvent désormais approcher de ces incrédules, si on ne parvient à les grouper.

« Or, pour les attirer et les retenir, il a fallu *l'atelier*; autrement, nous n'eussions pu prêcher que dans le désert. Maintenant que l'organisation désirée est pleinement réalisée, je me suis retirée même de nom. Mais, de fait, mon action *militaire* se continue. Je viens en aide à mes chères religieuses. Le concours des femmes du monde est nettement défini. Il y a des inspectrices générales, dont je fais partie ; des dames lectrices du meilleur monde, qui se dévouent ; nous ne nous occupons du commerce qu'à titre de clientes. Il faut bien de l'ouvrage pour des centaines de doigts! Que ne pouvez-vous voir cette organisation! Elle est admirable, et fonctionne parfaitement. Assez de charité, n'est-ce pas, chère Princesse? Mais, je dois le dire : j'aime beaucoup mon Seigneur Jésus dans le pauvre. »

A LA PRINCESSE WITTGENSTEIN

« Kermöareb, 10 avril 1878.

« Chère Princesse,

« Voilà quelques semaines que j'ai quitté Paris, avec l'intention de vous écrire à ma première station. Mais ici je ne m'appartiens guère et j'ai dû attendre.

« Enfin l'hiver semble vouloir plier bagage, mais quelle résistance! J'ai la joie d'entendre ces belles notes de la tempête qui ont été si longtemps ma seule musique ; je suis replongée, jusqu'au cou, dans le pittoresque, et je m'en donne pour plusieurs mois.

« Ma provision faite, je retournerai à mon riant et paisible appartement parisien, où m'attendent des travaux commencés. Cette année sera faite pour vous plaire, elle me donnera une lourde moisson. Je vous adresserai bientôt *Les aventures d'un Rural*, dont les deux volumes parlent au grand nombre. Il y a des types populaires, mais de ceux que vous accepterez, il me semble, de vrais ruraux. Oh! qu'il m'est doux de dire la vérité à cette civilisation menteuse, qui déborde jusque dans nos contrées, où la foi et la dignité naissent, en quelque sorte, du sol même. A chacun de mes voyages, je déplore les effets produits par des éléments étrangers. Il faut que nous ayons la vie dure pour résister à tant de dissolvants. Avec *Les aventures d'un Rural*, j'ai écrit *Le chef de Famille*, une troisième partie d'un livre de la Bibliothèque rose, qui a eu du succès près de vos petits enfants; et, cet été, je compose *Bouche en cœur*, poupée de mon temps, qui aura, comme *Bigarrette*, une certaine intelligence.

« Ma sainte Mère, qui écrit comme saint François de Sales, m'encourage, mais ne me lit pas. Après avoir connu toutes les œuvres de l'esprit, elle est entrée dans des régions plus hautes, et n'en veut plus sortir. Aussi aime-t-elle à me savoir lue et encouragée par vous, qui jugez avec tant d'autorité les choses du monde. Que ne puis-je vous montrer la lettre qu'elle vient de m'écrire ! C'est du sublime tout pur, mêlé à une simplicité introuvable.

« S'il était possible que vous vinssiez à Paris, avec quel bonheur j'assisterais à votre rencontre ! »

A LA MÈRE MARIE DE ***

« Lorient, samedi saint.

« Ma chère Mère,

« C'est demain Pâques, et je m'y prends à l'avance pour causer avec vous. Mais qu'est-ce donc que causer avec vous ? C'est me recueillir, comme lorsque je veux prier. C'est sortir de ce qui m'enserre de pénible, de douloureux, d'irritant, pour adorer Celui qui est bon, dans la simplicité d'un petit enfant qui a l'âge d'homme. Aussi, quand j'ai pensé avec vous, causé cœur à cœur avec vous, je suis toute reposée, toute rafraîchie.

« Je ne sais si vous avez à Paris les bourrasques dont nous jouissons ici. Quels beaux concerts j'entends! Je ne puis me lasser de ces notes superbes de la tempête, et j'écoute avec ravissement. Mais en voyant tomber la pluie, je pense à nos chères Mères surveillant la récréation, et je voudrais être partout : à Paris, pour leur épargner cette peine, et ici, où je vois un paysage qui me rafraîchit les yeux. Un seul coup d'œil au dehors me donne des heures d'enthousiasme pour cette harmonie magnifique et cet ordre admirable.

« Il y a en moi deux choses dont la vie semble s'accroître chaque jour, et qui sont inlassables : mon cœur, et ce que j'ai d'intelligence. Quand ils ont compris ou saisi le beau et le bien, c'est fini; ils n'en peuvent plus démordre. Qu'est-ce donc que vieillir? Je ne peux me le figurer. Mon corps seul fatigue davantage, et encore.

« J'avais je ne sais quoi dans l'arrière-gorge, que je sentais à chaque instant; je bois l'air vif de la mer, la délicatesse s'en va. Et je reviendrai en bon état, prête à reprendre mon double labeur d'action et de pensée, que Dieu daigne bénir, et que vous voulez bien encourager.

« Je vous redis : à bientôt; ce mot m'est un fortifiant. »

A LA MÊME

« Kermöareb, 27 avril 1878.

« Ma chère Mère, j'ai quitté Lorient hier avec les enfants ; le voyage a été bien gai, dans cette bonne vieille calèche, qui nous conduisait, sans fièvre aucune, vers Kermöareb, à travers deux haies d'ajoncs en fleur. Je suis toujours heureuse de voir ce pauvre sol maigre, qui, par je ne sais quel mystère, me tient tant au cœur. Il est orné en ce moment de sa plus éblouissante parure : ces grandes zones d'or, si brillantes sous le soleil, forment un contraste avec la pauvreté de nos landes. Il n'y a eu que le bon Dieu à prodiguer ainsi l'or en Bretagne. Le petit manoir est comme je l'ai laissé ; il n'a pas ces odeurs de vieux qu'on rencontre dans les maisons inhabitées ; et cependant le salon était dans un état pitoyable, la tapisserie navrante. Aidée d'Hortense, j'ai pansé les plaies et recollé les fuyards.

« Ici il n'est pas toujours facile de s'approvisionner ; et cependant il arrive sans cesse de nouveaux personnages. Les anciennes maisons sont rebâties ; c'est une fièvre de progrès, depuis que moi, amie de la stabilité, j'ai apparu dans le pays. Mais il y a vraiment dans ce peuple un vieux fond, dont les idées actuelles ne viendront pas vite à bout.

« Le jour de mon arrivée, j'ai pris, pour porter mes caisses, une pauvre commissionnaire. Elle arrive avec ces lourds fardeaux et en laisse le prix à ma générosité ; je lui tends un franc. Elle le repousse : « C'est

« beaucoup trop, dit-elle, je ne prendrai pas tant d'ar-
« gent.... » Il m'a fallu diminuer!

« Dites à Mère *** que je serai à mon poste de récréation, mardi 3 mai, s'il plaît à Dieu. Là aussi, il y a beaucoup à faire.

« Je vous quitte pour aller adorer, dans la simplicité et la pauvreté de mon cœur, Celui à qui vous êtes, et auquel vous m'avez enchaînée par l'amour. Là où est le trésor, là est le cœur. »

A MÈRE MARIE DE***

« Locmariaker, 31 août 1878.

« Ma chère Mère,

« Je ne peux résister au plaisir de vous écrire un petit mot, la maison ayant été bénite ce matin. Vous savez que j'ai fait placer dans le fronton le charmant groupe de sainte Anne, envoyé par Mère générale.

« Le bon recteur est arrivé avec le vicaire et un jeune abbé. Un enfant de chœur portait l'eau bénite et un grand crucifix argenté; je l'ai placé sur la table; et, en voyant le Maître prendre possession de mon chez-moi, j'ai été doucement émue. C'est vous qui l'avez placé au sommet de mon âme et de ma vie; c'est grâce à vous qu'Il vient aujourd'hui pour que je témoigne publiquement de ma foi! Aussi vous étiez là présente avec ma famille, qui a été très grave. Chacun s'est agenouillé, et nous avons récité le *Veni Creator*. Puis le vieux prêtre, en aube, avec sa plus belle étole, a parcouru, le goupillon à la main, tous les appartements.

« Cela fait, nous avons récité l'*Ave Maris Stella*,

une oraison, et le vieux recteur s'est levé en disant :
« Que notre Dieu donne le bonheur à cette maison et
« à tous ceux qui l'habiteront ! » C'était bien touchant.
Ces messieurs sont restés à déjeuner. Je n'avais invité
personne autre, pour que les enfants restassent
sérieux. Et j'ai pensé venir vous raconter cela, car
il y a du divin là dedans.

« Mon bon Ange, dites à mon autre bon Ange que
tout va bien, et portez-lui ces œillets que le bon Dieu
a pensés, peints et parfumés. Il est important pour
moi que ma Mère vénérée les reçoive. Ces parfums-là sentent le Ciel, où elle m'a appris à vivre. »

A LA PRINCESSE WITTGENSTEIN

« Paris, 31 décembre 1878.

« Chère Princesse,

« Pardonnez-moi d'avoir si longtemps tardé à vous répondre ; le mois dernier j'ai été accablée d'affaires. Présidente provisoire de l'œuvre à laquelle je m'intéresse, j'ai dû assister à des réunions, et je sors de la vente de charité faite au Ministère de la justice. Nous avions, parmi les vendeuses, la princesse Blanche d'Orléans, et deux ou trois personnages très aristocratiques.

« Si la princesse Mary eût été à Paris, j'aurais espéré sa visite à mon comptoir.

« En de semblables *bousculades*, je n'ai pas même eu le temps de vous envoyer mon volume d'étrennes, *Grand cœur*. Vous le recevrez au premier jour.

« On illustre en ce moment la troisième partie du *Petit chef de famille*, et je demande qu'on me fasse du distingué. Ce que j'ai vu est fort bien.

« J'ai eu de grandes inquiétudes sur la marquise de Blocqueville. Cette fois elle a disparu complètement, et les nouvelles étaient si alarmantes que j'en avais le cœur serré. Je passais, en baissant les yeux, devant les fenêtres de son appartement, me remémorant toutes ses bienveillances, toutes ses amabilités ; je ne la vois pas souvent, mais je ne puis oublier l'accueil qu'elle m'a fait alors que j'étais inconnue et si pleine d'inexpérience. Puis c'est grâce à sa lettre d'introduction que j'ai fait votre connaissance. Son départ me ferait un vide douloureux, et je me réjouis de la savoir en voie de guérison.

« Chère Princesse, je vous souhaite une année selon votre cœur, et vous renouvelle l'expression de ma fidèle et sincère affection. »

P.-S. — « En ce moment, je finis *La Rustaude*, un plaidoyer contre l'émigration des paysans et paysannes à Paris. »

A LA MÈRE MARIE DE***

« Locmariaker, 25 avril 1879.

« Mais, ma chère Mère, je suis ici, où j'ai reçu la bonne nouvelle de la réception de Francis, par ma sœur.

« A Lorient, je n'étais pas en mesure de paraître, même à des soirées intimes. Il y a eu un thé chez mon frère, et j'étais mise, il fallait voir ! J'ai pris un très bel air ; mais enfin, l'air, ce n'est pas la chanson ; et puis, une fois ici, chez moi, je me trouve mieux.

« Brigitte me cuit mes coquillages ; pour le moment,

je n'ai pas d'autre rôti. Mon cidre arrive demain; je suis en train de louer mes terres, je prépare mon travail d'été; enfin j'use le temps de mon mieux, en attendant de vous revoir.

« Ce matin, j'ai suivi dévotement la procession de Saint-Marc, et j'ai entendu la messe à la petite chapelle Saint-Michel, au milieu de mes dévotes et dévouées paysannes. Le vieux recteur vient me voir, et songe enfin, me dit-il, à prendre sa retraite, sa quatre-vingt-dixième année étant commencée.

« A bientôt, à la fin de la semaine prochaine. C'est avec bonheur que je l'écris. »

A LA MÊME

« Redon, 28 avril 1879.

« Ma chère Mère,

« Me voici donc en pleines vacances de Pâques, et j'arrive à Redon. L'extraordinaire est que, cette fois, je n'ai pas d'encre, et que je n'en trouve pas dans le vieux secrétaire qui me sert de bureau. Je dois donc recourir au crayon, parler à voix basse, comme disait Mme Swetchine. Dans le petit hôtel où je suis, il y a un merle ou un garçon qui siffle admirablement; je n'entends pas d'autre bruit, et je vais faire ma prière du soir à cette musique. »

« 29 avril.

« Bonjour, ma Mère; il est tombé cette nuit une grêle affreuse qui entrait dans ma chambre par la cheminée. Ah! si la Bretagne était moins impratique! Ce matin, je prends du lait chaud; on m'apporte une pyramide de beurre frais, sur laquelle se voient un Saint Sacrement, deux anges en adoration, des croix et des médailles en relief. Cela les peint, n'est-ce pas? »

« Lorient.

« Je suis arrivée, ma chère Mère; mon monde m'attendait à la gare; ils sont tous bien. Sous la grêle et la pluie, je me rends à l'église. Ailleurs, je vous cherche; là, je vous trouve. »

A LA PRINCESSE WITTGENSTEIN

« Paris, 9 juin 1879.

« Vous êtes vraiment mille fois trop bonne, chère Princesse, de me faire ainsi un brouillon, selon l'étiquette, pour la princesse*** et je me hâte de le copier. Je suis une mauvaise copiste, mais l'étiquette, cette fois, n'aura pas d'entorse, et votre jeune amie ne sera pas, grâce à vous, choquée par mes formules. Attendez-vous toujours à voir très horriblement fait ce que je fais sur commande; j'ai des raideurs particulières qui m'empêchent absolument de réussir. Un brouillon peut encore se recopier. Mais de soi-même parler comme le veut une autre... ne le sais, vraiment, ni ne le puis.

« J'ai été un certain temps à mâcher votre dernière lettre et à l'avaler. Permettez-moi de vous l'avouer; je me demandais s'il s'agissait d'un enfantillage ou d'un exercice de patience inventé par vous, pour me mettre à l'épreuve?

« Il m'est impossible de comprendre la susceptibilité sur les hauteurs, et, je l'avoue encore, je crois avoir agi avec la princesse***, comme il convient. Je vois assez souvent des duchesses bon teint, et je ne me mets pas l'esprit à la torture pour leur plaire. Je conçois vos anathèmes contre mes rudes indépendances; mais enfin, chère Princesse, il me faut bien un peu laisser vivre ma dignité. Je verrai toujours avec plaisir la princesse*** quand elle viendra à Paris; mais correspondre avec elle, je n'en vois ni l'utilité, ni l'agrément, soit pour elle, soit pour moi.

« Vous me demandez ce que signifie : « *Kermōareb* », le nom de mon petit cottage? Kermōareb veut dire, en langue celtique : *Villa de la Tante*. Je l'ai choisi, afin d'inspirer à mon bataillon de neveux la pensée d'un certain respect. Le terrain que j'ai acheté autour donne des fleurettes idéales, et, en plus, d'exquises pommes de terre. C'est un terrain fertile. Je pourrais même planter des arbres, mais il faudrait clore de murs, à cause des grands vents. Ma maison est tout près de la mer : non point du sauvage Océan; c'est un golfe riant qui s'étend devant le regard, golfe semé d'îles, jadis visité par César et ses légions, et si pittoresque que les voyageurs le comparent à l'Archipel. Je mourrai avec la passion de la mer; elle me produit l'effet d'une zone véritablement intermédiaire entre la terre et le Ciel.

« Mon papier termine l'hymne dont vous étiez menacée, chère Princesse; il ne me laisse que la place de vous dire : adieu et merci!

« Et croyez bien que ce n'est pas à votre Altesse que j'écris en ce moment, mais à la grande et aimable femme, à laquelle je demeure bien fidèle. »

A MÈRE MARIE DE ***

« Kermöarch, 12 août 1879.

« Ma chère Mère,

« Comme vous êtes en retraite et ne lirez ma lettre que dans huit jours, il me vient à l'esprit de vous écrire, sous forme de journal, ce que je vois et ce que je pense.

« Me voici arrivée; et possédée par l'instinct du nouveau, de l'inconnu, je cherche les changements qui ont pu atteindre ce lieu paisible du grand univers. Au point de vue pittoresque, ils me saisissent. Les pluies qui ont désolé la France, et peut-être le monde, ces pluies intarissables, quotidiennes, qui rappellent à l'esprit les mystérieux fléaux de Dieu, ont fait germer devant mes fenêtres des coquelicots à foison, et, en retardant la moisson, me donnent l'occasion d'admirer des champs d'avoine, qui forment sous mes yeux un riant parterre. Ces panaches légers qui se balancent au milieu des herbes, ces fleurs éclatantes font à la mer, toujours belle d'une beauté immuable, un cadre d'une grâce et d'un éclat inusités. Que la main qui a jeté ces semences sauvages soit bénie! Même en nous châtiant, elle nous caresse. »

« Dimanche.

« J'ai prié avec mes braves paysannes et mes honnêtes pêcheurs; nous avons chanté le *Gloria* et le *Credo*, d'une voix plus ou moins juste, mais de tout notre cœur. Il y a entre nous une grande union dans la foi, et je vois avec émotion, autour de cet autel rustique où Dieu descend, des jeunes hommes et des enfants, dont l'incrédulité n'a pas obscurci l'intelligence et dont le cœur est pur.

« Dans l'après-midi, je suis allée au sémaphore, rendre visite à l'Océan ; c'est ma royale connaissance, mon terrible et charmant voisin. Que de fleurs sur ma route ! J'ai cueilli des chèvrefeuilles embaumés, et une quantité de plantes grimpantes, dont j'ignore le nom, mais dont la grâce est incomparable. L'Océan se faisait caressant. Pas une ride, pas une vague. Un lac d'une étendue infinie. Je me suis reposée sur le beau sol de granit ; il était dur, mais tiède, et la brise rafraîchissait mon front. Les petits lacs creusés dans la pierre sont troublés par les pluies. Quelques-uns, néanmoins, réfléchissaient le Ciel, et tout parlait de l'été.

« Au retour, il a fallu m'occuper des pauvres, du ménage. Oh ! le ménage ! quel poids attaché aux ailes de l'imagination. Mais il y a, dans cette chose nécessaire, un attrait spécial ; on se sent dans son rôle providentiel. C'est à nous, femmes, qu'il appartient de faire vivre les autres, de prévenir leurs besoins, de satisfaire leurs goûts. Je me prête volontiers à ces mille détails. Je n'y mets rien de moi-même comme savoir-faire, mais seulement un peu d'ordre et un peu de cœur. Les convives étaient satisfaits ; la journée a été excellente. Je vais lire dans le journal un peu de ce qui se passe par le monde, dont je suis séparée momentanément, puis me reposer. »

« Lundi.

« Ce matin, pas de messe ; mais une grande cérémonie pour l'anniversaire d'un vieux prêtre. J'ai regardé comme un devoir de m'y rendre, afin de témoigner, une fois de plus, mon respect pour le sacerdoce. Ce prêtre, devenu aveugle, nous avait dit la sainte messe plus d'une fois; soyons-lui reconnaissants. Donc, je n'ai pas pris le chemin du bourg, mais j'ai suivi le sentier de la grève. Le flot arrive avec sa mélodieuse chanson. Le sentier est doux aux pieds, l'air est vif et frais. Je marche. Mais voici qu'au détour du chemin je rencontre Marianna, une bonne vieille boiteuse, qui est propriétaire de sa cabane, et voit, en hiver, la mer écumer devant les vitres de sa fenêtre. Elle a deux filles qui travaillent dur avec elle. J'aurais voulu que ma Mère entendît notre dialogue : cela ne se rend pas, il faut saisir l'accent, voir la physionomie. Il était question des étrangers :

« Ah! mademoiselle, il n'y a que de bonnes gens
« chez nous, des gens qui savent prier.

« — Oui, Marianna, et on n'écoute pas les autres,
« ceux qui parlent mal de Dieu, des prêtres.

« — Les écouter, Seigneur Jésus! Pourquoi faire?
« Ce que disent les prêtres, c'est la *vérité*.

« — Certainement.

« — Et il n'y a qu'eux qui consolent. Écoutez, quand
« j'ai perdu mon mari, je restais avec trois pauvres
« petits enfants, je pleurais toute la journée. Le vicaire
« est venu, et voici ce qu'il m'a dit : « Vous êtes décou-
« ragée; savez-vous cet Évangile? » Et alors il m'a
« conté que les oiseaux du Ciel ne semaient pas et que
« le bon Dieu les nourrissait. Et ça m'a fait un tel
« effet que j'ai essuyé mes yeux, que je suis allée à
« l'église, et que j'ai dit à Dieu de se charger de nous.

« Le courage m'est revenu; et mes filles, mes grandes
« et braves filles, à présent, travaillent pour leur vieille
« mère. »

« Voilà ce que me contait cette femme qui ne sait pas lire; une page d'Évangile lui avait donné une confiance inébranlable et avait tari immédiatement ses larmes. A cette tête saine, à ce cœur pur, Jésus-Christ se révélait par une de ses plus touchantes paroles. Et j'ai poursuivi ma promenade, pensant que je continuerais à dire que le bonheur, même en ce monde, est dans une vie exempte d'envie et de convoitises, en une vie de travail et de foi. »

« Bonsoir, ma chère Mère, tout va bien.

« Mercredi.

« J'écris dans une si profonde solitude que nul bruit ne vient me troubler. Le vent s'élève, mais il n'a pas, dans mes environs, de girouette à faire grincer, de volets à agiter, de tuiles à secouer; il tourne autour de moi comme un souffle ami, plein d'harmonie. Je l'écoute distraitement, et il n'interrompt pas pour moi le silence. Tout à coup la fenêtre s'ouvre. Qui vient me visiter? Qui arrive au galop? Qui parle ainsi bruyamment? C'est la brise de la mer, son avant-coureur. Je regarde. Sois la bienvenue, ô belle et charmante visiteuse, viens me parler; je suis tout oreilles pour t'entendre; viens étaler devant moi, ta toilette diaprée, d'une richesse sans pareille; je suis tout yeux pour te regarder. Elle approche, franchissant les barrières; le vent, qui seconde son allure, la pousse et lui imprime un mouvement plein de majesté. Elle arrive près, bien près; le caillou que je lancerais de ma fenêtre retomberait dans ses jolies vagues bleues à la crête d'argent.

« Quelles bonnes voisines nous sommes! Sa conversation me plaît et me charme. Elle me raconte si éloquemment les grandeurs et les amabilités de l'Être puissant qui nous a également créées; je lui dis, de mon côté, mille choses intimes. Je lui parle des esprits profonds que j'ai rencontrés, des cœurs plus profonds encore. Elle contient de mystérieux abîmes, mais le mystère et l'abîme sont partout; elle reflète, comme un miroir, la splendeur des cieux, mais certaines âmes reflètent des splendeurs mille fois plus belles. Pauvre mer! on la dit perfide; elle est mobile et changeante. En ceci, ma visiteuse et moi ne nous ressemblons pas; il y a dans mon cœur des surfaces *immuables*.

« Jeudi.

« Le décor placé devant ma fenêtre a changé instantanément. La mer, d'un bleu banal, s'est assombrie soudain; et cette magnifique pièce d'eau d'un vert glauque est sillonnée de longues traînées d'un rose pâle. On dirait des routes tracées sur un glacis. Et ce sont des routes, en effet; ce sont les courants, ces routes invisibles qui, par un effet d'optique, que j'admire sans l'analyser, produisent ces sinuosités lumineuses. L'abîme se laisse deviner; le pilote le plus inexpérimenté pourrait voguer sur cette mer qui se dessine elle-même. Mais cela n'a que la durée d'un moment. Déjà les teintes s'affaiblissent, la mer jalouse va reprendre la mystérieuse uniformité de ses teintes; et si je relève les yeux dans dix minutes, je n'aurai devant moi qu'une surface unie, d'un vert doux, qui là-bas, vers l'île baignée d'une vive lumière, passe au bleu.

« La mer est donc bien la vivante image de la variabilité de la vie. Je ne dirai pas du cœur. A l'éternel honneur de l'humanité, il y a des cœurs assez forts pour les sentiments invariables. La foi ne passe pas par mille nuances indécises, l'amour n'a rien à voir avec ces métamorphoses ; il est, il demeure. Ah ! c'est que Dieu s'est regardé en nous, et que nous avons, bon gré mal gré, quelque chose de divin. »

« 20 août 1879.

« Votre retraite doit être finie, et je vous envoie mon journal intime, ma chère Mère.

« Il faut que j'écrive sur une adresse le nom aimé de la rue Barouillère, et aussi, que je dise à un cœur ami les consolations que je reçois. Vous êtes tellement apostolique que vous me pardonnerez de vous parler de ces enfants, qui bientôt seront des hommes. Le collège de Vannes est admirable ; je suis heureuse de reconnaître combien les bons pères ont su apprivoiser ces louveteaux. Charles a eu les meilleurs prix de sa classe : excellence, diligence, etc., etc. Avec cela, une véritable transformation religieuse ; tout prêt à se dévouer pour la France et l'Église. Quelque chose d'inattendu enfin, et qui me fait détester une fois de plus les lois Ferry. René, mon filleul, a eu aussi des succès. Somme toute, c'est un avenir plein de sérieuses promesses, et mes abnégations reçoivent déjà leur récompense.

« Le temps est capricieux et désagréable ; mes

compagnons ne s'en amusent pas moins pour cela. Ils sont entourés des gamins du bourg que je régente, il faut voir! Ces petits nu-pieds écoutent mes catéchismes avec un grand sérieux, et sont très gentils, du côté de la foi. Il paraît que, dès mon arrivée, l'exactitude aux offices devient le mot d'ordre. Nos prêtres me remerciaient, tout à l'heure, du bien produit par l'exemple. Nous devenons le boulevard religieux de la paroisse, puisque, gens instruits (hum!), nous pratiquons la religion comme les paysans. Cet hommage, que j'aime à croire agréable au cœur de Notre-Seigneur, je le renvoie à qui de droit.

« Je me fais renseigner sur la politique, et je partirais au moindre signal de danger, mais je ne vois rien de nouveau. Ici, c'est le repos absolu; Dieu est adoré sans résistance. Notre-Seigneur nourrit ces âmes simples et ces cœurs naïfs. Peut-on ôter cette foi consolante à des masses humaines qui ne trouvent de compensations à leur dure destinée que dans les espérances éternelles?

« J'espère que cette lettre vous sera remise au sortir de votre retraite bénie, qui me jette au pain et à l'eau. Mais il faut bien que la rosée du ciel rafraîchisse toute terre; et je fais mon sacrifice le plus largement que je peux. Je ne vous écrirai plus jusqu'à mon retour près de vous. »

CHAPITRE XVIII

Lourdes — Paris — Locmariaker — Correspondance, 1880-1881.

A MÈRE MARIE DE ***

« Bordeaux, 18 février 1880.

« Ma chère Mère,

« Francis et moi sommes partis hier pour Lourdes, devant nous arrêter à Pau, chez la comtesse de Robersart, et au Vignal, chez sa sœur Mme de Gramont. Nous arrivons à Bordeaux; je n'en puis plus, je prends mon courrier à la poste, et me laisse conduire dans un fort bel hôtel, où l'on me fait monter à l'entresol. Cela me paraît bien brillant, mais je suis si fatiguée que je ne réfléchis pas. Francis a une chambre auprès de moi. Je murmure mes prières, j'avais fait mes exercices de piété en wagon, et je tombe dans un bon lit, où je rêve à toutes sortes de naufrages. La veille, j'avais aperçu la Gironde, au clair de lune. Ce matin, je m'éveille dans le velours, l'or et les lustres. Je pense qu'à Bordeaux c'est comme cela, et je n'y songe plus. Un carton imprimé frappe mes yeux. Voyons; j'ai dû prendre mon lorgnon..... Hélas! quinze francs par jour! mon porte-monnaie en a crié. C'est fait! Mais je ne regarde plus du même œil ce faux luxe qui me coûtera si cher. Voici ma première tribulation *économique*.

« Sur ce, je vais avec Francis chercher l'église, où j'adorerai Notre-Seigneur, en laissant mon cœur s'unir d'intention à tous les cœurs qui ont prié ce matin dans ma chapelle à moi.

« ZÉNAÏDE *ruinée*. »

P.-S. — « Nous voici à Arcachon, ma chère Mère, dans le grand hôtel de la plage, qui va achever de vider ma bourse; mais j'ai devant moi la mer, qui est le charme de mes yeux, et j'aurai eu plaisir et repos. La majesté des montagnes m'écrase; l'infini de la mer me convient. Francis visite l'école Saint-Elme et le bateau dominicain; il le trouve admirable. Demain, nous partons pour Pau. »

A LA MÊME

« Pau, 21 février 1880.

« Ma chère Mère,

« En arrivant à Pau, j'ai trouvé notre amie de Robersart toujours bien souffrante. Elle ne pourra venir à Lourdes demain, et n'a même pas paru au salon aujourd'hui. Nous partirons à sept heures, avec la comtesse de Gramont et son intelligent fils Arnaud; nous entendrons la messe à ce Lourdes béni. Ma première lettre vous contera mes impressions.

« Pau, 23 février.

« Hier, au moment de partir pour Lourdes, pluies torrentielles ! On m'annonce que la grotte sera fermée et que le pèlerinage est impossible. Nous entendons la messe à Pau.

« Je compte toujours partir demain soir pour Lourdes, et y rester mercredi. Je ne crois pas possible le retour par le Cayla. Il y a des embranchements, des retards, et bien que Mme de Guérin me presse d'y passer, je sacrifie, non sans regret, ce séjour. Je vous écrirai de Lourdes ; adieu, etc. »

A LA MÊME

« Lourdes, 25 février 1880.

« Ma chère Mère,

« De ce lieu choisi, pittoresque, admirable, mon cœur s'élance vers vous, après être monté vers la Vierge Marie. Je me suis prosternée devant la grotte ; j'ai baisé pieusement ce pavé, sur lequel se projette l'ombre des roches sanctifiées ; puis je suis allée placer et allumer des cierges.

« Nous nous trouvons si bien à Lourdes, que pour y rester un jour de plus nous renonçons à notre itinéraire. Demain nous repartons pour Bordeaux, et vendredi, nous serons, s'il plaît à Dieu, à Paris. Je crois que l'École professionnelle a besoin de ma petite présence pour soulager nos Mères.

« Je vais sans cesse à la grotte avec des cierges, pour chacune de mes intentions. J'aime tant cette dévotion-là. Allumer cette flamme qui monte vers le

Ciel, comme pour continuer la prière que l'on a trouvée trop courte, est pour moi, un acte de foi vivante.

« A Lourdes, je me fais humble bergère par le cœur; et cette merveille divine et ces merveilles pittoresques fondues ensemble composent une atmosphère pleine de paix et d'élévation, dans laquelle s'épanouit mon âme.

« Néanmoins le temps me dure, même ici où tout me plaît, et je vous dis avec le même sentiment que toujours : à bientôt, à bientôt! »

A LA PRINCESSE WITTGENSTEIN

« Paris, 23 juin 1880.

« Chère Princesse, non; je ne suis pas encore sur ma plage déserte, mais je me dispose à y partir.

« Que dites-vous de la France actuelle? Que d'injustices, n'est-ce pas? Je voudrais sous ma plume un journal appelé : *La Vérité*, où les collaborateurs auraient de l'esprit, sans trop viser, dans leurs jugements, à la charité chrétienne, qui s'efforce de trouver tout bien.

« Est-il donc beau de se rendre aveugle et de se laisser ainsi morfondre, sans se lever pour crier halte-là! à ces patibulaires qui imaginent de chasser nos Anges gardiens?

« Moi qui les vois à l'œuvre, moi qui les ai suivis, non sans une résistance intime, dans le sillon de leur charité, moi qui pressens ce que c'est que Paris dépouillé d'anges, je me sens au cœur une de ces impérieuses colères qui naissent devant le sacrifice des justes. C'est moi qui planterai là, avec bonheur, ces œuvres mortifiantes entreprises pour la réhabilitation et la consolation de ce peuple ingrat! Ah! il me reprendra à m'occuper de ses misères, si mes saintes religieuses ne sont plus ici pour m'y encourager par leurs conseils et leurs exemples! Les petits journaux discourent sur l'indifférence des populations; on ne saurait mentir plus audacieusement.

« Mais c'est assez parler de ces choses incroyables et déshonorantes. Chère Princesse, excusez mes indignations françaises, en faveur des circonstances qui blessent la religion, la justice, la vérité; et croyez-moi toujours vôtre. »

A MÈRE MARIE DE ***

« Kermôareb, 21 juillet 1880.

« Chère Mère, j'ai été bien lâche les premiers jours; j'étais prête à plier bagages, pour retourner à Paris. L'accident qui a blessé notre pauvre charretier amenant mes bagages, mon arrivée, seule, à la nuit, tout semblait réuni pour me noircir l'âme, et mon cœur criait bien fort. Enfin, ce matin, j'ai été consolée à la Communion; j'étais à cinq heures dans ma vieille église, et Dieu lui-même a daigné me calmer et m'abreuver de patience.

« Me voici donc remise, et vous disant mille résolutions courageuses. Je vais demain à Vannes pour la dernière des distributions de prix à Saint-François-Xavier. Il y avait hier, dans le journal, un avis donné à un fonctionnaire de retirer ses enfants d'un collège jésuite, sous peine de révocation. Néanmoins j'espère que la rentrée se fera. La bonne entente dans la famille continue; grands et petits sont heureux. Il y a de réels progrès; et chacun rend justice à ce collège qui va se fermer, mais qui a produit tant de fruits de salut. Ici, c'est la paix la plus profonde. On ne sait rien que vaguement, et tout le monde gémit des idées parisiennes en général, sans en comprendre absolument la portée.

« Ce matin, je suis partie encapuchonnée pour la messe dans un vrai tourbillon. Le recteur monte à l'autel à cinq heures, et le vicaire n'est pas toujours là. J'aspire ce grand vent avec un plaisir infini; nous combattons l'un contre l'autre; je lui résiste vaillamment, et je trouve cette lutte un jeu charmant. Je suis rousse à faire peur; mais vous ne vous en plaindrez pas, puisqu'il y a de la santé sous ce cuivre. »

A LA MÊME

« Kermöareb, 14 août 1880, veille de l'Assomption.

« Ma chère Mère,

« Vous voici donc en route pour Jersey; ne me faites pas attendre les nouvelles de la traversée.

« Ce soir, on se confesse, et demain, communion de tous les Fleuriot en l'honneur de cette Reine du Ciel, que vous m'avez appris à honorer et à aimer. Je ne connaissais pas vraiment la Sainte Vierge. C'est ma Mère qui m'a révélé ses grandeurs.

« A ce propos, René vous prie de lui envoyer un scapulaire; le sien est usé, et il a roulé respectueusement l'étoffe sur un petit bois.

« Nous préparons une belle Assomption. Toute la

maison communiera ; et dans l'état actuel des choses, c'est une affirmation qui a son importance. Ici, mes loups sont fort exemplaires, et d'un enfantin qui me réjouit. Le R. P. Bouvier, professeur de Charles, est venu nous voir; il est bien intelligent et bien bon, aussi a-t-il conquis le cœur de son élève. Le révérend père voudrait qu'il fît sa philosophie, mais ils ne sont sûrs de rien au sujet du collège; et si Charles ne commence pas le cours spécial des sciences pour Saint-Cyr, il risquerait de ne pas réussir. René, de même, pour le *Borda*. La raison dicte cette ligne de conduite, en ces temps troublés.

« Ma chère Mère, ce matin se présentent deux voisines; elles me racontent que la jeune femme d'un maçon pauvre a eu une fille, et ne peut trouver de marraine. L'homme et la femme pleurent à l'idée que l'enfant va être privée de baptême pendant un temps indéterminé. On vient me solliciter de servir de marraine. Ma première pensée est *non*; et puis je me dis : Il y a des hommes qui s'insurgent contre le saint baptême. N'est-ce pas un devoir de se prêter à cet acte religieux? Et c'est demain l'Assomption. Allons, un peu de charité!

« Et je dis : *oui*.

« J'ai reçu la visite de mon recteur, homme intelligent, pieux et très sympathique. Il va nous faire donner, dans son zèle, une mission de deux semaines, quatre instructions par jour, en bas-breton ; j'en frissonne. Il y aura aussi une petite quête au bout; mais je l'attends volontiers.

« Ma chère Mère, s'il vous plaît, envoyez-moi les heures des paquebots de Jersey à Saint-Malo ; j'aime à tout savoir de ce côté maintenant. Votre retour est bien prochain. J'y pense avec joie. »

P.-S. « Je vous envoie ces aimables vers d'un prêtre inconnu, qui vous feront plaisir. »

A MADEMOISELLE ZÉNAÏDE FLEURIOT

Souvenir de mon passage à Locmariaker.
11 Août 1889.

C'était une humble église au cintre surbaissé,
    L'église où nous entrâmes [1]
Afin d'y retrouver les traces du passé,
    Et rafraîchir nos âmes.

Le soleil radieux y versait ses splendeurs;
    Et des flots de lumière
Inondaient, de leurs feux, toutes les profondeurs
    De ce lieu de prière.

Le temple était désert. Seul, le bruit de nos pas
    Interrompt le silence;
Et la lampe d'argent, flambeau qui ne meurt pas,
    Lentement se balance.

Tandis que devant Dieu, comme un parfum de nard,
    Ma prière s'épanche,
Un mot, un simple mot, attire mon regard.
    Étonné, je me penche.

Près d'un siège de bois que les ans ont bruni,
    Est gravé sur le cuivre
Un nom souvent inscrit, comme un gage béni,
    A la tête d'un livre.

Gage de pureté, d'innocente candeur
    Et de grâce touchante;
Ce doux nom qui jamais n'effraya la pudeur
    Me ravit et m'enchante.

C'est qu'il réveille en moi des souvenirs charmants.
    C'est un essaim d'abeilles
Qui, plein d'activité, par ses bourdonnements,
    Caresse mes oreilles.

1. (V. H.)

Butinant sur les fleurs, tout cet essaim joyeux
    Y puise leurs aromes,
Et de son vol léger, évoque sous mes yeux
    Les plus riants fantômes.

Je revois Guy, Francis, l'aïeule aux nobles traits,
    Edith, Blanche et Camille;
Rien ne peut effacer tous ces vivants portraits
    De *La vie en famille!*

Ainsi le rêve heureux où le cœur se complaît
    M'effleure de son aile;
Soudain la porte s'ouvre, une femme paraît;
    Je l'entrevois : c'est Elle.

Calme, les yeux baissés, elle gagne à pas lents
    Sa place accoutumée;
Par des livres pieux, de grâce étincelants,
    Déjà tout embaumée.

Et moi, je contemplais celle qui priait Dieu
    Dans l'enceinte sacrée,
La trouvant grave et douce, et digne du Saint Lieu.[1]
    Qui l'avait inspirée.

Oui; c'est ici la source où vous avez puisé,
    Source du vrai génie;
Jamais des dons du Ciel vous n'avez abusé.
    Vierge, soyez bénie!

Oh oui! soyez bénie! Et pendant qu'à genoux
    Vous priez solitaire,
Voyageur inconnu, j'ose implorer pour vous
    Le céleste salaire.

Seigneur, d'un zèle ardent pour le vrai, pour le bien,
    Vous l'avez embrasée;
Aujourd'hui répandez dans ce cœur si chrétien
    La divine rosée.

Dans ce hameau stérile, environnez de fleurs
    Sa douce rêverie;
Faites-lui reconnaître, à leurs fraîches couleurs,
    La terre de Marie.

            Rennes, 19 août 1880.

A LA MÊME

« Kermôareb, 8 septembre 1880.

« Mère vénérée, je viens, en vous écrivant, prendre des forces, car la Mission s'annonce ; notre recteur, en confession, m'a recommandé *sa Mission* qui dure quinze jours et commence dimanche. Hélas! quand il me disait : « Vous voudrez bien donner l'exemple à « la paroisse », j'ai eu besoin de penser à vous. J'ai déjà entendu un bon missionnaire qui va revenir cette année ; sa voix seule était si tonnante que je me promettais de lui échapper. Enfin, là-dessus, votre avis, s'il vous plaît?

« Jeudi, nous avons eu le mariage de Brigitte avec un douanier. La noce est venue me chercher en grande pompe, et nous avons assisté à la messe, au dîner, à la danse et même aux prières, car à l'issue du dîner, montée sur des planches, une vieille femme s'est levée, et a dit à haute voix l'Angelus et des invocations, qui étaient très touchantes. Mon attitude a retenu la verve de certains douaniers *beaux esprits*, gâtés par le mauvais journal de Nantes, et chacun s'est signé dans le plus grand sérieux. »

« 12 septembre.

« Nous voici au 12, ma chère Mère. Je deviens d'une humeur très douce ; mais pourquoi ne m'écrivez-vous pas? La Mission est commencée, et j'ai besoin de soutien! Le père à la voix tonnante reprêche longuement. O divine patience!

« Tantôt, tout le presbytère, y compris le prédicateur, est venu me rendre visite. Je les ai accueillis avec un grand respect ; vous m'avez appris la majesté de la foi.

« Je vais faire de mon mieux pour édifier mon prochain et activer le zèle religieux des enfants. La Mission est, du reste, pleine de grandeur et de mortification. Nos apôtres sont d'anciens marins ; ils ont des voix à faire crouler les murailles, et leurs sermons, en bas-breton, ne finissent pas. Mais, ce matin, la communion générale pour la première semaine était bien émouvante. C'était la foule qui venait à Notre-Seigneur. J'entendais mes vieilles pêcheuses chanter, à pleine voix, le cantique de l'Eucharistie. Je pleurais d'émotion, et je pensais à vous, qu'un tel spectacle eût bien remuée. »

« 3 heures.

« Je reviens d'une instruction précédée et suivie de cantiques. Maintenant, c'est en français ; et il n'y a plus moyen d'y échapper. Je suis soutenue par votre désir et par la véritable admiration que j'éprouve pour la foi de nos gens. Croiriez-vous que le cordonnier vient de refuser de faire des chaussures à mes neveux, une bonne aubaine, parce que lui et son ouvrier voulaient assister à tous les exercices de la Mission ? Celui-là n'est pas près de perdre ma pratique. Les enfants eux-mêmes, les adolescents, refusent les meilleurs gains pour aller à l'église. Pour moi, il y a du dur à avaler ; mais je me réjouis dans mes croyances, et crie avec allégresse : « Vive Jésus-Christ, que ma « Mère m'a appris à aimer *plus que moi-même !* »

« Tante Marie a été heureuse de votre lettre, elle

32

en goûte les suaves enseignements; c'est un changement complet. C'est un nouveau monde d'idées. Elle accepte mes recommandations; je ne la reconnais plus. Du reste, chacun est bien disposé. Charles, à peine arrivé, va faire à pied son pèlerinage de Sainte-Anne, et il a dit à tante Marie que, pour la religion, il continuerait ce qu'il avait l'habitude de faire. Il ne commencera que le dessin, etc., pour Saint-Cyr; il veut l'autre moitié de son baccalauréat; en ceci, il a une volonté de fer; inutile de le conseiller. Il vient de recevoir une lettre bien émouvante du R. P. Bouvier qui part pour Jersey; j'ai immédiatement promis le voyage. »

« 27 septembre 1880.

« Ah ! quelle journée ! Une communion d'hommes et de femmes immense, moi et mes jeunes neveux en tête.

« Mère, rappelez-vous ! votre fille allait être saisie entre les griffes du démon du Midi, son intelligence se développait à l'effrayer, son cœur mourait d'inanition, ou plutôt se révoltait contre l'inanition, se sentant grand à aimer un monde. Vous l'avez mise sous la garde de Notre-Seigneur, elle ne lui a plus obéi par routine, mais avec élan, avec profondeur; et d'elle à toute cette famille, que de grâces !

« Je suis un peu fatiguée; j'ai suivi les cérémonies de clôture de la Mission, et les enfants aussi. Deux messes, vêpres, quatre sermons, bénédiction, procession, *Te Deum*.

« L'aîné, dans ses plus élégants habits, marchait en avant de ses frères. Ils étaient charmants à voir, tous les cinq, au pied de la Croix, où se prononçait le dernier sermon.

« Telle est la moisson, une moisson d'âmes.

« Je quitterai Kermöareb après-demain, bien qu'il soit enchanteur. L'été semble revenir pour augmenter mes regrets mêlés de tant de joie. Je chante mon adieu au ciel éclatant et nuageux, à la mer moirée, à mes rustiques voisins, dont la mission m'a de nouveau rapprochée. Je distribue force chapelets; et, cet hiver, plus d'un *Ave Maria* sera murmuré au foyer.

« A tout à l'heure, Mère, car une fois en route, je me sens arrivée. Je n'emporte pas de caisses, je prépare seulement *mon petit paquet*; une vraie pèlerine en voyage. »

« ZÉNAÏDE, de plus en plus bergère. »

A MÈRE MARIE DE***.

« 31 décembre 1880.

« Mère toujours plus vénérée, j'ai demandé pardon à mon Dieu, Créateur et Sauveur, de mes défaillances de l'année, en me confessant. Je n'ai pas à me confesser à vous, qui me voyez trop clairement dans ma débilité et ma laideur; mais je veux vous demander pardon de mes manquements, non pas envers vous, que mon cœur n'offense jamais, mais relativement aux vertus que vous m'inspirez de pratiquer, et à la fidélité à mes exercices. »

« Je regrette mes grandes lâchetés, et je m'humilie en y pensant.

« Je veux être plus régulière et embaumer ma langue, afin qu'elle ne blesse jamais la charité. »

« Bénissez-moi, Mère bien-aimée, et que Dieu, Notre-Seigneur, vous paie mes dettes. »

« 1ᵉʳ janvier 1881.

« Bonjour, bonne année à ma Mère ; qu'elle sauve beaucoup d'âmes, et qu'elle continue à parler en esprit et en vérité, pour la plus grande gloire de Notre-Seigneur. Et que je le glorifie bien petitement, à ma manière aussi. »

A LA PRINCESSE WITTGENSTEIN

« Paris, 6 mars 1881.

« Chère Princesse,

« Je sors d'une longue retraite, allongée d'une indisposition qui m'a claquemurée ; et, au sortir de ces deux solitudes, je me suis demandé ce que vous deveniez, et si le printemps affermissait votre santé ébranlée par l'hiver.

« C'est que votre souvenir m'avait été très présent durant ces heures de solitude, d'autant plus présent que j'avais sous les yeux un objet qui vous rappelait vivement à ma pensée. Voici le mot de l'énigme : Un jour, avec cette bonne grâce qui ne s'est pas effacée de ma mémoire, vous m'offrîtes un bijou exquis : une broche représentant un tout petit fer à cheval en turquoises bleu céleste, entourées de brillants. Je ne puis vous dire combien j'aimais à m'en parer. Or il arriva que l'architecte de notre belle chapelle byzantine annonça qu'il allait faire exécuter pour le Tabernacle une porte de bronze doré, et qu'il avait besoin de quelques pierres précieuses. Ce fut à qui en offrirait.

Les grandes dames briguaient cet honneur. Et moi, regardant par hasard mon fer à cheval en turquoises, je me dis qu'il formerait le plus joli encadrement de serrure à cette porte ouvrant sur le Ciel.

« Il m'en coûta beaucoup de le donner. Sans savoir à qui il appartenait, d'où il venait, l'orfèvre le choisit et le plaça sur l'entrée de la clef. Il est donc enchâssé dans cette porte d'or, aux colonnes d'émail bleu, que j'ai si souvent contemplée pendant ma retraite. Il y a de cela sept ans; et c'est seulement aujourd'hui que je vous le raconte, en vous écrivant avec quelle ferveur j'ai prié pour vous, durant ces jours bénis.

« N'ayant rien de mieux à vous dire, chère et illustre amie, je me permets de vous embrasser de tout mon cœur. »

A LA MÊME

« Paris, 20 mars 1881.

« Je reçois votre lettre, chère Princesse, vous êtes mille fois bonne. Ah! « Miss Idéal » vous devra un fameux cierge! D'après une mauvaise petite revue, j'avais nommé le Pape Sixte, St Dominique, dans le beau tableau de la Vierge de Dresde; vous me foudroyâtes, et avec raison, m'écrivant : Mais regardez donc la tiare qui est devant lui. J'ai pris note et corrigé. Je tremble pour ma pauvre Alberte. Je vous vois d'ici, lisant les premières épreuves si défectueuses, grâce à ma vilaine écriture. Malgré moi, quand je recevrai votre lettre, je porterai la main à mes oreilles; ne tirez pas trop fort, s'il vous plaît!

« Pour vous faire plaisir, et uniquement pour avoir le plaisir de vous en parler, j'ai écrit hier à la princesse ***. Je publie dans ma Revue un travail littéraire sur Mme Geoffrin, qui était en correspondance avec l'Impératrice de toutes les Russies, et je serais bien aise de voir une vraie Russe. En attendant, j'ai vu hier un roi, un véritable souverain, Victor Hugo. En voici un orgueil d'une autre trempe! Que fût devenu ce génie avec un grain de l'humilité qui fait les saints? Il est bel et bien enfoncé dans un orgueil colossal, dont son discours nous a vite donné des preuves. Mais quel aigle, mon Dieu! A peine ouvre-t-il la bouche, que les autres discoureurs sont effacés. Il a revêtu de splendides expressions un nombre considérable d'insanités; la magnificence y était. Il est vieux, il est triste, mais son regard a conservé des éclairs de génie. C'est une tête de souverain par l'intelligence, et je trouvais son entourage tout à fait pitoyable. Il m'a beaucoup intéressée, et fortifiée en la pensée que toute grandeur purement humaine n'est que mesquine vanité!

« Je dois encore vous remercier pour cette magnifique photographie de Léon XIII que vous m'avez envoyée; je suis heureuse de la posséder. »

« Adieu, ma chère Princesse, qu'il fait bon vivre selon la foi! »

A MÈRE MARIE DE ***

« Kermöareb, 1er août 1881.

« Ma chère Mère,

« Je reviens de la grève du Gléguen, où nous avons déjeuné en plein air. Les enfants sont ravis de ces parties; et maintenant que l'*Hermine* nous transporte doucement, j'accepte d'autant plus volontiers de les faire. En revenant, je dis mes vêpres et j'écris mon courrier.

« De grands cris de joie m'arrivent du dehors. Plusieurs voix crient : Francis ! M. Francis ! C'est lui qui arrive avec une permission de vingt-quatre heures. Rien de plus charmant que ces quatre garçons entourant avec admiration le bel uniforme de hussard que porte leur frère aîné.

« Demain, grand'messe ; et puis, départ à quatre heures de l'après-midi ; enfin ce sera un bon petit moment de pris sur l'ennemi. En les regardant ainsi, je reprends tout à fait courage, et j'oublie mon pauvre être pour voir ma *mission*.

« Votre lettre de la distribution des prix de l'École m'a vivement intéressée. Le mot de regret de Mère générale, de ne pas m'y voir, m'est allé au cœur, parce que c'est bien cela que j'y figurais : une voix dans les chœurs, avec une ombrelle pour archet et bâton de commandement.

« Dans ces cérémonies, ce qui me touche, moi, c'est de voir *mes chères religieuses* créant de telles œuvres, suscitant de tels dévouements, étant là vraiment comme le sel de la terre, et la vision des apôtres envoyés par Notre-Seigneur. Rien que le reflet de ces abnégations superbes suffit pour me faire jouer ma partie tout effacée dans ce concert de charité.

« Le temps marche, et je me laisse entraîner par lui avec plaisir, avec le plus grand plaisir. Il me ramènera bientôt.

« Brigitte m'apporte son fils, mon filleul, qui est superbe et dort comme un loir. Elle me disait hier :

« Mon mari aime tant ce petit enfant, que je lui ai dit,
« Prenez garde de l'aimer plus que le bon Dieu! — Oh!
« non, qu'il m'a répondu, mais dame, je l'aime bien! »
Que la foi est sublime dans les simples! »

A LA PRINCESSE WITTGENSTEIN

« Kermöareb, 12 août 1881.

« Chère Princesse,

« Vous avez été heureusement inspirée de ne pas me dire vos souffrances avant leur guérison. Vous avez un courage que je ne connais pas, n'ayant jamais vu, même de loin, la souffrance physique. Il me semble qu'elle m'accablerait, et je ne pourrais avoir, comme vous, l'énergie du travail.

« Merci pour la *Rustaude*. J'attendais de vous ce jugement, croyant avoir écrit un bon livre. Vous trouvez le type de *Sénégal* un peu vulgaire, que voulez-vous? Il existe: je l'ai copié. Parmi nos gentillâtres campagnards, il ne se rencontre que trop; je l'ai sans cesse sous les yeux. Dernièrement je lisais : *Le Moulin sur la Floss*, de George Elliot. Je me disais : jamais je ne ferai un tel livre! Et cependant c'est une histoire dont les personnages sont d'une vulgarité écrasante. Connaissez-vous cette « George » anglaise? Je l'aime mieux que Georges Sand, je la trouve d'une force! Enfin, chère Princesse, je me demande si je pourrai prendre le temps et si j'aurai le talent d'écrire un livre complet, un livre qui aura une véritable valeur. Je l'ai commencé durant l'année du Siège, mais quand sera-t-il fini ? C'est celui-là que j'aimerais à vous soumettre; car si vous n'étiez Princesse, vous seriez un fameux critique.

« J'ai ici mes collégiens qui grandissent et se développent au mieux. Francis est venu nous voir dans son élégant uniforme de brigadier de hussards. Son volontariat avance, et j'espère que, malgré son goût pour la vie militaire, il ne réengagera pas. Il est pétri de patriotisme, et ce lui sera un crève-cœur de dépouiller son dolman ; mais je serai avare de ce sang-là.

« J'ai si bien serré une image que mère Marie de ***
vous adressait, en réponse à votre aimable souvenir, que je ne puis la retrouver; elle accompagnera ma première lettre. Pardon du retard.

« Adieu, chère Princesse; soignez-vous pour ceux qui vous aiment; et dame, j'en suis. »

A MÈRE MARIE DE ***

« Kermöareb, Assomption, 15 août 1881.

« Chère Mère,

« Je reviens de la messe de six heures, avec ma maisonnée. Maîtres et domestiques se sont agenouillés à la même Table, assaillie par une foule pieuse. Les pêcheuses et les fermières arrivent comme un torrent; elles poussent droit devant elles, renversant les obstacles. Il faut garder les chaises, les chapeaux de ces Messieurs. Là, elles sont chez elles, et elles agissent en conséquence. Ma pauvre cuisinière est bien prétentieuse parmi ses pareilles. Où le besoin de la pose, de l'effet, va-t-il se nicher!

« Oh! Mère, gardez-moi dans la simplicité des simples et des grands; c'est là mon atmosphère Ce matin, j'ai prié avec une ferveur ardente parmi ce bon peuple, qui aime Jésus-Christ, et qui s'en nourrit.

« J'ai eu même la consolation de faire communier X..., la forte fille de trente ans qui aide ma servante, toujours malade. Elle a servi à Angers, et s'était inconsciemment éloignée des sacrements. Mais quand j'ai dit que je ne souffrirais pas que chez moi, pour une pareille fête, il y eût une personne qui n'approchât pas de la Sainte Table, elle a dit, tout haut, avec sa brusquerie un peu grossière : « Ma foi! je vais « aller aussi me confesser, car je ne veux pas perdre « ma religion. »

« La vieille Jeanne, bien paresseuse, et qui aime à prendre son café au saut du lit, a communié. En cet heureux terrain, il y a peu de mal à se donner pour obtenir une récolte.

« Ce soir, nous irons tous à la procession. »

« 6 heures.

« Ma chère Mère, me voici fourbue. Je rentre et je trouve des touristes américains catholiques, dont j'ai dû recevoir les compliments les plus étranges et les plus passionnés. Ces lecteurs de l'*Équateur* sont des enthousiastes incroyables. Mais, au fond, je me disais : le nom de Jésus-Christ est dans ces pages qui les enchantent, et je suis touchée d'être un petit apôtre vis-à-vis de ces convertis; j'en renvoyais la gloire à qui Dieu sait. »

A LA PRINCESSE WITTGENSTEIN

« Kermöareb, 28 septembre 1881.

« Chère Princesse,

« Un mot, un mot de remerciement sur votre lettre qui m'arrive; je vous suis reconnaissante de ces belles pages; et moi, qui oubliais Cadok! Je me reprends à m'y intéresser. Oui, Cadok est le vrai nom d'un vieux saint breton qui a maintes chapelles dans le pays bretonnant. Il m'arriva d'aller chercher, par obligeance, l'extrait de naissance du fils d'une de mes amies : un Cadoudal, descendant du terrible Georges; j'y lus, à la fin d'une série de prénoms, celui de Cadok, et je le tirai de l'obscurité. Ah! vous me donnez là un fameux coup d'éperon. Vos critiques vont être utilisées pour la seconde édition, qui est sous presse.

« Je vous abandonne le compagnon de saint Antoine. Non; plus de cochon, s'appelât-il *Grognic*. Si je parlais couleur locale, je vous dirais que *hure* s'emploie toujours pour la tête d'un animal moins noble que le sanglier; que la scène, très commune en Bretagne, amuse beaucoup certains lecteurs; mais je veux m'en tenir à la réalité de la critique. Ah! si vous étiez plus près, si je pouvais vous crayonner mes esquisses, et promener votre clair flambeau sur ces pages que l'imprimeur m'arrache une à une! Mais, je tiens bonne note de vos observations; et quand sonnera l'heure de la revision que j'ai en projet, ces taches disparaîtront.

« J'ai achevé, par *Raoul Daubry*, tous mes chefs de famille. J'écris, ou plutôt je publie *Tombée du nid*, suite de *Mandarine*. *Marga*, suite de « votre » *Pauvre vieux*, en est à sa septième édition; enfin, enfin, Princesse, *Miss Idéal*, la suite de *Mes héritages*, en est également à sa sixième édition. Ce dernier volume va vous arriver; j'ai dû l'envoyer lors de son apparition. Quant à *Alberte*, le premier chapitre part pour l'impression, et vous sera adressé.

« Je vous écris de mon cottage, où je reçois maintes visites en ce moment. Je ne me lasse point de la mer, je vivrais sur ses bords; mais il y a dans ma vie un élément nouveau de dévouement. Francis a des demi-frères qui grandissent. L'un se prépare à l'École militaire de Saint-Cyr, l'autre a le goût maritime et travaille pour le *Borda*. Je les emmène à Paris, au collège Stanislas, qui est religieux et universitaire tout à la fois. Ce sera une lourde charge pour mon petit budget; mais il vaut mieux dépenser pour faire de ces garçons des hommes chrétiens et utiles, que de leur laisser, après ma mort, quelques billets de mille francs.

« Je vous remercie de vos belles pages sur *Tombée du nid*, et suis heureuse de me rencontrer presque toujours avec vous sur certains jugements. Ainsi je trouvais George Sand surfaite, sans trop oser le dire. Son style est superbe, mais ses conceptions sonnent faux.

« *Cadok* est un livre d'écolier et je crains qu'il ne convienne pas à votre petite fille. En ce moment, je travaille pour le journal *l'Ouvrier*. Cette revue à bon marché est, malgré son titre, le plus grand succès du moment. Les directeurs m'affirment qu'ils tirent à 80 000 toutes les semaines, et je ne puis abandonner une revue catholique qui a un tel succès.

« Je vais donc être cantonnée dans un travail à courte échéance, qui me sera une vraie fatigue. Il serait néanmoins peu généreux de reculer. Je trouvais mon repos très doux, et le regrette fort. Mais, comme vous le dites justement, il ne s'agit pas de Zénaïde Fleuriot, il s'agit de son public et de son apostolat.

« J'ai reçu, il y a quelques jours, quatre magnifiques volumes, à tranches rouges, reliure du plus haut goût, venant de notre chère marquise; c'est la vie de son père, le maréchal Davout, avec cette dédicace :

« *A Mlle Zénaïde Fleuriot, en mémoire du Siège de Paris.*

« *Amical souvenir de l'Auteur,*

« Adélaïde-Louise d'Eckmühl. »

« Je pense que si vous n'avez déjà reçu ces beaux livres, ils ne tarderont pas à vous arriver. Les gravures, reproductions de tableaux de maîtres, ont beaucoup de cachet; on reconnaît la grande dame, artiste, généreuse, délicate dans les plus petits détails.

« Je vous remercie de l'article du *Figaro* sur votre portrait par Hébert. C'est un grand peintre, et il a choisi cette fois un modèle qui lui aura donné l'occasion de reproduire la flamme intelligente du regard, dont les maîtres seuls ont le secret. Dans mes intimes désirs, confinant à l'amour-propre, il y avait celui-là : voir un peu mes « vrais yeux » sur une toile.

« Après cet aveu dépouillé d'artifice, chère Princesse, je demande à Dieu de vous conserver et de me donner la joie de vous revoir. »

CHAPITRE XIX

**Paris. — La Délivrande. — Locmariaker.
Correspondance (1882-1883).**

A LA MÈRE MARIE DE ***

« Couvent de la Vierge fidèle, la Délivrande (Calvados),
15 janvier 1882.

« Ma chère Mère,

« Je me demande encore comment vous avez bien voulu consentir à me laisser, par ce temps d'hiver, m'en aller guérir mon rhume à l'air de la mer. Le remède homéopathique est un peu violent pour une toux invétérée; mais j'espère qu'il en aura raison.

« Vendredi soir donc, j'arrive à la petite gare de la Délivrande. Personne au-devant de moi; ma dépêche était à peine arrivée, et je ne précisais pas de train. Une vieille paysanne s'empare de mon sac de nuit pour le porter; je ne suis plus à Paris, c'est clair. Au couvent, on a donné des ordres; je trouve la Mère de Bethléem très distinguée, très aimable. Elle me conduit à ma chambre, me donne les détails nécessaires. En voilà jusqu'au lendemain.

« Quel silence ! on n'entend pas même une cloche. Ma chambre, au premier, n'est pas grande, mais éclairée par un haut vitrage avec des dessins enchâssés dans du plomb, c'est artistique ; cela me plaît. Au dehors, la campagne nue ; sous mes yeux, un potager, une plate-bande d'artichauts ; ces touffes bronze sont superbes ; l'artichaut me fait l'effet d'une acanthe rustique.

« J'ai un feu splendide ; et il me semble que j'entends la mer. Demain, je cours lui faire visite ; j'ai d'abord adoré le Créateur, en son modeste tabernacle. Ce n'est plus notre belle chapelle à mosaïques d'or, mais c'est toujours le Dieu que ma Mère m'a fait connaître et aimer. J'ai bien prié, malgré ma fatigue. Demain, j'essaierai de travailler ; il faut qu'un canevas s'élabore en ce très peu de jours. Il est dommage que je sois hébétée par le rhume, j'aurais tiré parti et grand parti de ce voyage.

« Samedi.

« Je descends pour la seconde messe. On m'apporte mon déjeuner. Aussitôt après, je mettrai ma lettre à la poste et partirai pour la mer. Que dira ma *bronchique* de cette visite ? Peu importe ! Je prends le train qui me dépose, en quelques minutes, à deux pas de la grève. Quels ravissements ! D'abord, j'élève mon cœur vers celui qui a préparé de pareils tableaux pour mes yeux. Je me promène le long du flot ; je trouve des emplacements exquis ; je rêve d'un pied-à-terre, pour moi seule, à cinq heures de Paris. Puis je reviens.

« L'après-midi, je reçois la visite de la Mère supérieure. Pleine d'amabilité, elle me témoigne la plus vive reconnaissance d'être descendue au Couvent. A la Vierge fidèle, tout le monde me lit. Elle me demande de visiter demain le pensionnat.

« Après son départ, je vais flâner par le bourg, et prier Notre-Dame de la Délivrande. Journée bien remplie.

« Le lendemain, dimanche, messe de communion ; et puis, grand'messe à huit heures et demie. Je suis seule dans la rangée de prie-Dieu, janvier n'étant pas précisément le mois des bains de mer; la jeunesse est derrière. Belle musique, chants très pieux. Soudain une grosse voix d'homme tonne à mes côtés. C'est un missionnaire qui, appuyé sur la balustrade, juste devant moi, commence un sermon. Ses jeux de physionomie, son accent, me jetaient dans la stupeur. Enfin j'ai pu me recueillir et écouter avec respect cette parole rustique, mais si fervente !

« Le reste de la matinée, j'écris ma correspondance. A deux heures, une religieuse vient me chercher et me fait visiter l'établissement. C'est très vaste, très aéré, très ordonné, bien blanc et bien frais.

« Tout à coup, dans le dortoir des orphelines, une porte s'ouvre : cinq religieuses, dans leur magnifique costume, apparaissent. C'est la Supérieure générale, que je ne savais pas là, et qui venait me dire le plaisir qu'on avait à faire ma connaissance.

« La Révérende Mère se tenait au milieu ; deux religieuses de chaque côté. C'était un vrai tableau. J'étais confuse de tant d'honneur. Nous avons un peu causé, et elles se sont retirées. La Supérieure et la bonne religieuse qui s'occupe des orphelines sont restées, et nous avons longuement parlé ensemble. Une sœur vient nous dire que la marquise de *** me fait offrir son landau pour aller à la mer. J'accepte avec enthousiasme. Cette longue promenade à travers le pensionnat me rendait impossible tout autre genre de promenade. Il est décidé que j'irai remercier l'aimable dame, dont on me donne un aperçu. « Son appartement n'est pas en très bon ordre », gémit la mère.

« Je vais. C'est de l'indescriptible. Mme de ***, grande, distinguée, négligée dans ses vêtements, est assise vis-à-vis d'une cage de perroquet, entourée de journaux, ensevelie sous des livres. Elle m'accueille avec joie. Sa conversation est étonnante. Beaucoup d'esprit, avec un grain d'originalité.

« Elle a lu tous mes ouvrages, et trouve que j'ai des pages à la Walter Scott. Elle me demande si je ne voudrais pas fonder un journal. Elle arrive à Mlle X..., qui a le sien. Oh! qu'elle est pointue! s'écrie-t-elle. La religieuse me regarde avec inquiétude. Je suis très gaie; ce type me ravit.

« Mademoiselle, me dit la religieuse, elle est char« mante aujourd'hui; c'est le contentement de vous « voir. »

« Je pars dans le landau fermé, et je passe deux heures sur la grève, prenant des renseignements pour m'amuser, et ne me lassant pas de contempler la mer derrière la glace de la voiture, qui marche lentement. C'est un rare plaisir pour le mois de janvier.

« A bientôt, mère; je suis ravie de ma petite équipée; je sens que mon rhume est guéri; le remède était excellent, mais non à conseiller à tout le monde. »

Zénaïde revint à Paris, et ne le quitta plus qu'au moment des vacances.

A LA MÈRE MARIE DE ***

« Kermöareb, 5 août 1882.

« Ma Mère, ma chère Mère,

« Quand donc recevrai-je de vos nouvelles? Pas un mot.

« Je voudrais que vous me vissiez dans ma grande solitude, attendant ma manne de conseils et de forces, après l'autre, celle que je vais chercher à l'autel.

« Je commence à me relever de dessous les mille aiguillons d'épreuves domestiques qui m'attendaient ici, dans mon ermitage. Le départ de Jeanne est de ce nombre. Il m'est impossible de trouver quelqu'un qui puisse vivre avec M***; elle n'est pas assez forte pour son travail, et ne peut supporter personne avec elle. Afin de me reposer un peu de ces tracasseries, j'ai envoyé M*** chez sa mère.

« Je cueille mes dernières fleurs, car le soleil devient brûlant et les fane. Mes tamarins sont superbes; vous connaissez ces jolis arbustes au feuillage fin, souple et toujours vert. Le bon Dieu les a destinés à orner l'aride. Ils viennent partout; et les secousses du vent ne font que les enraciner davantage. Ainsi en est-il de l'amour divin. »

« 6 août 1882.

« Je reçois beaucoup de visites d'aimables gens, qui viennent saluer Zénaïde Fleuriot. Je me demande parfois si ce personnage est bien moi.

« Adieu, etc. »

A LA MÊME

« Assomption 1882.

« Charmant de voir arriver Francis sur Méaban ; nous avons ainsi baptisé le petit cheval qui est enfin revenu ; et je sors des offices. Je puis dire que j'ai passé ma journée dans le temple du Seigneur. Tous ont assisté à grand'messe, vêpres et procession. J'ai prié bien humblement et avec une grande ferveur, et ces exercices de pénitence m'ont laissé une vraie suavité. Pourtant quels chants, mon Dieu ! Quels assauts ! et la procession, quelle poussière ! Du côté de la foi, c'est bien édifiant ; mais où sont les voix célestes et le silence recueilli de ma belle chapelle ?

« Le cheval fait toujours merveille et nous sert joliment. Francis et moi avons combiné les courriers. Il ira à cheval porter les lettres à Auray ; et vous verrez que maintenant on pourra se répondre courrier par courrier.

« Notre recteur fait une retraite ; ce sera le vicaire qui baptisera Marie P***, dont les parents sont aux anges. Si vous aviez vu le brave douanier au brun visage ruisselant de sueur contempler pieusement la petite médaille d'argent que vous leur avez envoyée ! Quelles braves gens il y a encore ici !

« La remplaçante de Jeanne est une pieuse fille, qui obéit au doigt et à l'œil à M..., ce qui lui va ; c'est du reste la seule manière de s'entendre avec elle.

« Comme l'humilité et la douceur sont nécessaires au bonheur commun ! j'en vais faire provision chaque matin à l'église, et je reviens alors mieux disposée, après avoir prié mon Dieu, et m'être rappelé les enseignements de ma mère. Un objet sans art me fait du bien à l'âme par les yeux. Sur la porte du tabernacle est couché un agneau doré; comment ne pas s'efforcer d'être doux quand tous les jours ce symbole vous rappelle celui qui fut doux et humble de cœur! En pensant à ma Mère, je retire une à une les petites épines restées en mon cœur, et personne ne s'y blesse ce jour-là! Je suis encore si imparfaite et si rancunière, grâce à mon implacable mémoire, que j'en ai honte. Priez pour moi; les apparences sont superbes, mais Dieu voit le fond.

« J'ai reçu hier la visite de l'éminent Dr Fonssagrives et de ses fils; ils habitent non loin d'ici. L'abbé est auprès de Mgr d'Hulst; nous irons prochainement voir ces dames.

« Adieu, etc. »

A LA MÊME

« Kermöareb, 30 août 1882.

« Ma chère Mère,

« Que vous êtes bonne pour ces pauvres enfants! vous m'en attendrissez moi-même, et je fais beaucoup d'actes de vertu en votre souvenir.

« Le chien de Francis, Trompillau, nous amuse beaucoup. Quand son maître revient de la chasse et prend son repas après nous, il met son museau au niveau de la table; et alors ce sont des caresses, il faut voir! Il a une belle et honnête figure jaunâtre, et deux oreilles superbes.

« Quant à Méaban (nom de l'île qui nous fait face), ce n'est pas un cheval, c'est un mouton. Tout le monde peut le conduire ; et avec cela, il marche bien. Il est gris pommelé, et prend l'air fier quand Francis est monté dessus et lui tient la bride haute. Le cavalier possède, il est vrai, des arguments.... aux talons. Ils sont allés jusqu'à Vannes l'autre jour.

« Hier, j'ai été voir une pêche de nuit, mes neveux m'en avaient tant priée. Il faisait un clair de lune admirable ; ces messieurs tiraient sur le filet à qui mieux mieux. Ils ont pris quantité de poissons qui, frits aussitôt, sont exquis.

« Nous avons assisté à la noce d'un brave douanier ; c'était des plus rustiques ; Francis ne pouvait s'y rendre à cause d'une foulure au pied, mais deux géants sont venus l'enlever sur leurs bras, disant qu'à tout prix ils voulaient l'avoir à leur table. On a bien ri et chanté ; mais que cela est religieux au fond ! Figurez-vous une vieille pêcheuse imposant silence aux chanteurs, à la fin du repas, et récitant des prières dans un latin impossible. On répondait avec des voix formidables au *Pater* et à l'*Ave*. Puis elle a récité un *De profundis*, en souvenir de leurs défunts. Quels braves gens ! Pour achever cette bonne journée, quelqu'un apparaît, c'est... Monsieur de Perrodil ; et après le dîner, nous allons voir danser la noce. Ce matin, il part, se disant enchanté. Ce sont d'excellents amis qui vous respectent et qui vous aiment ; nous avons bien *parlé de vous*, quelle joie intense !

« Pourriez-vous, Mère, me faire acheter de petites images de l'Enfant Jésus, pour mon peuple enfantin ? il m'en faut une cinquantaine.

« Oui, c'est convenu ; tous les jours, je porterai votre souvenir à l'Agneau du Tabernacle ; cette pensée m'est très douce. Chaque fois que j'entre dans l'église, je dis pour vous et pour moi : *Agnus Dei, miserere nobis.*

« Adieu, etc. »

A LA MÊME

« Kermöareb, dimanche 17 septembre 1882.

« Ma chère Mère,

« Oui, la foulure va mieux, mais Francis ne brille pas par la prudence. Enfin il y a tant de ressort en lui, que la guérison arrive quand même. Il est allé ce matin à la grand'messe à cloche-pied.

« Non, ce n'est pas la vie de famille qui m'absorbe; c'est la direction de cette maison, de ce ménage, que je porte à moi seule. C'est la voiture, le bateau, tout ce train. Cela m'occupe et m'est sain; mais quant au travail littéraire, n'y comptez pas. Il ne se fera qu'à Paris, dans mon tranquille appartement. Je prépare mes matériaux, je recueille les éléments; mais la composition n'est pas possible ici. Par vertu, j'essaierais, s'il n'y avait que deux ou trois personnes. Le docteur Fonssagrives m'a stimulée. Quand des hommes de cette valeur me disent : « Vous rendez de grands « services, vos livres font un bien immense », le courage renaît. Sa femme me paraît très bonne; sa fille, Mme Martin, excellente; et les poupons sont... exquis!

« J'ai été terrifiée autant qu'édifiée en lisant votre billet d'aujourd'hui, sur cette pauvre amie Mestayer.

« Disposer ainsi toutes choses soi-même avant cette terrible opération, puis s'abandonner absolument en face de la mort, c'est très grand. Ce n'est plus le sacrifice de la vie au pied de l'autel, mais bien au pied de la potence.

« Je vais prier pour elle avec vous !

« Mme Badois m'a écrit une lettre étonnante de cœur et d'esprit ; quelle religion élevée ! Quel amour vrai et pratique pour les pauvres ! Ma chère Mère a dans son tiers-ordre un véritable écrin de perles.

« Je reçois des visites de toutes les parties de l'Europe ; je ne sais vraiment pas qui leur donne mon adresse. Hier j'avais dans mon salon une comtesse italienne qui veut me traduire, et d'aimables dames de Bordeaux fort enthousiastes.

« Ma contrariété actuelle est que Méaban est malade et que le voilà en traitement chez le vétérinaire, ce qui me fait faire la grimace. Mais j'étais trop contente d'avoir ce bon cheval sous la main, et de me carrer dans ma petite voiture. Il me faudrait une écurie sur place ; je l'envoyais à Kerpenhir, chez le fermier ; c'était si loin qu'il a pris froid, et je suis à pied pour l'instant.

« Il fait une effroyable tempête ; la mer écume sous ma fenêtre, et je perds un temps considérable à l'admirer, en pensant à vous, ma Mère, à vous qui avez déifié en moi cette admiration machinale. Du reste, je vous dois tout. »

A LA MÊME

« Kermöareb, 10 octobre 1882.

« Chère Mère,

« Avant votre retraite, je veux vous dire que j'ai écrit quatre lettres au profit d'un être qui m'est de plus en plus antipathique. Il me faut prier, prier et prier, pour être patiente. Et encore, je m'enlève parfois comme une chaudière qui éclate. Priez bien aussi pour votre pauvre fille, que les trop hautes vertus agacent quelquefois. Obtenez-moi celle de patience. Encore, si j'avais une nièce, une douceur; mais non, un frère et cinq neveux. Cette pauvre amie de Cadoudal est si bien soignée par ses filles! Ah! parlez-moi des filles!

« Mais ce sont ces malheureux hommes qui ont l'influence; il faut donc les garder chrétiens, et les supporter.

« Vous devez être heureuse de vous envelopper de silence, ma chère Mère, et je ne suis pas fâchée d'être ici, durant ces saints jours de retraite, pendant lesquels vous disparaissez. Il me semble que vous avez, cette année, un prédicateur tout à fait au goût de votre âme, et j'en suis heureuse. J'ai moi-même entendu le révérend père Fessard, à Rome, et sa sainteté m'avait ravie.

« Ici j'ai des sermons très longs, en bas-breton, que je ne comprends pas, et bon nombre de quêtes. Mon clergé choisit l'heureux moment de ma présence pour me mettre à contribution. C'est tout simple, et j'aimerais à ouvrir les mains très grandes, si j'étais un peu riche. Mais hélas! avec tant de charges, je ne le serai jamais.

« A bientôt, ma chère et vénérée Mère; je demeurerai durant la retraite, par le cœur et la pensée, auprès de vous, et je sens bien que je vais me recueillir un brin, pour être en correspondance. »

A LA PRINCESSE WITTGENSTEIN

« Kermöareb, 15 octobre 1882.

« Je n'ai pas quitté mes grèves, chère Princesse ; j'aime les brumes d'automne sur l'Océan, et mes yeux sont habitués à l'horizon bleuâtre de mon grand lac. Néanmoins je partirai la semaine prochaine pour Paris, et me mettrai à la recherche de la princesse *** pour lui remettre votre billet. Si le hasard me fait la rencontrer, je me souviendrai de vos utiles recommandations sur *les* étiquettes, car je trouve qu'il y en a beaucoup. Je suis enfin sortie de mes expansions un peu juvéniles ; et, comme j'ai le respect des hiérarchies, je serai facilement ce que vous désirez que je sois. Mais, voyez-vous, je ne suis faite que pour des Altesses miracles de bonté et d'intelligence, ou de saintes et grandes dames qui me témoignent une sympathie vraie, dont je suis touchée. La fierté s'accommode toujours de la grandeur bien portée. Je n'ai jamais connu l'envie, mais je me cabrerais volontiers devant un titre porté par un être sans valeur, et réclamant des flatteries. Non seulement je n'ai pas trouvé la couronne de la princesse ***, dans mon berceau, mais ses roubles n'y étaient pas non plus.

« Oh! mon Dieu, je vous révolte peut-être! Tant pis ; votre Bretonne a quelquefois ses heures de très mauvaise tête.

« Vous m'avez écrit, sur George Elliot, une belle lettre dont je vous remercie, et que j'ai comprise pleinement. Je comprends beaucoup de choses, chère Princesse ; seulement cette compréhension m'est venue un peu tard. Je ne la savais pas juive; dans tous les cas, ses livres sont plus moraux que tant de nos livres à succès, et autrement profonds.

« Ici, naturellement, je lis plus qu'à Paris, et je pousse de grands hélas! me voyant si petite devant ces admirables conteurs. Il faut bien se contenter de ce que l'on a; mais je l'avoue, moi catholique, j'aurais voulu écrire un livre solide dont la valeur ne fût contestée par personne. Cela viendra peut-être.

« Avec vous, chère Princesse, je puis vivre en toute simplicité; et je veux croire que vous ne trouverez jamais qu'il soit démocratique et sans respect de vous aimer et de vous le dire ».

A LA MÊME

« Paris, 3 décembre 1882.

« Chère Princesse,

« Vous me ravissez. Ma petite « Bouche en cœur », ma pauvre poupée, a passé sous vos yeux; elle vous a plu, et vous n'avez eu à m'indiquer que les défauts de sa toilette; quel succès! Et voici que « Faraude », ma brave Faraude, me vaut une de vos pages les plus flatteuses. Mais c'est que je pense tout à fait comme vous. En voulant glorifier la fidélité d'une *humble* et détourner les paysannes de la domesticité parisienne, j'ai écrit une de mes meilleures pages. Les bourgeoises ont dédaigné Faraude; mes amies, les Comtesses, l'ont aimée; mon public populaire l'a accueillie avec transport. Et voici que mon génie de Princesse lui dit son mot; et quel mot!

« Je vous remercie, et vous trouve *supérieurement*

bonne de prendre la peine de lire ces simples livres-là.

« J'ai un roman populaire en tête, sur la destinée merveilleuse d'un grand artiste sorti des rangs du peuple. Ce n'est pas un roman, c'est une histoire; et elle serait bien *émouvante*!

« Vous allez recevoir la suite de *Cadok*, appelée *L'héritier de Kerguignon*. On la dit intéressante; vous verrez si on dit vrai.

« Je voudrais bien revoir Saint Pierre de Michel-Ange, le grand Saint Pierre, et vous revoir. C'est un de mes projets. Je ne fais que celui-là; mais je le caresse en mon for intérieur, et je veux espérer qu'il s'exécutera. Chère Princesse, vous êtes le plus clairvoyant des critiques. Je vous embrasse à la bonne franquette, en vous souhaitant pour l'an prochain tout ce que votre noble cœur désire. »

A LA MÊME

« Paris, 28 décembre 1882.

« Merci de vos fleurs, chère Princesse. Que ces bouquets sont jolis! Ils me rappellent mes extases devant les corbeilles parfumées de Rome. Jugez avec quel plaisir je me les rappelle, en ce Paris boueux et peu odorant. Merci surtout de vos souhaits, et de cette devise que vous me soufflez : Confiance et ardeur dans le travail! Je la garde; mais j'écoute toujours l'inspiration qui vient on ne sait d'où, et qui me fait brûler les pages. Je critiquerai en relisant, en prenant l'immense fatigue de me relire.

« Chère Princesse, que Dieu vous conserve à notre

affection, que votre santé s'affermisse, que le bonheur de vous embrasser me soit donné : voilà mes vœux pour cette année, mes vœux romains. »

A LA MÈRE MARIE DE***

« Château de Wambrechies, 30 avril 83.

« Me voici arrivée chez mon aimable comtesse Juliette; vous eussiez été contente de votre fille, ce matin; elle a largement réparé la hâte qu'elle met quelquefois dans ses rapports avec Dieu. Comme c'étaient les Rogations, j'avais demandé à assister à la messe, malgré l'heure matinale. Je me lève à cinq heures, j'ai la messe à cinq heures et demie; mais les prêtres, tout à la procession, ne donnent pas la communion, et je ne l'ai reçue qu'à huit heures.

« En cette longue station, j'ai remercié mon Dieu de me faire comprendre et goûter la douceur de la régularité à son service, et du bonheur intime qui me réjouit en sa maison.

« Ma patience, patience d'action de grâces, a dû étonner ma chère hôtesse, qui m'édifie beaucoup; je prends près d'elle des leçons de simplicité et d'humilité, et je lui crois une très grande âme.

« Faut-il vous parler de ma santé, ma Mère? Oh! le voyage m'a rendue *quasi* malade quoiqu'il ne fût pas long. Mais rassurez-vous ; aujourd'hui, je vais bien, et heureusement, car tout le clergé dîne au château. »

DE LA PRINCESSE WITTGENSTEIN

« Ce 8 juin 1883, Rome.

« Mes vacances n'ont pas encore commencé, mais j'ai passé entre *Charybde et Scylla*. Vous avez trouvé là, ma chère Bruyère, un thème excellent, que vous avez modulé avec une grâce parfaite. Ce soir même, j'écris à ma fille, la princesse de Hohenlohe, l'engageant à lire cette nouvelle, qui nous fait assister à de petits faits analogues à ceux qui se passent chaque jour sous nos yeux.

« C'est charmant, tout à fait charmant. La première nouvelle est aussi fort jolie.

« Dans *Charybde et Scylla*, il y a environ une vingtaine de mots qui pourraient être avantageusement remplacés, pour qu'aucun grain de poussière ne ternisse l'éclat d'un doux coloris.

« Ah! vous parlez bien de la difficulté du bon langage; et c'est pourquoi nos grand'mères ne voulaient pas de gouvernantes qui ne fussent de naissance noble, car le mauvais langage, le parler négligé dans l'enfance, ne s'oublie jamais. On a beau faire, quelque chose en revient lorsqu'on s'y attend le moins.

« Quand le livre se réimprimera, avertissez-m'en; je le relirai à votre intention, le crayon à la main; car ce sont choses si légères qu'il faut les souffler; et appuyer, en les répétant, serait faire tort au reste.

« La conversation sur le jeune garçon, qui en remontrerait aux Pères de l'Église, est très plaisante. Le collier de grenouilles en diamants est bien imaginé ; on pourrait le dire en émeraudes. L'idiot, la crapaudière, sont fort drôles ; je vous en fais sincèrement compliment, mon cher auteur.

« Dites à mère Marie de *** combien sa lettre m'a rendue heureuse au fond du cœur. J'ai touché et retouché ce papier qui avait été dans ses doigts, pour y prendre un peu de son parfum de sainteté.

« Baisez-lui les mains pour moi ; vous savez que dans nos pays, et en Italie, où le sens du respect n'a pas encore disparu, le baise-main n'est pas considéré comme une bassesse, mais comme une câlinerie respectueuse. Quand on disait bonne nuit à nos grand'mères, on se ployait légèrement et on leur baisait le genou pour ne pas ennuyer leurs mains ! C'est parfois qu'elles les posaient sur nos têtes, en signe de faveur.

« Bonsoir, chère Bruyère.

« Que j'avais raison de vous dire, il y a vingt ans : N'oubliez pas la Bretagne ! Si vous saviez comme je suis heureuse de chacune de vos réussites !

« Princesse CAROLINE W. »

A MÈRE MARIE DE ***

« En wagon, 10 mai 1883.

« Ma chère Mère,

« Poursuivie par le soleil et la pluie, je suis arrivée sans encombre à Redon. Au buffet, pour me mortifier, j'ai mangé une maigre purée de pommes de terre et du pain. Mais comme je m'affaiblis ! Je mourais de faim à trois heures ; moi, qui pouvais passer deux jours entiers sans manger! Je m'affaiblis; c'est sûr!

« Mon festin spirituel a été composé d'oraisons jaculatoires; puis, étant seule, j'ai chanté des cantiques.

« Il pleut à verse. Ce sera une voie fraîche pour le voyage.

« A bientôt; mon souvenir à Mère générale; dites-lui que je m'affaiblis... Je vois d'ici son fin sourire.

« Mère, nous vieillissons ensemble, grâces à Dieu; mais avouez, qu'au moins, moi, je ne vous donne pas d'inquiétudes.

« J'ai couché hier à Auray, au couvent du Père Éternel. Quel bonheur de me retrouver dans la paix, au milieu des religieuses! J'étais émue de me revoir ce matin dans le chœur de la chapelle.

« Vous vous étonnez du nom que j'ai destiné à mon héroïne, « Caline », abréviatif de Pascaline. Mais je connais deux Pascaline : une princesse; l'autre une petite fille, qui garde son cochon dans mon chemin; la mienne fera la troisième.

« Adieu, etc. »

A LA PRINCESSE WITTGENSTEIN

« Kermõareb, 9 juillet 1883.

« C'est de mon désert que je vous écris, chère Princesse. Il y a longtemps que j'ai quitté Paris; les chaleurs de mai m'en ont chassée. Et ainsi qu'il arrive souvent, le temps s'est refroidi, les pommes de pin ont flambé dans mes cheminées. Qu'importe! Je suis chez moi; et, quand le temps est maussade, je sais toujours trouver quelque occupation.

« Ces jours derniers, je relisais votre ouvrage sur *La perfection chrétienne et la vie intérieure*. Ces livres-là se lisent et se goûtent à la campagne, dans la solitude. Quelles belles pages vous avez écrites! Je compte en faire passer quelques-unes sous les yeux de la comtesse Juliette de Robersart, à qui j'ai transmis vos compliments sur son voyage en Orient. Qu'elle est spirituelle aussi, celle-là! Elle m'écrit des lettres à signer : Sévigné. En ses fréquents voyages d'Italie, elle a été plusieurs fois sur le point de vous rencontrer, et elle m'écrit que le guignon a toujours empêché cette entrevue. Comme elle le regrette!

« Mère Marie de *** a été touchée de vos quelques lignes; elle m'écrit fidèlement des lettres qui sont des merveilles de surnaturel, et dans un style qui se fait rare. Je n'oublierai jamais votre douce compassion quand la maladie l'a frappée, et, je puis le dire, m'a frappée en même temps. Je suis trop heureuse d'avoir trouvé ce soutien si compatissant. C'est la sympathie du chêne pour le lierre. Je prie souvent pour vous, chère Princesse, et les yeux fermés, j'évoque votre image. Elle est profondément gravée dans un cœur qui ressemble un peu au granit. »

A MÈRE MARIE DE***

« Kermôareb, le 5 août 1883.

« Mère, j'étais bien angoissée de votre long silence. Si j'avais su que Mère générale fût arrivée, j'aurais été capable de lui écrire. Ce n'est pas la première fois qu'elle m'eût charitablement rassurée.

« Les jeunes filles dont vous me parlez me rappellent ma petite personne, si naïve et si contente, malgré tout. Dieu m'avait donné un bon ange rieur et gracieux, qui me mettait un voile sur les réalités et les laideurs ; et quand je les ai connues, le bon ange avait la sagesse pour don.

« J'ai voulu m'imposer un sacrifice, vous faire un cadeau surnaturel, et j'ai inauguré la prière en commun, dans cette maison où chacun vous est si reconnaissant. L'essai a réussi ; on s'y rend exactement, et c'est vraiment un devoir, je crois. Cette gravité finit bien la journée, et la difficulté n'est pas si grande que je le craignais. Je l'ai fait pour rentrer dans ces habitudes chrétiennes qui plaisent à votre âme religieuse, et cette légère contrainte a déjà eu sa récompense. Ce matin, j'allais entrer dans l'église. Je vois sous le porche une pauvre vieille femme qui paraissait prête à tomber en faiblesse ; elle était là, si misérable, portant un gros paquet et un chapelet dans sa maigre main déformée par la goutte. Que fallait-il faire ? Ou la messe, ou la charité ? Je vous ai appelée au conseil, et j'ai sacrifié la prière paisible à la charité agissante. J'ai conduit la pauvresse, à demi morte de froid et de faim, chez l'aubergiste voisin ; je lui ai donné des sous, un bol de café bouillant, et elle a pu continuer sa route.

« Ici, j'ai toutes sortes de malades auxquels je fournis du bouillon, et qui m'édifient par leur patience puisée dans une foi touchante.

« Tante Marie est en bonne santé, et les enfants aussi. Je les aperçois dans le bateau qu'ils promènent de ci de là. L'*Hermine*, avec sa gracieuse oriflamme, joue un grand rôle dans les plaisirs. Le courage me revient, avec le souvenir de vos paroles sur ces destinées, quand je les vois tous disposés pour le bien, et mettant Dieu dans leur vie.

« A bientôt, et à toujours, en ce Dieu créateur des merveilles qui m'entourent, en ce Dieu qui a fait le cœur de ma Mère.

CHAPITRE XX

Mort de sa sœur. — Mort de la princesse Wittgenstein. Correspondance (1884-1888).

A LA PRINCESSE WITTGENSTEIN

« Paris, 1ᵉʳ janvier 1883.

« Chère Princesse,

« Votre lettre m'arrive, avec sa jolie bruyère en vignette, au moment où j'allais tracer, sur ce papier, mes vœux d'heureuse année. Quoi que vous en pensiez, votre santé nous est si chère que, pour ma part, je ne demande que cela pour vous. Dieu a son ciel plein d'intelligences. Qu'il nous garde celles qui éclairent ce pauvre globe.

« Comme toujours, votre dernière lettre contenait une corbeille de vérités littéraires. Rien de plus juste que votre critique.

« Mais savez-vous que lorsque j'écris, je m'identifie tellement avec mes personnages, que plonger plus avant dans leurs souffrances, fouiller plus profondément leur cœur, me ferait souffrir moi-même. Merci je n'y tiens pas. Dites, je vous prie, l'art en vaut-il la peine?

« Je vous adresse, en tremblant, *Sous le joug*. Je vous vois souriant et disant : Je ne puis donc pas l'électriser? Que voulez-vous? je suis un mauvais chirurgien. Quand le sang arrive, je fourre vite le bandage d'un chapitre émollient, et je me remets de la douleur qui venait. C'est très bête d'être sensible et égoïste à ce point. Je le suis.

« Hier, charmante soirée chez Mme de Blocqueville. J'ai endossé mon satin lilas, et suis allée achever l'année dans ses salons brillamment remplis.

« Comme Cendrillon, je me suis sauvée avant minuit, mais je peux vous dire que la marquise est debout, toujours belle et gracieuse.

« Chère Princesse, au revoir, à Rome; c'est le souhait que je me fais à moi-même pour 1884! »

DE LA PRINCESSE WITTGENSTEIN

« Rome, 8 janvier 1884.

« Comment! Zénaïde craint la souffrance! Ah! je ne m'attendais pas à celle-là, comme disent les bonnes femmes, car enfin, on a beau être rieuse et gaie, il faut se souvenir de la charpente de la vie, et cette charpente fut déterminée le jour où Dieu dit à Adam : « Tu mangeras ton pain à la sueur de ton front ». Croyez-vous donc que cela ne s'adresse qu'aux laboureurs et aux moissonneurs, et que le reste des humains y échappe? *No, da vero!* ni l'art, ni aucune création de l'homme, n'est exempte de cette loi suprême. La plume, le pinceau, le ciseau, le compas, n'en sont pas exempts, car ils aspirent au beau ; ils veulent ravir la flamme céleste, et incarner une pensée dans une œuvre vivante.

« Quand ma chère Bruyère s'écrie : l'art lui-même vaut-il la peine de tant souffrir? elle prononce tout simplement un petit blasphème. L'art est une prédication, chacun comprend cela ; alors, comment pouvez-vous trouver que d'avoir l'honneur de parler de Dieu, du vrai, sous les formes du beau, ne vaut pas la peine de souffrir?

« Quoi de plus noble pour l'homme, de plus grand, après la vocation des autels, que celle de l'artiste? Mais c'est un sujet que vous avez traité maintes fois admirablement, en écrivant. Ne parlons plus de cette petite boutade humoristique.

« Merci des nouvelles de la marquise, qui m'ont fait plaisir; je vous ai vue de loin, en satin lilas, avec vos yeux bleus si brillants et votre fin sourire.

« Là-dessus! Zénaïde discontinuera-t-elle de m'aimer? Moi, je continuerai toujours à être sa très affectionnée

« Princesse WITTGENSTEIN. »

A MADAME LA CHANOINESSE DE ROBERSART

« Paris, 10 janvier 1884.

« La métaphore flatteuse est donc devenue une réalité, grâce à vous, chère Comtesse Juliette, et j'écris, en ce moment, avec une belle plume d'oie, en vrai or, et sortie de son écrin. C'est très joli. Que ne puis-je faire passer sur le papier ce lumineux rayon qui se joue entre mes doigts!

« J'ai été très déçue samedi. Aussi pourquoi ne pas me jeter un mot d'avertissement?

« Sortir, à Paris, c'est toujours des demi-journées dévorées par la distance. J'ai télégraphié chez Mlle de Gramont. Votre réponse m'arrive. C'est lundi, mon fameux lundi. Je me précipite en tram, avenue Montaigne. Envolée! Quel sujet à sainte patience! Je reviens à mon lundi, et je vous écris ceci à l'issue du salut, au moment où vous débarquez à la gare du Nord, sans doute. Et je ne vous aurai pas vue, ni remerciée de ma plume d'or. Vous savez que la première fois que vous viendrez à Paris, il me faudra une heure pleine. Moi aussi, j'avais mille choses à vous dire.

« Ma Princesse romaine vit toujours un peu claquemurée, et j'ai quasi le projet d'aller la voir en avril. Cela tient sur une pointe d'équilibre et j'ose à peine en parler. Que voulez-vous? Je ne suis pas comme saint Paul, enchaînée et pourtant libre. On dirait que je n'ai pas de chaînes. Et mon cœur donc!

« Adieu, la plume qui est de fer vous remercie encore de ce bijou de plume d'or, et vous embrasse. »

A LA MÊME

« Paris, 18 janvier 1884.

« Mon aimable Chanoinesse,

« Vous me pardonnerez mon silence quand vous saurez que j'ai été inquiète d'une santé très précieuse, et que je n'ai pas rencontré une pensée qui méritât d'être envoyée en autographe à votre cher savant. Je vous l'adresserai, soyez-en sûre, s'il a l'amabilité d'y tenir. Pour l'instant, je me plonge dans mes bagages.

« Le voyage d'Italie est remis; mais samedi 23. je pars pour Nice, avec mon neveu Francis. Nous passons vingt jours en ces pays enchanteurs, et le gros de notre séjour se fera à Cannes. Le « Rapide » nous prend 170 fr. pour aller et retour, en première, et on s'arrête où l'on veut. Je saisis cette occasion. J'en ai par-dessus la tête de cet hiver qui n'en est pas un, et de cette humidité ; je vais me rafraîchir parmi les roses. Si vous apparaissiez, samedi matin, à la gare de P.-L.-M., ce serait idéal.

« Ma plume d'or va se reposer, mais je taille mon crayon le plus fin possible; si la paresse ne l'emporte pas, je conterai ce que j'aurai vu à l'Exposition de Nice. Et voilà !

« J'envie votre façon allègre de voyager. Je pense avec admiration aux lointaines excursions que vous avez faites et si bien décrites. Je ne suis qu'une petite songeuse qui resterait éternellement auprès d'un filet d'eau. Et ce voyage de Nice, qui n'est rien pour vous, me donne des émotions *transatlantiques*. La « Cliche » des champs, si délicieuse pour certains, me pèse à prendre. Je comprends pleinement l'Éternité : ne plus changer, je ne dirai pas d'amour, je ne connais pas cela, mais de lieu ! être heureux à la même place ! Quelle béatitude ! Adieu, etc. »

A LA MÊME

« Paris, 25 janvier 1884.

Merci de la lettre que je vous renvoie, merci de la vôtre qui m'a fait passer un bon moment. Ne jurez pas de ne pas voir l'Italie en ma compagnie; car la chose s'affirme. Mais je suis un peu *souche* en voyage, j'irai *lentement*, par Cannes peut-être, où je resterai huit jours. Économiquement, je prendrai un billet circulaire, ne voulant rien prolonger. La princesse habite près de la Fontaine Trévi, la splendide Fontaine Trévi, à Rome! S'il plaît à Dieu, tout s'arrangera pour que vous et moi écrivions le souvenir de ce voyage sur le plus beau vélin de notre mémoire.

« Pensez-y, chère Comtesse Juliette, *pensez-y bien*. Je fais ma retraite de huit jours, je vais secouer la poussière des ailes de mon âme, qui a soif d'infini.

« Priez pour moi; la retraite se fait sérieusement, divinement. Parler à Dieu, quelle douceur!

« Vous écrire n'est pas un ennui non plus; vous aimer, c'est tout simple, je le dis simplement. »

A LA MÊME

« Paris, 29 mars 1884.

« J'ai très bien ouï que vous m'aviez joué un tour pendable. Comment, ce papier griffonné à la diable, sur le quai du Midi, est entre les mains de votre savant? Ce pauvre petit épanchement barbouillé, qui n'avait pas été relu, qui s'enveloppait d'intimité pour se faire accepter par vous, va faire son entrée à Gontaud, sous le titre d'autographe?

« Enfin, vous êtes une femme terrible, et il en sera ce que vous avez voulu. Que je vous ai regrettée en ce pays d'orangers et d'étrangers! Ce dont j'ai joui à Nice, c'est de la mer. Ce flot bleu qui rejaillit sur des galets bleus, et qui est d'une pureté parfaite, me prenait les yeux. Ni sable, ni poussière, rien; du cristal, et encore du cristal. Mais vous connaissez tout cela.

« Est-ce de Monte Carlo que vous me parlez? C'est un lieu admirable et hideux. J'ai défendu à mes doigts de toucher à ce tapis vert; et devant ce roulis d'or et d'argent, ils en avaient la tentation, la fascination. J'ai vu des jeunes femmes qui jouaient, quasi malgré elles, et avec quelles figures!

« La joie du retour est grande! Je n'aime pas particulièrement mes chenets, mais beaucoup mon grand bureau à écrire, ma chapelle, sans compter ce qui est vraiment cher à jamais. Quant aux importuns, je n'en ai guère.

« En revanche, je retrouve votre belle-sœur, la comtesse Berthe, assez bien, quoique toujours un peu ouatée; c'est un vrai bonheur d'arrivée.

« Et maintenant, revenons au divin, à ce divin de la Passion qui prépare à l'Alleluia triomphant. L'un et l'autre sont sublimes. Là-dessus, nous n'avons qu'un cœur et qu'une âme, chère Comtesse Juliette.

« Adieu, etc. »

DE LA PRINCESSE WITTGENSTEIN

« Rome, ce 18 juillet 1884.

« Zénaïde n'est certainement plus à Paris ; mais les albums de mes jeunes amies se disputant la jolie barrière de sa maisonnette du bord de la mer, j'ai craint de ne pas bien écrire son nom, et j'adresse à Paris.

« Mes lignes vous parviendront sûrement en ce site qui vous inspira deux marines ravissantes, comme à Joseph Vernet et à Backhuysen.

« *Grand cœur* est du peintre français ; et *Cadok* une petite toile du vieux maître hollandais, l'incomparable pour le gros temps.

« Votre *Sous le joug*, Zénaïde, est un bijou, un vrai bijou ; et si les pensions que je dessers à plus pauvres que moi ne me prenaient, pour le courant, une grande part de mon revenu, je me serais donné le plaisir de vous composer et de vous envoyer une épingle de *Sous le joug*. Il y aurait eu, au milieu, une belle perle, en l'honneur de Marie-Thérèse, un saphir, de Gildas, deux rubis flambants, comme les jeunes cœurs de Roland et de Josèphe. Deux petits diamants seraient les deux pierres votives offertes au recteur et à sa noble mère.

« Zénaïde, vous êtes, ma chère, d'une perfectibilité ravissante. Ce dernier ouvrage est si suave et si parfait que, comme le dirait une jeune mariée pédante et orgueilleuse de son collier d'émeraudes : Il est sans défaut dans aucune pierre ; ce qui veut dire, pour moi, dans aucun chapitre. C'est joli, joli au possible.

« Faites toujours comme *Sous le joug*, faites beaucoup ainsi, et je vous en féliciterai, et bien sincèrement. Pas une vulgarité dans ce délicieux livre ; pas une critique à faire. N'allez pas vous reposer sur vos lauriers ; mais continuez cette bonne veine, et ne craignez pas de fouiller le cœur et d'y faire résonner les cordes de la douleur.

« Ma chère Zénaïde, il me semble que je vous ferais tort si je n'ajoutais encore un grand éloge à ce que je vous ai dit sur votre *Joug*, qui est pour vous un vrai collier d'honneur. Votre conversation avec le marquis enivré de spéculations et le recteur qui en voit les revers est absolument parfaite. L'entretien n'est pas du tout trop long, il pénètre bien les racines des choses. Voilà que Zénaïde commence à écrire pour des femmes sérieuses, et ces œuvres-là ne laisseront pas d'instruire et d'élever les jeunes filles. Sans doute, elles avaient déjà vos délicieux paysages ; mais je suis si contente que vous entriez enfin dans une nouvelle voie, que je veux encore vous embrasser.

« Princesse WITTGENSTEIN. »

A LA PRINCESSE WITTGENSTEIN

« Locmariaker, 23 juillet 1885.

« Il n'est pas de jour que je ne pense à vous, chère, si chère Princesse, et j'ai là deux enveloppes qui portent votre nom. Que vous écrire de ce rustique ermitage, où je flâne depuis le mois de mai ? Vous avez assez de mes livres, pourquoi multiplier les lettres !

« Mais, je vous le répète, votre souvenir est un de

mes plus vivants souvenirs, et je suis toujours heureuse quand la poste m'apporte votre écriture.

« Aujourd'hui, votre appréciation du *Joug* et de ses frères m'a été très douce. Je sens, en effet, quelque progrès dans mes derniers ouvrages. Mais ce que je veux absolument, c'est dire *mon dernier mot* dans une œuvre travaillée pouvant faire du bien à tous, que j'appellerai : *Mon dernier livre*. Je l'ai commencé durant le Siège et j'y travaille lentement. Pourtant, il sera bientôt fini. La douleur y a sa corde, qui résonne fortement, je ne recule pas devant la souffrance intime que je ressens, pour la peindre au naturel [1].

« Merci du bijou décrit à propos de *Sous le joug*; le recevant de votre cœur, il m'a semblé que je le recevais de votre main. Je porte souvent le charmant emblème que vous m'avez donné. Ce chiffre d'or mat est souvent admiré ; et, dans ma dernière pose photographique, enfin réussie, dit-on, j'ai tenu à ce qu'il parût. Malheureusement il est peu visible, mais je sais qu'il est là. Je vous enverrai ce type, chère Princesse ; j'aime à me remettre sous vos yeux, malgré mes enlaidissements, qui ne sont pas encore atroces cependant.

« A ce propos, auriez-vous, par hasard, conservé une photographie de moi, debout, de profil, en robe de soie, une grosse boucle sur l'épaule ? On veut la faire reproduire, et le cliché ne se retrouve plus ; il serait assez piquant qu'il me revînt de Rome. Ce portrait m'a valu, en 1867, une de vos belles pages que je sais par cœur.

---

1. *Mon dernier livre*, Oudin, éd.

« Si ma chère chanoinesse de Robersart retourne à Rome, elle se propose d'aller vous offrir l'expression de son admiration. Nous avions quasi arrangé le voyage ensemble, puis est arrivé un empêchement.

« On vient de m'envoyer des vers de la ministresse d'Autriche à Berne, sœur de la duchesse Colonna (Marcello). Si jamais je vais à Berne, je serai aimablement accueillie par cette charmante femme.

« Vous ai-je dit que mon œuvre de tante réussit bien? Les enfants deviennent des hommes. Tout cela marche noblement.

« Adieu, etc. »

A LA MÊME

« Locmariaker, 17 août 1884.

« Chère Princesse,

« Que vous avez été bonne de m'écrire comme vous l'avez fait, à propos de la santé de ma chère mère Marie de ***. Cet accent-là m'a donné la mesure de votre cœur, et votre sympathie m'a profondément touchée.

« Cette religieuse est au fond de ma vie. Sa grande et réelle sainteté a éclairé ma foi; et sa bonté exquise, son intelligence vraiment supérieure, ont achevé l'œuvre. Aussi, quand elle souffre, je ne puis m'empêcher de souffrir.

« Tout est pour moi volonté de Dieu, m'écrit-elle : pénitence, souffrance d'apostolat, douleur physique, ingratitudes, mauvais procédés, tout s'appelle de ce nom, et m'est une préparation au détachement suprême. J'éprouve une joie indicible en ce permanent sacrifice.

« Merci donc, chère Princesse, de comprendre et mes inquiétudes et ma tristesse, quand cette santé si délicate reçoit quelque forte atteinte. A cette heure, le danger est conjuré ; mais la voilà clouée sur un fauteuil.

« Je comptais travailler beaucoup ici, et vous allez me gronder. Hélas! la mer, la grève, mon bateau « l'Hermine », mon cheval « Méaban » me tentent, et je vis dehors.

« J'ai les mains hâlées comme celles des pêcheuses; je me porte aussi comme elles, et n'alarme jamais mes amies pour cause de santé. Mais si mon corps n'a pas tremblé la fièvre, ni souffert de douleur, mon cœur en est coutumier, grâce aux fièvres et aux souffrances de ceux qu'il aime.

« Pendant les jours de pluie qui m'ont claquemurée, j'ai lu, avec une admiration croissante, *Adam Bède* de George Elliot. J'aurais voulu la connaître. N'aurez-vous pas la bonté de me parler d'elle, de me la *décrire* un peu ? Je conserve ces jeunes curiosités. Je donnerais mes soixante volumes pour son *Adam* et son *Moulin sur la Floss*.

« Et, avec tout ce babil, je ne vous ai pas demandé de vos nouvelles, de vos chères nouvelles ? Vous commencerez par là, s'il vous plaît, dans la réponse attendue. »

DE LA PRINCESSE WITTGENSTEIN

« Rome, 4 septembre 1884.

« Ma chère Zénaïde,

« Merci du portrait; vous êtes jolie, jolie comme un cœur d'or que vous êtes. Soyez-en sûre, quand je voudrai faire photographier quelqu'un de cher, j'irai à Paris, si votre artiste y vit encore.

« Comme c'est bien posé et comme c'est bien saisi, quelle grâce et quel naturel! Je vous remercie; mais, tout de même, je veux ravoir ma tête de 1867, je ne vous l'ai que prêtée. Elle me rappelle réellement le *vous* d'alors, triste, découragée et pourtant vaillante; ce sont les mêmes yeux bleu pâle, mais ici ils sont pétillants d'esprit, là ils sont profonds. Je vous laisse la pose de la boucle; vous pouvez la donner à quelque femme de pêcheur qui en sera heureuse; mais rendez-moi *ma tête*.

« Merci, ma chère Zénaïde, de l'aimable surprise.

« Je vous redis encore combien je trouve charmant, charmant, le cadeau que vous m'avez fait.

Je vous embrasse comme votre affectionnée

« Princesse WITTGENSTEIN. »

A LA PRINCESSE WITTGENSTEIN

« Kermōareb, 13 septembre 1884.

« Je vous retourne donc la tête que vous aimez, chère Princesse; je la trouve triste à pleurer, mais, puisqu'elle vous convient, je vous la renvoie. Nadar, il est vrai, m'a parfaitement réussie; et enfin mes amies m'écrivent : C'est bien vous! J'attribue cette physionomie naturelle à la présence d'une jeune artiste, qui veut me peindre en miniature. Elle est très originale, et me regardait avec une si étrange figure, me tenait des propos si étranges aussi, que je n'ai pu m'empêcher de sourire franchement. Ne voulait-elle pas m'affubler d'une mousseline en turban!

« Je l'avoue, j'aime mieux sourire à ceux qui me sont chers, que de les contempler d'un air morne. Le portrait de vous qui orne mon salon est souriant, et cela me met du baume au cœur de le regarder.

« Votre jugement sur *Sous le joug* fait toujours ma joie. Puisse *Désertion*, que je vous enverrai sous peu, mériter aussi vos louanges.

« Je suis désolée des nouvelles que je reçois de la marquise de Blocqueville. Un anthrax à la tempe, ce doit être affreux et laisser des traces. Comme elle a souffert! Comme elle souffre! Quand j'entends le récit de ces martyres, je suis tentée de me mettre à genoux pour remercier Dieu de mon inaltérable santé. On peut bien user de la maladie, elle est parfois grande comme la douleur; mais quel tourment de vivre ainsi, une souffrance aiguë succédant à l'autre!

« Adieu, chère Princesse; vous savez que je vous aime tendrement et fidèlement, en Bretonne pur sang. »

A LA COMTESSE JULIETTE DE ROBERSART

« Kermöareb, 1ᵉʳ octobre 1884.

« Croyez-vous donc que j'estime vos cartes, chère Comtesse Juliette? La plus courte petite lettre ferait bien mieux mon affaire. Il n'y a que vous à mettre tant d'esprit dans une carte postale, je vous l'accorde; mais c'est trop bref, *trop public*.

« Je vous fais une visite photographique pour que vous me pardonniez mon silence. Ayez la bonté de me renvoyer cette image qu'on dit très ressemblante, malgré les coups de pouce du photographe; mais, si elle vous agrée, je vous mets en tête de la liste de celles que je dois.

« Non; grâce à Dieu, aucune catastrophe ne me menace encore. Je suis trop prudente pour me noyer. La mer, que j'aime passionnément sur le rivage, ne me servira pas de linceul, très probablement. Je la sais perfide; c'est la seule créature perfide que je puisse aimer. Je mets mon cœur en trop bon lieu, pour craindre d'autres trahisons. J'agis avec le monde un peu comme avec la mer. Je le regarde se mouvoir, étinceler, étaler ses grâces attractives; mais je ne confie mon cœur qu'à bon escient. J'en ai donné une partie à votre chère belle-sœur Berthe. Dites-moi si jamais trahison peut venir de là? Et vous, n'êtes-vous pas loyale, la loyauté même? Je suis assez physionomiste, sans me vanter. Il y a des gens que je tiens toujours à longueur de gaffe, comme disent les matelots; et, bien des fois, il m'a été prouvé que j'avais eu raison.

« Je reste ici jusqu'au 20 octobre, chère Comtesse Juliette; puis je m'enfuis à Paris, où vous devriez bien me donner le plaisir extrême de vous embrasser, comme une amie incapable de trahir. »

A LA MÊME

« Paris, 11 novembre 1884.

« Merci, mais je vais passer un peu d'hiver à Cannes. J'ai besoin de soleil. Ce n'est pas le choléra que je fuis. Je le retrouverai sans doute, et il ne m'empêchera pas de rentrer à Paris. Ce fléau est très indépendant de sa nature ; le fuir est inutile.

« Mais mon premier voyage, après cette fugue, sera pour Wambrechies. Vous me préparerez une grande table. J'ai besoin d'espace pour écrire et pour tout, hélas !

« J'emporte votre souvenir. Priez beaucoup pour moi. »

DE LA PRINCESSE WITTGENSTEIN

« 1ᵉʳ janvier 1885.

« Que la spirituelle Bruyère de Bretagne continue à peindre le ciel et la mer de son cher pays, bêtes et gens, A. M. D. G., en santé et contentement, comme le lui souhaite sa très affectionnée,

« Princesse CAROLINE W. »

A LA MÈRE MARIE DE***

« Kermöareb, 12 juillet 1885.

« Ma chère Mère,

« Je reviens d'une grande expédition que vous approuverez, j'en suis sûre. Hier, la fille de notre chère associée, Madame Laurens, et sa nièce, sont venues me voir. Son mari, le commandant Besnard, est à bord du vaisseau-école d'aspirants « l'Iphi-« génie », à Quiberon. Elle avait bien envie d'aller le trouver, et mon vif désir de l'accompagner l'y a décidée. La chose s'est arrangée vite; elle a télégraphié, et ce matin j'ai entendu la messe à Auray avec elle; de là à la gare, de la gare à Quiberon, de Quiberon à « l'Iphigénie ». Malgré la grosse mer, je n'ai pas eu peur; l'embarcation du commandant est superbe. Douze rameurs ne suffisaient pas; un vapeur nous remorquait. Que c'est grand, le commandement chez les marins! quel respect! quel beau navire! Tous les matelots, la main à la tempe, étaient là. Nous sommes passées devant.

« Le second, capitaine de frégate, l'aumônier, ont déjeuné avec nous; des matelots servaient. Le commandant a été des plus aimables. Il est si imposant, si distingué! Il est taillé pour les grandeurs.

« Après déjeuner, même cérémonie, et rembarquement. Vers trois heures, nous nous sommes séparées à Auray; et me voici, pas trop fatiguée.

« J'ai eu tout de même mon lot de pensées tristes aujourd'hui; mais, balance faite, la journée a été exquise. Je l'ai terminée en assistant au salut.

« Tante Marie est mieux; mais elle a formulé le projet de s'installer à Kermōareb, seule avec une servante, après notre départ. Comment lui refuser cela? Néanmoins, ce sera pour moi une immense dépense que ce second ménage. Il y a des moments où je me mets à genoux pour demander l'abnégation; c'est toujours sur votre pauvre fille que tout retombe. Depuis vingt ans, j'en aurais dû prendre l'habitude; mais je sens encore le premier mouvement de révolte. Je me console en pensant que vous m'approuvez et que Dieu voit mes sacrifices. »

A LA MÊME

« Kermōareb, 1ᵉʳ octobre 1885.

« Ma chère Mère,

« Le docteur de Closmadeuc sort d'ici. Il a bien examiné la pauvre tante Marie; même consultation que le docteur d'Auray : opération indispensable. Il la remet à trois mois ; donc, je pars demain. J'irai à Nantes, pour placer Paul chez les Frères ; cela fait, je repars vite pour organiser l'installation de tante Marie à Kermōarch. Elle est enfin décidée à se laisser opérer, et je crois qu'elle choisira Auray plutôt que Vannes. Elle sera, du reste, parfaitement chez les sœurs Augustines, avec lesquelles je me suis entendue. J'avais pensé à lui donner une sœur garde-malade pendant mon absence ; mais elle fait la grimace, et préfère sa jeune servante qui lui est dévouée, et dont elle a l'habitude. Après avoir tout disposé pour que la chère malade ne manque de rien, je retourne à Paris, à l'un de mes postes de combat et de travail pour mon Dieu. Avec sa grâce et votre soutien, ma Mère, je ne succomberai pas sous le poids de cette nouvelle épreuve.

« Votre pauvre ZÉNAÏDE. »

A LA MÊME

« Auray, 5 juin 1886.

« Ma Mère,

« Notre chère tante Marie n'est plus ! Tout était fini quand nous sommes arrivés. C'est un profond écroulement de famille, et j'en suis bien secouée.

« Je n'ai pu la regarder ; j'aime mieux me la représenter vivante. Pour Francis, il a prié, il a pleuré, il l'a embrassée. Heureusement j'avais à l'envoyer à Lorient pour les affaires ; je l'ai poussé dehors, sa figure me faisait mal à voir.

« J'ai télégraphié et écrit à Nantes ; les parents viennent. Je ne puis supporter seule ces lugubres cérémonies. C'est une infirmité, mais je l'ai. La chère morte est gardée par les religieuses qui l'ont soignée. Demain, à huit heures, le chapelain du couvent dira l'absoute; et après, nous partirons en voiture. Le service se fera à Kerentrec'h-Lorient. Elle aimait beaucoup cette ville. Plus tard, si Dieu me prête vie, elle viendra à Locmariaker, ainsi que maman, et j'irai les rejoindre à mon heure.

« Recommandez tante Marie, Mère vénérée, aux prières de Mère générale et de la Communauté. Sa vie a été dure et vaillante; Dieu le sait! Les religieuses Augustines ont été admirablement bonnes; son esprit les charmait. »

DE LA PRINCESSE WITTGENSTEIN

« Rome, 6 juin 1886.

« Chère Bruyère de Bretagne. Êtes-vous à Paris? Êtes-vous déjà sur les rives de l'Océan? Ma lettre vous parviendra en tous cas, et je ne veux pas tarder à vous dire que j'ai profité de quelques insomnies pour lire *Ces bons Rosaëc*, qui m'ont enchantée.

« La vie de la campagne, la vie des petits propriétaires, y est retracée avec vérité. Tout y est naturel, sans apprêt, pieux et honnête, empreint du comme il faut qui exclut la vulgarité. La mort de M. Rosaëc, quoique un peu rapidement amenée, est pourtant assez dépeinte pour être émouvante. Les trois cents pages du volume se lisent, non seulement avec plaisir, mais avec un charme vraiment suave. C'est comme un séjour de quelques mois que l'on ferait au village.

Laissez-moi, néanmoins, par continuation, vous faire encore une petite critique. Ma chère Bruyère, vous ne verrez, de nos jours, aucun Harpagon serrer quatre cent mille francs en or dans une cachette. Glaumesse peut en garder dix mille ou trois cents dans son bas; mais celui qui en a acquis quatre cent mille sait ce qu'ils lui rapporteront en courant le monde, non seulement en intérêts simples, mais en intérêts composés.

« Je me dis parfois qu'il est inutile de relever à vos yeux ces minuscules détails. Chaque oiseau chante selon son gosier. Mais comme vos volumes sont toujours en progrès, je ne puis renoncer à les voir absolument parfaits.

« Parlez-moi donc un peu de votre chère mère Marie de***. N'oubliez pas de lui offrir tous mes tendres respects émus et édifiés.

« A bientôt! Et que Dieu vous bénisse, car vous êtes un cœur d'or. Que les bons anges, appelés Muses par les Grecs, vous inspirent toujours plus de jolies histoires, où vous savez semer si agréablement tant de vérités hautes et pratiques.

« Votre affectionnée pour toujours

« Princesse Caroline Wittgenstein. »

Cette lettre est la dernière que nous ayons retrouvée de l'illustre et dévouée amie de Zénaïde.

A LA PRINCESSE WITTGENSTEIN

« Paris, 16 juin 1886.

« Vous avez reçu le billet de part, qui vous explique

mon silence, chère Princesse. A peine avais-je posé le pied à Paris, à peine votre grande et belle photographie de Léon XIII était-elle déballée, qu'on m'appelait à Auray par dépêche.

« Et me voici, portant le deuil de cette sœur aînée, qui avait l'âge d'être ma mère, et dont la disparition fait un grand vide dans la famille. C'est quand les gens ont disparu, qu'on mesure exactement la place qu'ils tenaient auprès de nous.

« Je suis encore sous le coup de cette si douloureuse séparation, et un peu secouée de mon voyage à toute vapeur.

« Votre Pape est superbe encadré. Je regrette de ne pouvoir lui mettre en pendant votre portrait à vous; donc le regret remplit cette lettre écrite en courant; et je finirai encore par un regret vivace, celui d'être si loin, si loin de vous ! »

A MÈRE MARIE DE***

« Kermöareb, 26 juin 1886.

« Ma chère Mère,

« Me voici entre le ciel bleu et la mer bleue. L'air me fait du bien. A part une souris, qui a élu domicile chez moi, et que je viens d'attraper, tout est en bon état et a *bonne mine*, malgré la modestie de l'installation. Mes tamarins font forêt; je commence à jouir de leur ombre.

« Le bourg m'a fait son cordial accueil. Un chapelet d'enfants s'est allongé derrière mes barrières, et ces cinquante chapeaux et bonnets se lèvent, à chacune de mes apparitions.

« J'ai vu mon recteur et son vicaire, excellents et d'aimable humeur.

« Un voisin maçon, père de famille, étant sans ouvrage, j'ai fait creuser un puits, et l'eau a jailli presque aussitôt. Cela manquait, et mon acte de charité se trouve bien récompensé. Il y a une grande misère cette année, parce que le travail fait défaut.

« Je sens un peu d'*usure*, et ne pourrais subir ce que j'ai subi; c'est certain. J'ai besoin de repos.

« La maladie et la mort de tante Marie m'ont fait drainer l'argent chez mes éditeurs, puis l'achat de la ferme de Kéran est arrivé à la suite. Enfin j'espère boucher les brèches, si je puis travailler.

« Je pense partir d'ici, après avoir fait mes expéditions à Lorient et à Brest. Hélas! que de fatigues et de dépenses; mais il le faut.

« Mes ouvriers dévorent mon temps. Quand je ne suis pas là, je trouve les oiseaux de ma tapisserie les pattes en l'air, et des clous gros comme mon doigt dans les plus délicates moulures.

« La salle à manger peut recevoir; c'est frais et joli.

« Ma lampe pendait de travers du plafond. La voilà droite; et cela me réjouit.

« La fille de ma Mère doit aimer la ligne droite et les choses correctes; je les aime.

« J'ai retrouvé l'encens, et vais le porter à mon bon curé. Il m'a dit qu'une paroissienne avait donné une lampe d'autel avec bougies. Il m'a mise *dans le secret*, et n'a pas deviné que c'était moi qui la lui avais envoyée de Paris.

« J'ai reçu ma pompe; une eau claire jaillit près de la maison; j'arrose quand j'ai un moment.

« Je vis comme un anachorète, de légumes et de poissons. On sennait hier devant moi; mulets superbes. Aujourd'hui, un bar de toute beauté; mais la chaleur est telle qu'il faut cuire immédiatement.

« Dimanche, procession. En attendant, tout le reposoir est dans mon salon vert. Le soir, je vais à l'église; de jeunes garçons se groupent autour de mon prie-Dieu, et hurlent les vêpres à faire évanouir. — En sortant, je réunis mes petits gars et leur fais un catéchisme; la rentrée dans ma maison vide est un peu mélancolique. Personne ne m'attend, ni ne me suit, mais je me loge au plus profond du cœur de ma mère, que Dieu Notre-Seigneur garde. »

A LA COMTESSE JULIETTE DE ROBERSART

« Paris, 6 décembre 1886.

« J'arrive de nouveau à Wambrechies, chère Comtesse; mais cette fois ne vaut pas l'autre; la lettre ne remplace pas l'être. Néanmoins un peu de mon cœur se fourre sous ce papier, qui vous sera remis à la sortie de votre pieuse halte du matin.

« Il me semble que j'y suis encore, et que j'ai respiré la brume légère, transparente, « à la Corot », qui flotte sur le parc, à l'heure de la messe. Cette dernière fois, j'ai bien joui de votre hospitalité, de vous-même; c'est un bon moment qui me laisse de doux souvenirs.

« Mon voyage a été sans encombre; j'ai porté précieusement entre mes bras le paquet aux longues oreilles, et n'ai point voulu m'en séparer à Chantilly, tant je craignais qu'il ne séduisît quelque passant en goût de civet. Malgré les instances de mes excellents amis, Bellanger et Poiret, dont la charmante habitation est des plus confortables et du meilleur goût, je suis revenue à Paris, le soir même, par un temps menaçant. Et maintenant nous voilà, vous et moi, dans la neige; elle doit être joliment belle à Wambrechies, qui était tout à fait gracieux en paysage d'hiver. »

« Adieu », etc.

Le 8 mars 1887 mourait la princesse de Sayn Wittgenstein qui, depuis vingt ans, avait été pour Zénaïde une véritable amie.

C'est par Mme la princesse de Hohenlohe que nous avons eu quelques détails sur la fin de cette illustre chrétienne : laissons-la parler.

« Ma chère mère est morte le 8 mars 1887; un penchant à l'hydropisie s'était déclaré peu de semaines auparavant. Les médecins avaient reconnu la gravité du mal, mais ils ne s'attendaient guère à une fin aussi rapide. Elle-même ne sentait pas sa fin approcher. Dans la journée du 8, elle avait eu un entretien avec son confesseur, et elle avait demandé les Sacrements pour le lendemain 9, anniversaire de sainte Françoise Romaine, pour qui elle avait une dévotion toute spéciale. Durant la journée, elle avait beaucoup souffert d'étouffements, et avait tenu ma main continuellement entre les siennes. Subitement, le soir, elle fut prise d'un grand allégement et assoupissement. Elle me dit fort tendrement bonsoir et renvoya même sa femme de chambre pour dormir, alléguant que toute personne qui se tenait auprès du lit lui ôtait de l'air respirable. Je me retirai dans le salon voisin, où j'offris du thé au médecin qui était venu la veiller. En moins d'une heure, la femme de chambre entre effarée, et dit qu'elle avait remarqué à travers la porte ouverte que la tête de la Princesse avait glissé de l'oreiller et qu'elle paraissait ne pas respirer. Le médecin accourut auprès d'elle, et la trouva morte. »

Nous n'avons pas de lettres exprimant la douleur de Zénaïde et le grand vide que laissa dans sa vie la disparition de celle qui suivait, avec tant d'intérêt et depuis si longtemps, la marche ascensionnelle de son talent, et lisait avec une sollicitude constante chacun des livres qui sortaient de sa plume féconde. La princesse était, nous l'avons vu, pour notre auteur, un critique incomparable, dont l'affectueuse bienveillance rendait tout acceptable : cette mort lui fut une grande épreuve, sans compensation possible.

A MÈRE MARIE DE***

« Kermôareb, 20 juin 1887.

« Ma chère Mère,

« Je viens vous donner des nouvelles que vous aimez : abnégation et charité sur toute la ligne.

« Que de malades ici ! Quelles misères navrantes ! A propos de la petite***, la fille d'un pêcheur, il y a une histoire à la George Elliot ; quel tragique ! Elle est sur un grabat souffrant le martyre, et malheureusement les parents sont peu dévots.... Beaucoup de bien à faire. C'est une œuvre ; mais il faut que vous m'en parliez, car ma misérable sensibilité est à l'agonie quand j'y vais. Je lui ai porté aujourd'hui une image du Sacré-Cœur; il n'y avait rien sur les murs sales et humides. En plein vaccin, elle est allée à la côte : quand ils ne vont pas pêcher, il n'y a pas de pain; elle a été retirée d'un trou d'eau; et voilà cinq mois qu'elle est sur cette sale couchette sans linge. Pas une plainte, quoique son pauvre corps ne soit plus qu'une plaie.

« Je donnerai du pain le dimanche. Il y a une masse d'enfants. Le reste de l'histoire est affreux. La pauvrette n'allait pas au catéchisme, parce qu'elle était à la côte; elle aurait mieux aimé avoir du pain, et s'asseoir tranquillement avec les autres.

« Il y a des cas bien douloureux encore. Ces gens-ci meurent de faim sans rien dire, les poupons sont superbes... et vivent.

« Enfin, abondante moisson de charité et de sacrifices, comme vous voyez, ma Mère.

« Année exceptionnelle sous certains rapports. Vous savez que je désirais être ici pour le reposoir. C'était un pressentiment. Ma belle coupe de cristal a été brisée; on a répandu des larmes à son sujet, ce qui ne me la rend pas. J'y tenais; il faut se détacher; je n'aurai plus que du cuivre. C'était pour le bon Dieu, et j'ai été très douce, bien que pestant intérieurement contre ces mains de fer.

« Adieu, etc. »

A LA MÊME

« Kermôareb, 23 juin 1887.

« Ma Mère très chère ne m'écrit pas un mot. Pour

me consoler, je pense : pas de nouvelles, bonnes nouvelles. J'ai besoin de réconfort, dans mon coin. Je finis l'ouvrage qui paraît dans *l'Ouvrier*. Il faut traiter ce sujet dramatiquement. J'en suis angoissée. J'aurais dû l'écrire à Paris.

« Nous travaillons dur pour mettre la maison *en état*. On n'a pas l'idée du mal que je me donne. Et mon corps n'a plus l'invincible résistance d'autrefois. Clouer me fait mal au bras, peindre me fait mal *au cœur*, signes certains de décadence. Tout cela, sources de réflexions amères! Le vent a fraîchi et un rien m'enrhume. Le reste va. J'aperçois des enfants qui mettent leurs petits bateaux à flot; ils s'amusent comme des bienheureux, et quelle mine ils ont!...

« Je suis toujours de cœur avec la chère Communauté. Ah! comme j'attends une lettre, la manne de mon désert, ma seule manne qui ne tombe pas directement du Ciel.

« Ayant vu sur l'adresse de votre dernière lettre : « Mme G. arrive à Auray, jeudi », je n'ai quitté la ville qu'après le dernier train venant de Nantes; Mme Guyot l'aura manqué; elle n'est point arrivée, et je suis partie.

« Le beau temps, la fraîcheur du sol tout herbe et blé, ont bien adouci la solitaire arrivée. Et Dieu m'a fait la grâce de n'être point saisie par la tristesse.

« S'il y a quelque chose de consolant à mon exil, c'est l'excellence de ce *pays*. On vous y accueille comme si l'on n'attendait que votre arrivée pour être heureux! Un peu plus, les cochers me parlaient en vers. La Supérieure du *Père éternel*, intelligente et bonne, m'a serrée dans ses bras; il y avait deux ans que je ne l'avais demandée au parloir, ce qui est une ingratitude.

« J'ai eu la messe de six heures ce matin, et j'ai fait la sainte Communion. Demain, je dors la grasse matinée. Adieu, Mère toujours plus vénérée, et plus chère. »

A LA MÊME.

« Kermoareb, 23 septembre 1887.

« Voici donc votre retraite terminée, et j'arrive bien vite, ma chère Mère. J'ai passé une semaine de patience et de sacrifice.

« Je viens de finir *Mon dernier livre*, et je me délasse près de vous. Je ne puis plus voyager sans une fatigue extrême. Je suis allée à Vannes, un peu pour combattre le spleen, un peu pour recommander la petite *** qui passait ce malheureux examen élémentaire, véritable montagne pour elle, attendu qu'elle a appris en deux ans, par un travail de nègre, ce que les autres apprennent en dix.

« Tous mes neveux sont partis chacun à leur tour. Après les dépenses entraînées par leur séjour ici, j'ai dû pourvoir encore à bien des choses, au moment de leur départ, et j'ai semé l'argent sans trop soupirer, ce qui est assez méritoire dans ma position. Je suis dans l'embarras; mes fermiers réclament des diminutions. Me voici donc obligée de regarder à mes dépenses personnelles; et cela ne sera pas facile, elles sont déjà si restreintes.

« Il me faudrait beaucoup travailler encore; et je

sens venir la souffrance. J'ai une gêne au cœur qui me paralyse. Haleter comme cela, est un petit martyre que j'offre à Dieu, pour l'expiation de mes péchés. Sont-ce les glaces de l'âge qui agissent, comme dit Mère générale? Je ne sais; mais je continue à me réveiller dès l'aurore, et ne manque jamais la messe de six heures; j'entasse mes exercices, mais ils sont faits sans distractions. L'église est toujours ma consolation; il m'est doux de me plaindre à Dieu.

« Le révérend père du Lac vient de m'envoyer un très beau livre rempli de cœur, intitulé *France*, avec cette dédicace :

« A MADEMOISELLE ZÉNAÏDE FLEURIOT

Hommage de respectueuse admiration, et union de prières dans le Sacré Cœur de Jésus.

« Cantorbéry, 1888. »

« Il n'est que les hommes supérieurs et humbles qui sachent donner à leurs actes un cachet d'amabilité bienveillante. J'en ai été fort touchée et reconnaissante; vous le serez aussi.

« Mère vénérée, obtenez-moi, par vos prières, un peu de ces forces qui m'échappent, et qui me seraient encore bien nécessaires. »

A MADAME PERRIGAULT DE KERÉVER

« Paris, 29 décembre 1888.

« Ma chère Claire,

« Merci de tes bons souhaits, et reçois les miens;

pour toi et les tiens. Remercie ta fille Alix; j'attendrai pour lui répondre que ses sœurs aient enfin vu leurs lettres hors des mains de Mme de ***, à qui je les avais confiées.

« Je te charge de dire à ta sœur Marie que j'ai, *de ma plume*, écrit son nom et son adresse : rue Gouaran, sur une lettre de part du mariage de mon neveu Charles. Nous nous étions mis plusieurs à cette corvée d'adresses, mais je m'étais réservé Saint-Brieuc et Auray. Léonie m'ayant écrit que Marie allait peut-être tenir compagnie à Emma de ***, privée de son cher compagnon de route, j'ai hésité quelque temps à envoyer la lettre, puis j'ai lancé à Saint-Brieuc. Il faut toujours attendre pour juger les événements petits et grands. De loin, c'était quelque chose; de près, tu le vois, ce n'est rien. Je compte sur toi pour cette rectification.

« Oui, mon neveu Charles est heureusement marié. La noce a été fort brillante; la famille Dumoulin aime à faire grand, et le peut. Je ne te parlerai pas des toilettes, je n'y fais jamais attention; mais la mienne te donnera une idée du cortège. Il m'a bien fallu l'avoir, et hélas! *la payer*. Donc, j'étais en velours noir et satin gris argent. Ces costumes moyen âge, avec manches jusqu'à terre et traîne, ont vraiment de la noblesse. Ces longues manches étaient doublées du même satin à reflets argentés; derrière, un large cordon indiquait la traîne, et une ceinture très lourde, toujours satin argent, se nouait plus bas que la taille et tombait sur la traîne. Chapeau idem : velours noir, motifs argent, aigrettes blanches. La plus élégante toilette de ma vie, enfin!

« A la messe, belle musique, touchants discours : quatre fauteuils dorés de chaque côté des mariés : mon frère et moi du côté de Charles; derrière, en cercle, chaque famille.

« L'oncle Robiou du Pont et sa femme, une Anglaise, très aimable, nièce de Mme de Kérigant, avaient fait le voyage, et les deux cousins aussi. Le cortège, à Paris, ne se compose que des proches parents. Par exemple, il y avait quatre filles d'honneur et quatre garçons d'honneur.

« Après ces réceptions, ces dîners, ces soirées, je suis tombée de fatigue, et ai souffert pendant un mois d'une révolution bilieuse; ce qui m'a empêchée de recevoir à mon tour. Maintenant, tout est fini; le jeune ménage est agréablement installé à Bar-le-Duc; grâce à Dieu, je ne reçois que des lettres de bonheur, et je reconnais, en même temps, que ma nièce est très gentille et bien élevée; elle dessine avec goût, et est musicienne. Mais surtout elle est pieuse et raisonnable.

« C'est parce que je suis encore convalescente, que je puis allonger ainsi ma lettre; ma porte est défendue, ce qui me laisse du temps.

« Heureuse année, ma Clairette! »

« Versailles, 31 décembre 1888.

« Monsieur[1] et Madame Serret présentent à Mademoiselle Zénaïde Fleuriot leurs souhaits de nouvelle année. Ils ont appris avec une vive douleur qu'elle

---

1. M. Ernest Serret, rédacteur à *l'Univers*.

était souffrante; ils demandent instamment au bon Dieu de rendre la santé à la chère Muse chrétienne du foyer, Muse simple autant que charmeresse, charmeresse par la simplicité. La simplicité est le don distinctif des richement doués. Les indigents de l'esprit n'ont pas le droit, n'ont pas le moyen d'être simples; il leur faut un peu d'étalage pour farder leur pauvreté. Mademoiselle Zénaïde Fleuriot brille par la simplicité, ce bijou des forts. Elle régénère ses lecteurs sans qu'ils s'en aperçoivent. Elle n'est point du tout prêcheuse, et néanmoins elle corrige, elle amende.

« Que Dieu daigne combler de tous ses dons, du don de la santé entre autres, cette âme vaillante, de qui la conservation importe si grandement à notre époque névrosée. »

CHAPITRE XXI

**Dernières lettres. — Sa maladie. — Sa mort.
Discours prononcés.
Funérailles à Locmariaker (1889-1890).**

Nous arrivons à la fin de cette belle vie, que l'on a vue, si pleine de sève, s'épanouir comme une fleur au brillant coloris, au parfum pénétrant, et donner des fruits d'une saveur bienfaisante.

Dieu voulut que Zénaïde Fleuriot ignorât les tristesses et les infirmités de la vieillesse; mais elle ne fut pas privée de l'épreuve sanctifiante de la maladie, qui vint la disposer à quitter cette terre de l'exil.

En 1887, une affection au cœur s'était déclarée par une crise aiguë assez alarmante, et l'avait atteinte dans ses forces vives; désormais, un choc subit et imprévu pouvait suffire, comme il suffit en effet trois ans plus tard, pour la terrasser.

Zénaïde, si vigoureuse et énergique, se retrouva encore debout; mais elle resta quelque peu alanguie, et dut prendre le soin, nouveau pour elle, de compter avec ses forces. Un bruit inattendu, un son de voix trop élevé, la faisaient tressaillir; la musique religieuse, qu'elle avait tant aimée, ébranlait son système nerveux. Absolument soumise à la volonté de Dieu, elle souffrait néanmoins beaucoup de se sentir arrêtée dans l'élan de sa nature ardente et primesautière.

D'autre part, bien des vides douloureux s'étaient creusés autour d'elle : sa sœur Marie venait de lui être enlevée, et, plus récemment encore, sa noble amie, la princesse Wittgenstein, avait aussi disparu. Ses neveux suivaient leur carrière, grâce à l'inépuisable générosité de la bonne tante; ils ne l'entouraient donc plus.

Seuls, les succès littéraires de Zénaïde Fleuriot ne devaient pas connaître de déclin. Mais, comme elle l'avait écrit elle-même à la princesse : « Je ne reçois que des louanges pour mes livres; je les jette bien vite dans ma cheminée, en pensant que le bon Dieu me donne ce dont je me soucie le moins ».

Elle écrivait encore beaucoup, et l'on peut dire qu'elle est morte la plume à la main. Chargée de la chronique hebdomadaire de *la Semaine des familles*, qu'elle signait Zig Zag, le dernier article, daté du 27 décembre 1890, n'arriva pas jusqu'au journal; elle y exaltait les grandeurs et les charmes de la touchante fête de Noël.

Les lettres de Zénaïde, dans ses dernières années, se font rares comme les amis qui lui étaient restés; on n'y retrouve plus cette verve, cet entrain juvéniles, qu'elle avait gardés longtemps après la jeunesse. Son âme, calmée dans la souffrance, semblait se recueillir aux approches de l'Éternité.

A MADAME PERRIGAULT DE KERÉVER

« Kermöareb, 10 juin 1889.

« Je regrette de n'avoir pu t'écrire plus tôt, ma chère Claire, mais le médecin m'a ordonné de passer le temps de ma convalescence en plein air et sans travail.

« Tu sais qu'à la fin de mon séjour à Paris j'ai éprouvé une violente secousse de mon pauvre cœur malade, et il ne m'a fallu rien moins que le traitement énergique du célèbre docteur Villemin, et d'incomparables soins, pour en triompher.

« Me voici donc sur pieds, grâce à Dieu; mais je puis dire que ma première maladie me laissera de solides souvenirs.

« Tu dois comprendre combien ma correspondance est en retard, et cela t'amène à ne pas m'en vouloir de mon silence.

« Je suis désolée d'apprendre que tes enfants te donnent certaines inquiétudes; ces maux sont passagers sans doute, et je fais des vœux pour qu'il en soit ainsi.

« Oui, j'ai été heureuse du mariage de mon second neveu Georges avec Adrienne Le Franc. Trop souffrante, je n'ai pu y assister. Ma nouvelle nièce est une gentille femme, travailleuse et aimable. Elle est parente par sa mère, née des Montils, de la famille du Leslay, que vous connaissez. Son frère écrit dans plusieurs revues catholiques; il a une bonne et vaillante plume. Ils vivront à Paris, en famille.

« Mille souvenirs à tous les tiens, ma chère

Claire. Fais prier tes enfants pour moi ; je redoute les infirmités plus que la mort. »

Effrayée des longs mois d'isolement qui l'attendaient à Locmariaker, mais ne respirant plus qu'avec peine à Paris, Zénaïde avait fait le rêve d'un pied-à-terre dans les environs, où elle pourrait sans fatigue profiter des beaux jours du printemps et, de l'automne, et jouir encore de la campagne qu'elle aimait tant. Elle la voulait modeste comme le demandaient ses goûts, son peu de fortune et les charges qu'elle s'était imposées. « J'ai dépensé si largement pour les miens, écrivait-elle à une amie, que je n'ai plus assez pour vivre sans travailler. J'ai eu les dettes de mon père à payer, ma mère et ma sœur à soutenir, mes neveux à faire élever,... c'était beaucoup, c'était trop. Mais la partie est engagée. Dieu veuille que je puisse aller jusqu'au bout ; mon pauvre argent y aura passé ; si mes neveux demeurent bons chrétiens, je ne le regretterai pas. On n'emporte de cette vie que ce que l'on a donné. »

La Providence aida à la réalisation de son désir, et fit découvrir, près des bois de Clamart, dans un coin paisible et un entourage tel qu'elle pouvait le souhaiter, une agréable habitation, au milieu d'un riant jardin.

Les lettres suivantes nous diront la joie qu'elle en éprouva.

A MÈRE MARIE DE***

« Kermöareb, 22 août 1889.

« Combien je suis heureuse, ma chère Mère, d'avoir trouvé ce petit pied-à-terre de Clamart. Je le crois indispensable. Hélas! il faut bien que je m'occupe de ma santé. A Locmariaker, elle est encore possible; mais qui sait le moment où je ne pourrai plus m'éloigner? Alors je viens dans mon ermitage. Par le tramway, qui ne me secouera pas, je pourrai, de novembre à juin, vous aller voir, assister à nos réunions du lundi, et revenir travailler au grand air, sans souffrir de l'ascension perpétuelle de mes étages de Paris, et sans entendre le bruit assourdissant de la rue du Cherche-Midi. Le dimanche, je recevrai mes neveux et nièces, mais pas de lits; une tenue de maison me fatiguerait.

« Je pense que j'aurai si peu de mobilier que mes contributions ne seront pas élevées; pour le jardinier, je pourrai économiser; je travaillerai dur. Et la clef de la porte ouvrant sur le bois, c'est trop cher. Je ferai un détour qui me forcera à marcher; et ce sera encore une économie.

« Du reste, tout sera très simple chez moi; je ne veux qu'une table de sapin, un peu grande, pour écrire; une autre, de forme carrée, pour la salle à manger; à cela seul je tiens. Pour la cuisine, il faudra peu d'ustensiles. Je vais vivre en ermite, en bergère. A quoi bon le reste maintenant?

« Au revoir, Mère très chère, à bientôt! Ce mot aide mon cœur à respirer. »

A LA MÊME

« Kermõareb, 1ᵉʳ septembre 1889,

« Ma chère Mère,

« Combien j'ai hâte de dater mes lettres de « Mon

« Ermitage ». Cette jolie habitation, avec ses grands peupliers enlacés d'aristoloches, montant jusqu'au faîte; ce petit jardin, rempli de fleurs et de fruits, et si près de Paris, tout cela enchante mon imagination, et j'en rêve sans cesse.

« Je voudrais arriver de suite, mais il faut que mes fermiers me paient.

« Comme ce modeste « chez moi » vaudra mieux que mes pauvres échappées à la poursuite d'un air respirable, soit à Meudon, soit à Versailles, soit à Saint-Germain; et que je serai bien là me disant : « Si je « veux voir ma Mère, en route ! » Loin de vous, je suis absolument livrée aux indifférents de toutes sortes, et je cherche, en vain, un bras sur lequel je puisse m'appuyer. Quant au cœur, le vôtre est mon seul refuge, et pour lui, j'aurais voulu Paris; mais il y a mon malheureux corps qui se détraque, et dont je dois suivre un peu les penchants; il ne peut plus résister, le pauvre; il a du plomb dans l'aile.

« L'abbé Fonssagrives est venu me voir avec ses neveux Martin de Kergurionné; ces jeunes gens sont charmants, et l'oncle en paraît très fier.

« Priez pour votre pauvre patraque de fille, dont le cœur malade est encore si vivant pour vous. »

A LA MÊME

« Kermōareb, 29 septembre 1889.

« Ma Mère, ma chère Mère,

« Voici une dernière lettre avant mon retour. Je n'attends pas vendredi pour vous écrire, c'est trop loin. L'on m'invite à un mariage à Paris. Je verrai si ma toilette de velours peut aller et si mon chapeau est encore à la mode; alors, n'ayant aucune dépense à faire, peut-être irai-je? Je meurs d'envie de revenir près de vous, pour me baigner dans la sérénité.

« Mes charités coûtent un peu cher cette année à ma pauvre bourse aplatie, mais je me heurte à de tels cœurs de pierre que j'y vais de mon argent. Il me fallait tirer de peine une malheureuse fille qui n'avait pas de toit. Les bonnes gens, ici, sont sévères; et j'étais ainsi autrefois, toute pharisaïque. En cette occasion, j'ai senti que la vraie charité de Jésus-Christ n'est pas cela, et j'ai surmonté mes dégoûts.

« Je vous envoie, vous me les conserverez, de jolis vers, qui viennent de m'être adressés par Mlle de B..., ma voisine de Sarzeau. Elle écrit fort bien, et était venue me demander quelques conseils littéraires. Elle a signé du pseudonyme qu'elle prend pour ses ouvrages. »

A MADEMOISELLE ZÉNAÏDE FLEURIOT

Hommage respectueux et sympathique.

Dans un rayonnement, rose comme une aurore,
    Que Locmariaker est beau !
Quand le soleil couchant, qui l'éclaire et le dore,
    Pare le ciel, la terre et l'eau !

Je l'admirais ainsi, l'autre jour, en silence,
    Pensive et rêveuse à moitié :
Et, suivant du regard les contours de son anse,
    Je songeais à votre amitié.

Qu'entre la vaste mer, la grande souveraine,
    Et le golfe moins agité,
Vous avez bien placé votre calme domaine,
    Votre résidence d'été !

C'est là que vous venez parfumer votre plume
    Aux douces senteurs des ajoncs,
Que son feu juvénile étincelle et s'allume
    Au contact des rochers bretons.

C'est votre port paisible, après un beau voyage
    Sur des flots, pour vous caressants,
Mais où tant de conteurs, hélas! ont fait naufrage,
    Ont perdu leur encre et leur temps.

Un vent toujours égal a gonflé votre voile,
    Et dans un ciel toujours serein,
Vous n'avez jamais vu s'effacer votre étoile,
    Brillante hier comme demain.

Moi, je vais embarquer. Vous me dites : Courage!
    Que sera pour moi l'océan?
Je ne sais; mais ainsi que votre pur sillage,
    Je voudrais le mien bienfaisant.

ANNE DE MARTIGNÉ.

P.-S. — « Que j'ai pensé à vous ce matin! Sur la jetée, je regardais partir le vapeur de Vannes. Tout à coup un prêtre à cheveux blancs se lève, et à ma grande confusion, met son chapeau à la main et me dit, si haut que chacun entendait : « Je salue « Mlle Zénaïde Fleuriot, je suis heureux de la voir, « de lui exprimer mon admiration, de la remercier, au « nom de Dieu, du grand bien qu'elle fait. » Si ma Mère avait été là !

« Ce vénérable prêtre debout, ayant l'air de me bénir, c'était vraiment un tableau digne de réjouir les Anges et elle !

« Votre pauvre Z. »

Cette lettre fut la dernière écrite par Zénaïde, de son cher Kermöareb. Dans les premiers jours d'octobre 1890, elle le quitta pour n'y plus revenir. Elle s'était beaucoup fatiguée en faisant un triage des papiers de famille qu'avait laissés Mlle Marie Fleuriot. Elle en jeta une partie à la mer; et, sur des enveloppes renfermant certaines catégories de lettres, elle écrivit des suscriptions qui témoignent du sentiment de sa fin prochaine.

Elle ne craignait pas la mort, elle la désirait du contraire. Avec son accent de conviction énergique, Zénaïde parlait quelquefois du ciel et de ses immortelles espérances, de façon à étonner des âmes moins détachées. Dans une poésie intitulée : *Il est doux de mourir*, elle s'exprimait ainsi :

> Mourir! c'est voir crouler la cabane d'argile
> Où notre être immortel frissonne à tous les vents;
> C'est sentir se briser, comme un cristal fragile,
> Un cœur mortel tenté de bonheurs décevants.
>
> Mourir! c'est déployer librement ses deux ailes,
> C'est planer au-dessus de ce terrestre enfer;
> C'est ouvrir son regard aux clartés éternelles,
> Après qu'on a vécu, c'est-à-dire souffert.

« Le roi David ne demandait qu'*une* chose au Seigneur, disait-elle gaiement; moi, je lui en demande deux : mourir subitement, et être ensevelie par ma chère Mère. Je ne crains pas de voir mon Dieu : oh non! Je l'aime trop pour cela. Quel bonheur de me trouver tout à coup, et pour jamais, en face de la Vérité, de la Justice, de la Bonté, de l'Amour infinis!

« Mais une longue maladie! Mais les apprêts lugubres de la mort! Je ne veux pas les voir, ni surtout voir pleurer ceux que j'aime! Je redoute l'imagination et ses fantômes, en ces moments suprêmes ! »

Dieu exauça pleinement ce cœur pur.

A son retour de Bretagne, Zénaïde s'installa d'abord dans son petit ermitage de Clamart, d'où le froid la chassa bientôt. A peine rentrée à Paris, elle eut une crise violente d'étouffement, dont elle se remit; mais elle était si changée que tous ceux qui l'aimaient avaient le cœur serré en la revoyant; et, si les amples manteaux de soie noire doublée de fourrure qu'elle avait l'habitude de porter dissimulaient encore la maigreur de son corps, son visage émacié disait bien haut les profonds ravages que la maladie avait fait subir à sa robuste constitution. Ses traits gardaient néanmoins leur expression originale, vive, spirituelle; et ses grands yeux bleus, toujours aussi profonds, étaient restés brillants, sous l'auréole de ses cheveux épais, maintenant grisonnants.

En dépit de son affaiblissement, elle menait, avec énergie, la même vie qu'autrefois. Levée à six heures du matin, elle se rendait d'abord à la messe, puis se mettait au travail jusqu'à onze heures. L'après-midi était consacré à ses visites de charité et autres.

La veille de sa mort, le 18 décembre, malgré un froid intense, elle passa une partie de la journée à faire des démarches pour venir en aide à une ancienne élève de l'École professionnelle, qui, mal mariée, courait de grands dangers pour son âme. La pauvre jeune femme était venue avec confiance frapper à sa porte. N'écoutant que son zèle apostolique, Zénaïde voulut s'occuper elle-même de cette infortune; s'exposant à la température trop rigoureuse pour son état de santé, elle rentra bien malade et se coucha de bonne heure. Néanmoins elle renvoya sa domestique, et resta seule.

Le lendemain, celle-ci, entrant dans la chambre de sa maîtresse comme d'habitude, ne l'entendit pas lui répondre; elle respirait encore, mais ne paraissait plus avoir conscience de rien. Cette servante courut chercher du secours à la Communauté. La mère Supérieure et mère Marie de *** la suivirent aussitôt. M. l'abbé Graffin, de l'Institut catholique, qui venait de dire la messe au Couvent, ainsi que le médecin, ne tardèrent pas à les rejoindre.

Bien des moyens furent tentés pour déterminer quelque réaction et retour à la vie; mais le docteur déclara que tout était inutile, la congestion ayant dû se produire au milieu de la nuit, et attaquer en même temps le cœur, la tête et les poumons. Selon l'usage romain, M. l'abbé Graffin continua durant plus d'une heure à réciter les prières, jusqu'au dernier soupir de la mourante.

Mère Marie de ***, aidée de l'une de ses sœurs, rendit alors les derniers devoirs à sa chère Zénaïde, dont le visage était redevenu jeune et de la plus aimable expression. Elle tenait, entre ses mains, la Croix que lui avait donnée la vénérée mère Marie de la Providence, et son chapelet de Lourdes. A côté d'elle, sur une crédence, on plaça aux pieds du crucifix la coupe envoyée par la princesse de Hohenlohe en souvenir de sa mère, l'illustre amie de Zénaïde; on y lisait en gros caractères : « Rome ».

Cette coupe renfermait l'eau et le rameau bénits. Ce nom de Rome résumait bien la vie de l'héroïque chrétienne qui aurait pu prononcer avec vérité, en mourant, la parole de sainte Thérèse : « Je meurs fille de l'Église ».

Les obsèques furent ce que Zénaïde Fleuriot les eût désirées : simples, silencieuses, respectueuses. Le curé de la paroisse Saint-François-Xavier fit la levée du corps, et M. l'abbé Fonssagrives, aumônier du Cercle catholique du Luxembourg, donna l'absoute.

Dans l'assistance choisie qui s'était rendue à la funèbre cérémonie, on remarquait nombre de notabilités des lettres et des arts et beaucoup d'ecclésiastiques.

En quittant l'église, le cortège se dirigea vers la gare Montparnasse. Il suivait, sympathique et grave, le blanc corbillard, à l'arrière duquel s'étalait, superbe, la couronne offerte par M. René Fouret, directeur du *Journal de la jeunesse*. Elle était formée de roses thé et de violettes; son large ruban de satin lilas clair cachait ces mots : « Le Journal » et laissait seulement apparaître cette inscription : « La jeunesse à Mlle Zénaïde Fleuriot! » Le long du boulevard, les pétales de roses, se détachant, semblaient couvrir de fleurs le dernier chemin suivi sur la terre par l'auteur disparu, au nom de cette jeunesse qu'elle avait tant aimée et si bien servie.

En arrivant à la gare, le cercueil recouvert de blanches draperies ayant été placé sur un wagon, deux discours furent alors prononcés, l'un par M. le comte de Larmandie, délégué de l'Association des gens de lettres; l'autre par M. Terrat, professeur de droit à l'université catholique, et président du Cercle du Luxembourg.

M. de Larmandie parla le premier, et dit :

« Délégué par l'Association des gens de lettres, je viens apporter sur ce cercueil un témoignage officiel d'hommages et de regrets. Zénaïde Fleuriot fut une infatigable ouvrière de la plume, et je vous étonnerai peut-être en vous disant que plus de soixante-dix volumes sont éclos de son long et méritoire labeur. La distinction et l'honnêté de son talent la vouaient à un ordre de travaux aussi difficiles que modestes.

« Elle ne tenait point aux faveurs de la multitude dévergondée ; elle voulait que ses écrits fussent à la portée des jeunes âmes, pour les instruire sans les dévoyer, pour les émouvoir sans les flétrir.

« Et, en cette tâche ardue, elle a noblement réussi. Mais Zénaïde Fleuriot n'était pas seulement un écrivain consciencieux et délicat ; ce fut une ardente chrétienne.

« La Société des gens de lettres admet toutes les convictions. Sur le vaste champ où l'on moissonne la pensée, nous ne repoussons aucun symbole, aucune croyance. Toutefois il m'est précieux, à moi, croyant et militant, d'honorer ma foi dans la morte que vous pleurez. Que sur d'autres monuments funèbres on se borne à chanter les vaines louanges de la vie éteinte ; j'ai l'équitable orgueil de m'élever plus haut, et après avoir rendu justice aux œuvres terrestres, ce que je salue dans la mort, c'est l'immortalité ! »

Voici quelques extraits du discours de M. Terrat, président du Cercle catholique des Étudiants :

« Je ne viens pas vous parler de l'écrivain qui, pendant de si longues années, a fait, non seulement une œuvre littéraire de haute valeur, mais, ce qui vaut mieux encore, une œuvre chrétienne et sociale.

« Qu'il me soit permis, cependant, d'évoquer un souvenir tout récent, qui met vivement en relief le but élevé qu'a toujours poursuivi Mlle Zénaïde Fleuriot. Elle nous disait, il y a huit jours à peine, quand nul ne soupçonnait qu'elle dût sitôt nous être enlevée :
« Oui; c'est une terrible responsabilité que d'écrire
« pour la jeunesse! Qui sait si, par un seul mot, on
« n'a pas froissé, on n'a pas abaissé pour la vie ces
« âmes en formation? Du moins, quand je m'examine
« froidement, sincèrement, je puis me rendre cette
« justice de n'avoir pas écrit une phrase qui ne fût
« pour l'amélioration des âmes. »

« Je ne connais pas de plus magnifique éloge pour l'écrivain.

« C'est encore la même idée qui la guidait dans ses amitiés. Et ses amis étaient nombreux, car elle savait se faire toute à tous. Elle ne séduisait pas que les esprits élevés, mais elle avait conquis la confiance et l'affection reconnaissante de ces pauvres pêcheurs de Locmariaker, de cette vieille race bretonne, honnête, fière et indépendante, qui ne se donne qu'à celui qui sait la comprendre, la respecter et l'aimer.

« Ne plaignons pas celle qui est partie après une vie si bien remplie. Prions pour elle, car si parfait que l'on soit, on a toujours besoin de prières. Prions surtout pour ceux qui l'ont perdue, et plus encore, demandons d'avoir toujours, sinon son grand talent, du moins sa droite volonté, d'être comme elle utiles à la jeunesse, et de servir ainsi notre pays dans la mesure de nos forces. »

Peu d'heures après, le train s'ébranlait, emportant, sous la garde de ses neveux, la fidèle Bretonne au lieu de son repos. A Locmariaker, chacun la reçut avec de l'affection et des larmes; la mer elle-même lui fit fête. Lorsque le convoi arriva, elle battait le plein, se soulevant avec majesté, comme la chère morte se plaisait tant à l'admirer. Huit marins des plus solides demandèrent à porter le cercueil. Elle avait depuis longtemps choisi sa place au sommet du pittoresque cimetière. En creusant le terrain, on trouva le roc, sans doute un peu friable, mais le roc. On parla de la mine; c'était périlleux, le mur pouvait tomber. Un forgeron du bourg dit alors : « Pour « Mlle Fleuriot, j'irai creuser moi-même ». Il fit un instrument qu'il trempa d'une façon spéciale, afin de le rendre résistant, et s'en vint travailler. D'autres habitants de la commune se proposèrent pour le seconder; et chacun y apportant le tribut de son adresse ou de sa force, la fosse put enfin recevoir le cercueil.

Le service funèbre eut lieu le lendemain. Tous eurent peine à trouver place dans cette humble église où, tant de fois, Zénaïde était venue puiser la paix et la consolation.

Un an après, l'aîné de ses neveux, après avoir fait placer près de son cercueil celui de sa mère et de sa sœur, ainsi qu'elle en avait exprimé le désir, y éleva un monument symbolique d'un effet sobre et élégant [1]. Il se compose de trois sarcophages crucifères recouvrant les trois tombes et taillés dans le granit du

---

1. M. Hernot, l'habile sculpteur breton, l'avait exécuté d'après les dessins de M. Rapine, architecte diocésain de Quimper et des Monuments historiques de France.

pays, entourés de bornes non taillées, également en granit, et reliées par des chaînes de fer.

Le sarcophage du milieu se termine par un menhir brut, assez élevé et creusé de façon à abriter un crucifix. Au-dessous de l'un des bras du Christ, on a sculpté dans la pierre le nom de « Zénaïde », et au-dessous de l'autre, celui de « Fleuriot », dont les lettres sont disposées verticalement. Au pied du Crucifix on voit un petit banc de granit, et sur ce banc, un livre ouvert et une plume abandonnés.

Sur le Memento de la chère défunte, au-dessous de sa photographie parfaitement ressemblante, comme expression et comme traits, on lit : « Zénaïde Fleuriot décédée pieusement à Paris, le 19 décembre 1890. » — Au-dessus du cadre dessiné, une croix, une plume, une banderole avec ces paroles : *Credidi propter quod locutus sum*. « J'ai cru, c'est pourquoi j'ai parlé. » Au verso de l'image sont inscrites ces sentences :

« Celui qui écrit de bons livres fait plus de bien que s'il rendait la vue aux aveugles et la vie aux morts. »

« *Grégoire VII.* »

« Le juste ne meurt jamais à l'improviste, car c'est bien avoir prévu la mort que d'avoir persévéré dans la justice chrétienne jusqu'à la fin. »

« Oh! vive Jésus! il n'y a rien en ce monde pour faire souhaiter que les amis y demeurent beaucoup! »

« Il semble que j'entends notre chère défunte disant avec une grâce céleste : « Je vois ce que j'ai cru, je
« tiens ce que j'ai espéré; et la charité m'accom-
« pagne. »

« Regardez où je suis, je vous supplie : je suis au lieu que j'ai tant désiré, auquel je me console de mes travaux passés, qui m'ont acquis cette gloire présente. Soyez bien assurés que les amitiés saintes commencées en cette vie se continueront dans l'autre éternellement. Ce sera là où nous accomplirons et parferons sans fin ces bonnes et chrétiennes affections, que nous n'avons fait que commencer sur cette terre. »

« *Saint François de Sales.* »

Oui ! qu'il en soit ainsi ! Et que nous ayons la joie de retrouver dans la Patrie celle que nous avons aimée, que nous aimons toujours, car elle vit, et recueille aujourd'hui dans l'allégresse ce qu'elle a semé dans les larmes. Dieu est fidèle !

FIN

LISTE

DES OUVRAGES DE ZÉNAÏDE FLEURIOT

Librairie Hachette et Cie.

Nouvelle Collection à l'usage de la Jeunesse. (In-8° illustrée.)

   M. Nostradamus. — 1875.
   La Petite Duchesse. — 1876.
   Grand Cœur. — 1878.
   Raoul Daubry (suite de *Plus tard*). — 1879.
   Mandarine. — 1879.
   Cadok. — 1881.
   Caline. — 1883.
   Feu et Flammes. — 1884.
   Le Clan des Têtes chaudes. — 1887.
   Au Galadoc (suite du *Clan des Têtes chaudes*). — 1888.
   Les Premières Pages. — 1888.
   Cœur muet. — 1889.
   Rayon de Soleil. — 1890.
   Papillonne. — 1891.

Petite Bibliothèque de la Famille. (Gr. in-16 à 2 fr.)

   Plus tard (suite du *Petit Chef de famille*). — 1875.
   Tombée du Nid (suite de *Mandarine*). — 1881.
   L'Héritier de Kerguignon (suite de *Cadok*). — 1883.
   Raoul Daubry (suite de *Plus tard*). — 1884.
   Réséda. — 1884.
   Ces Bons Rosaëc (suite de *Désertion*). — 1885.
   La Vie en Famille. — 1886.
   Le Cœur et la Tête (suite de *Tranquille et Tourbillon*). — 1887.

Au Galadoc. — 1887.
De trop. — 1888.
Théâtre chez Soi. — 1888.
Sans Beauté. — 1889.
Loyauté. — 1890.
La Clef d'Or. — 1890.
Bengale (suite de *Au Galadoc*). — 1890.
L'Oncle Trésor. — 1895.
Ève.
Un Fruit sec.
Les Prévalonnais.

Bibliothèque Rose Illustrée.

Le Petit Chef de Famille. — 1873.
En Congé. — 1874.
Bigarrette. — 1874.
L'Enfant gâté. — 1877.
Tranquille et Tourbillon. — 1879.
Cadette. — 1880.
Bouche en Cœur. — 1882.
Gildas l'Intraitable. — 1885.
Parisiens et Montagnards. — 1887.

Librairie Lecoffre.

Petite Belle. — 1868.
Alix, 2 vol. — 1868.
Deux Bijoux. — 1869.
A l'Aventure. Poésies. — 1870.
Ce Pauvre Vieux. — 1870.
Entre Absents. — 1871.
Mes Héritages. — 1872.
Une Chaîne invisible. — 1872.
Une Histoire intime. — 1872.
Une Année de la Vie d'une Femme. — 1872.
Mon Sillon. — 1872.
Notre Passé. — 1872.
Marga (suite du *Pauvre Vieux*). — 1872.
Aller et Retour. — 1873.
Les Pieds d'Argile, 2 vol. — 1874.
Armelle Trahec (suite des *Pieds d'Argile*). — 1874.
Miss Idéal. — 1878.
Les Aventures d'un Rural, 2 vol. — 1880.
Bonasse. — 1881.

Alberte (suite de *La Petite Duchesse*). — 1881.
Charybde et Scylla. — 1881.
Faraude. — 1882.
La Rustaude. — 1884.
L'Exilée du Val Argand (suite de *Le Cœur et la Tête*).
— 1888.
Au Hasard.

Librairie Blériot et Gauthier.

Aigle et Colombe.
Le Chemin et le But.
Les Mauvais Jours.
Sous le Joug (suite de *Gildas l'Intraitable*).
Désertion.
Sans Nom.
Une Famille bretonne.
Histoire pour Tous.
Un Cœur de Mère.
Yvonne de Coatmorvan.

Librairie Plon.

Une Parisienne sous la Foudre.
Notre Capitale Rome.

Librairie Oudin.

Mon Dernier Livre, ouvrage posthume.

TABLE DES MATIÈRES

	Pages.
Introduction	v

Chap.		Pages
I.	Parents de Zénaïde Fleuriot. — Manuscrit de son père	1
II.	Revers de famille. — Enfance et adolescence au Palacret (de 1829 à 1849)	36
III.	Séjour dans la famille de Kéréver (de 1849 à 1858)	61
IV.	Premières publications (de 1859 à 1862). — Jugement de M. A. Nettement sur ses œuvres	100
V.	Nouvelles publications. — Mort héroïque de son frère en Algérie (de 1862 à 1867)	127
VI.	Mort d'Alix de Keréver. — Premiers rapports avec les religieuses Auxiliatrices du Purgatoire (1867)	152
VII.	Ce qu'était la princesse de Sayn Wittgenstein Berlebourg. — Voyage à Rome. — Première retraite (1867)	178
VIII.	Retour en Bretagne (1867-1868)	204
IX.	Paris. — Saint-Brieuc. — Quimperlé (1868)	223
X.	Retraite décisive. — Installation à Paris (1868-1869)	241
XI.	Second voyage à Rome (1870)	273
XII.	Son dévouement durant le siège de Paris (1870-1871)	313

Chap. XIII. — Son initiative et son action à l'École professionnelle de la rue du Cherche-Midi (1871). 334

— XIV. — Bref de Sa Sainteté Pie IX. — Établissement à Locmariaker (1871-1872-1873)............ 376

— XV. — Prix de l'Académie. — Direction de la Semaine des familles. — Voyage à Londres (1873-1874)................................ 410

— XVI. — Voyage en Belgique (1875-1876-1877)........ 436

— XVII. — Paris. — Locmariaker (1878-1879)........... 462

— XVIII. — Lourdes. — Paris. — Locmariaker (1880-1881). 487

— XIX. — Paris. — La Délivrande. — Locmariaker (1882-1883)................................ 510

— XX. — Mort de sa sœur. — Mort de la princesse Wittgenstein. — Voyages en Belgique (1884-1888)................................ 534

— XXI. — Dernières lettres. — Sa maladie. — Sa mort. — Ses obsèques. — Discours prononcés. (1889-1890.)................................ 563

Liste de ses ouvrages.................................. 580

Coulommiers. — Imp. PAUL BRODARD. — 639-97.

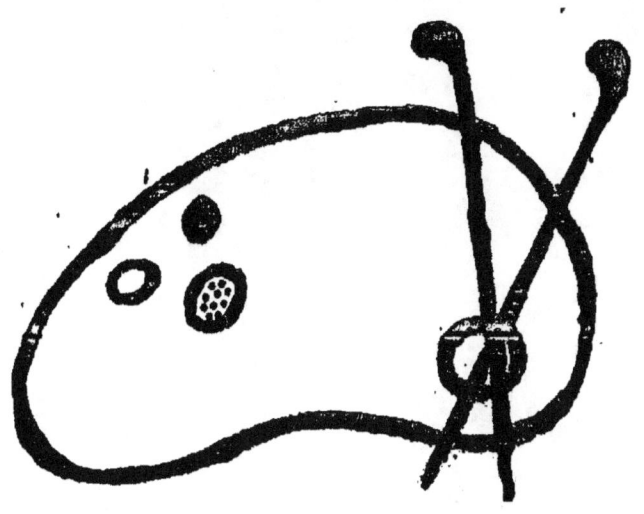

Original en couleur
NF Z 43-120-9

www.ingramcontent.com/pod-product-compliance
Lightning Source LLC
Chambersburg PA
CBHW060309230426
43663CB00009B/1642